普通高等教育"十三五"规划教材

风险评估方法

张曾莲　编著

机械工业出版社

本书主要介绍各种风险评估方法。在评估风险大小时，通常采用各种定量或定性的风险评估方法，而且很多风险评估方法具有通用性，即能评估多种风险，而这些方法的掌握与运用却是会计学专业学生并不擅长的。在阅读相关文献时，看不懂风险评估方法，通常会导致无法看懂整篇论文；在进行案例分析时，若不会相关的风险评估方法，案例分析就难以深入。因此，本书针对以上问题，从理论介绍和实务操作两个方面介绍一些常用的风险评估方法。

本书资料丰富，内容完整，重点突出，紧密结合实际，既可作为会计学等专业的本科教材，也可作为会计学等专业的硕士教材，还可作为其他相关人员进一步学习或培训的参考用书。

图书在版编目（CIP）数据

风险评估方法/张曾莲编著．—北京：机械工业出版社，2017.6
（2025.1重印）
普通高等教育"十三五"规划教材
ISBN 978-7-111-56585-7

Ⅰ．①风…　Ⅱ．①张…　Ⅲ．①财务风险—评估方法—高等学校—教材　Ⅳ．①F275

中国版本图书馆CIP数据核字（2017）第078406号

机械工业出版社（北京市百万庄大街22号　邮政编码100037）
策划编辑：曹俊玲　责任编辑：曹俊玲　马碧娟　商红云
责任校对：张　征　封面设计：张　静
责任印制：刘　媛
北京中科印刷有限公司印刷
2025年1月第1版第7次印刷
184mm×260mm · 18.75 印张 · 456千字
标准书号：ISBN 978-7-111-56585-7
定价：49.80元

电话服务　　　　　　　　　网络服务
客服电话：010-88361066　　机　工　官　网：www.cmpbook.com
　　　　　010-88379833　　机　工　官　博：weibo.com/cmp1952
　　　　　010-68326294　　金　书　网：www.golden-book.com
封底无防伪标均为盗版　机工教育服务网：www.cmpedu.com

前言

本书主要介绍各种风险评估方法，编写本书的目的是满足"企业财务风险管理"课程的需要，该课程为会计学本科专业选修课、会计学本科第二学位选修课、MPAcc（会计硕士专业学位）选修课和会计学硕士选修课，这些选修课一般都会阐述每种风险的识别、评估与控制。在评估风险大小时，通常采用各种定量或定性的风险评估方法，而且很多风险评估方法具有通用性，即能评估多种风险，而这些方法的掌握与运用却是会计学专业学生并不擅长的，在阅读相关文献时，看不懂风险评估方法，通常会导致无法看懂整篇文献；在进行案例分析时，若不会相关的风险评估方法，案例分析就难以深入。因此，本书针对以上问题，从理论介绍和实务操作两个方面介绍一些常用的风险评估方法，并提供了补充阅读文献，可以了解相关文献采用每章方法的具体情况，每章最后还提供了部分风险评估方法的练习题，可以进一步熟悉相关风险评估方法的具体操作。

"企业财务风险管理"课程对于风险评估方法的要求是能了解相关风险评估方法的基本理论（尤其是其运用的特点与适用范围），并采用相关软件（如 SPSS 等，当然，有些简单的风险评估方法不需要相关软件就能直接计算）进行具体的风险评估，且能对风险评估结果进行解释。由于有些风险评估方法的数学推导过程非常复杂，本书的目标不是改进已有的风险评估方法，而是运用已有的风险评估方法来进行风险管理，因此，相对复杂的数学推导过程仅需要了解即可。例如数据包络分析，我们并不需要深入了解其数学推导过程，重点是要知道该方法适用于多投入、多产出的风险评估情况，可以采用 Excel 软件的 DEAP 功能实现其计算过程，能对软件运行结果进行解释。

本书资料丰富，内容完整，重点突出，紧密结合实际，既可作为会计学等经济管理类专业的本科教材，也可作为会计学等经济管理类专业的硕士教材（其他非经济管理类专业也适用，只是相关文献主要选用经济管理类文献），还可作为其他相关人员进一步学习或培训的参考用书。

本书的出版得到了北京科技大学教材建设基金、北京科技大学研究型教学示范课程建设项目（编号 KC2014YJX42）等多项基金的资助，在此深表谢意！

本书的最终成稿得益于可供编者参考借鉴的大量研究资料，因此，特向有关机构和会计学专业的同行表示由衷的感谢！

由于学识和水平有限，书中错误与疏漏之处在所难免，恳请同行专家和读者批评指正，以便编者能够取得更大的进步。

编　者

目 录

前 言

第一章 风险评估方法绪论 · 1
  第一节 风险评估方法概述 · 1
  第二节 风险评估方法的选择 · 1

第二章 查询类风险评估方法 · 9
  第一节 检查表法 · 9
  第二节 列表检查法 · 11
  第三节 现场观察法 · 12
  第四节 风险清单分析法 · 15
  第五节 风险地图 · 18
  补充阅读文献 · 22
  练习题 · 22

第三章 支撑类风险评估方法 · 23
  第一节 专家调查法 · 23
  第二节 头脑风暴法 · 24
  第三节 德尔菲法 · 28
  第四节 结构化假设分析 · 31
  第五节 人因可靠性分析 · 32
  第六节 集合意见法 · 33
  第七节 座谈讨论法 · 35
  第八节 结构化/半结构化访谈 · 35
  第九节 问卷调查法 · 36
  第十节 专家打分法 · 38
  第十一节 风险暴露计分法 · 40
  补充阅读文献 · 40
  练习题 · 42

第四章　情景分析类风险评估方法 … 43
   第一节　根原因分析 … 43
   第二节　情景分析 … 45
   第三节　故障树分析 … 47
   第四节　事件树分析 … 49
   第五节　定性决策树分析 … 52
   第六节　因果分析 … 53
   第七节　特性要因分析/鱼骨图 … 55
   第八节　业务影响分析 … 57
   第九节　压力测试 … 58
   补充阅读文献 … 61
   练习题 … 63

第五章　功能分析类风险评估方法 … 64
   第一节　失效模式影响及危害度分析法 … 64
   第二节　失效模式和效应分析 … 66
   第三节　以可靠性为中心的维修 … 71
   第四节　危险与可操作性分析 … 72
   第五节　危害分析与关键控制点法 … 73
   第六节　潜在通路分析 … 74
   补充阅读文献 … 74
   练习题 … 75

第六章　控制评估类风险评估方法 … 76
   第一节　保护层分析 … 76
   第二节　蝶形图分析 … 77
   第三节　风险指数 … 78
   第四节　设定基准 … 81
   第五节　在险值法 … 82
   补充阅读文献 … 84
   练习题 … 85

第七章　预警类风险评估方法 … 86
   第一节　触发器法 … 86
   第二节　预先危险分析 … 86
   第三节　敏感性分析 … 87
   第四节　蒙特卡罗模拟分析 … 89
   第五节　神经网络方法 … 93
   补充阅读文献 … 97

练习题 ·············· 98

第八章　定性评价类风险评估方法 ·············· 99
第一节　优良可劣评价法 ·············· 99
第二节　单项评价法 ·············· 99
第三节　风险综合评价法 ·············· 100
第四节　工作风险分解法 ·············· 100
第五节　风险度评价法 ·············· 102
第六节　管理评分法 ·············· 105
第七节　影响与可能性矩阵 ·············· 107
第八节　SWOT ·············· 108
补充阅读文献 ·············· 109
练习题 ·············· 110

第九章　图形类风险评估方法 ·············· 111
第一节　直方图评价法 ·············· 111
第二节　矩阵评价法 ·············· 112
第三节　流程图分析法 ·············· 113
第四节　风险矩阵 ·············· 116
第五节　企业风险分析工作表法 ·············· 117
第六节　商业风险模型 ·············· 119
第七节　风险坐标图法 ·············· 121
第八节　雷达图 ·············· 123
第九节　风险评估系图法 ·············· 124
第十节　概率影响图 ·············· 124
第十一节　等风险图法 ·············· 126
第十二节　耗散结构 ·············· 128
补充阅读文献 ·············· 132
练习题 ·············· 134

第十章　财务分析类风险评估方法 ·············· 135
第一节　财务指标评价法 ·············· 135
第二节　Z 判别分析法 ·············· 136
第三节　F 计分模型分析法 ·············· 137
第四节　杜邦分析法 ·············· 138
第五节　相对流动性程度模型 ·············· 139
第六节　沃尔评分法 ·············· 140
第七节　资本资产定价模型 ·············· 142
补充阅读文献 ·············· 144

练习题 ··· 145

第十一章　统计类风险评估方法 ··· 146
　　第一节　马尔可夫分析 ··· 146
　　第二节　统计推论法 ··· 148
　　第三节　均值-方差模型 ··· 149
　　第四节　FN 曲线 ··· 150
　　第五节　贝叶斯统计及贝叶斯网络 ··· 154
　　第六节　熵度量法 ··· 157
　　第七节　投影寻踪法 ··· 160
　　补充阅读文献 ··· 162
　　练习题 ··· 163

第十二章　管工类风险评估方法 ··· 164
　　第一节　方法集 ··· 164
　　第二节　支持向量机 ··· 171
　　第三节　Copula ··· 178
　　第四节　集对分析 ··· 182
　　第五节　系统动力学 ··· 184
　　第六节　层次分析法 ··· 189
　　补充阅读文献 ··· 193
　　练习题 ··· 195

第十三章　模糊数学类风险评估方法 ··· 196
　　第一节　Vague ··· 196
　　第二节　模糊综合评价方法 ··· 198
　　第三节　灰色关联度 ··· 201
　　第四节　二元语义 ··· 210
　　补充阅读文献 ··· 211
　　练习题 ··· 212

第十四章　分类类风险评估方法 ··· 213
　　第一节　关联规则 ··· 213
　　第二节　聚类分析 ··· 216
　　第三节　粗糙集 ··· 219
　　第四节　定量决策树 ··· 224
　　补充阅读文献 ··· 229
　　练习题 ··· 230

第十五章　定量评价类风险评估方法·································233
   第一节　效用函数·································233
   第二节　数据包络分析·································236
   第三节　突变级数评价法·································242
   第四节　功效系数法·································245
   第五节　因子分析·································249
   补充阅读文献·································256
   练习题·································257

第十六章　文本分析类风险评估方法·································261
   第一节　内容分析法·································261
   第二节　扎根理论·································263
   补充阅读文献·································269
   练习题·································270

第十七章　其他风险评估方法·································271
   第一节　事件研究法·································271
   第二节　期权·································275
   第三节　逻辑框架法·································278
   第四节　博弈论·································281
   第五节　综合指数法·································283
   第六节　等级全息建模·································286
   补充阅读文献·································290
   练习题·································291

参考文献·································292

第一章

风险评估方法绪论

本章介绍风险评估方法的基本理论，包括风险评估方法概述和风险评估方法的选择两部分。

第一节 风险评估方法概述

风险评估旨在为有效的风险应对提供基于证据的信息和分析。风险评估包括风险识别、风险分析和风险评价三个步骤。

风险识别是发现、列举和描述风险要素的过程。风险识别的方法包括：①基于证据的方法，如检查表法以及对历史数据的评审；②系统性的团队方法，如一个专家团队遵循系统化的过程，通过一套结构化的提示或问题来识别风险；③归纳推理技术，如危险与可操作性分析等。

风险分析是要增进对风险的理解。它为风险评价、决定风险是否需要应对以及最恰当的应对策略和方法提供信息支持。风险分析需要考虑导致风险的原因和风险源、风险事件的正面和负面的后果及其发生的可能性、影响后果和可能性的因素、不同风险及其风险源的相互关系以及风险的其他特性，还要考虑控制措施是否存在及其有效性。风险分析有一些常用的方法，对于复杂的应用可能需要多种方法同时使用。用于风险分析的方法可以是定性的、半定量的、定量的或以上方法的组合。风险分析所需的详细程度取决于特定的用途、可获得的可靠数据和组织决策的需求。定性的风险分析可通过重要性登记来确定风险后果、可能性和风险等级，如高、中、低三个重要性程度。可以将后果和可能性两者结合起来，并对照定性的风险准则来评价风险等级的结果。半定量化可利用数字评级量表来测度风险的后果和发生的可能性，并运用公式将两者结合起来，确定风险等级。量表的刻度可以是线性的，或者是对数的，或其他形式。定量分析可估计出风险后果及其发生可能性的实际数值，并产生风险等级的数值。

风险评价包括将风险分析的结果与预先设定的风险准则相比较，或者在各种风险的分析结果之间进行比较，确定风险的等级。风险评价利用风险分析过程中所获得的对风险的认识，对未来的行动进行决策。

风险评估活动适用于组织的各个层级，可涵盖项目、单个活动或具体事项等。但是在不同的情境中，所使用的风险评估方法可能会有差异。

第二节 风险评估方法的选择

选择合适的风险评估方法，有助于组织及时、高效地获取准确的评估结果。在具体实践中，风险评估的复杂及详细程度千差万别。风险评估的形式与结果应与组织的自身情况相适应。风险评估的方法有很多，既有定性分析，也有定量分析，这取决于不同风险评估方法的特点。

风险定性方法，往往带有较强的主观性，需要凭借分析者的经验和直觉，或者是以行业标准和惯例为风险各要素的大小或高低程度定性分级，虽然看起来比较容易，但实际上要求分析者具备较高的经验和能力，否则会因操作者经验和直觉的偏差而使分析结果失准。

定量分析是对构成风险的各个要素和潜在损失的水平赋予数值或货币金额，当度量风险的所有要素都被赋值，风险分析和评估过程的结果就得以量化。定量分析比较客观，但对数据要求较高，同时还需借助数学工具和计算机程序，其操作难度较大。

本节主要介绍风险评估方法的特征和影响风险评估方法选择的因素。在此基础上，重点对选择和使用风险评估方法的两个重要方面做出说明。一方面是风险评估方法按子过程划分，即用于风险评估的方法应按风险评估的三个子过程——风险识别、风险分析、风险评价进行划分，以体现不同子过程对不同方法的要求。另一方面是风险事件的复杂性、不确定性、组织的资源和评估结果是否定量这四个重要因素影响着风险评估方法的选择和使用，以及风险评估方法如何按这些重要影响因素进行划分。

一、适宜的风险评估方法的特征

通常，适宜的风险评估方法应具备以下特征：①符合所建立的环境，满足环境的要求；②实施结果应加深对风险性质和如何应对风险的认识、理解；③有利于对风险评估基本问题的回答；④符合风险准则；⑤适用于组织的实际情况；⑥可追溯、可重复、可验证，具有可比性；⑦从简单到复杂。

二、风险评估方法选择的影响因素

一旦决定进行风险评估并确定了风险评估的目标和范围，那么就可以依据以下因素，选择一种或多种风险评估方法：

（1）研究目标。风险评估的目标对于所选用的方法具有重要影响。

（2）决策者的需要。某些情况下做出有效的决策需要充分考虑细节，而某些情况下可能只需对总体进行大致了解。

（3）风险的类型及范围。评估风险的类型不同、评估的范围不同，可能导致选择不同的风险评估方法。

（4）风险发生的可能性、后果的严重程度。在选择风险评估方法时，要充分考虑风险的这两个突出特征。

（5）修改、更新风险评估的必要性。一些评估结果可能在将来需要修改或更新。某些评估方法比其他方法更易于调整。

（6）法律法规、合同的要求。风险评估方法的选择可能不仅取决于组织内部，还应关注外部法律法规的有关要求。与第二、三方的合同可能影响到方法的选择。

三、风险评估方法选择的判断标准

1. 从简单到复杂

只要能满足评估的目标和范围，简单方法应优于复杂方法被选用。应从相关性及适用性角度说明选择方法的原因。在综合不同研究的结果时，所采用的方法及结果应是可比较的。此外，其他几类因素对风险评估方法选择的影响也值得关注，例如，资源的可获得性、现有数据和信息中不确定性的性质和程度，以及在应用方面的复杂性。

2. 考虑资源和能力

可能影响风险评估方法选择的资源和能力包括：①风险评估团队的技能、经验及能力；②信息及数据的可获得性；③时间和组织内其他资源的限制；④需要外部资源时的可用预算。在选择风险评估方法时，应关注组织的资源情况。具体如下：

（1）人员及其能力。不同的方法对人员及其能力有不同的要求。组织应尽可能在自身人力资源允许的情况下选择适宜的方法。

（2）信息与数据。信息与数据是组织选择方法的重要资源，许多方法需要在原始数据输入的情况下方可实施。组织应对现有信息与数据的状况进行评估，为选择方法奠定基础。同时，应对未来信息与数据的管理提出要求、做出安排。

（3）时间。风险评估通常都有时间的要求，如频次、每次持续的时间等。对特殊的风险评估（如追加的、紧急的），可能还有特殊的时间要求。因此，在选择风险评估方法时，要考虑时间这一因素，不同的方法所需的实施时间是不同的。

（4）设施与成本。组织在选择风险评估方法时，要考虑到设施与成本这一重要因素。不同的风险评估方法对设施与成本的要求可能区别很大。特别是当需要进行外部风险评估时，应评估组织的设施与成本状况。

3. 不确定性的性质和程度

组织内外环境中常常存在着不确定性。可获得的信息和数据并不总是可以对未来的预测提供可靠的基础。不确定性可能产生于信息的质量、数量和完整性，如较差的数据质量或缺乏基本的、可靠的数据；某些风险可能缺少历史数据；数据收集方式的有效性；或者是不同利益相关者会对现有数据做出不同的解释。进行风险评估的人员应理解不确定性的类型及性质，同时认识到风险评估结果可靠性的重大意义，并向决策者说明这些情况。对不确定性，要考虑到两个方面：①不确定性的性质。由于以往风险概率的全负面性，所使用的方法几乎都是用于评估具有负面影响的负面风险，进而形成一种错误的偏见，似乎风险评估的方法只能用于负面风险。就概念而言，风险评估方法没有负面与正面之分，风险评估方法既可以用于具有负面影响的负面风险，又能应用于具有正面影响的正面风险。实践中，可能会以负面或正面为侧重点。②不确定性的程度。不确定性的程度影响着风险评估方法的选择。通常，不确定性的程度相对较低时，可选择相对简单、易行的方法。当不确定性的程度较高时，就要考虑选择较为复杂、在技术上要求较高的方法。

4. 复杂性

复杂性包括两个方面：①风险事件的复杂性。它对选择风险评估方法具有重要影响。当事件较为单纯、简单时，就没有必要选择较为复杂的、要求较多的方法。但如果事件本身就较为复杂，较为简单的方法不能满足其需要，就只能选择较为复杂的方法。②方法的复杂性。风险评估方法有些比较简单、易行，但有些方法就较为复杂，对使用的要求也较多（如需要较多的数据输入等）。风险自身经常具有复杂性的特征。例如，在复杂的系统中进行风险评估时，应对其系统总体进行风险评估，而不是孤立地对待系统中的每个部分，并忽视各部分之间的相互关系。在某些情况下，对某一风险采取应对措施可能会对其他活动产生影响。需要认识后果之间的相互影响和风险之间的相互依赖关系，以确保在管理一个风险时，不会导致在其他地方产生另一个不可容忍的风险。理解组织中单个或多个风险组合的复杂性，对于选择适当的风险评估方法至关重要。

5. 结果是否定量

有些方法能够提供定量的评估结果，有些方法则不能。需要指出的是，并不能以方法是否能输出定量的结果来判断所使用方法的优劣。对输出结果是否定量的要求取决于风险评估目标的需要以及综合的效率考虑。

6. 风险评估在生命周期各阶段的应用

许多活动、项目和产品被认为具有生命周期，从最初的概念和定义、实现到最终的完结。风险评估可以应用于生命周期的所有阶段，而且通常以不同的详细程度被应用多次，以便为每一阶段需做出的决策提供帮助。生命周期各阶段对风险评估有不同的需求，并需要不同的风险评估方法。例如，在概念和定义阶段，当识别一个机会时，可以使用风险评估来决定是继续还是放弃。在有多个方案可供选择时，风险评估可以用于评价替代方案，帮助确定哪种方案能提供最好的风险平衡。

四、风险评估方法按子过程选择

依据风险管理过程，风险评估过程是风险识别、风险分析、风险评价三个子过程的全过程，实施风险评估时，应按照三个子过程的顺序展开。因此，选择风险评估方法时，应考虑风险评估进入到哪一子过程了，是为哪一子过程选择评估方法。不同的子过程有不同的目的、不同的内容、不同的输入输出要求，这在客观上要求风险评估方法按照三个不同的子过程进行划分，为组织对不同的子过程选择适用的、具有针对性的方法提供方便。

《风险管理 风险评估技术》（GB/T 27921—2011）推荐了 32 种风险评估方法，并按风险评估的三个子过程进行了划分。风险评估过程包括：①风险识别；②风险分析；③风险评价。对于风险评估的每一阶段，各类技术的适用范围被描述为非常适用、适用或不适用。风险分析过程又细分为三个阶段：后果、可能性、风险等级。

1. 后果

通过假设特定事件、情况或环境已经出现，后果分析可确定风险影响的性质和类型。某个事件可能会产生一系列不同严重程度的影响，也可能影响到一系列目标和不同的利益相关者。在明确环境信息时，就应当确定所需分析的后果的类型和受影响的利益相关者。后果分析的形式较为灵活，可以是对后果的简单描述，也可以是制定详细的数量模型等。

2. 可能性

通常使用三种方法来估计可能性。这些方法可以单独或组合使用：①利用相关历史数据来识别那些过去发生的事件或情况，借此推断出它们在未来发生的可能性；②利用故障树分析和事件树分析等技术来预测可能性；③系统化和结构化地利用专家观点来估计可能性。

3. 风险等级

应对风险进行全面的筛选，以识别出最重大的风险或把不太重要和次要的风险排除，便于进一步的分析，由此确保组织资源能集中于应对最严重的风险。

风险评估方法在风险评估各阶段的适用性如表 1-1 所示。

第一章 风险评估方法绪论

表1-1 风险评估方法在风险评估各阶段的适用性

风险评估方法	风险评估过程				
	风险识别	风险分析			风险评价
		后果	可能性	风险等级	
头脑风暴法	SA	A	A	A	A
结构化/半结构化访谈	SA	A	A	A	A
德尔菲法	SA	A	A	A	A
情景分析	SA	SA	A	A	A
检查表法	SA	NA	NA	NA	NA
预先危险分析（PHA）	SA	NA	NA	NA	NA
危险与可操作性分析（HAZOP）	A	NA	NA	NA	NA
失效模式和效应分析（FMEA）	SA	SA	SA	SA	SA
危害分析与关键控制点法（HACCP）	SA	SA	A	A	A
结构化假设分析（SWIFT）	SA	SA	NA	SA	SA
风险矩阵	SA	SA	SA	A	A
人因可靠性分析（HRA）	SA	SA	SA	A	A
以可靠性为中心的维修（RCM）	SA	SA	SA	SA	A
压力测试	SA	A	SA	A	A
保护层分析	A	SA	A	NA	NA
业务影响分析	A	SA	A	A	A
潜在通路分析	A	NA	NA	NA	NA
风险指数	A	SA	A	A	A
故障树分析	A	A	SA	A	A
事件树分析	A	SA	A	A	NA
因果分析	A	SA	SA	A	A
根原因分析	NA	SA	SA	SA	SA
决策树分析	NA	SA	A	A	A
蝶形图分析	NA	A	SA	A	A
层次分析法	NA	A	A	SA	SA
在险值法（VaR）	A	A	A	SA	SA
均值-方差模型	NA	A	A	SA	SA
资本资产定价模型	NA	A	A	SA	SA
FN曲线	A	SA	A	A	A
马尔可夫分析	A	SA	NA	NA	NA
蒙特卡罗模拟分析	NA	NA	NA	NA	SA
贝叶斯统计及贝叶斯网络	NA	SA	NA	NA	SA

注：SA表示非常适用；A表示适用；NA表示不适用。

五、风险评估方法按影响因素选择

影响风险评估方法选择的因素有多种。在实践过程中，以下因素更应引起关注：①所需资源的程度，主要涉及时间、专业知识水平、数据需求或评估成本等；②不确定性的性质及程度；③问题和所需分析方法的复杂性；④方法是否可以提供定量结果。基于以上方面，对各类风险评估方法特点的描述如表 1-2 所示,其中用高、中、低表示每种方法与影响因素的联系。例如,检查表法,对"资源与能力""不确定性的性质与程度""复杂性"的适用程度都是"低",不能提供定量的结果。又如,情景分析对"资源与能力""复杂性"都是"中",而对"不确定性的性质与程度"是"高",不能提供定量的结果。

表1-2 风险评估方法的特征

风险评估方法	说 明	影响因素			能否提供定量结果
		资源与能力	不确定性的性质与程度	复杂性	
头脑风暴法及结构化访谈	一种收集各种观点和评价,在团队内进行评价的方法。头脑风暴法可由提示、一对一以及一对多的访谈方法所激发	低	低	低	否
德尔菲法	一种综合各类专家观点并促其一致的方法,这些观点有利于支持风险源及影响的识别、可能性与后果分析以及风险评价。需要独立分析和专家投票	中	中	中	否
情景分析	在想象和推测的基础上,对可能发生的未来情景加以描述。可以通过正式或非正式的、定性或定量的手段进行情景分析	中	高	中	否
检查表法	一种简单的风险识别方法,提供了一系列典型的需要考虑的不确定因素。使用者可参照以前的风险清单、规定或标准	低	低	低	否
预先危险分析(PHA)	一种简单的归纳分析方法,其目标是识别风险以及可能危害活动、设备或系统的危险性情况及事项	低	高	中	否
失效模式和效应分析(FMEA)	一种识别失效模式、机制及其影响的方法	中	中	中	是
危险与可操作性分析(HAZOP)	一种综合性的风险识别过程,用于明确可能偏离预期绩效的偏差,并可评估偏离的危害度。它使用一种基于引导词的系统	中	高	高	否
危害分析与关键控制点法(HACCP)	一种系统的、前瞻性及预防性的方法,通过测量并监控那些应处于规定限值内的具体特征来确保产品质量、可靠性以及过程的安全性	中	中	中	否
结构化假设分析(SWIFT)	一种激发团队识别风险的方法,通常在引导式研讨班上使用,并可用于风险分析与评价	中	中	任何	否
风险矩阵	一种将后果分析与风险可能性相结合的方式	中	中	中	是
人因可靠性分析(HRA)	主要关注系统绩效中人为因素的作用,可用于评价人为错误对系统的影响	中	中	中	是
以可靠性为中心的维修(RCM)	一种基于可靠性分析方法实现维修策略优化的技术,其目标是在满足安全性、环境技术要求和使用工作要求的同时,获得产品的最小维修资源消耗。通过这项工作,用户可以找出系统组成中对系统性能影响最大的零部件及其维修工作方式	中	中	中	是

第一章 风险评估方法绪论

(续)

风险评估方法	说 明	影响因素			能否提供定量结果
		资源与能力	不确定性的性质与程度	复杂性	
压力测试	在极端情景下（最不利的情形下），评估系统运行的有效性，发现问题，制定改进措施的方法	中	中	中	是
保护层分析	也称故障分析，它可以对控制措施及其效果进行评价	中	中	中	是
业务影响分析	分析重要风险影响组织运营的方式，同时明确如何对这些风险进行管理	中	中	中	否
潜在通路分析	一种用于识别设计错误的技术。潜在通路是指能够导致非期望的功能或抑制期望功能的状态，这些不良状态的特点具有随意性，在最严格的标准化系统检查中也不一定检测得到	中	中	中	否
风险指数	可以提供一种有效的划分风险等级的工具	中	低	中	是
故障树分析	始于不良事项（顶事件）的分析并确定该事件可能发生的所有方式，以逻辑树形图的形式进行展示。在建立起故障树后，就应考虑如何减轻或消除潜在的风险源	高	高	中	是
事件树分析	运用归纳推理方法将各类初始事件的可能性转化为可能发生的结果	中	中	中	是
因果分析	综合运用故障树分析和事件树分析，并允许时间延误。初始事件的原因和后果都要予以考虑	高	中	高	是
根原因分析	对发生的单项损失进行分析，以理解造成损失的原因以及如何改进系统或过程以避免未来出现类似的损失。分析应考虑发生损失时可使用的风险控制方法以及怎样改进风险控制方法	中	低	中	否
决策树分析	对于决策问题的细节提供了一种清楚的图解说明	高	中	中	是
蝶形图分析	一种简单的图形描述方式，分析了风险从危险发展到后果的各类路径，并可审核风险控制措施。可将其视为分析事项起因（由蝶形图的结代表）的故障树和分析后果的事件树这两种方法的结合体	中	高	中	是
层次分析法	定性与定量分析相结合，适合于多目标、多层次、多因素的复杂系统的决策	中	任何	任何	是
在险值法（VaR）	基于统计分析基础上的风险度量技术，可用于描述资产组合的整体市场风险状况	中	低	高	是
均值-方差模型	将收益与风险相平衡，可应用于投资和资产组合选择	中	低	中	是
资本资产定价模型	清晰地阐明了资本市场中风险与收益的关系	高	低	高	是
FN曲线	通过区域块来表示风险，并可进行风险比较，可用于系统或过程设计以及现有系统的管理	高	中	中	是
马尔可夫分析	通常用于对那些存在多种状态（包括各种降级使用状态）的可维修复杂系统进行分析	高	低	高	是

风险评估方法

(续)

风险评估方法	说明	影响因素			能否提供定量结果
		资源与能力	不确定性的性质与程度	复杂性	
蒙特卡罗模拟分析	用于确定系统内的综合变化，该变化产生于多个输入数据的变化，其中每个输入数据都有确定的分布，而且输入数据与输出结果有着明确的关系。该方法能用于那些可将不同输入数据之间相互作用计算确定的具体模型。根据输入数据所代表的不确定性的特征，输入数据可以基于各种分布类型，风险评估中常用的是三角分布或贝塔分布	高	低	高	是
贝叶斯统计及贝叶斯网络	一种统计程序，利用先验分布数据来评估结果的可能性，其推断的准确程度依赖于先验分布的准确性。贝叶斯网络通过捕捉那些能产生一定结果的各种输入数据之间的概率关系来对原因及效果进行模拟	高	低	高	是

第二章 查询类风险评估方法

本章将介绍5种查询类风险评估方法：检查表法、列表检查法、现场观察法、风险清单分析法、风险地图。

第一节 检查表法

一、理论

检查表法是根据安全检查表，将检查对象按照一定标准给出分数，对于重要的项目确定较高的分值，对于次要的项目确定较低的分值，总计100分。然后按照每一检查项目的实际情况评定一个分数，每一检查对象必须满足相应的条件时，才能得到这一项目的满分；当条件不满足时，按一定的标准将得到低于满分的评定分，所有项目评定分的综合将不超过100分，由此，就可以根据被检查风险单位的得分，评价风险的程度和等级。例如，日本大正海上火灾保险株式会社检查表就是按这种方法评价的。这种风险评价方式的优点是可以综合评价风险单位的状况，而检查表设计得是否翔实、是否考虑到引发风险的各方面因素，是检查表评价是否准确的关键。

检查表（check-lists）是一个危险、风险或控制故障的清单，而这些清单通常是凭经验（要么是根据以前的风险评估结果，要么是因为过去的故障）进行编制的。它是一种多路思维的方法，人们可根据清单中的检查项目，就一个方面，一条一条地想问题。这样，不仅有利于系统和周密地想问题，可使思维更具条理性，也有利于较深入地发掘问题和有针对性地提出更多的可行设想。按此表进行检查，以"是/否"进行回答。

检查表法可用来识别潜在危险、风险或者评估控制效果，适用于产品、过程或系统的生命周期的任何阶段。它可以作为其他风险评估技术的组成部分进行使用，其中最主要的用途是检查在运用了识别新问题的更富想象力的方法之后，是否还存在遗漏的问题。检查表法对风险识别过程非常适用，对风险分析和风险评价都不适用。检查表可作为由经验得来的危险、风险或失效控制的列表，也可作为事前风险评估或事后失败结果的列表。

检查表的主要构成如下：①活动或项目，即运用检查表法进行风险识别所涉及的范围和业务过程等；②检查项目，即针对具体的活动或项目，凭借以前活动或项目中所遇到的风险，形成检查项目的模板和问题清单；③检查结论，包括了检查后的判断和结论描述，即针对每个检查项目在组织实际运行中的事实描述和判断计量；④参考文件，包括制度、标准、规范等。

检查表法的优点包括：①简单明了，非专业人士也可以使用；②如果编制精良，可将各种专业知识纳入到便于使用的系统中；③有助于确保常见问题不会被遗漏。

检查表法的局限性表现在：①只能进行定性分析；②可能会限制风险识别过程中的想象力；③鼓励"在方框内画钩"的习惯；④往往基于已观察到的情况，不利于发现以往没有被观察到的问题。

二、操作

（1）输入。输入内容包括有关某个问题的事先信息及专业知识，如可以选择或编制一个相关的、最好是经过验证的检查表。

（2）输出。输出结果取决于应用该结果的风险管理过程的阶段。例如，输出结果可以是一个控制措施评估清单或风险清单。

（3）步骤：①组成检查表编制组，确定活动范围；②依据有关标准、规范、法律条款及经验，选择设计一个能充分涵盖整个范围的检查表；③使用检查表的人员或团队应熟悉过程或系统的各个因素，同时审查检查表上的项目是否有缺失；④按此表对系统进行检查。具体如下：

1）确认风险识别的范围和业务过程。

2）团队组建。针对本次风险识别的范围和业务过程，选择针对业务数量，有一定专业知识背景和技能的风险识别小组成员。

3）检查表的编制。针对本次风险识别的范围和业务过程所涉及的具体的活动或项目，凭借以前活动或项目中所遇到的风险，形成检查项目的模板和问题清单。如果是首次运用检查表法的组织，还可使用类似组织或其他组织开发的检查表，形成当前适宜的风险识别检查项目。编制的检查表要征询专家或对项目或活动熟悉的人员的意见，以便对检查项目进行修订和完善。选择参考检查表时，要考虑其系统和结构化，是否能充分涵盖整个范围，是否来自于最佳实践，最好是经过验证的检查表。针对识别新风险的检查表不可以使用标准控制的检查表。编制检查表时，还需要在全面的基础上，突出重点；描述要简单明了，层次清晰，直观易懂。

4）实施。在运用检查表进行风险识别的过程中，要求对检查结论详细如实地描述和记录，要注明场所、日期、项目活动、所参考的文件等。针对判断结论可用提前策划的符号进行标注，如正、+等。

假设确定的项目/活动为分包方的管理，根据分包方的管理业务流程，给出风险识别各项所要检查内容的文字描述，由被检查者进行判断。给出判断符号的标志为："√"代表完全满足，"X"代表不满足，"○"代表不确定。由使用检查表的人员或团队综合给出逐项的检查结论，并注明参考文件名称。检查表示例如表 2-1 所示。

表 2-1 检查表示例

序号	项目或活动	检查项目	判断	检查结论	参考文件
	分包方管理	与分包方签订的合同公正吗？			
		分包方的信誉好吗？			
		分包方有可能倒闭吗？			
		分包方及时交付质量合格的产品（或部件）吗？			
		分包方有能力做好售后服务吗？			
		⋮			

第二节　列表检查法

一、理论

将企业可能面临的风险及潜在损失分类，并按照一定的顺序进行排列，就得到了风险识别用表。对照风险识别用表的各项，逐项检查，可以避免遗漏风险。风险识别用表可以采用保险业及风险管理协会等公布的、通用的潜在损失一览表，也可以根据企业的实际情况自行制作。

二、操作

表2-2为美国风险管理与保险协会制定的一份潜在损失一览表。其中将风险分为三个大类，列出可能的风险因素以帮助识别风险。然而，由于保险业自身的行业特征，其公布的潜在损失一览表往往限于可保风险。所以，风险管理者还需要结合自身行业和企业的实际，补充非可保风险，将一般性和特殊性结合起来，才能使风险识别更有效。

表2-2　潜在损失一览表

	无法控制和无法预测的损失	1. 电力中断：雷电、火灾及各种损坏 2. 物体下落：飞机失事、树木、建筑材料 3. 地壳运动：火山、地震、滑坡 4. 声音及震动波：飞机、震动 5. 战争、暴力、武装冲突、恐怖活动 6. 水损：洪灾、水位提高、管道破裂等 7. 冰雪损害 8. 风暴：台风、飓风、龙卷风、冰雹 9. 土地下沉、倒塌、腐蚀
直接损失风险	可控制和可预测的损失	1. 玻璃或其他易碎物品的破裂 2. 损坏：工厂设施的损坏 3. 起始或降落时的碰撞：飞机碰撞、船舶碰撞 4. 污染：流体、固体、气体、放射污染 5. 腐蚀 6. 员工疏忽或大意 7. 爆炸事故 8. 环境控制失败所致损失：气候、温度、气压 9. 咬伤：昆虫等动物 10. 火损 11. 建筑物损坏：倒塌 12. 国际性的损坏 13. 航海风险 14. 物体变化所致损失：收缩、蒸汽变色、变质、膨胀 15. 油箱或管道破裂 16. 烟损、污点 17. 物体溢出、漏出 18. 电梯升降事故 19. 交通事故：翻车、碰撞 20. 无意识过错 21. 故意破坏与恶作剧 22. 欺骗、伪造、偷窃、抢劫

(续)

直接损失风险	与财务有关的主要损失	1. 员工不诚实：伪造、贪污 2. 没收：国有化、逮捕、充公 3. 欺诈、偷盗、抢劫 4. 事实、专利、版权、公证的无效 5. 库存短缺：无故消失、乱放丢失 6. 作废
间接损失或因果损失		1. 所有直接损失的影响：供给、顾客财产、人身或财产转移、员工 2. 附加费用增加 3. 资产集中损失 4. 样式、品味和需求的变化 5. 破产 6. 营业中断损失 7. 经济波动 8. 疾病、流行病、瘟疫 9. 技术革命：折旧费增加 10. 版权侵权 11. 管理失误：市场、价格、产品投资等
责任损失		1. 航空损失 2. 运动责任 3. 出版商责任 4. 汽车责任 5. 契约责任 6. 雇主责任 7. 产品责任 8. 职业责任

第三节 现场观察法

一、理论

现场观察法也称现场调查法，是指风险管理部门、保险公司、有关咨询机构、研究机构等方面的工作人员，就风险管理单位可能面临的损失，进行详尽的调查，并出具调查报告书。

现场调查能直接发现调查标的面临的潜在风险。有时，采取很多方法仍然难以识别出全部风险，需要风险管理人员到现场实际检查各个部门的运作，通过直接观察企业的各种设施及进行的各项操作，深入了解企业的活动和行为方式，以确定存在的风险。

其注意事项有：①熟悉、了解现场的每一个角落，不遗漏可能存在的风险隐患；②风险管理人员与工作人员的交流、沟通，可以帮助风险管理人员识别风险；③密切注意那些经常引发风险事故的工作环境和工作方式；④提出粗略的整改方案。

现场调查往往采用相关表格来记录调查结果。风险调查表包括三类：①事实调查表（见表2-3）。该表的不足是容易受调查事实评判标准的不同而改变结果，也可能遗漏重要事项。②回答问题调查表（见表2-4）。该表的不足是制作这样的表需要比较高的技术。③责任调查表（见表2-5）。该表的好处是在时间和费用上比较节省，同时也能起到警示的作用。不足的是，内容填写的失误容易影响结果，责任调查表的内容、标准不容易把握且真实性和可靠性不高。

表 2-3 事实调查表示例

检查对象	满 意	不 满 意
房屋 　防盗门 　防盗窗 　门窗 　屋顶 　报警系统 　消防系统 　⋯		
存货记录 　半成品 　包装物 　原材料 　产成品 　⋯		
人员 　保安人员 　⋯		

检查人签字：　　　　　　　　　　　日期：

表 2-4 回答问题调查表示例

问　　　题	是	不　是	措　　施
工序中有易燃易爆品吗？			
加工设备安全吗？			
工序中有火苗吗？			
工序废物经常清扫吗？			
加工完的货物搬走了吗？			
消防设备安全吗？			
火灾报警器安全吗？			
灭火器放在消防手册规定的位置了吗？			
防火门安全吗？			
按照消防手册演习了吗？			
车间有禁止烟火的标志吗？			
您认为还有不符合标准的吗？			

签字（车间主任）：　　　　　　　　　　　填表日期：

表 2-5　责任调查表示例

消防设备	答案	A 低于标准	B 达到标准	措　施
活动水泵		水源不正常或达不到标准	水源正常、达到标准	
室外消防栓		不能使用	可以使用	
水龙带和室内灭火栓		不正常	正常	
灭火器		无灭火器或不会操作	有灭火器、会操作	
水桶		不易拿到	随时可以拿到	
手动水泵		不能使用	可以使用 2 小时	

签字：　　　　　　　　　　　　日期：

现场观察法的优点非常明显，风险管理人员可以借此获得第一手资料。同时，在实践中，虽然这是风险管理人员最直接发现风险的方法，但风险管理人员毕竟不可能时刻在生产经营的第一线。最了解企业运作的是一线人员，而他们又不一定都有非常强的风险意识，但风险管理人员可以从他们的介绍中觉察到风险。这样，在现场调查之余，和其他部门的交流就显得极为重要，而与各部门管理人员建立和维持良好的关系也有助于管理的改进。这种交流既可以是口头的经常性报告，也可以是书面的定期报告。一套完善的交流制度是现场调查的有效补充，风险管理人员通过这种交流不仅可以认识到现场调查时没有发觉的风险隐患，还能随时掌握在两次现场调查之间出现的新风险。同时，现场调查过程本身也是一种沟通过程，可以与现场工作人员建立良好的关系，宣传风险理念，为日后风险管理措施的落实做铺垫。另外，通过现场观察法容易发现潜在风险，有助于使风险在萌芽阶段得到控制。

现场观察法的缺点是耗时长、成本高。因此，往往只能在某些重要环境的识别上采取现场观察法。过于频繁的调查活动还会使得被调查人员疲于应付，甚至有可能影响其正常的生产、经营活动。此外，现场调查过程中如果沟通处理不好，或者现场工作人员的风险意识不强，这种方法就容易导致工作人员的反感，给风险识别工作增加阻力。现场调查一方面需要调查者必须深入了解被调查对象可能很复杂的运转机制和组织结构等，能准确地把握调查的重点和难点；另一方面，现场调查没有固定的方法可循，因而需要调查人员具有敏锐的观察力以及很强的创造力和灵活性等，这对调查人员来说是很大的挑战。

二、操作

1. 调查前的准备工作

在进行现场调查前要做好充足的准备，对所要调查的部门及其风险暴露做一个大致的了解，准备好现场调查表，对所调查的每一个项目进行填写。首先，应查阅、了解以往相关的各种背景、资料等，确定调查目标、调查地点、调查对象；其次，编制现场调查表，以确定调查内容，特别应明确需要重点调查的项目，以防在调查过程中遗漏或忽视某些重要的项目；再次，根据前述内容确定调查的步骤和方法；最后，应视调查内容的复杂性和时效性等情况确定调查需要花费的时间以及调查开始的时间，这是因为现场调查需要花费时间，所以必须确保调查在使用数据之前完成，同时，现场调查的信息一般只反映调查时点左右的情况，因而具有一定的时效性。调查前的准备工作是确保现场调查成功的前提和基础，其中关键是确定调查需要花费的时间以及调查的开始时间，而核心则是确定现场调查的内容，可以通过编制一个现场调查计划表来反映调查的内容、进度和人员安排，以组织整个调查活动。

2. 现场调查

在现场调查实施的过程中，风险管理人员可以通过座谈、访问、查阅相关文件档案、实地观察业务活动等方式完成先期编制的现场调查表中所列举的项目，同时又不应完全限于此，还需要完成风险识别等后续工作获得准确、全面的第一手资料和信息。

3. 调查报告

现场调查后，风险管理人员应立即对现场调查而获得的资料和信息进行整理、研究和分析，并在此基础上根据现场调查的目的来撰写调查报告。调查报告主要包括以下三大部分：①根据调查目的，对调查资料和信息去伪存真、进行梳理和总结后撰写的全面、系统、完整、规范的调查资料与信息处理结果；②依据调查目的以及调查资料与信息处理报告所做出的初步结论、对策和建议；③报告现场调查表在内的现场调查的原始资料附件。

第四节 风险清单分析法

一、理论

风险清单分析法又称安全检查表法。风险清单是指由专业人员设计的标准表格和问卷，其中全面列出了企业可能面临的风险。一般来说风险清单都很长，因为它们试图将所有可能的损失全部囊括在内，清单中的项目包括修理或重置资产的成本，伴随资产损毁的收入损失以及承担法律责任的可能性等。使用者对照清单上的每一项都要回答：我们公司会面临这样的风险吗？在回答这些问题的过程中，管理者逐渐构建出本公司的风险框架。风险清单分析法是分析人员较为全面地列出某类事项面临的一些危险项目以及有关的已知类型的危险、设计缺陷和事故隐患，从而用于逐个识别风险。该方法通常用于检查各种规范和标准的执行情况。

风险清单分析法是根据系统工作的分析思想，在对系统进行分析的基础上，找出所有可能存在的风险源，然后以提问的方式将这些风险因素列在表格中。风险清单的编制程序一般分为四个步骤：①将工程风险系统分解为若干个子系统；②运用故障树，查出引起风险事件的风险因素，作为风险清单的基本检查项目；③针对风险因素，查找有关控制标准或规范；④根据风险因素的风险程度，依次列出问题清单。最简单的风险清单由四个栏目组成，包括序号栏、安全检查项目栏（根据检查目的设计检查项目）、判断栏（以是或否来回答）和备注栏（与检查项目有关的需要说明的事项）。风险清单的分析弹性很大，既可用于简单的快速分析，也可用于更深层次的分析，是识别已知常规危险的有效方法。风险清单分析法既可以用来判断风险是否存在，也可以在发生事故后帮助查找事故原因。

风险清单通常表现为标准化的表格，其优点是经济方便，适合新公司、初次构建风险管理的公司或缺乏专业风险管理人员的公司使用，这些表格可以帮助企业系统地识别出最基本的风险，并降低忽略重要风险源的可能性。

但是，风险清单也有两个严重的局限性：①特殊企业面临的特殊风险可能没有包含进去；②这些清单都是在传统风险管理阶段设计出来的，传统的风险管理只考虑纯粹风险，不涉及投机风险，所以风险清单中没有关于投机风险的项目。风险经理在使用这些表格时，要认识到这些局限性，使用一些辅助手段来配合风险清单的使用，弥补风险清单的不足。

二、操作

1. 风险分析调查表

风险分析调查表是由保险公司的专业人员及有关组织就企业可能遭受的风险进行详细的调查与分析后做成的报告书,它包含了所有的纯粹风险。表 2-6 和表 2-7 是美国管理学会编制的风险分析调查表样表的表头和其中的财物内容表示例。

表 2-6 风险分析调查表

公 司 名 称	
部门	
通信地址	电话
所收到的信息来自	
信息接收者	
会见日期	报告日期
基本情况描述	忠诚度表
建筑物与位置表	犯罪部分
财物内容表	公司运营中断表
火灾与保险单	公司运营中断损失
工厂玻璃	运输表
电梯	船只和飞行器暴露表
锅炉与机器	索赔与损失表
	关键人员福利表

表 2-7 风险分析调查表之财物内容表

1. 机器、设备、工具
(a) 重置成本:
(b) 实际现金价值:
(c) 抵押情形:名称:
地址:
2. 家具、器具、用品
(a) 重置成本:
(b) 实际现金价值:
(c) 抵押情形:名称:
地址:
3. 投资和改良物
(a) 设置日期
(b) 原始成本
(c) 重置成本
(d) 实际现金价值
(e) 性质和内容
(f) 评价基础

（续）

4. 存货	
（a）最高存货——成本	售价
（b）最低存货——成本	售价
（c）平均存货——成本	售价
（d）现行存货——成本	售价
5. 有无上述财物之保管责任契约？	
6. 员工用品	
7. 有价值的文件和图表	
（a）价值	再制成本
（b）存放何处	
（c）性质内容	
8. 电子资料处理设备	
（a）假如自己所有，价值为多少？	
（b）假设承租而来，租赁契约副本内容	
（c）假设承租而来，由谁负责毁损的责任？	
（d）受损资料的重置费用	
（e）卡带有保存副本吗？	存放何处
有潜在的营业中断情况吗？	
他人使用情况	使用人资格
相关契约责任的副本	

2. 资产暴露分析表

表 2-8 是美国管理学会设计的资产暴露分析表，供企业使用。该表的内容分为两大类，一类是资产，包括实物资产和无形资产，另一类是损失暴露，包括直接损失暴露、间接损失暴露和第三者责任损失暴露。

表 2-8 资产暴露分析表

资产
A. 实物资产
1. 不动产
2. 动产
3. 其他支出
B. 无形资产
1. 外部资产
2. 内部资产
损失暴露
A. 直接损失暴露
1. 不可控制和不可预测的一般损失暴露
2. 可控制或可预测的一般损失暴露
3. 一般的财务风险
B. 间接的或引致的损失暴露
1. 所有直接损失暴露的影响

(续)

损失暴露
2. 额外费用——租金、通信、产品
3. 资产集中
4. 风险、形式的变化
5. 破产——雇员、管理人员、供应商、消费者、顾问
6. 教育系统的破坏——民族的、政治的、经济的
7. 经济波动——通货膨胀、萧条、衰退
8. 流行病、疾病、瘟疫
9. 替代成本上升、折旧
10. 版权或专利权遭到侵犯
11. 成套、成双、成组部件的遗失
12. 管理上的失误
13. 废品
C. 第三方责任损失暴露
1. 广告商和出版社的责任
2. 机动车责任
3. 合同责任
4. 董事长和高级员工的责任
5. 玩忽职守责任
6. 非所有权责任
7. 产品责任
8. 铁路责任
9. 水上交通责任
10. 土地权
11. 业务责任

第五节 风险地图

一、理论

风险地图是以地图为载体，将关键风险信息可视化显示以辅助决策的一种工具，是对关键风险评估结果信息的地图表达。风险地图是一种用图形技术表示识别出的风险信息，直观地展现风险的发展趋势，方便风险管理者考虑采取怎样的风险控制措施的风险管理工具。其借助于风险管理信息系统的支持。

风险地图的最基本形式为横坐标表示风险发生的频率，纵坐标表示风险发生的强度，图中的点来自于不同的业务线，代表不同的风险种类，如公司金融业务、零售银行业务等。可以将这个图分成四个象限，其中右上方的预期损失是"高频率、高强度"，风险状况非常严重，应引起管理层的高度重视，并力争避免；对于"低频率、高强度"的风险情况，应保持警惕，注意进行风险转移；对于"高频率、低强度"的风险事件，应进行积极管理，以降低风险的发生；至于"低频率、低强度"的风险，作为日常管理的部分，常被列入成本控制的范围。后续将风险地图运用到各领域后，有不同的具体表现形式。

二、操作

本部分选择风险地图作为商业银行中小企业信贷风险的分析工具，借助已发表的文献梳理风险因素，在全面分析中小企业信贷风险形成机理的基础上，把握关键风险信息点，建立中小企业信贷风险预警地图。

1. 中小企业信贷风险形成因素分析

为了研究本问题，对中国知网2002年以来的关于信贷风险的文献进行了检索，检索关键词选取"信贷风险"和"中小企业"，共检索到204篇相关文献。对于文献进行分类分析，发现中小企业信贷风险的形成主要是源于信贷业务产生的三方因素，分别为信贷主控因素、信贷从控因素以及外部因素（见图2-1）。本部分将信贷风险产生的主控因素——商业银行作为着眼点进行重点分析，以商业银行在信贷业务产生的过程中面临的风险点以及风险信号作为参考要素进行分析，从而形成以商业银行为主体的风险形成机理。绝大部分检索到的文献都指出，商业银行在信贷业务的发生过程中，依托对于中小企业的调查进行授信判定，识别和度量风险，进而总体控制信贷业务的发生。商业银行作为信贷业务发生过程中的主控因素，其承担的信贷风险主要来源于对中小企业的调查。80%以上的文献提到调查环节将直接关系到银行对中小企业的授信判定，商业银行的主要判定依据来源于对中小企业的调查、审查以及审批三个环节，从而对中小企业的主体资格、资信等级、偿债能力、经营效益以及贷款的安全性、流动性、效益性等情况进行调查分析，核实担保情况，并在此基础上预测贷款风险程度。

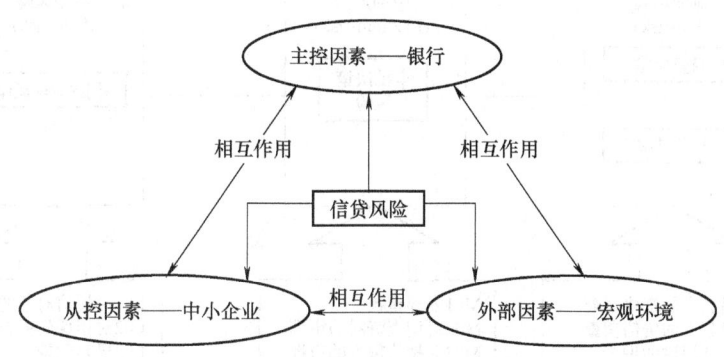

图2-1 中小企业信贷风险形成因素分析

2. 商业银行中小企业信贷风险地图的设计

（1）商业银行的外部风险点。通过对商业银行信贷风险的形成机理进行分析，结合中小企业自身的特点，形成一整套完备的风险点布局认识，从而有利于商业银行降低中小企业信贷风险系数。在分析以商业银行为主体的风险形成机理的基础上，形象地描绘出商业银行的外部风险布局图，并结合中小企业的基本特点，进一步加深了对商业银行中小企业信贷风险的认识。根据搜索到的204篇文献的研究，外部风险主要集中在政策风险、行业风险和市场风险。

（2）信贷业务风险信息点分布。通过在中国知网搜索到的文献可以看出，在信贷业务的发生过程中，商业银行作为信贷风险的主控因素，在其中起到了重要的决定作用，主要体现在对中小企业的调查、审查以及审批环节，并对所获取资料进行分析判定，从而决定是否进行贷款，并在授信后对中小企业进行后续跟踪检查。将信贷业务的发生分为前中后三个环节，以商业银行作为主控因素进行信贷风险分析，以风险地图的模式对中小企业信贷风险进行信息预警。

在信贷业务发生前，信贷风险主要存在于商业银行对于中小企业的调查、审查工作，在这其中包含了较大的风险干扰因素，如某些中小企业的社会影响力、地方保护主义、政府干预、我国商业银行对中小企业信用评级体系不完善、商业银行与中小企业之间的信息不对称等，从而降低了商业银行对中小企业信贷的风险识别能力；在信贷业务的产生过程中，商业银行充分利用各种资源对中小企业的资料进行了获取，进行实地调查，对中小企业的情况做进一步了解和核实，如对中小企业的经营管理状况、资产与负债构成、产品盈利能力、企业发展前景及对保证人或抵（质）押人、抵（质）押物等方面情况进行全面调查。商业银行面对翔实的公司资料，更加需要谨慎求实的态度对公司的资料进行审查、分析、比对，在此基础上进行信贷决策，从而确定信贷业务的发生，商业银行的决策直接关系到信贷风险系数，影响到商业银行的根本利益。在信贷业务发生后，信贷风险将主要集中于商业银行对中小企业的后续跟踪检查环节，由于中小企业大多规模较小、科技含量低、抗风险能力较弱，对于商业银行来说，应对授信企业进行定期实地走访，通过实地检查、查阅财务信息等方式及时了解企业经营现状，分析预判风险并及时预警，以便将损失降到最低，进而规避风险。从获得的文献中，进行信贷风险点统计分析，把每一篇文献提到的风险信息点区分开来。在一篇文献中出现一个风险信息点就统计为 1 次。对于前、中、后期风险信息点前 5 个进行提炼，如图 2-2 所示。

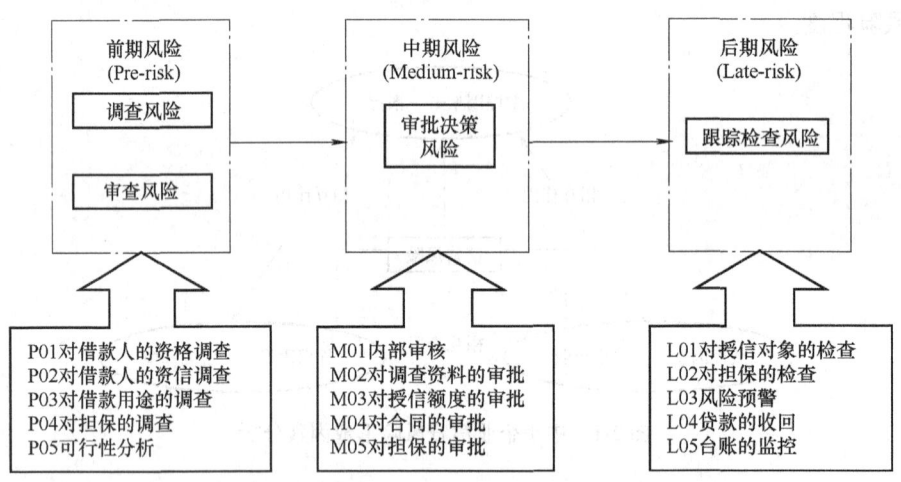

图 2-2　中小企业信贷业务风险信息点分布

3. 中小企业信贷风险预警地图

通过借助文献对商业银行的中小企业信贷业务风险信息点进行分析，以商业银行的角度分析风险形成机理，并从中抓取商业银行面临的主要风险信息点，将外部因素与中小企业信贷业务两者有机结合，以外部因素为切入点，从经济环境和政治环境两方面分析信贷风险的不可控因素，随后从信贷风险的前期、中期、后期三方面揭示信贷风险的风险点分布以及风险形成的原因，从而形成商业银行的中小企业信贷风险预警地图（见图 2-3）。

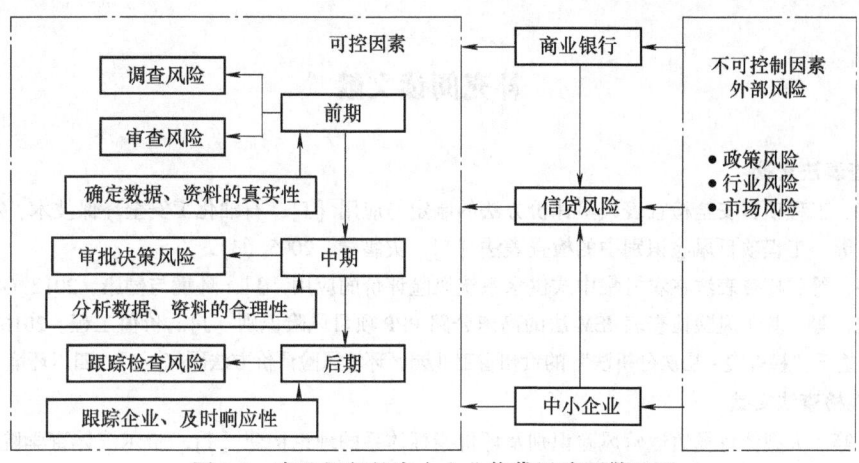

图 2-3 商业银行的中小企业信贷风险预警地图

4. 中小企业信贷风险预警地图应用

基于建立的中小企业信贷风险预警地图，以浙江某银行 2009～2011 年不良贷款为例，将不良贷款的成因因素进行汇总，以此对中小企业信贷风险预警进行分析。分析的数据来源是 2009～2011 年某银行风险监测系统中暴露出不良贷款的客户信息资料，研究对象为中小企业（见图 2-4）。某银行 2009～2011 年的不良贷款成因分为不可控的外部风险信息因素和信贷业务发生环节前期、中期和后期三大部分风险信息因素。不良贷款不可控制因素部分，主要受市场风险影响。由于中小企业的抗风险能力较弱，在 2008 年金融危机的冲击下，欧美等消费能力的缩水和国内市场价格相对的不稳定，使得一些中小企业订单锐减，导致现金流短缺，企业难以为继，致使 2009 年不良贷款发生 8 起，此后，随着经济的复苏，不良贷款发生率降低。可控因素方面，从前期风险、中期风险和后期风险三个方面入手进行分析。某银行 2009～2011 年的不良贷款风险因素分布主要集中在贷款后期，归其原因主要是因为借款人经营不善导致资金链断裂，无法归还贷款本息；借款人经营失败后潜逃，下落不明；借款人涉及民间非法集资，受公安机关刑事拘留等。由于某银行的信贷客户大多数为中小企业，中小企业自身的特点使得商业银行的风险由前期向后期转移，而目前大多数商业银行重贷前、轻贷后，未跟踪贷款企业的后续经营发展和抵押物的后续管理，动态持续的贷后检查和监测不到位，导致银行利益损失。由此可见，针对商业银行的中小企业信贷业务，授信后风险监控变得尤其重要。同时，根据分析，某银行的不良贷款都集中在已列示的风险信息点上，从而证明设计的风险预警地图有效。

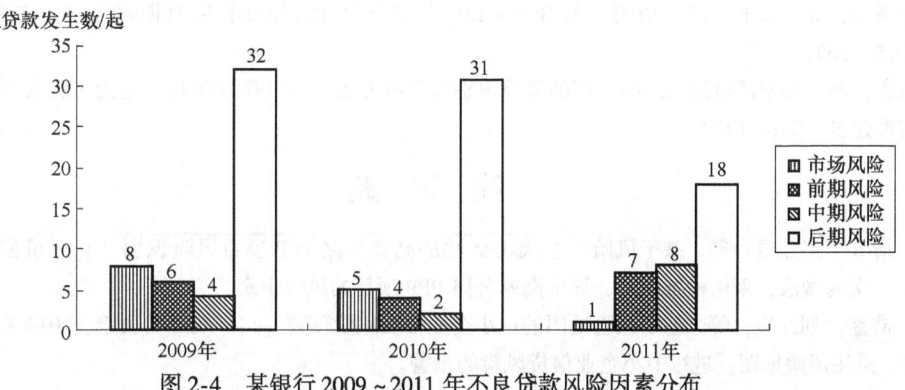

图 2-4 某银行 2009～2011 年不良贷款风险因素分布

补充阅读文献

1. 检查表法文献

［1］苏光伟．工程项目安全检查表风险评价方法的制定与应用［J］．石油化工安全环保技术，2007（8）．

［2］熊华，等．工程项目风险识别中的检查表法［J］．灾害学，2005（3）．

［3］李洪兴，等．检查表法在农村集中式供水系统风险评价的应用［J］．环境与健康，2012（4）．

［4］王超俊，等．基于风险检查表-ISM法的高速公路PPP项目风险识别［J］．价值工程，2016（6）．

［5］常杪．基于"检查表–层次分析法"的贵州省工业园区环境风险评价方法研究［J］．四川环境，2015（8）．

2. 列表检查法文献

［1］李凯，等．大型体育场馆运营风险识别及评价指标体系的理论构建［J］．哈尔滨体育学院学报，2015（10）．

［2］田中敏．论IT项目开发中的风险管理［J］．武汉科技大学学报：社会科学版，2002（9）．

3. 现场观察法文献

［1］潘宇斌，等．论集团公司财务风险管理与控制［J］．广西大学学报：哲学社会科学版，2006（10）．

［2］陈聪聪．着力实施稳增长促改革调结构惠民生防风险政策措施落实情况跟踪审计［J］．理财，2015（2）．

4. 风险清单分析法文献

［1］宋阳．对外承包工程企业全部风险管理研究［D］．北京：北京邮电大学，2009．

［2］田敬兴．出口信用保险国家经济风险评价［D］．福州：福州大学，2006．

［3］谢玉文．关于油田风险识别的实践与思考［J］．江汉石油职工大学学报，2013（1）．

［4］李韶辉．企业的风险估算及保险转移［J］．北方经贸，2013（5）．

［5］郑文．岗位风险清单在企业风险管理中的应用［J］．山东纺织经济，2015（7）．

［6］刘亚昆，等．国际水电工程EPC项目初始风险清单构建研究［J］．项目管理技术，2013（12）．

［7］陈珊丽．运用"初始风险清单法"识别当前项目中承包商面临的风险［J］．陕西建筑．2008（9）．

5. 风险地图文献

［1］刘红生，等．基于风险地图的中小企业信贷风险预警［J］．统计与决策，2014（10）．

［2］胡欣宇．基于风险地图的内部审计探讨——以中国农业银行为例［J］．金融理论与实践，2016（1）．

［3］张琼．基于风险地图的风险导向内部审计应用——广东移动风险导向内部审计实务探索［C］∥全国内部审计理论研讨会优秀论文集，2011．

［4］斯慧龙，等．以风险地图为指引的内部审计监控模式的探索与实践［C］∥全国内部审计理论研讨会优秀论文集，2011．

［5］袁溪蔓，等．基于"风险地图"的BOT+EPC模式下高速公路项目风险识别［J］．交通企业管理，2015（10）．

［6］全吉，等．基于风险链和风险地图的风险识别和分析方法——以某海外EPC电力工程为例［J］．南方能源建设，2014（12）．

练 习 题

1. 借鉴"王超俊，等．基于风险检查表-ISM法的高速公路PPP项目风险识别［J］．价值工程，2016（6）．"一文的做法，采用检查表法，评价高速公路PPP项目的风险识别。

2. 借鉴"刘红生，等．基于风险地图的中小企业信贷风险预警［J］．统计与决策，2014（10）．"一文的做法，采用风险地图，进行中小企业信贷风险的预警。

第三章

支撑类风险评估方法

本章将介绍11种支撑类风险评估方法：专家调查法、头脑风暴法、德尔菲法、结构化假设分析、人因可靠性分析、集合意见法、座谈讨论法、结构化/半结构化访谈、问卷调查法、专家打分法、风险暴露计分法。

第一节 专家调查法

一、理论

专家调查法就是通过对多位相关专家的反复咨询及意见反馈，确定主要风险因素，然后制成风险因素估计调查表，再由专家和相关工作人员对各风险因素在项目建设期或分析期内出现的可能性以及风险因素出现后对公司价值的影响程度进行定性估计，最后通过对调查表的统计整理和量化处理，获得各风险因素的概率分布和对公司价值的可能的影响结果。企业组织各领域专家运用专业方面的知识和经验，根据企业的内外环境，通过直观的归纳，对企业过去和现在的状况、变化发展过程进行综合分析研究，找出企业运动、变化、发展的规律，从而对企业未来的发展趋势做出判断。由于这种方法的成本较高，大部分企业只采用其中的标准化调查法，即通过专业人员、咨询企业、协会等，就企业可能遇到的问题加以详细调查和分析，形成报告文件供企业经营者参考。该方法的优点是标准化，缺点是对于特定企业而言，无法提供特定的问题、损失暴露的一些个性特征。

专家调查法应用广泛，多年来信息研究机构采用专家个人调查和会议调查完成了许多信息研究报告，为政府部门和企业经营单位决策提供了重要依据。20世纪60年代中期，国外许多政府机构和公司企业热衷于建立电子计算机数据处理系统，但是，实践表明，利用专家头脑的直观判断仍具有强大的生命力，专家的作用和经验是电子计算机无法完全取代的。在许多情况下，只有依靠专家才能做出判断和评估。20世纪60年代以后，专家调查法被世界各国广泛用于评价政策、协调计划、预测经济和技术、组织决策等活动中。这种方法比较简单、节省费用，能把有理论知识和实践经验的各方面专家对同一问题的意见集中起来。它适用于研究资料少、未知因素多、主要靠主观判断和粗略估计来确定的问题，是较多地用于长期预测和动态预测的一种重要的预测方法。

专家调查法的特点有：①函询。用通信方式反复征求专家意见，调查人与调查对象之间的联系是通过书信来实现的。②多向。调查对象分布于不同的专业领域，在同一个问题上能了解到各方面专家的意见。③匿名。通过调查组织者的整理，调查对象可以了解到其他专家的意见。但他们是背靠背、不记名的，互不了解对方为谁。这有助于他们发表独立的见解。④反复。有控制地进行反馈的迭代，使分散的意见逐步趋向一致，以发挥集体智慧。⑤集中。用统计方法集中所有调查对象的意见，把每个专家的个人判断尽可能反映在最后归纳的集体意见中。从上述特点可知专家调查法是比较科学的，有广泛的用途，但是交换信件耗费时间，不能面对面讨论，所提问题很难提得很明确而不需要进一步解释，最后得出的一致意见具有一定程度的人为强制性。若与其他调查方法配合使用，就能取得更好的效果。

下列三种典型情况下，利用专家的知识和经验是有效的，也是唯一可选用的调查方法：①数据缺乏：数据是各种定量研究的基础。然而，有时数据不足，或数据不能反映真实情况，或采集数据的时间过长，或者付出的代价过高，因而无法采用定量方法。②新技术评估：对于一些崭新的科学技术，在没有或缺乏数据的条件下，专家的判断往往是唯一的评价根据。③非技术因素起主要作用：当决策的问题超出了技术和经济范围而涉及生态环境、公众舆论以致政治因素时，这些非技术因素的重要性往往超过技术本身的发展因素，因而过去的数据和技术因素就处于次要地位，在这种情况下，只有依靠专家才能做出判断。此外，由于原始信息量极大，决策涉及的相关因素（技术、政治、经济、环境、心理、文化传统等）过多，计算机处理这样大的信息量，费用很高。这时，从费用效果考虑，也应采用专家调查法。

二、操作

（1）确定主持人，组织专门小组。

（2）拟定调查提纲。所提问题要明确具体，选择得当，数量不宜过多，并提供必要的背景材料。

（3）选择调查对象。所选的专家要有广泛的代表性，他们要熟悉业务，有特长、一定的声望、较强的判断和洞察能力。选定的专家人数不宜太少也不宜太多，一般以10~50人为宜。

（4）轮番征询意见。通常要经过三轮：第一轮是提出问题，要求专家们在规定的时间内把调查表格填完寄回；第二轮是修改问题，请专家根据整理的不同意见修改自己所提意见，即让调查对象了解其他见解后，再一次征求他本人的意见；第三轮是最后判定。把专家们最后重新考虑的意见收集上来，加以整理。有时根据实际需要，还可进行更多轮的征询活动。

（5）整理调查结果，提出调查报告。对征询所得的意见进行统计处理，一般采用中位数法，把处于中位数的专家意见作为调查结论，并进行文字归纳，写成报告。从上述工作程序可以看出，专家调查法能否取得理想的结果，关键在于调查对象的人选及其对所调查问题掌握的资料和熟悉的程度，调查主持人的水平和经验也是一个很重要的因素。

第二节　头脑风暴法

一、理论

头脑风暴法又称智力激励法、BS（brain-storming）法、自由思考法，是指刺激并鼓励一群知识渊博、知悉风险情况的人员畅所欲言，开展集体讨论的方法。头脑风暴法又可分为直接头脑风暴法（通常简称为头脑风暴法）和质疑头脑风暴法（也称反头脑风暴法）。前者是专家群体决策，尽可能激发创造性，产生尽可能多的设想方法，后者则是对前者提出的设想、方案逐一质疑，分析其现实可行性的方法。将头脑风暴法应用于风险识别，就是由指定的主持人提出与风险有关的问题，然后要求小组依次在第一时间给出对问题的看法。之后由风险管理小组对讨论后识别的所有风险进行复核，并且认定核心风险。

头脑风暴法是由美国的亚历克斯·奥斯本（Alex Osborne）提出的。他对头脑风暴法的描述是：头脑风暴是一个团体试图通过聚焦成员自发提出的观点，以便为一个特定问题找到解决方法的会议技巧。可见，头脑风暴法是一个过程，目的是产生新观点，手段是通过在讨论中设定一系列的、具有激励性的规则和技巧。

头脑风暴法需遵循几个原则：①平等。每个参与者在会议期间都是平等的，不存在上级和下属的区别，也不存在权威。必须鼓励所有参与者卸下包袱、放开思想，毫无顾忌地发表自己的观点。如果会议的环境或者氛围令人拘束，参与者在表达观点时瞻前顾后，是产生不了有创造性的想法的。因此，作为会议的组织者，要尽量消除上下级、权威等地位差异的影响，创造一个自由平等的气氛，鼓励大家放开身心地参与进来。②无错无评判。每个观点和想法是平等的，并且在头脑风暴中不存在错误的观点。在会议中应该禁止成员对想法或观点进行评价。一方面，评价占用脑力资源，而在头脑风暴法中宝贵的脑力资源应当用在新的想法的产生和激荡上；另一方面，对某观点和想法的评价往往会产生两个结果，批评或称赞，并且小组成员往往意见不一，这样就很容易跑题，把人们的注意力从新想法的产生过渡到对已有想法的争论上。对各种观点的评价应当放在头脑风暴之后。③追求数量。在头脑风暴阶段，追求的是想法的数量而非质量。数量越多，产生好想法的可能也就越大。至于质量问题是留待会后评价汇总阶段来解决的。如果执着于想法的质量和成熟度，势必会影响新想法产生的速度，降低头脑风暴的效率。另外，在风险识别中，主旨是追求风险因素的全面，算无遗策，这与追求数量的原则刚好吻合。④及时记录。头脑风暴讨论中，应该及时记录已经产生的想法，并显示在黑板、显示屏等大家都能看到的标板上，使每个成员都能随时回顾已经产生的想法，并对它们进行综合考虑，提出新的创意。并且，公开显示的方法还可以尽可能地保证没有遗漏，这对风险识别尤其重要。

头脑风暴法可以与其他风险评估方法一起使用，也可以单独使用来激发风险管理过程任何阶段的想象力。头脑风暴法可以用作旨在发现问题的高层次讨论，也可以用作更细致的评审或是特殊问题的细节讨论，适用于充分发挥专家意见，在风险识别阶段进行定性分析。

美国兰德公司针对头脑风暴法的常见问题，改头脑风暴法为头脑咨询，创立了德尔菲法。在决策方面，头脑风暴法可以使群体的压力降到最低，德尔菲法能使人际冲突趋于最小（见表3-1）。

表 3-1　头脑风暴法与德尔菲法的比较

效果标准/决策方法	头脑风暴法	德尔菲法
观点数量	中等	高
观点质量	中等	高
社会压力	低	低
财务成本	低	低
决策速度	中等	低
任务导向	高	高

(续)

效果标准/决策方法	头脑风暴法	德尔菲法
潜在的人际冲突	低	低
成就感	高	中等
对决策结果的承诺	不适用	低
群体凝聚力	高	低

头脑风暴法的主要优点包括：①激发了想象力，有助于发现新的风险和全新的解决方案；②让主要的利益相关者参与其中，有助于进行全面沟通；③速度较快并易于开展。

头脑风暴法的主要局限性表现在：①参与者可能缺乏必要的技术及知识，无法提出有效的建议；②由于头脑风暴法相对松散，因此较难保证过程的全面性；③可能会出现特殊的小组状况，导致某些有重要观点的人保持沉默而其他人成为讨论的主角；④实施成本较高，要求参与者有较好的素质。这些因素是否满足会影响头脑风暴法实施的效果。

二、操作

（1）输入。召集一个熟悉被评估的组织、系统、过程或应用的专家团队。

（2）输出。输出取决于该结果所应用的风险管理过程的阶段。例如，在识别阶段，该技术的输出可能是识别出的风险及当前控制措施的清单。

具体操作如下：

1. 确定主题和参会人员

在会前，要将会议讨论的主题、想要达到的目标明确地表述出来，并且具体细化。头脑风暴会议的时间一般在半个小时到一个小时之间，时间过短人们可能达不到头脑兴奋的状态，时间过长又容易产生疲劳感。希望在这一较短的时间内解决所有的问题是不现实的。因此，每次会议的主题一定要具体而明确，如确定为市场风险因素的识别，而不是所有风险因素的识别。主题确定之后，就可以确定相关人员参与会议，一般在10人左右。人数太少不利于信息交流和思想启发，人数太多则不容易控制，每人发言机会不足，容易产生边缘人。人员有分工，一般分为三类：主持人一名、记录员一名和参与者若干。如果参与人员互相认识，则尽量使参与人员在职称、地位等方面平等，以免领导人员在场对其他人员产生压力。如果参与人员互不相识，则在会议过程中不必相互介绍，平等对待每个参与人员。

2. 会前准备

在准备阶段，需要做两方面的工作：①人员的准备，保证所有的参与人员知晓会议的时间、地点和议题，必要的时候预先发放一些参考资料。特别是议题的明确尤为重要，确保所有的参与人员对要解决的问题有一定的了解。②会场的准备，要有显示器或者黑板等公共显示设备，便于及时记录大家的观点和想法。在会议室中不得出现分散人们注意力的东西，如书报杂志之类，确保人们在舒适的环境中集中精力。此外，圆形的会议座次安排比讲课式的安排更开放和平等，因而更有利于头脑风暴的实施。

3. 明确纪律

为了保证头脑风暴法的效果，需要规定几条纪律，使参会者务必遵守。首先要保证头脑风暴原则的执行，例如，与会人员需要相互尊重、平等相待；不可以对其他人的观点进行评判等。其次要保证会议的顺利进行，例如，不得私下议论，影响他人的发言和思考；发言要切中主题，不绕弯、不跑题；全体人员需要精力集中，积极投入，不做旁观者等。

4. 进行讨论

讨论开始时，一般由主持人简短介绍会议的主题、讨论的目标，然后参会人员打开思维，开始头脑风暴。在发表观点的过程中，记录人员要及时将发言人的观点和想法总结，记录于公共显示面板上，方便大家及时回顾和综合考虑。在会议过程中，主持人要注意调节、调动气氛，使参会人员积极主动地参与讨论，激发灵感，大胆想象，提出标新立异的想法，尽可能地涵盖所有的风险因素。

5. 总结归纳

在头脑风暴结束后，由部分或全体参会人员将在讨论过程中的观点和想法进行整理分析、分门别类，将重复的观点进行合并，形成简洁的风险因素列表。此时要认真评价每个观点，绝不轻易删除任何一个可能的风险因素。

【例3-1】 某培训机构计划举办一次短期培训班，为了识别办培训班项目可能存在的风险事件，减少因风险给项目带来的损失，负责该项目运作的项目团队运用了头脑风暴法来识别和讨论，并得到该项目的风险事件清单。该项目的工作分解结构（Work Breakdown Structure，WBS）如图3-1所示，项目团队运用头脑风暴法识别风险的结果如表3-2所示。这里，只是从办培训班项目微观的角度来识别每项活动的风险事件，实际情况是，可能出现问题的方面远不止这些，如宏观方面的政策风险、经济风险、市场风险、技术风险、社会文化风险等，应尽可能把它们全部都列出来。对于每项任务，都要多问几个这样的问题："哪里会出现问题？万一出现问题该怎么办？"项目小组在一起头脑风暴，可以有效地防止遗漏重要的风险。

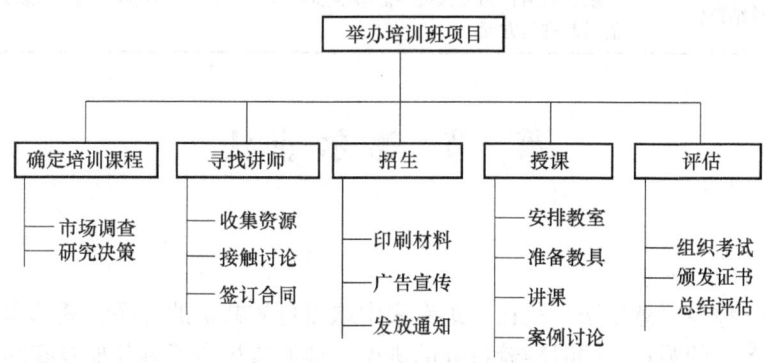

图 3-1　办培训班项目的 WBS

表 3-2　办培训班项目的风险事件清单

项　　目	活动名称	可能的风险事件
确定培训课程	市场调查	市场调查人员不够专业；缺乏市场调查专业化手段和工具；市场调查的对象不准确、数据过时、方式错误、调查面太窄；市场调查的结果不能真实反映客观条件；市场条件发生变化
	研究决策	决策者的水平低；会决策的人没有参与决策；缺乏决策的工具和技术；缺乏决策的流程和机制；没有进行充分的讨论；决策错误

(续)

项 目	活动名称	可能的风险事件
寻找讲师	收集资源	收集的资源有限；缺乏收集资源的渠道、方式、方法；收集到错误的资源；收集到的资源用不上
	接触讨论	讲师不愿意或没有时间讨论；相关人员缺乏沟通、讨论的技巧；讨论不充分，该讨论的问题没有讨论；讨论的时机、场合不适当导致讨论失败
	签订合同	讲师拒绝签字；合同不合法而无效；双方在合同条款方面达不成共识
招生	印刷材料	印刷错误；不能按时提交印刷好的材料；印刷质量差影响招生；材料不够用
	广告宣传	宣传的媒体、方式错误；宣传的对象错误；力度不够；宣传面不够；时机、场合错误；广告宣传效果差；因不合法而受到阻止；合作伙伴出现问题
	发放通知	发错了地址或接收人；没有按时发出；接收人没能提前接到通知；通知上的信息错误；忘记了发通知
授课	安排教室	教室太小或太大；现场条件如温度、照明、音响、投影仪等不能满足上课需求；交通不便；周围噪声太大，听不清老师讲课；座椅数量不够
	准备教具	找不到需要的教具；教具不符合要求；教具临时出现故障；数量不够
	讲课	老师生病或有事不能来；讲课过程中老师的身体方面出现问题；计算机、投影仪或其他设备故障；效果差、学员闹课堂
	案例分析	案例材料没有事先准备出来；学员对案例不熟悉；事先要求阅读的材料没有预习；案例选择不合适，学员不愿参与讨论；讨论变成争吵；时间不够用
评估	组织考试	学员不愿参加考试；考试现场出现混乱；试卷印刷错误；试卷没按时准备出来；试卷太难或太容易
	颁发证书	证书没能事先准备出来；证书印刷错误；证书制作粗糙、质量差；学员不认可证书；有的学员没有证书
	总结评估	缺乏数据；相关人员不能够参加评估；总结评估不够深入；未能发现真正的问题和值得改进的方面

第三节 德尔菲法

一、理论

德尔菲法又称专家意见法，是在一组专家中取得可靠共识的程序，其基本特征是专家单独、匿名表达各自的观点，同时随着过程的进展，他们有机会了解其他专家的观点。德尔菲法采用背对背的通信方式征询专家小组成员的意见，专家之间不得互相讨论，不发生横向联系，只能与调查人员发生联系。通过反复填写问卷，搜集各方意见，以形成专家之间的共识。

（1）特点：①匿名性。专家小组的成员彼此不认识。小组成员的相互交流完全是通过匿名的调查表形式进行的，专家的意见可以不公开。充分发挥各位专家的独立思考作用。②重复性。不断重复的、受控的信息反馈。德尔菲法一般要经过多轮的反复，每一轮都要把收集到的意见统一处理后反馈给专家小组中的成员。经过这种受控的信息反馈，使成员的意见渐趋集中。专家从第二轮开始，可以了解到其他专家的意见。③统计性。对专家的意见进行统计分析、处理。④可控性，这体现在人员、信息和时间等因素。⑤收敛性，体现在意见、问题逐次减少，这是因为信息资料的传递和专家小组成员相互影响而形成的。

（2）用途。无论是否需要专家的共识，德尔菲法都可以用于风险管理过程或系统生命周期的任何阶段，适用于在专家一致性意见基础上，在风险识别阶段进行定性分析。

（3）注意事项：①采取匿名制，避免专家相互知道对方。②避免个人权威、资历压力，尤其是主持人或组织者的倾向性意见等因素的影响。③按合理的次序和方式将问题集中列好，以引起专家的兴趣和注意力。④尽量避免所提问题出现交叉和组合的情况。例如，如果一个问题包含两方面内容，一方面是专家同意的，另一方面是专家不同意的，这时专家就难以做出正确的判断和回答。⑤控制问题的数量，一般认为20～25个为宜，过多的问题不仅排列有困难，也容易引起交叉和组合。⑥应对结论进行反复分析、验证，这是因为若问题提问、排列、回答的方式不同，对专家反馈意见的统计整理方法有差异，则对应的结论就会有所不同。⑦调查意见表的设计要求包括：填写调查表的说明；问题明确、集中、数量适宜（尽量避免交叉、含糊、组合）；用语要准确（可附以必要的术语、解释）；提供组织内部、外部就相关问题的背景资料、信息、数据等；本次调查的目的、意义；简介德尔菲法；向专家提供方便（设计合理、便捷）；要留有专家写出自己意见的地方（这是专家交流的重要方面）；不显露领导者的个人意见。

（4）德尔菲法的主要优点包括：①由于观点是匿名的，因此更有可能表达出那些不受欢迎的看法；②所有观点有相同的权重，避免重要人物占主导地位的问题；③专家不必一次聚集在某个地方，比较方便。

（5）德尔菲法的局限性：①权威人士的意见会影响他人的意见；②有些专家碍于情面，不愿意发表与其他人不同的意见；③出于自尊心而不愿意修改自己原来不全面的意见；④过程比较复杂，花费时间较长。

二、操作

（1）输入。达成共识所需的一系列资源。

（2）输出。逐渐对现有事项达成共识。

（3）步骤。使用半结构化问卷对一组专家进行提问。专家无须会面，保证其观点具有独立性。

1）组成专家小组。按照课题所需要的知识范围，确定专家。专家人数的多少，可根据预测课题的大小和涉及面的宽窄而定，一般不超过20人。

2）向所有专家提出所要预测的问题及有关要求，并附上有关这些问题的所有背景材料，同时请专家提出还需要什么材料。然后，由专家做书面答复。

3）各个专家根据他们所收到的材料，提出自己的预测意见，并说明自己是怎样利用这些材料并提出预测值的。

4）将各位专家第一次的判断意见汇总，列出图表，进行对比，再分发给各位专家，让专家自己比较自己同他人的不同意见，修改自己的意见和判断，也可以把各位专家的意见加以整理，或请身份更高的其他专家加以评论，然后把这些意见再分送给各位专家，以便他们参考后修改自己的意见。

5）将所有专家的修改意见收集起来，汇总，再次分发给各位专家，以便做第二次修改。逐轮收集意见并为专家反馈信息是德尔菲法的主要环节。收集意见和信息反馈一般要经过三四轮。在向专家进行反馈的时候，只给出各种意见，并不说明发表各种意见的专家的具体姓名。这一过程重复进行，直到每一个专家不再改变自己的意见为止。

6）对专家的意见进行综合处理。以上 6 个步骤并非一定都发生，如果在第 4 步专家意见就已经达成一致，则不需要进行第 5 步和第 6 步了。

【例 3-2】 一家学校的校长正在考虑将饮食服务外包给外部的服务供应商，也就是说，私人企业将接管现有的饮食服务员工及厨师，并承担为学生提供饮食的责任。在评价该项目的风险因素时，学校委托一家专业公司进行调查。该调查公司选择了 30 位相关领域的专家，针对以下几个风险因素编制了调查问卷表：①承包商的财务结构不稳定；②承包商在为学生提供高品质、健康食物方面可能有不良记录，以及承包商的卫生标准未能达标；③学校无法控制绩效（例如，员工能否采纳学校行政组的指导或意见）；④食品卫生情况与学生生病或感染传染病之间的关联性或因果关系；⑤公众尤其是家长对饮食外包的敌对情绪。该调查公司根据上述风险因素编制了 20 个问题，反复征询专家意见，达成对该项目风险的共识。

【例 3-3】 表 3-3 是某航空项目对风险后果、发生可能性的专家调查表。表中共 5 大类、17 项风险。发生可能性分为 5 种严重程度。风险后果分为 4 种形态，每种形态分为 4 种严重程度。在调查表的说明书中，对可能性的 5 种严重程度和后果中 4 种形态的 4 种严重程度应进行详细说明和界定。

表 3-3 专家调查表举例

风险种类		风险发生可能性估计	风险对项目的影响估计			
			费用	进度	技术性能指标	其他
立项风险		1 2 3 4 5	① ② ③ ④	① ② ③ ④	① ② ③ ④	① ② ③ ④
技术风险	设计风险	1 2 3 4 5	① ② ③ ④	① ② ③ ④	① ② ③ ④	① ② ③ ④
	工艺风险	1 2 3 4 5	① ② ③ ④	① ② ③ ④	① ② ③ ④	① ② ③ ④
	元器件风险	1 2 3 4 5	① ② ③ ④	① ② ③ ④	① ② ③ ④	① ② ③ ④
	设施风险	1 2 3 4 5	① ② ③ ④	① ② ③ ④	① ② ③ ④	① ② ③ ④
	材料风险	1 2 3 4 5	① ② ③ ④	① ② ③ ④	① ② ③ ④	① ② ③ ④
管理风险	计划风险	1 2 3 4 5	① ② ③ ④	① ② ③ ④	① ② ③ ④	① ② ③ ④
	组织风险	1 2 3 4 5	① ② ③ ④	① ② ③ ④	① ② ③ ④	① ② ③ ④
	协调风险	1 2 3 4 5	① ② ③ ④	① ② ③ ④	① ② ③ ④	① ② ③ ④
	控制风险	1 2 3 4 5	① ② ③ ④	① ② ③ ④	① ② ③ ④	① ② ③ ④
人力风险	责任心风险	1 2 3 4 5	① ② ③ ④	① ② ③ ④	① ② ③ ④	① ② ③ ④
	能力风险	1 2 3 4 5	① ② ③ ④	① ② ③ ④	① ② ③ ④	① ② ③ ④
	人员稳定性风险	1 2 3 4 5	① ② ③ ④	① ② ③ ④	① ② ③ ④	① ② ③ ④
环境风险	政治风险	1 2 3 4 5	① ② ③ ④	① ② ③ ④	① ② ③ ④	① ② ③ ④
	经济风险	1 2 3 4 5	① ② ③ ④	① ② ③ ④	① ② ③ ④	① ② ③ ④
	自然风险	1 2 3 4 5	① ② ③ ④	① ② ③ ④	① ② ③ ④	① ② ③ ④
	市场风险	1 2 3 4 5	① ② ③ ④	① ② ③ ④	① ② ③ ④	① ② ③ ④

注：可能性的 5 种严重程度分别为：非常不严重、较不严重、一般严重、较严重、非常严重。后果中 4 种形态的 4 种严重程度分别为：非常不严重、较不严重、较严重、非常严重。

第四节 结构化假设分析

一、理论

最初,结构化假设分析(SWIFT)是作为比危险与可操作性分析更简单的替代性方法推出的。它是一种系统的、团队合作式的研究方法,利用了引导员在讨论会上运用的一系列"提示"词或短语来激发参与者识别风险。引导员和团队使用标准的"假定分析"式短语以及提示词,来调查正常程序和行为的偏差对某个系统、设备组件、组织或程序产生影响的方式。

1. 用途

SWIFT 的设计初衷是针对化学及石化工厂的危险进行研究。目前该技术广泛地用于各种系统、设备组件、程序及组织的风险评估活动中,可用来分析变化的后果以及新产生的风险。

2. 优点

SWIFT 的优点包括:①广泛用于各种形式的物理设备或系统、情况或环境、组织或活动;②对团队的准备工作要求较低;③速度较快,同时重大危险及风险在讨论会上可以很快暴露出来;④通过这项以"系统为导向"的研究,参与者可以分析系统对偏差的反应,而不只是分析组件故障的后果;⑤可用来识别过程及系统改进的机会,通常可用来识别促进成功可能性的活动;⑥使那些参与现有控制和进一步风险应对行动的人员参与到讨论会中,这样可以增强其责任感;⑦可轻松地建立起风险登记表和风险应对计划。

3. 局限性

SWIFT 的局限性表现在:①要求经验丰富、能力较强、工作效率高的引导员;②需要精心的准备,这样才不会浪费讨论团队的时间;③如果讨论团队缺乏足够的经验或是揭示系统不够全面,那么有些风险或危险可能就无法识别;④可能无法揭示那些复杂、详细或相关的原因。

二、操作

1. 输入

在开始进行研究之前,必须对系统、设备组件、程序及变化进行严格界定。引导员应通过访谈以及对文件、计划和图样的全面分析建立内外部背景。一般来说,研究涉及的项目、情况或系统应划分成节点或关键要素以便于开展分析过程,而这在危险与可操作性分析的界定层面中很少涉及。另一个关键输入,是收集整理经过认真挑选的研究团队的专业知识和经验。其中,所有利益相关者的观点都要得到反映,如果可能的话,应当将其与拥有类似项目经验或情况经历的人员的观点统筹考虑。

2. 输出

输出结果是一个风险列表,记录了针对不同等级风险的行动或任务。这些任务可构成一个风险应对计划的基础。

3. 步骤

（1）在开展研究之前，引导员应准备一份相关的词语或短语提示单。该清单可以基于一系列标准的词语或短语，也可以是为便于对危险或风险进行综合分析而形成的词语或短语。

（2）讨论会应讨论并约定项目、系统、变化或情况的内外部背景以及研究范围。

（3）引导员要求参与者提出并讨论：①已知的风险和危险；②以往的经历和事件；③已知和现有的控制及保障措施；④监管要求和限制措施。

（4）使用"假定分析"这样的短语及提示词或主题以形成问题，达到引导讨论的目的。计划使用的"假定分析"短语包括"要是……怎么办……""如果……会发生……""某人或某事会……"以及"有人或有事曾经……"，其目的是激发研究团队探讨潜在的情景及其原因和后果以及影响。

（5）总结风险，同时团队分析现有的控制措施。

（6）与团队确认风险及其原因、后果和预期控制的描述，并进行记录。

（7）团队分析控制措施是否充分有效，同时就风险控制效果的声明达成一致。如果未达到满意的效果，团队应继续风险应对工作并界定潜在的控制措施。

（8）在本次讨论中，提出更多的"假定分析"问题，以识别更多的风险。

（9）引导员利用提示单来监督讨论并建议团队讨论其他问题和情景。

（10）通常要使用定性或半定量风险评估方法来将按先后顺序排列的行动进行等级划分。一般来说，在使用这种风险评估方法时，我们要考虑现有的控制措施及其效果。

第五节　人因可靠性分析

一、理论

人因可靠性分析（Human Reliability Analysis，HRA）关注的是人因关系对系统绩效的影响，可以用来评估人为错误对系统的影响。很多过程都有可能出现人为错误，尤其是当操作人员可用的决策时间较短时。问题最终发展到严重地步的可能性或许不大，但是有时，人的行为是唯一能避免故障最终演变成事故的手段。HRA的重要性在各种事故中都得到了证明。在这些事故中，人为错误导致了一系列灾难性的事项。有些事故向人们敲响警钟，不要一味地进行那些只关注系统软硬件的风险评估。它们证明了忽视人为错误这种诱因发生的可能性是多么危险的事情。

（1）用途。HRA可进行定性或定量使用。如果定性使用，HRA可识别潜在的人为错误及其原因，降低人为错误发生的可能性；如果定量使用，HRA可以为FTA（故障树分析）或其他技术的人为故障提供基础数据。

（2）优点：①HRA提供了一种正式机制，将人为错误置于系统相关风险的分析中；②对人为错误的正式分析有利于降低错误所致故障的可能性。

（3）局限性：①人的复杂性及多变性导致很难确定那些简单的失效模式及效率；②很多人为活动缺乏简单的通过/失败模式；③HRA较难处理由于质量或决策不当造成的局部故障或失效。

二、操作

1. 输入

输入包括：①明确人们必须完成的任务的信息；②实际发生及有可能发生的各类措施的经验；③有关人为错误及其量化的专业知识。

2. 输出

输出包括：①可能会发生的错误清单以及减少损失的方法；②错误模式、错误类型、原因及结果；③错误所造成风险的定性或定量评估。

3. 步骤

（1）问题界定：计划调查/评估过程中有哪些类型的人为活动？

（2）人物分析：如何执行任务？为了协助任务的执行，需要哪类帮助？

（3）人为错误分析：任务执行失败的原因是什么？可能出现什么错误？怎样补救错误？

（4）表示：怎样将这些错误或任务执行故障与其他硬件、软件或环境事项整合起来，从而对整个系统故障的概率进行计算？

（5）筛查：有不需要细致量化的错误或任务吗？

（6）量化：人为错误和故障发生的可能性有多大？

（7）影响程度评估：哪些错误或任务是最重要的？

（8）减少错误：如何提高人因可靠性？

（9）记录：有关HRA的哪些详情应记录在案？

在实践中，HRA会分步骤进行，尽管某些步骤有时会与其他步骤同步进行。

第六节 集合意见法

一、理论

集合意见法是由调查人员召集企业内部或企业外部的相关人员，根据个人对事件的接触、认识、市场信息、资料及经验，对未来市场做出判断预测，并加以综合分析的一种方法。通过与企业各部门相关人员进行交流，征求其有关财务风险存在和来源的意见，然后由风险管理人员将各种意见汇总起来，进行综合分析和研究，以全面了解财务风险的发生情况，这样既可以发现被遗漏或忽视的财务风险，又能够提高各部门在财务风险管理中的协同作用。该方法特别适合于企业预测，适用内容有市场开发、市场容量、产品销售量、市场占有率预测。

采用集合意见法进行预测，一般步骤如下：

（1）预测组织者根据企业经营管理的要求，向参加预测的有关人员提出预测项目和预测期限的要求，并尽可能提供有关背景资料。

（2）预测有关人员根据预测要求及掌握的背景资料，凭个人经验和分析判断能力，提出各自的预测方案。在此过程中，预测人员应进行必要的定性分析和定量分析。定性分析主要分析历史上销售资料、目前市场状态、产品适销对路的情况等。定量分析主要确定未来市场需求几种可能状态（如市场销路好或市场销路差状态），估计各种可能状态出现的主观概率及每种可能状态下的具体销售值。

（3）预测组织者计算有关人员的预测方案的方案期望值。方案期望值等于各种可能状态的主观概率与状态值乘积之和。

（4）将参与预测的有关人员分类，如厂长（经理）类、管理职能科室类、业务人员类等，计算各类综合期望值。综合方法一般是采用平均数、加权平均数统计法或中位数统计法。

（5）确定最后的预测值。预测组织者将各类人员的综合期望值通过加权平均数统计法等计算出最后的预测值。

二、操作

某零售企业为了预测明年烟酒销售额，要求经理和业务科、计划科、财务科及销售员做出年度销售预测。如何运用集合意见法做出预测，具体步骤如下：

第一步，各位经理、科室负责人和销售员分别提出各自的预测方案意见（见表3-4～表3-6）。说明：①未来的市场销售前景有三种可能性：销售好、销售一般、销售差，每种可能性发生的机会，称为概率，如销售好的概率为0.3。②权数。不同人员由于在企业中的地位不同，权威性不同，他的预测意见的影响力也不同，如经理甲是正经理，经理乙是副经理，显然经理甲的权威性大于经理乙的权威性，因此，经理甲的权数也应大于经理乙的权数。

表3-4　经理的预测方案意见　　　　　　　　　　　　　　　　单位：万元

经理	销售估计值						期望值	权数
	销售好	概率	销售一般	概率	销售差	概率		
甲	500	0.3	420	0.5	380	0.2	436	0.6
乙	550	0.4	480	0.4	360	0.2	484	0.4

表3-5　科室负责人的预测方案意见　　　　　　　　　　　　　单位：万元

科室人员	销售估计值						期望值	权数
	销售好	概率	销售一般	概率	销售差	概率		
业务	600	0.5	400	0.2	360	0.3	488	0.3
计划	540	0.4	480	0.3	340	0.3	462	0.3
财务	580	0.3	440	0.3	320	0.4	434	0.4

表3-6　销售员的预测方案意见　　　　　　　　　　　　　　　单位：万元

销售员	销售估计值						期望值	权数
	销售好	概率	销售一般	概率	销售差	概率		
甲	480	0.3	400	0.5	300	0.2	404	0.4
乙	520	0.3	440	0.4	360	0.3	440	0.3
丙	540	0.2	420	0.5	380	0.3	432	0.3

第二步，计算各预测人员的方案期望值。方案期望值等于各种可能状态的销售额与对应的概率乘积之和。例如，经理甲的方案期望值 = 500 万元 × 0.3 + 420 万元 × 0.5 + 380 万元 × 0.2 = 436 万元。

第三步，计算各类人员的综合预测值。即分别求出经理类、科室人员类、销售员类的综合预测值。公式为：$Y = \Sigma W_i Y_i / \Sigma W_i$。其中，$W_i$ 为某类各人员的方案期望值权数，Y_i 为某类各人员的方案期望值。因此，经理类综合预测值 = (436 万元 × 0.6 + 484 万元 × 0.4)/(0.6 + 0.4) = 455 万元。科室人员类综合预测值 = (488 万元 × 0.3 + 462 万元 × 0.3 + 434 万元 × 0.4)/(0.3 + 0.3 + 0.4) = 459 万元。销售员类综合预测值 = (404 万元 × 0.4 + 440 万元 × 0.3 + 432 万元 × 0.3)/(0.4 + 0.3 + 0.3) = 423 万元。

第四步，确定最后预测值。这是对三类人员的综合预测值应用加权平均数统计法再加以综合。由于三类人员的综合预测值的重要程度是不同的，所以应当为三类人员的综合预测值给予不同的权数。现假定，经理类的权数为 4，科室人员类的权数为 3，销售员类的权数为 2。最后预测值 = (455 万元 × 4 + 459 万元 × 3 + 423 万元 × 2)/(4 + 3 + 2) = 449 万元。

第七节 座谈讨论法

一、理论

座谈讨论法是利用从总体中抽取的一个样本，以及设计好的一份结构式的问卷，从被调查者中抽取所需的具体信息的方法。调查的内容可涉及行为、要求、态度、知识、动机、人口状况和生活方式等方面。收集数据的方式是结构式的，即标准化的：准备一份正式的问卷，问题的顺序都是事先安排好的，询问的过程也是直接的（不隐蔽目的）。

这种结构式的直接的调查，是最为常用的数据收集方法。所设计的大多数的问题都是固定选择题，或叫封闭式的问答题，被调查者只需从事先给定的几个可能答案中选定一个（或多个）就可以了。调查的样本是从总体中按一定的抽样方法抽取的。为了用样本的信息对总体做推断，一般采用随机抽样的方法。

这种定性的方法不仅要利用公司内部的信息，也要利用外部的资源提供信息。这既包括消费者、供应商、股东等企业利益相关方，也包括外部专家、审计机构、监管机构、管理咨询顾问等。

二、操作

实践中，往往采用小组讨论的形式，借鉴管理层、员工及其他相关人员的经验，共同寻找风险因素。具体实行的时候往往以公司业务模块为单位，例如，由市场营销部门的负责人召集市场部、采购部、广告部等相关人员进行讨论，集合每个成员的智慧，挖掘影响公司销售目标的潜在风险。

讨论的过程可以采用管理学中常用的头脑风暴法。风险识别贵在全面，风险识别阶段的目的是尽可能地找出影响企业目标的所有风险因素；而头脑风暴法恰恰是启发参与者的创造性、利用集体智慧、自由畅谈、追求数量的方法，与风险识别的目的刚好吻合。

第八节 结构化/半结构化访谈

一、理论

在结构化访谈中，访谈者会依据事先准备好的提纲向访谈对象提一系列准备好的问题，从而获取访谈对象对某个问题的看法。半结构化访谈与结构化访谈类似，但是可以进行更自由的对话，以探讨可能出现的问题。

1. 用途

如果人们很难聚在一起参加头脑风暴讨论会，或者小组内难以进行自由的讨论活动，结构化和半结构化访谈就是一种有用的方法。该方法主要用于识别风险或是评估现有风险控制措施的效果，是为利益相关方提供数据来进行风险评估的有效方式，并且适用于某个项目或过程的任何阶段。

2. 优点

其优点包括：①可以使人们有时间专门考虑某个问题；②通过一对一的沟通可以使双方有更多的机会对某个问题进行深入思考；③与只有小部分人员参与的头脑风暴法相比，结构化访谈可以让更多的利益相关者参与其中。

3. 局限性

其局限性表现在：①访谈对象的观点可能会存在偏见，因其没有通过小组讨论加以消除；②无法实现头脑风暴法的一大特征——激发想象力。

二、操作

输入数据包括：①明确访谈目标；②从利益相关方中挑选出被访谈者；③准备问题清单。

输出结果是利益相关方对于作为访谈主题的问题所形成的看法。

设计相关的访谈提纲以指导访谈者的访谈工作。问题应该是明确而简单的，利于访谈对象理解。还要准备可能的后续问题，用来补充说明该问题。为了保证访谈质量，问题最好只涉及一个方面的事物。接着，将问题提交给访谈对象。在寻找问题的答案时，问题应该是开放式的，应注意不要"诱导"被访谈者。考虑答复时应具有一定的灵活性，以便有计划地使访谈对象尽可能地表达其真实观点。

第九节　问卷调查法

一、理论

问卷调查法又称为问卷法、书面调查法或填表法，是调查者运用统一设计的问卷向被选取的调查对象了解情况或征询建议、意见的一种书面调查方法。调查者将问题制成表格，以邮寄、当面作答或者追踪访问等方式让被调查者填答，从而知道被调查者对调查问题的看法及意见。问卷调查法的关键在于编制问卷，选择被调查者和对结果进行分析。

问卷调查法的特点有：①标准化调查（以统一设计的一定结构的问卷为基础）；②抽样调查（样本量一般较大）；③定量分析（通过样本统计量来推断总体）；④间接调查（调查者不与被调查者直接见面，多数情况下由被调查者自填问卷）。

依据问卷填答者的不同，可以将问卷调查法分为两类：自填式问卷调查和代填式问卷调查。自填式问卷调查，根据问卷传递方式的不同，又可分为报刊问卷调查、送发问卷调查和邮政问卷调查；而代填式问卷调查，依据与被调查者交谈方式的不同，划分为访问问卷调查和电话问卷调查。

问卷调查是实行效率较高的一种风险识别方法，但该方法对问卷设计人员的素质要求较高，需要设计人员根据风险管理的方法，结合企业不同部门、所面临的不同风险的实际情况，分别设计出不同的调查问卷。这样才能保证问卷调查的结果对风险识别有实质性的帮助。

现场观察法费时费力，当风险涉及面太广时，风险管理者往往不可能对所有的现场都亲自检查，这时就需要依赖岗位工作人员的报告。然而岗位工作人员对风险识别往往又不太了解，所以采取问卷调查的形式，由风险管理者设计问卷，岗位人员填写问卷，就可以达到两全其美的效果，既利用了风险管理者的专业知识，又涵盖了岗位人员对实际情况的了解。

问卷调查法的优点包括：①突破时空限制，在宽阔范围内，对众多被调查对象同时进行调查；②更加方便对调查结果进行定量研究；③节省人力、时间和财力。

问卷调查法的局限性表现在：①问卷调查法只能获取书面的社会信息，而不能了解到生动、具体的社会情况；②缺乏弹性，很难做深入的定性调查；③问卷调查，尤其是自填式问卷调查，调查者比较不容易知道被调查者是认真填答还是随便应付了事，是自己作答还是请他人代劳；④被调查者对于问题不了解、对回答方式不清楚，也不能得到详细的指导和说明；⑤填答问卷只是简单的打钩或者是画圈，同时被调查者也会在从众心理驱使下按照社会主流意识填答，这些都不能保证调查的真实度。

二、操作

问卷调查的过程如下：①收集抽样对象和地点等有关信息；②选择调查方法；③设计问卷和填表说明；④试调查/征求意见；⑤抽样；⑥培训调查员；⑦实施调查；⑧问卷初步检查（现场）；⑨数据编码、录入、清理、评估；⑩准备数据文件。

表3-7 是对仓库火灾风险的调查问卷，也可以作为仓库火灾风险防范的实施手册来逐项检查。

表3-7 仓库火灾风险调查问卷

编　　号	HZ20070039	调查时间	
问卷填写人		风险责任人	
问　　题		答　　案	应采取什么行动
所有货物是否分类并码放整齐？			
所有货物是否都离开地面？			
所有防火门是否正常工作？			
灭火器是否过期？			
灭火器是否按照指定位置足量存放？			
烟雾报警系统是否正常工作？			
自动淋水系统是否正常工作？			
所有货物是否采取了防淋水措施？			
所有易燃物品是否都存放在单独的防火室？			
是否有专人确保入库人员禁烟？			
与仓库有关的工序中是否存在火灾隐患？			

(续)

问　题	答　案	应采取什么行动
是否定期实施消防演习？		
仓库工作人员是否熟悉消防手册内容？		
您认为还有哪些火灾隐患？		
您认为本问卷还需要增加哪些问题？		

填写人签字：

第十节　专家打分法

一、理论

专家打分法是根据具体评价对象，确定恰当的评价项目，并制定评价等级和标准，每个等级、标准用打分的形式体现的风险衡量方法。专家打分法计算简单，且选择余地比较大，这种方法在定性和定量分析的基础上，以打分的方式对风险做出衡量，其结果具有一定的数理统计特征。

美国兰德公司于1964年发明的德尔菲法是对专家打分法的改进。德尔菲法首先通过向参加评价且互不知晓的专家分别发放咨询表，完全消除相互间的影响；然后对每一轮专家打分的结果做出统计，并将其作为反馈材料发回给专家，供下一轮评价时参考；如此反复几次，直至专家们的评定意见比较吻合时为止。在专家打分法的赋权方面，由于是同行专家共同评定的，因而得到的指标权重一般比较客观。这种赋权方法相对而言比较简单，而且也容易理解。正因为如此，在社会问题的综合评价中，专家打分法应用比较广泛。

其计算方法如下：

(1) 加法评价型。将评价各指标项目所得的分值加总求和，按总分来表示评价结果。此法用于指标间关系简单者。

(2) 连积评价型。将各个项目的分值连乘，并按其乘积大小来表现业绩结果。这种方法的灵敏度很高，被评价对象各指标间的关系特别密切，其中一项的分数连带影响到其他各项的总结果，即具有某项指标不合格，就对整体起否定作用的特点。

(3) 和数相乘评价型。将评价对象的评价指标分成若干组，先计算出各组评分值之和，然后再将各组评分值连乘，所得即是总的评分。这是考虑到各因素之间的关系密切程度不同和相互影响方式不同来确定的。

(4) 加权评价型。将评价对象中的各项指标项目依照评价指标的重要程度，给予不同的权重，即对各因素的重要程度区别对待。

(5) 功效系数法。这是将多目标转化为单目标的方法，由评价者对不同的评价指标分别给予不同的功效系数，则总功效系数 d 为：$d_j = 1$ 表示第 j 个目标效果最好；$d_j = 0$ 表示第 j 个目标效果最差；$0 \leq d_j \leq 0.3$ 是不可接受的范围；$0.3 < d_j \leq 0.4$ 是边缘范围；$0.4 < d_j \leq 0.7$ 是次优范围；$0.7 < d_j \leq 1$ 是最优范围。

专家打分法适用于存在诸多不确定因素、采用其他方法难以进行定量分析的事项。

其特点如下：

(1) 简便。根据具体评价对象，确定恰当的评价项目，并制定评价等级和标准。
(2) 直观性强。每个等级、标准用打分的形式体现。
(3) 计算方法简单，且选择余地比较大。
(4) 将能够进行定量计算的评价项目和无法进行计算的评价项目都加以考虑。

需要注意的事项有：
(1) 选取的专家应当熟悉相关情况，有较高的权威性和代表性，人数应当适当。
(2) 对影响因素的权重及分值均应当向专家征询意见。
(3) 多轮打分后统计方差如果不能趋于合理，则应当慎重使用专家打分法的结论。

专家打分法的最大优点在于，在缺乏足够统计数据和原始资料的情况下，仍可以做出定量估计，特别是当需要评价的项目在很大程度上取决于政策和人的主观因素，而不是主要取决于或不便适用定量指标时，专家打分法较其他方法更为适宜。但在一般情况下，需要通过综合多位专家的打分以消除某一专家对打分的影响，保证评价结果的客观性和准确性。

二、操作

专家打分法的基本步骤为：①选择专家；②确定影响因素，设计分析对象征询意见表；③向专家提供背景资料，以匿名方式征询专家意见；④对专家意见进行分析汇总，将统计结果反馈给专家；⑤专家根据反馈结果修正自己的意见；⑥经过多轮匿名征询和意见反馈，形成最终分析结论。

专家打分法在国际工程投标决策中的应用包括以下步骤：

(1) 确定影响国际工程项目投标决策的指标。国际工程方面的专家通过对国际工程项目、国际工程承包商本身的特点和竞争对手的分析，可知影响承包商是否对某个国际工程进行投标的因素有很多，这些因素即构成了影响投标决策的评价指标，主要可以归纳成以下10项指标：①管理条件：能否抽出足够的、水平相应的管理工程的人员（包括工地项目经理和组织施工的工程师等）参加该工程；②工人条件：工人的技术水平和工人的工种、人数能否满足该工程的要求；③设计人员条件：视该工程对设计及出图的要求而定；④机械设备条件：该工程需要的施工机械设备的品种、数量能否满足要求；⑤工程项目条件：对该项目有关情况的熟悉程度，包含项目本身、业主和监理情况、当地市场情况、工期要求、交工条件等；⑥同类工程的经验：以往实施同类工程的经验；⑦业主的资金条件：过去的支付信誉，本项目的资金是否落实等；⑧合同条件：合同的条款是否苛刻等；⑨竞争对手的情况：竞争对手的数量、实力等；⑩今后的机会：对国际工程承包公司今后在该地区带来的影响和机会。

(2) 利用专家打分法进行决策的步骤：①确定权数。国际工程方面的专家根据各指标对国际工程承包商完成该招标项目的相对重要性，分别确定其权数，且权数之和为1。②划分等级。专家将每个指标划分多个等级，并为各等级赋予定量数值，用于判断本承包商的各指标在本次投标活动中所占等级。例如，可划分为最好、好、较好、一般、较差、差、最差七个等级，可按1分、0.8分、0.6分、0.5分、0.4分、0.3分、0.1分打分。每一个等级对应一个分值。这样，每一个权数刚好对应一个等级的分值。当然，我们也可以划分两个等级（好、差）、三个等级（好、一般、差）……九个等级（最好、更好、好、较好、一般、较差、差、更差、最差）等。③计算投标机会总分。将每项指标权数与对应的等级分别相乘，求出该指标得分。各项指标得分之和即为此工程投标机会总分。④决策。将机会总分与国际工程承包商过去的其他投标情况进行比较或和承包商事先确定的准备接受的最低分相比较，如果大于最低分值，则可以参加投标，否则不参加投标。

第十一节 风险暴露计分法

一、理论

风险暴露计分法是估计风险大小和可能导致重大事故或危机的诊断工具。美国哈佛商学院的罗伯特·西蒙斯（Robert Simmons）教授于1999年在《哈佛商业评论》中提出企业风险来源于企业内部压力，并根据此主张提出一套评估机制——风险暴露计分法。该模型将风险分为企业成长、企业文化和企业信息管理三个类别，每个类别又分别由三个子因素所组成，每个因素赋值5分，通过把9个风险因素衡量所得的分数加总，针对总分的落点进行分析（见表3-8）。

表3-8 风险暴露计分法

类别	风险因素	得分/分
企业成长	绩效压力	1~5
	企业扩展速度	1~5
	无经验的员工	1~5
企业文化	因承担创新风险所产生的报酬	1~5
	高层主管对坏消息的抗拒	1~5
	企业内部竞争程度	1~5
企业信息管理	交易的复杂性与变化速度	1~5
	绩效衡量诊断的缺失	1~5
	企业决策权的分散程度	1~5
		合计：　分

注：9~20分为安全区；21~34分为警告区；35~45分为危险区。

二、操作

风险暴露计分法是一种估计风险大小和可能导致重大事故或危机的诊断工具。根据专业人员的经验和主观感受给每个指标确定一个分数，这种赋权方法相对而言比较简单，而且容易理解。正因为此，在社会问题的综合评价中，此法应用也比较广泛。

补充阅读文献

1. 专家调查法文献

[1] 刘越男，张宁. 电子文件风险评估——基于中外专家调查结果的比较研究 [J]. 中国档案，2006 (11).

[2] 丁振明. 专家调查法在西安地铁工程风险评估中的应用 [D] //第二届全国工程风险与保险研究学研讨会论文集，2012.

[3] 李睿，等．基于专家调查问卷法的舟山群岛主体功能岛群生态风险源分析评价与防范对策研究［J］．海洋开发与管理，2016（8）．

[4] 蔡筱波．基于专家调查法的大跨度钢桁梁桥运营期安全风险评估［J］．价值工程，2016（8）．

[5] 李维洲，等．基于信心指数专家调查法在矿山法隧道施工风险评估中的应用［J］．公路交通科技，2015（7）．

2. 头脑风暴法文献

[1] 唐张伟．基于头脑风暴法与流程图法的航空制造企业某改装项目风险识别［J］．江苏科技信息，2014（12）．

[2] 彭雨婷．达沃斯金融创新头脑风暴：互联网金融探索期非法集资、征信监管双风险［N］．21世纪经济报道，2015-9-14．

[3] 俞旭，等．"头脑风暴"：换个角度控风险［N］．中国石化报，2010-7-1．

[4] 周小桥．项目管理工具系列谈之十三——头脑风暴法：识别项目风险［J］．项目管理技术，2006（7）．

3. 德尔菲法文献

[1] 张伟，张庆普．基于模糊德尔菲法的企业知识管理创新风险评价研究［J］．科技进步与对策，2012（6）．

[2] 刘光富，陈晓莉．基于德尔菲法与层次分析法的项目风险评估［J］．项目管理技术，2008（1）．

[3] 周泽炯．农村合作金融风险监测预警指标体系研究——基于德尔菲法和层次分析法的思考［J］．农村经济，2010（7）．

[4] 赵振宇，等．基于模糊德尔菲法的国家助学贷款信用风险评估研究［J］．黑龙江高教研究，2011（1）．

[5] 景雅琪，等．基于德尔菲法的黑龙江省灌区PPP模式建设项目风险分析［J］．中国市场，2015（12）．

[6] 丛庆，等．德尔菲法在固定资产投资项目风险管理中的应用［J］．航天工业管理，2015（7）．

[7] 李菊．德尔菲法在稳评风险中的应用研究［J］．工程与建设，2014（10）．

4. 结构化假设分析文献

[1] 孙红萍．企业智力资本管理"结构化假设"探讨［J］．企业经济，2005（10）．

5. 人因可靠性分析文献

[1] 许桂梅，等．基于人因可靠性的跑道侵入风险定量分析研究［J］．科学技术与工程，2010（7）．

[2] 陆海波．电网人因可靠性及操作风险研究［D］．杭州：浙江大学，2013．

[3] 何伟．基于概率安全风险评估的空管人因可靠性研究［J］．中国民用航空飞行学院，2015（4）．

6. 集合意见法文献

[1] 黄立军．企业知识管理的风险识别与衡量［J］．企业经济，2002（7）．

[2] 张辉，等．新产品开发的技术风险管理初探［J］．东方电机，2011（8）．

[3] 邓永亮．基于网络营销风险偏好集合评价下的风险控制［J］．中国商贸，2012（5）．

7. 座谈讨论法文献

[1] 王海龙．关于建立站段三级风险管理，控制体系的思考［C］//第三届铁路安全风险管理及技术装备研讨会论文集，2012．

[2] 施广政．防控廉政风险，树立清风正气［N］．中国边防警察报，2015-7-31．

8. 结构化/半结构化访谈文献

[1] 孙玥璠，等．外部董事选聘与培训制度研究——基于半结构化访谈的国内外对比分析［J］．北京工商大学学报：社会科学版，2014（9）．

[2] 李劲松．经营风险决策和框架效应机制研究［D］．杭州：浙江大学，2000．

[3] 王盈盈，等．中国PPP项目中政治风险的变化和趋势［J］．建筑经济，2008（12）．

9. 问卷调查法文献

[1] 王晓春．激励缺失与内部人道德风险——关于商业银行操作风险的问卷调查与思考［J］．金融研究，2005（11）．

[2] 殷群，等．产业技术创新联盟内部风险管理研究——基于问卷调查的分析［J］．科学学研究，2013（12）．

[3] 陈忠阳，等．我国银行小企业信贷模式与风险管理研究——基于银行问卷调研的分析［J］．金融研究，2009（5）．

[4] 殷群，等．产业技术创新联盟内部风险管理研究——基于问卷调查的分析［J］．科学学研究，2012（12）．

[5] 王泽霞，等．上市公司管理舞弊风险因子探索——基于问卷调查与因子分析［J］．会计之友，2014（1）．

[6] 周旭芳．高校财务风险问卷调查与分析［J］．财会通讯，2016（7）．

[7] 刘晓霞．风险偏好的理论与量化——基于金融专业学生的问卷调查［J］．当代经济，2016（5）．

[8] 徐铁祥，等．公允价值会计职业判断风险的影响因素研究——基于问卷调查法［J］．会计之友，2016（6）．

[9] 王雨晴．我国P2P网络借贷风险监管研究［D］．上海：上海社会科学院，2016．

10. 专家打分法文献

[1] 王树声．基于专家打分法和GIS相结合的城市灾害综合风险评价——以南方某县城为例［C］//城市治理与规划改革——2014中国城市规划年会论文集，2014．

[2] 李媛，等．基于ICRG的中国海外投资国家风险评价方法［J］．沈阳工业大学学报：社会科学版，2015（7）．

[3] 熊超男，等．基于项目参与者分担视角下的农业综合开发PPP项目风险研究［J］．昆明理工大学学报：自然科学版，2016（2）．

[4] 彭可可，等．桥梁工程设计的综合安全风险评估法研究［J］．华东交通大学学报，2013（8）．

11. 风险暴露计分法文献

[1] 吴玉凤．全面风险管理在企业的应用研究——医药企业风险管理应用［D］．镇江：江苏大学，2009．

[2] 谷宇，等．中国上市公司外汇风险暴露的测度及影响因素研究——基于纺织服装业的经验分析［J］．大连理工大学学报：社会科学，2016（4）．

练 习 题

1．借鉴"张伟，张庆普．基于模糊德尔菲法的企业知识管理创新风险评价研究［J］．科技进步与对策，2012（6）．"一文的做法，采用德尔菲法，评价企业知识管理的创新风险。

2．借鉴"孙玥璠，等．外部董事选聘与培训制度研究——基于半结构化访谈的国内外对比分析［J］．北京工商大学学报：社会科学版，2014（9）．"一文的做法，采用结构化/半结构化访谈的方法，进行外部董事的选聘与培训制度管理。

第四章

情景分析类风险评估方法

本章将介绍9种情景分析类风险评估方法：根原因分析、情景分析、故障树分析、事件树分析、定性决策树分析、因果分析、特性要因分析/鱼骨图、业务影响分析、压力测试。

第一节 根原因分析

一、理论

根原因分析（Root Cause Analysis，RCA），又称损失分析（loss analysis），是一项结构化的问题处理方法，用以逐步找出问题的根本原因并加以解决，而不是仅仅关注问题的表征。RCA是一个系统化的问题处理过程，包括确定和分析问题原因，找出问题解决办法，并制定问题预防措施。在组织管理领域内，RCA能够帮助利益相关者发现组织问题的症结，并找出根本性的解决方案。RCA试图识别事故的根本或最初原因，而不是仅仅处理非常明显的表面"症状"。

组织的多数疑难杂症都有不止于一种应对之法，这些各不相同的解决之法，对于组织来说也有不同程度的资源需求。因为这种关联性的存在，就需要有一种最为有利的方案，能够快速、妥善地解决问题。因此，只顾解决表面原因而不管根本原因的解决之法成为一种普遍现象，就不足为怪了。然而，选择这种急功近利的问题解决办法，治标不治本，问题免不了要复发，其结果是组织不得不一而再、再而三地重复应对同一个问题。可以想象，这些方法的累积成本肯定是惊人的。RCA的目标是找出：①问题（发生了什么）；②原因（为什么发生）；③措施（什么办法能够阻止问题再次发生）。所谓根本原因，就是导致我们所关注的问题发生的最基本的原因。因为引起问题的原因通常有很多，物理条件、人为因素、系统行为或者流程因素等，通过科学分析，有可能发现不止一个根源性原因。RCA适用于各种环境，拥有广泛的使用范围：安全型RCA用于事故调查和职业健康及安全；故障分析RCA用于与可靠性及维修有关的技术系统；生产型RCA用于工业制造的质量控制领域；过程型RCA关注的是经营过程；作为上述领域的综合体，系统型RCA主要用于处理复杂系统的变革管理、风险管理及系统分析。

RCA提供了一个分析问题的简单易行的方法，该方法通过正确的提问来引导思考，快速有效地定位问题的原因。这个分析工具可用于产品的设计和生产阶段的失效模式鉴别，做好RCA工作的好处有：①提供了一个鉴定和证实特定问题原因的逻辑思维方法；②有助于使组织并完成失效模式鉴定的方式规范化，有助于证实产品设计和生产过程中的失效模式和效应分析的失效模式，进而更准确地进行风险评估；③提供了一个简单、恰当的决定和评估可能原因的方式；④适用于产品研发过程的各个阶段，有助于许多工程领域问题的根本原因分析。

RCA 的局限性包括：①未必有所需的专家；②关键证据可能在故障中被毁或在清理中被删除；③团队可能没有足够的时间或资源来充分评估情况；④可能无法充分执行建议。

二、操作

（1）输入。RCA 的基本输入数据是从故障或损失中搜集的证据。分析中也可以考虑其他类似故障的数据。其他输入数据可以是为了测试具体假设而得出的结果。

（2）输出。RCA 的输出结果包括：①记录收集的数据及证据；②分析假设；③归纳有关最有可能造成故障或损失的原因；④纠正行为的建议。

（3）识别出 RCA 的需求之后，应指定一群专家开展分析并提出建议。专家的类型主要取决于分析故障时所需的具体专业知识。虽然可以使用不同的方法进行分析，但开展 RCA 的基本步骤是相似的，包括以下方面：①组建团队；②确定 RCA 的范围及目标；③搜集有关故障或损失的数据及证据；④开展结构化分析，以确定根本原因；⑤找出解决方案并提出建议；⑥执行建议；⑦核实所执行建议的成效。结构化分析方法可以包括下列某一种方法：①5-why 法，即反复询问"为什么？"，以剥离原因层及次原因层；②失效模式和效应分析；③故障树分析；④鱼骨图（鱼刺图）；⑤帕累托分析；⑥根原因图。对可能原因的评价经常开始于明显的客观原因，然后是人为的原因，最后是潜在的管理或基本原因。相关各方必须对识别出的事故原因进行控制或消除，以便使纠正行为取得效果并富有价值。

RCA 具体过程如图 4-1 所示。

1）界定问题，明确与问题相关的条件，找出哪些可能和哪些不可能与特定问题有关的因素。

2）描述并界定特定问题的可能原因。通过背景资料和数据（可来自故障树分析、失效模式和效应分析或其他工程失效分析结论、试验结果、模拟研究结论、预试验结果等）说明每个原因。为了挖掘根本原因及其影响，可能需要预先进行假设，并对假设进行定量或者定性的验证。

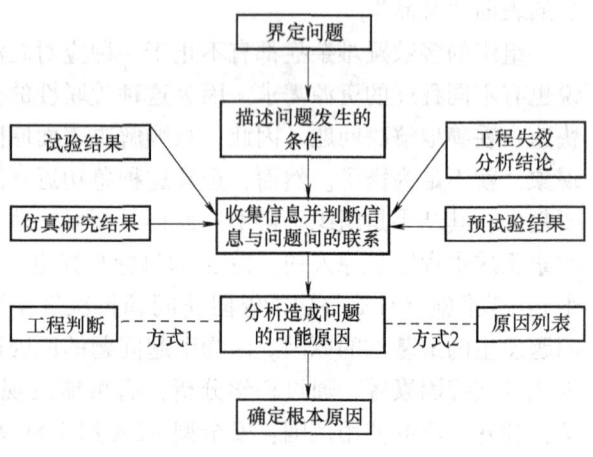

图 4-1 RCA 过程

3）通过统计分析工具或者工程判断将可能原因列表，评估后判定最有可能的根本原因。采用的评估判定方法可以是诸如假设检验，或利用试验分析技术进行定量统计，如果数据本来就是定量的，那么就运用决策技术以找出主要原因，或采取格式化的（决策树或效益矩阵）或者非格式化的（比较分析）决策技术来缩小根本原因所在的范围。

4）通过现场试验、实验室试验或者过程描述提供准确定位真正原因的有效信息，用有助于再现问题的手段，在不同的环境条件下多次模拟可以提高置信水平。

第二节 情景分析

一、理论

情景分析也称剧情分析或场景分析或方案分析，它试图考虑引起变量变动的深层次的经济因素以及这些因素对变量同时产生的影响。分析不同情景下项目净现值的变化有助于对项目的前景有更为清晰的认识，避免错误的投资决策。情景分析可用来预计威胁和机遇可能发生的方式，以及如何将威胁和机遇用于各类长期及短期风险。在周期较短及数据充分的情况下，可以从现有情景中推断出可能出现的情景。对于周期较长或数据不充分的情况，情景分析的有效性更依赖于合乎情理的想象力。在识别和分析那些反映诸如最佳情景、最差情景及期望情景的多种情景时，可用来识别在特定环境下可能发生的事件并分析潜在的后果及每种情景的可能性。如果积极后果和消极后果的分布存在比较大的差异，情景分析就会有很大的用途。

情景分析需要分析的变化可能包括：①外部情况的变化（如技术变化）；②不久将要做出的决定，而这些决定可能会产生各种不同的后果；③利益相关者的需求以及需求可能的变化方式；④宏观环境的变化（如监管及人口统计等）；⑤有些变化是必然的，而有些是不确定的。有时，某种变化可能归因于另一个风险带来的结果。例如，气候变化的风险正在造成与食物链有关的消费需求发生变化，这样会影响哪些食品的出口会盈利，以及哪些食品可能在当地生产更经济。局部及宏观因素或趋势可以按重要性和不确定性进行列举并排列。应特别关注那些最重要、最不确定的因素。可以绘制出关键因素或趋势的图形，以显示那些可以进行开发的区域。

情景分析可以结合经营连续性计划或估计系统故障、网络故障的影响来使用，从而反映风险对企业经营的全面影响。如果企业风险管理部门试图把增长、风险和利润连接起来，在战略计划编制中就可以实施情景分析，从而有预见性地制订风险应对方案。

在实际操作中，企业通常会按照以下三种情景来分析预测风险指标数据，进而评估相应风险：①乐观激进情景，即内外部环境都有利的情形；②保守情景，即内外部环境都不利的情形；③中性状态情景，即以事项发生的最大可能性作为预测基准。

一般而言，情景有四个组成要素，即最终状态、故事情节、驱动力量和逻辑。最终状态是指情景最终阶段的战略状态或结果；故事情节则是为了达到最终状态需要采取的措施；驱动力量是指塑造或推动情节发展的力量，如目标、竞争力、文化等，而逻辑则提供了某一驱动力量或主体为什么如此行动的解释。这四个要素相互交织，构成了各种不同的情景。

情景分析的主要功能表现在四个方面：①识别系统可能引起的风险；②确定项目风险的影响范围，是全局性还是局部性影响；③分析主要风险因素对项目的影响程度；④对各种情况进行比较分析，选择最佳结果。

情景分析的实质是一种向前展望和倒后推理，正如费伊（Fay）所提出的"向未来学习"，即构造出多种不同的未来情景（向前展望），然后确定从未来可能出现的各种情景到现在之间必须经历哪些关键的事件（倒后推理）。之所以采用情景分析进行风险识别，是因为企业面临的战略风险是错综复杂的，通过把可能性聚焦于几个有限的情景，可以缩小不确定性的范围，同时也有利于监视从现在到未来各种情景路径上的风险征兆和路标，设计出对情景的搜集战略，之后进行连续的监视，即可对风险做出早期预警。

情景分析包括三个方面的内容：①筛选。筛选是按一定的程序将具有潜在风险的事件、过程、现象和人员进行选择的风险识别过程，具体包括：仔细检查→征兆鉴别→疑因估计。②监测。监测是在风险出现后对事件、过程、现象、后果进行观测、记录和分析（其特征）的过程，具体包括：疑因估计→仔细检查→征兆鉴别。③诊断。诊断是对项目风险及损失的前兆、后果与各种起因进行评价和判断，找出主要原因并进行仔细检查的过程，具体包括：征兆鉴别→疑因估计→仔细检查。

（1）用途。通过模拟不确定性情景，对企业面临的风险进行定性和定量分析，情景分析可以帮助决策并规划未来战略，也可以用来分析现有的活动。它在风险评估过程的三个步骤中都可以发挥作用。情景分析可以用来预计威胁和机遇可能发生的方式，并且适用于各类风险（包括长期及短期风险）的分析。在周期较短及数据充分的情况下，可以从现有情景中推断出可能出现的情景。对于周期较长或数据不充分的情况，情景分析的有效性更依赖于合乎情理的想象力。如果积极后果和消极后果的分布存在比较大的差异，则情景分析的应用效果会更为显著。

（2）主要优点。情景分析对于未来变化不大的情况能够给出比较精确的模拟结果。

（3）局限性。在存在较大不确定性的情况下，有些情景可能不够现实；在运用情景分析时，主要的难点涉及数据的有效性以及分析师和决策者开发现实情景的能力，这些难点对结果的分析具有修正作用；如果将情景分析作为决策工具，则其危险在于所用情景可能缺乏充分的基础，数据可能具有随机性，同时可能无法发现那些不切实际的结果。

（4）情景分析与德尔菲法的区别。德尔菲法作为一种有效获取专家知识的手段，侧重于如何获取专家较为一致的经验判断；而情景分析中的专家经验判断获取方法则承认专家的不一致性（并不一定要协调这种不一致性），并寻求这种不一致性存在的合理解释。另外，情景分析还考虑了影响这种发展的关键事件之间的相互影响，因此情景分析中获取处理专家经验判断方法的复杂性及多样性绝非德尔菲法所能比拟的。由此可见，情景分析是一种比德尔菲法更先进、完善的预测方法，当然情景分析也采用了德尔菲法的一些思想原则。

二、操作

（1）输入。情景分析的必要前提是要构建一支专家团队，其成员了解相关变化的特征（例如，可能的技术进步），同时需要具备丰富的想象力，可以有效预见未来发展。同时，掌握现有变化的文献和数据也很必要。

（2）输出。识别并描述未来可能发生的各类情景及发展趋势，并针对各类情景制定相应的应对措施。

（3）情景分析用于风险识别的过程如下：

1）情景过程的构建。识别组织知识的空白；创建情景推进团队；确定情景项目规划期的长短。

2）情景项目背景的探索。与团队成员进行访谈；整理和分析访谈结果；确定议题；邀请资深人士加入，以帮助情景团队质疑常规的方法和态度。

3）情景挖掘。通过结构性的思考发现各种驱动力量，检验其后果，并处理由此产生的复杂情况；确定影响和不确定性；通过绘制交叉影响矩阵得出具有最大影响和最不确定性的两个类别；展开情景并充实情景故事的情节。

4）情景分析。检验对经营问题的理解；检验情景故事的内部一致性。

5）系统检验。画出情景故事内在驱动力量的影像图，以此进行系统检验。

6）识别规划。激发组织的思想变革；识别早期的风险征兆信号；设计从现在到未来的行动计划。

从上述情景分析的过程可以看出，情景开发的过程就是风险识别的过程，交叉影响矩阵中的事件既是情景开发的重点，也是识别出的主要风险。通过系统检验可以进一步确定所识别出的风险，风险识别过程的最后一步能确定早期的风险征兆信号，从而确定风险监视的对象。

【例 4-1】 一家企业在评估一项投资项目的风险时所进行的情景分析如表 4-1 所示。

表 4-1　某投资项目未来情景分析

项　　目	因　　素	最佳情景	基准情景	最差情景
影响因素	市场需求	不断提升	不变	下降
	经济增长	增长 5%～10%	增长 <5%	负增长
发生概率		20%	45%	35%
结果		投资项目可在 5 年达到收支平衡	投资项目可在 10～15 年达到收支平衡	不确定

第三节　故障树分析

一、理论

故障树分析（Fault Tree Analysis，FTA）又称事故树分析，是一种用树形图表示系统可能发生的某种事故与导致事故发生的各种因素之间的逻辑关系的方法，它是一种图形演绎方法，是故障事件在一定条件下的逻辑推理方法。FTA 主要遵循从结果找原因的原则，将项目风险形成的原因由总体到部分按树枝形状逐级细化，分析项目风险及其产生原因之间的因果关系。通过对可能造成系统事故或导致灾害后果的各种因素的分析，确定故障原因的各种可能的组合方式。它既可以用作定性分析，也可以在计算机的辅助下用作定量分析，是一种有效的分析和评价复杂系统风险的方法。运用 FTA 进行定性的风险分析时，过程如下：

1. 准备阶段

（1）确定所要分析的系统。即确定研究对象，将研究对象看作一个系统，明确系统的范围，明确影响系统风险的主要因素。例如，以海上石油国际合作项目为分析系统，研究其面临的政治风险因素及其防范对策。

（2）熟悉系统。这是 FTA 的基础和依据。对于已经确定的海上石油国际合作项目进行深入的调查研究，收集该系统的有关资料与数据，包括该系统的界定、功能、项目管理流程和环境因素等。

（3）调查系统发生的政治风险事故。收集、调查国内外海上石油工程和国际石油合作项目曾经发生过的政治风险事件和将来有可能发生的政治风险事件,同时还要收集、调查国内外同类系统曾发生的所有政治风险的资料。

2. 故障树的编制

（1）确定故障树的顶事件。即确定所要分析的对象事件,本处为项目的政治风险。

（2）确定与顶事件有关的所有原因事件。原因事件可以是机械事件、人为事件或环境事件等。

（3）编制故障树。采用一些规定的符号,按照一定的逻辑关系,把故障树顶事件与引起顶事件的原因事件,绘制成反映因果关系的树形图。

二、操作

本部分利用FTA进行跨国经营政治风险的评估。

1. 政治风险及其特点

政治风险是由于一国政治体制和外交、经济等政策的变动以及国家政治、法律和社会的不稳定性导致项目投资者遭受损失的可能性。政治风险对于进行跨国经营的公司而言,是一项需要特别认真分析和努力规避的风险,它的发生常常会给公司带来很大的损失,其主要具有客观性、不确定性和可变性等特点。总之,政治风险的这些特点给预测工作带来很大的难度,通常只能在总结多个项目的历史经验基础上从定性的角度对其进行预测。

2. 利用FTA确定跨国经营的政治风险因素

政治风险是一种不确定事件,很多时候会受到合作双方所在国政府的主观因素影响。海上石油国际合作项目与国内项目相比,受政治风险影响的可能性和程度要大很多。这种风险通常表现为国际社会风险、东道国内部风险和石油公司母国风险三方面。一般情况下,国际社会的关系紧张、东道国内部的政治不稳定以及石油公司母国的政策导向变动等因素都会给参与合作的石油公司带来很大的影响。有时这种影响是致命的,可以导致整个项目的瘫痪。因此,在合作前必须充分考虑国际社会、东道国内部以及石油公司母国的政治情况。

（1）风险源的辨识。运用FTA分析海上石油国际合作项目政治风险,首先要把项目的政治风险确定为顶事件,接下来按政治风险的国别来源把中间事件确定为来自国际社会的风险、来自东道国内部的风险以及来自石油公司母国的风险。然后通过前期的资料调查,汇总、整理出导致海上石油国际合作项目政治风险事故发生的风险因素,针对各中间事件对风险源进行辨识,确定基本原因事件,最后建立项目政治风险故障树。海上石油国际合作项目政治风险的相关因素如下：

1）来自国际社会的风险,主要有以下方面：①国际社会对东道国实施政策限制以及国际抵制；②国际社会与东道国关系紧张；③国际组织和其他国家对东道国的制裁和战争；④来自国际社会的舆论压力；⑤国际恐怖主义针对海上合作区块的报复性袭击。

2）来自东道国内部的风险,包括以下方面：①东道国对海上合作区块的所有权问题引发了其他国家的争议；②政权频繁更迭和派系争斗导致的政局不稳定；③民族矛盾和宗教矛盾导致的骚乱；④东道国的内乱、大规模闹事和暴力事件；⑤东道国对外关系紧张及边界冲突；⑥恐怖主义的袭击；⑦东道国因官僚体制造成的政治腐败；⑧外汇、税收和价格等政策及法律的变动；⑨东道国对投资者采取的征收、没收和报复性充公行为。

3）来自石油公司母国的风险,主要包括以下方面：①出于技术保护,母国对海上石油国际合作项目采取政策限制；②母国因派系斗争导致的政局不稳定；③母国对东道国投资政策的变动；④母国与东道国外交关系恶化。

（2）政治风险故障树的建立。运用专家调查法，针对上述的风险源向在海上石油国际合作方面具有权威意见的专家发起调查，征询意见，请专家筛选出发生可能性大或发生可能性小但影响后果严重的因素，合并性质和影响后果大体相同的因素，剔除其认为发生可能性小且影响微弱的因素。在专家对风险源进行筛选、剔除和合并后，汇总整理专家的意见，求出影响项目政治风险的最基本的因素即故障树的最小割集，可得到海上石油国际合作项目政治风险的故障树，如图 4-2 所示。

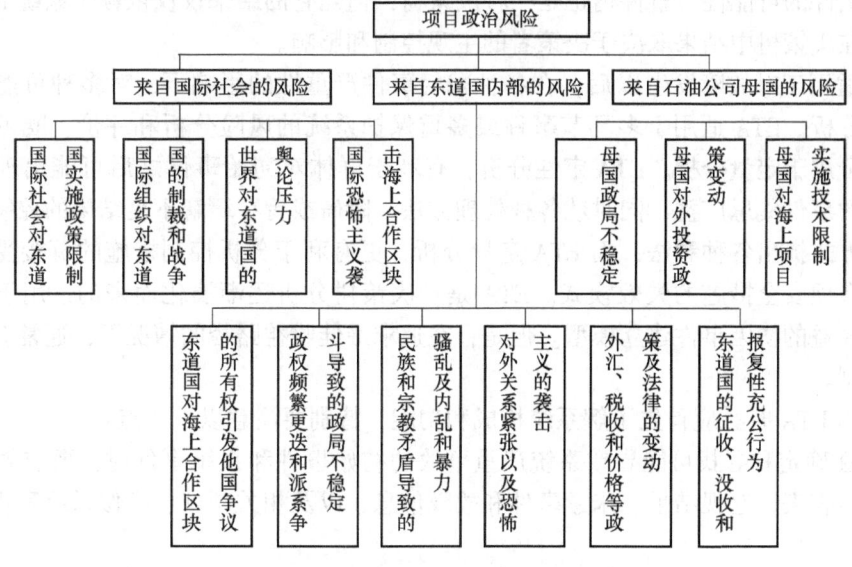

图 4-2　项目政治风险故障树

第四节　事件树分析

一、理论

事件树分析（Event Tree Analysis，ETA）是一种表示初始事件发生之后互斥性后果的图解技术，其根据是为减轻其后果而设计的各种系统是否起作用，它可以定性地和定量地应用。它起源于决策树分析，是一种时序逻辑的分析方法，在事件发生的顺序上，存在着因果的逻辑关系，它以一初始事件为起点，按照事件的发展顺序，分阶段、一步一步地进行分析，每一事件可能的后续事件只能是完全对立的两种状态（成功或失败、正常或故障、安全或危险等）之一的原则，逐步向结果方面发展，直到达到系统故障为止。它既可以定性地了解整个事件的动态变化过程，又可以定量地计算出各阶段的概率，最终了解事件发展过程中各种状态的发生概率。

ETA 着眼于事故的起因，即初因事件。一起事故的发生，是许多事件相继发生的结果，其中，一些事件的发生是以另一些事件首先发生为条件的，而一个事件的出现，又会引起另一个事件的出现。在事件发生的顺序上，存在着因果的逻辑关系。ETA 就是利用这种时序归纳逻辑的原理，以一初始事件为起点，按照事故的发展顺序，在"发生与不发生"（也就是成功或失败、正常或故障、安全或危险等）的两种可能性交替的情况下，分阶段、一步一步地进行分析，逐步向结果方向发展，直到达到系统故障或事故为止，形成树枝状的事件图解。这其中每一事件可能的后续事件只能按照完全独立的两种状态"发生与不发生"（也就是成功或失败、正常或故障、安全或危险等）之一的原则进行。ETA 具有散开的树形结构，考虑到了其他系统、功能或障碍，反映出引起初始事件加剧或缓解的事件。其中数字是在各种事件即分支完全独立的情况下，事件发生的概率。值得注意的是，事件树中的可能性是一种有条件的可能性。事件树也是一种决策树，但是它的结果仅仅依赖于系统的内在客观规律，而在决策树中结果取决于决策者的主观控制和影响。

ETA 适用于对故障发生以后，在各种减轻事件严重性的影响下，对多种可能后果的定性和定量分析。ETA 适用于多环节事件或多重保护系统的风险分析和评价，既可用于定性分析，也可用于定量分析。ETA 定性分析，有利于群体对初始事件之后可能出现的情景及依次发生的事件集思广益，同时就各种处理方法、障碍或旨在缓解不良结果的控制手段对结果的影响方式提出各种看法；而 ETA 定量分析，更有利于分析控制措施的可接受性，主要用于拥有多项安全措施的失效模式。ETA 是从决策树分析逐渐演化而来的，用于对可能带来损失或收益的初因事件建立模型。但是，在追求最佳收益路径的情况下，通常会使用决策树建立模型。

在运用 ETA 时，应首先了解系统构成和功能，特别要注意以下几点：

（1）在确定和寻找可能导致系统严重事故的初始事件和系统事件时，要有效地利用平时的安全检查表、巡视结果、未遂事件和故障信息，以及相关领域、类似系统和相似系统的数据资料。

（2）选择初始事件时，重点应放在对系统安全影响大、发生频率高的事件上；对开始阶段选择的初始事件应进行分类整理，对于可能导致相同事件树的初始事件要划分为一类，然后分析各类初始事件对系统影响的严重性，应优先做出严重性最大的初始事件的事件树。

（3）在根据事件树分析结果制定对策时，要优先考虑事故发生概率高、事故影响大的项目。

（4）当系统的事故发生概率是由组成系统的作业过程中各阶段安全措施的程序错误或失败概率的逻辑积表示时，其对应的措施是使发生事故的各阶段中任何一项安全措施成功即可，并且对策的时机越早越好。

（5）系统中事故发生概率是由构成系统的作业过程中事故发生的逻辑和表示时，须采取的对策是使可能发生事故的所有安全措施都成功。

（6）事故防止对策的种类，包括体制方面、物的对策和人的对策。

ETA 的优点有：①ETA 以清晰的图形显示了经过分析的初始事件之后的潜在情景，以及缓解系统或功能成败产生的影响；②它能说明时机、依赖性，以及故障树模型中很烦琐的多米诺效应；③它生动地体现了事件的顺序，而使用故障树是不可能表现的。

ETA 的局限性表现在：①为了将 ETA 作为综合评估的组成部分，一切潜在的初始事件都要进行识别，这可能需要使用其他分析方法（如危害与可操作性分析），但总是有可能错过一些重要的初始事件；②事件树只分析了某个系统的成功及故障状况，很难将延迟成功或恢复事件纳入其中；③任何路径都取决于路径上以前分支点处发生的事件。因此，要分析各可能路径上的众多从属因素。然而，人们可能会忽视某些从属因素，如常见组件、应用系统以及操作员等。如果不认真处理这些从属因素，就会导致风险评估过于乐观。

二、操作

输入包括：①相关初始事件清单；②关于应对、障碍和控制及其失效概率的信息；③了解最初故障加剧的过程。

输出包括：①对潜在问题进行定性描述，并将这些问题视为包括初始事件，同时能产生各类问题的综合事件；②对各类事件的发生频率或概率以及事件的发生序列、各类事件的相对重要性的估算；③降低风险的建议措施清单；④建议措施效果的定量评价。

具体步骤如下：

（1）挑选初始事件。初始事件可能是粉尘爆炸这样的事故或是停电这样的事件。

（2）按顺序列出那些旨在缓解结果的现有功能或系统。用一条线来表示多个功能或系统成功（用"是"表示）或失败（用"否"表示）。

（3）在每条线上标注一定的失效概率，同时通过专家判断或故障树分析的方法来估算这种条件概率。这样，初始事件的不同途径就得以建模注意，事件树的可能性是一种有条件的可能性，例如，启动洒水功能的可能性并不是正常状况下测试得到的可能性，而是爆炸引起火灾状况下的可能性。事件树的每条路径代表着该路径内各种事件发生的可能性。鉴于各种事件都是独立的，结果的概率用单个条件概率与初始事件频率的乘积来表示。

如图4-3所示，分析初始事件为爆炸之后，在发生火灾、洒水系统工作、火警激活等不确定性事件下产生各种后果的频率。爆炸发生以后（频率为10^{-2}，即100年发生一次），发生火灾的概率为0.8，不发生火灾的概率为0.2；发生火灾后，洒水系统工作的概率为0.99，不工作的概率为0.01；在洒水系统工作下，火警激活的概率为0.999，不激活的概率为0.001。因此，爆炸发生以后发生火灾、洒水系统工作、火警激活将产生有报警的可控火灾这一结果，其发生频率为$10^{-2} \times 0.8 \times 0.99 \times 0.999 = 7.9 \times 10^{-3}$。图4-3中显示了当分支完全独立时对简单事件树的简单计算。

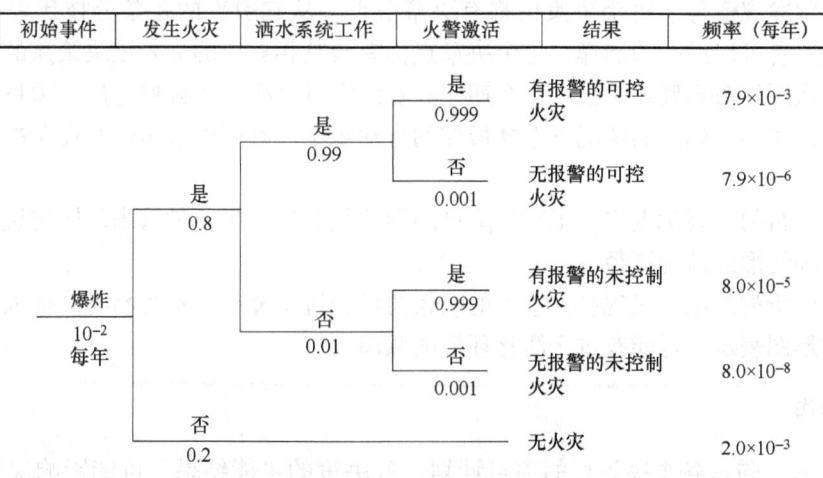

图4-3 火灾事件树分析

第五节 定性决策树分析

一、理论

决策树（Decision Tree）分析是考虑到在不确定情况下，以序列方式表示决策选择和结果。类似于事件树，决策树开始于初因事件或最初决策，同时由于可能发生的事件及可能做出的决策，它需要对不同路径和结果进行建模。决策树用于项目风险管理和其他环境，以便在不确定的情况下选择最佳的行动步骤。

决策树开始于最初决策，如继续项目 A，而不是项目 B。随着两种假定项目的继续，不同的事件会发生，同时需要做出不同的可预见性决定，并用树形格式表示。事件发生的可能性能够与路径最终结果的成本或用途一起进行估算。有关最佳决策路径的信息是富有逻辑性的，考虑各条路径上的条件概率和结果值可以产生最高的期望值。决策树显示采用不同选择的风险逻辑分析，同时给出每个可能路径的预期值计算结果。

在风险管理措施多阶段决策问题中，前一个阶段的决策会产生一些附带结果，这些结果对下一个阶段的风险管理决策又有影响，此时需要利用这些新的信息再次进行决策，这样又会产生一些新情况，又需要决策。这样，决策、新情况、决策、新情况……构成一个按时间顺序先后相互依赖的风险管理多阶段序列决策。描述以及用于这种序列决策的有效工具就是决策树分析。它是利用决策树描述风险管理多阶段序列决策问题，并直接利用决策树进行计算与决策的一种方法。

决策树是由决策点、状态点及结果点构成的树形图。一般来说，决策点用方形节点表示，从这类节点引出的枝表示不同的决策方案；状态点用圆形节点表示，从这类节点引出的枝表示在决策方案下可能发生的不同状态，从它引出的分支称为状态枝，其上方标出数字表示期望收益值，其下方写明自然状态及其出现的概率，末端表明各方案在不同自然状态下的损益值。结果点用有圆心的圆形节点表示，位于每一个树枝的末梢处，并在这类节点旁注明各种结果的决策变量现值，如期望值决策准则下的期望损益净现值，期望效用决策准则下的期望损益效用净现值等。每个决策树都有决策节点，从它引出的每条分枝代表一个决策方案，表示投资者可以进行的选择，每个决策点都有与其相对应的进入该决策点的概率。

决策树适用于对不确定性投资方案期望收益的定量分析。决策树可用于项目风险管理和其他环境，以便在不确定的情况下选择最佳的行动步骤，其图形显示也有助于决策依据的快速沟通。

决策树分析的主要优点有：①对于决策问题的细节提供了一种清晰的图解说明；②能够计算到达一种情形的最优路径。

决策树分析的局限性表现在：①大的决策树可能过于复杂，不容易与其他人交流；②为了能够用树形图表示，可能有过于简化环境的倾向。

二、操作

（1）输入。包含各个决策点的项目计划、各决策的可能结果、可能影响决策的偶然事件的信息。

(2) 输出。输出包括：①显示可以采取不同选择的风险逻辑分析；②每一个可能路径的预期值计算结果。

(3) 决策树分析通常有以下五个步骤：

第一步，明确决策问题，确定备选方案。对要解决的问题应该有清晰的界定，应该列出在不同决策时点的所有可能的备选方案。

第二步，绘出决策树图形。决策树用三种不同的符号分别表示决策点、状态点和结果点。

第三步，确定并注明各种结果可能出现的概率即损益值。

第四步，计算每一种备选方案的决策变量值。

第五步，应用敏感性试验对决策分析的结论进行测试。

如图4-4所示，A1和A2两个方案投资分别为450万元和240万元，经营年限为5年，销路好的概率为0.8，销路差的概率为0.2。A1方案销路好、销路差的损益值分别为250万元/年和-50万元/年；A2方案分别为100万元/年和40万元/年。

A1 的净收益值 = [250×0.8 + (-50)×0.2]万元×5 - 450万元 = 500万元

A2 的净收益值 = (100×0.8 + 40×0.2)万元×5 - 240万元 = 200万元

选择：因为A1的净收益值大于A2的净收益值，所以选择A1方案。

剪枝：在A2方案枝上画杠，表明舍弃。

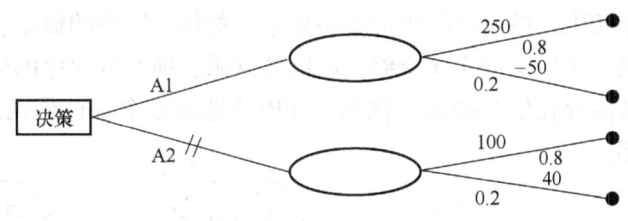

图4-4　决策树（单位：万元）

第六节　因 果 分 析

一、理论

因果分析（Cause and Consequence Analysis，CCA）综合了故障树分析和事件树分析。它开始于关键事件，同时通过结合"是/否"逻辑来分析结果，可识别出所有相关的原因和潜在结果，包括故障可能发生的条件，或者旨在减轻初始事件后果的系统失效。因果分析可应用于产品或系统生命周期的任何阶段；可以定性使用，也可用作定量分析。最初，因果分析是作为关键安全系统的可靠性工具而开发出来的，可以让人们更全面地认识系统故障。类似于故障树分析，它用来表示造成关键事件的故障逻辑，但是，通过对时序故障的分析，它比故障树的功能更强大。这种方法可以将时间滞延因素纳入到结果分析中，而这在事件树分析中是办不到的。

因果分析可分析某个系统在关键事件之后可能的各种路径。如果进行量化，该方法可估算出某个关键事件过后各种不同结果发生的概率。由于因果分析中的每个序列是子故障树的结合，因此因果分析可作为一种建立大故障树的工具。

因果分析的优点相当于事件树及故障树的综合优点。而且，由于其可以分析随时间发展变化的事项，因果分析克服了事件树及故障树两种技术的局限，提供了系统的全面视角。

因果分析的局限性是该方法的建构过程要比故障树和事件树更为复杂，同时在定量过程中必须处理依存关系。

二、操作

（1）输入。与系统及其失效模式和故障情景相关的各类数据。

（2）输出。因果分析的结果可用图形表示，对系统故障的原因进行图形表示既可说明原因，也可说明结果。通过对引起关键事件特定条件发生的概率进行分析，可以估算出各潜在结果发生的概率。

（3）步骤。图4-5说明了典型的因果分析过程，进行因果分析的步骤包括：①识别关键事件（或初因事件）（类似于故障树的顶事件及事件树的初因事件）。②绘制并验证关键事件的故障树。③确定需考虑条件的顺序。这应该是一种逻辑顺序，如它们发生的时序。④建构不同条件下的结果路径。这一点类似于事件树，但事件树路径的划分被表示为贴有适用特定条件的栏；如果各条件栏的故障为独立故障，则可以计算各故障的发生概率。要做到这一点，首先是确定条件栏内每个输出结果的概率（如果可以的话，使用相关的故障树）。通过将各次序条件的概率相乘，就可以得出产生特定结果的任一次序的概率，该次序条件结束于上述特定结果。如果一个以上的次序最终有相同的结果，那么各次序的概率应相加。如果某个序列中各条件的故障存在依存关系（例如，停电会造成多个条件出现故障），那么必须在计算前分析依存关系。

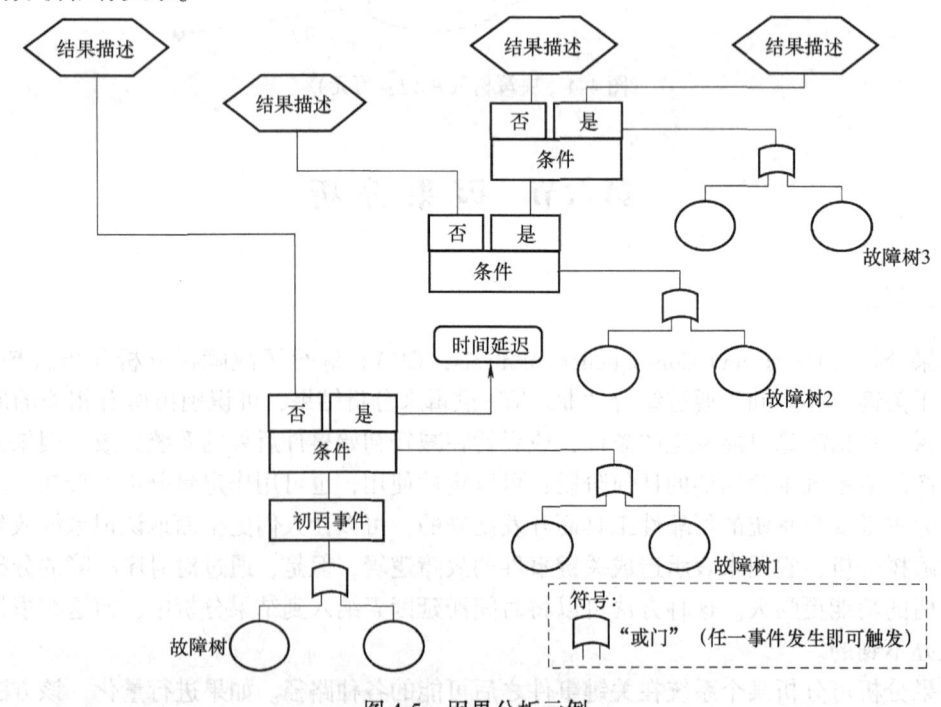

图4-5 因果分析示例

第七节 特性要因分析/鱼骨图

一、理论

特性要因分析（Cause and Effect Analysis）是一种用来识别引发不良事件或问题可能发生原因的结构化方法。该方法的依据是一个问题、事件的发生总受到一些因素（原因）的影响。因此，可以找到这些影响的因素（如通过头脑风暴法），将它们与问题一起，按相互关联性整理成层次分明、条理清楚并标出主要原因的系统图形，这种图形称为特性要因图。简言之，就是将造成某些事件/结果的诸多原因（要因），以系统的方式进行图解，用图表来表达事件/结果的诸多原因（要因）和事件/结果与原因之间关系的一种方法。由于特性要因图的形状如鱼骨，所以又叫鱼骨图/鱼刺图，是一种通过现象看本质的分析方法。鱼骨图是 1953 年在日本川琦制铁公司，由质量管理专家石川馨最终提出并使用在寻找产生某种质量问题的原因中，故鱼骨图也称石川图或因果图。

特性要因分析是一种定性的方法，可找出引起问题的潜在的根本原因，适用于风险识别过程和风险分析过程，但不适用于可能性、风险等级和风险评价。

（1）类型：①整理问题型鱼骨图。各要素与问题间不存在原因关系，而是结果构成关系。②原因型鱼骨图。鱼头在右，问题通常以"为什么……"来写。原因型鱼骨图是通常意义上的鱼骨图，鱼头向右，鱼头处是一个为什么的问题，即风险事件，各鱼刺是一个大要因，鱼刺上的小刺是小要因。在此图上列出可能会影响过程（或流程）的相关因子，以便进一步由其找出主要原因，并以此图形表示问题/事件和原因之间的关系。例如，某公司最近人才流失比较严重，领导很不满。找来人力资源部的人，要求尽快查明人才流失风险事件的主要原因，并提出对策建议。人力资源部领导召开专题会议，要求大家畅所欲言，把能想到的原因都列出来。经过头脑风暴后，形成了如图 4-6 所示的鱼骨图。该图是根据大家头脑风暴后形成的可能的各种原因，大家将识别出的原因进行分析，最终圈定问题点，找到人才流失风险事件的真正原因，有针对性地提出解决办法。假设某公司通过原因型鱼骨图分析出核心人才流失风险事件的主要原因是"公司没有提供职业发展通道"，当发展遇到"天花板"，发展动力丧失，只能离职。后面就可用对策型鱼骨图，进行相关对策的制定。③对策型鱼骨图。鱼头在左，问题通常以"如何提高/改善……"来写，目的在于追求问题点/风险事件应该如何阻止，目标结果应如何达成的对策。故以鱼骨图表示期望效果（特性）与对策（要因）间的关系。延续上述的人才流失风险事件，对大家分析的结论"晋升通道"问题，继续进行头脑风暴法相应对策的讨论，形成设计职业发展通道的对策型鱼骨图（见图 4-7）。根据此图，进行职业发展通道的设计。每个员工都可以在图中找到自己的位置，是走管理类路线，还是专业类路线，根据个人实际情况和公司能够提供的平台，每个人对自己的发展方向和阶段都很明了，只要公司能兑现对员工发展的承诺，那些核心人才在其他情况尚好之时，没有更强烈的理由去跳槽。

（2）优点：①合适的专家，在一个团队的氛围中工作；②结构化分析；③考虑到所有可能的假设；④易于阅读结果的图解；⑤确定需要进一步数据的领域；⑥可用于识别促成因素导致的期望和不期望的结果。采取积极的态度专注于一个问题可以激励更多的自主权和参与。

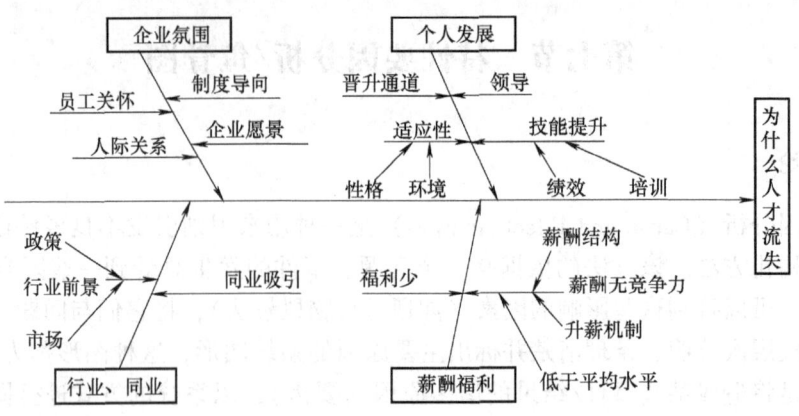

图 4-6 人才流失风险事件原因型鱼骨图

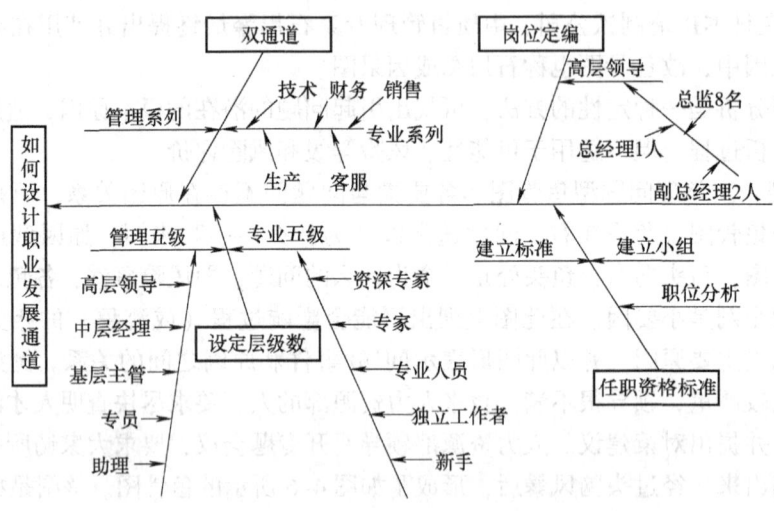

图 4-7 设计职业发展通道的对策型鱼骨图

（3）局限性：①团队可能没有所需要的专家；②特性要因分析自身并不是一个完整的过程，它是为提出建议进行根本原因分析的一部分；③特性要因分析是一个自由讨论原因的展示技术方法，而不是一个单独的分析方法；④在分析的开始，将要因分析成主要的类别，意味着类别之间的相互作用可能不会被充分考虑（例如，人为错误引起设备故障，或不良设计导致人的问题）。

二、操作

特性要因分析输出的是带有各种原因和主要因的有关联关系的鱼骨图。在使用的过程中鱼骨图不仅可以发掘原因，还可以据此整理问题，找出重要的问题点，并溯源找出解决问题的方法。

特性要因分析的操作步骤如下：

第一步：明确问题的特性。

第二步：记入主骨，也就是把问题写在鱼骨的头部"□"中。

第三步：组成讨论团队，讨论问题出现的可能原因，将相同的问题分组，形成"大要因"，并标注在鱼骨上，绘制大骨。

第四步：根据不同问题征求大家的意见，总结出正确的原因，形成中骨和小骨。

第五步：确定主要因，并将主要因问题进行深入研究，讨论其为什么会产生。至少深入 5 个层次（连续问 5 个问题），当深入到第五个层次后，认为无法继续进行时，列出这些问题的原因，而后列出至少 20 个解决方法。

第八节　业务影响分析

一、理论

业务影响分析（Business Impact Analysis，BIA）也称业务影响评估，旨在分析干扰性风险因素对组织运营的影响方式，同时识别组织是否具有必要的风险管理能力。具体来说，BIA 可就以下问题达成一致认识：①识别组织的关键经营过程及其临界状态、职能、相关资源，以及系统组件之间的关键依存关系；②干扰性事件对组织重要经营目标的实现会产生怎样的影响；③如何应对干扰性因素的影响，以及如何使组织恢复到约定运行水平。

BIA 可以用来确定干扰性因素的危害性以及过程和相关资源（人员、设备、信息技术）的恢复时间，以确保目标的持续实现。而且，BIA 有助于确定过程、内外部各方以及供应链接口处之间的相互关系。

BIA 的优点包括：①达成对关键过程的认识，使组织有能力继续实现其既定目标；②达成对资源的认识；③有机会重新界定组织的运行过程，以增强组织的灵活性。

BIA 的局限性表现在：①那些参与完成调查问卷或讨论会的参与人员可能缺乏某些知识；②小组气氛可能会影响到关键过程的全面分析；③对恢复要求有简单化或过于乐观的期望；④难以获得组织运行及活动的足够的认识水平。

二、操作

（1）输入数据：①承担分析并制订计划的小组；②关于目标、环境及运行和组织的相互依存关系的信息；③有关组织活动及运行的详情，包括运行过程、辅助资源、与其他组织的关系、外包安排以及利益相关方；④关键过程的失败造成的财务及运行结果；⑤事先准备的调查问卷表；⑥组织相关部门的受访者及计划联系的利益相关方的名单等。

（2）输出结果：①关键过程及相关依存关系的优先性清单；②因关键过程失败而带来的财务及运行过程影响的记录；③用于被识别的关键过程的辅助资源；④关键过程的故障时间范围以及相关职能的恢复时间范围。

（3）步骤。通过使用调查问卷表、访谈、结构化讨论会或综合运用上述三种方法，可以开展 BIA 活动，识别关键过程，分析这些过程失败可能产生的影响，确定必要的恢复时间范围及辅助资源。关键步骤包括：①根据脆弱性分析，确定组织的关键过程和输出结果；②确定在干扰规定的时期内对被识别的关键过程造成的财务及运行影响；③识别关键利益相关方之间的相互依存关系；④确定现有资源及干扰过后继续以最低允许水平进行所需的基本资源；⑤确定目前使用或计划开发的替代性工作区域和程序；⑥根据被识别的结果以及职能部门的关键成功因素，确定各过程的最大可容忍故障时间；⑦确定任何特定装备或信息技术的目标恢复时间；⑧确定关键过程的现期准备水平。

第九节 压力测试

一、理论

压力测试类似于情景分析，但它的目的是为了评估在较少发生但幅度较大的市场变动中，资产组合和风险敞口的表现。压力测试使得风险管理经理能够确定一系列风险敞口在附加条件下的表现方式。压力测试中可能需要变换一个或多个变量，或者使用主要的历史价格变动，来评估市场变动对金融工具或资产组合的潜在影响。市场上经常出现出人意料的巨大变动，市场变动可能比预想的更快、更深远。伴随着这些巨大的变动，正常市场条件下的典型相关性关系可能会消失。对企业的风险敞口进行压力测试可能很有用。如果压力测试显示可能会出现某种无法接受的结果（无法管理的潜在损失），企业就可以制定战略应对这些风险敞口和潜在风险。

压力测试是情景分析的一种特殊形式，专门针对特定的风险因子，评估那些具有极端影响的事件的影响。压力测试不同于一般的情景分析，因为它集中关注的是单个事件或活动在极端情况下的一个变化对企业产生的直接影响，而一般的情景分析更集中关注正常规模的变化所产生的影响。压力测试一般被用作概率度量方法的补充，来分析那些通过与概率技术一起使用的分布假设可能没有充分捕获到的低可能性、高影响事件的结果。与敏感性分析类似，压力测试通常用来评估经营事项或金融市场活动中各种变化的影响，目的是避免大的意外和损失。例如，压力测试包括估计下列事件迅速和大规模变化的影响：①产品生产缺陷的增加；②外汇汇率的变动；③利率的变动；④衍生工具所基于的一个基础因素价格的变动；⑤固定收益投资组合价值的利率增加；⑥影响一个生产厂家运营成本的能源价格提高；⑦投资组合中违约率的变化等。

应指出的是，情景分析和压力测试并不意味着捕捉可能发生的绝对最坏的情况（事情总是可能变得更坏），而是给出了在高级管理层心目中可能发生的最严重事件。另外，压力测试的缺点之一是它只专注于极端不利的事件，而不能捕捉不那么极端但更可能发生的不利事件的影响。处理这个问题的一种分析方法是对某一特定的风险因子或风险因子集合（如各种利率）的一系列情景进行模拟。

（1）用途。压力测试广泛应用于各行业的风险评估中，尤其常见于金融、软件等行业。

（2）输入。压力测试所需输入的数据有：①界定分析对象；②召集相关专业人员；③设想、模拟或试验可能出现的极端情形。

（3）过程：①针对某一风险管理模型或内控流程，假设可能会发生哪些极端情景；②评估极端情景发生时，该风险管理模型或内控流程是否有效，并分析对目标可能造成的损失；③制定相应措施，进一步修改和完善风险管理模型或内控流程。实施压力测试，一般需要借助敏感性分析、情景分析、头脑风暴法等工具辅助进行。

（4）输出：对潜在风险因素的认识和预防风险的措施建议。

（5）优点：①关注非正常情况下的风险情形，是普通风险评估方法的有益补充；②考虑不同风险之间的相互关系；③加强对极端情形与潜在危机的认识，预防重大风险的发生。

（6）局限性：压力测试不能取代一般的风险管理工具，频繁地进行压力测试并不能解决组织日常的风险管理问题。此外，压力测试的效果取决于使用者是否可以构造合理、清晰、全面的情景。

【例 4-2】 某银行拥有一批信用记录良好的客户，该批客户除非发生极端情景，一般不会违约。在日常交易中，该银行只需遵循常规的风险管理策略和内部流程即可。如果采用压力测试方法，则设想该批客户在极端情景（如其财产毁于地震、火灾、被盗）下可能会出现违约事故。由此分析一旦出现类似情形，银行可能遭受何种类型和程度的损失。

二、操作

本部分利用压力测试分析互联网理财产品（余额宝）的流动性风险。

1. 建立压力测试模型

以余额宝流动性风险的触发因素为自变量，以余额宝未来某一时段的净现金流为因变量，采用现金流压力测试方法建立测试模型，通过考察流动性缺口对现金流量的影响进行测试。选取现金流缺口（式 4-1）和流动性覆盖率（Liquidity Coverage Ratio，LCR，式 4-2）作为承压指标，通过对比压力情景下余额宝在某一时段的流动性储备和净现金流缺口判断其在设定情景下的承压能力。

现金流缺口 = 某一时期特定情景下的现金流入 − 同一时期特定情景下的现金流出　（4-1）

流动性覆盖率 = 优质流动性资产储备 / 预期未来 30 日现金净流出量 × 100%　（4-2）

在上式中，传统的现金流缺口一般由存量资产负债业务的到期日确定，是商业银行进行流动性压力测试的常用口径。作为以高流动性见长的余额宝来说，新客户申购、存量客户追加申购与赎回、资金垫付与偿还等均会影响未来现金流，故而在进行压力测试之前，还需考虑客户行为与支付宝资金垫付能力对到期现金流的影响，并对未来各时段的到期现金流做出适时调整。结合余额宝资产配置结构，调整后的承压指标计算公式为

当日现金流缺口 =（当日申购 + 当日到期投资 + 当日支付宝垫资）−（当日赎回 +

当日新增投资 + 当日偿付支付宝垫资）　（4-3）

流动性覆盖率 = 债券现金市值 / 30 ×（现金流出总量均值 − 现金流入总量均值）× 100%

（4-4）

2. 设定压力情景

为保证压力情景设计的适用性，先后对 20 余家货币市场基金的基金经理进行了电话、邮件和现场访谈，采用内容分析法对访谈内容进行整理归纳，并结合余额宝的基本情况，提炼出影响余额宝流动性风险的四个主要因素，在此基础上设计压力情景。

（1）基金规模。虽然较大的基金规模有助于提升余额宝的收益水平，但同时也意味着支付宝将面临较高的资金垫付风险。一旦垫付规模超过短期内可以筹集的资金规模，势必会影响投资者的资金赎回，加之投资者对互联网金融安全性的信任尚未建立，极易引发挤兑。

（2）挂钩货币市场基金本身的流动性风险。余额宝是货币市场基金这一传统晦涩金融词汇面向普罗大众的形象化称谓，其本质是一种开放式的货币市场基金，并最终决定余额宝的流动性和盈利。为了保持稳定的收益和较高的流动性，目前余额宝的资金投向主要集中于银行同业协议存款，未来在监管政策的变化下有可能更多地转向债券市场和存单市场。在正

常市场情况下，货币市场基金属低风险投资，但一旦出现金融危机等极端情况，如基金持有的票据或债券出现大范围违约，则货币市场基金将出现与支付宝交割的大规模违约，从而引发余额宝的流动性危机。

（3）监管政策。余额宝的快速发展得益于政策套利，也相应会受到监管政策变化的影响。政策变化对余额宝流动性的影响主要体现在以下两个方面：

1）对余额宝资金主要投向——银行同业协议存款的认定问题。余额宝因其庞大的资金规模能够通过与银行的协商获得较高的协议存款利息，从而保证了余额宝较高的收益水平。然而近来有呼声指出，为了对规模日益扩大的货币市场基金进行流动性风险管理，拟将货币市场基金在银行的同业协议存款转变为一般性存款。这一转变意味着货币市场基金在银行的存款需与其他一般性存款一样缴纳存款准备金，利率上浮水平也会受到限制。收益率高、流动性强是余额宝吸引客户的关键，一旦收益率降低，加之受银行系理财产品的冲击，投资者大规模赎回资金的可能性增大。

2）利息保护优惠政策的影响。余额宝的收益得益于其所享受的利息保护优惠政策，即同时获得银行同业协议存款的高利率和允许提前支取而不必支付罚息。银行界很多声音呼吁取消货币市场基金享有的利息保护优惠政策，这一呼声也引起了中国证监会的高度关注。一旦利息保护优惠政策被取消，集中投向同业协议存款且大部分都附有利息保护条款的货币市场基金将面临巨大风险。以资金规模超过 5 000 亿元的余额宝为例，若取消利息保护优惠政策，则当为应对流动性风险需要提前支取定期存款时，作为基金运营方的天弘基金管理公司 1.6 亿元的风险准备金完全不能覆盖罚息带来的损失，在天弘基金管理公司仅有 1.8 亿元的注册资金情况下，这一损失甚至可能直接导致其破产。

（4）短期大额赎回。货币市场基金作为一种开放式基金，通常被投资者作为消费或定期投资前暂时存放现金以获得资金碎片化收益的场所，当基金净值跌破 1 货币单位每份时很容易发生大规模赎回。

此外，货币市场基金普遍采用摊余成本法为主、影子价格法为辅的基金净值确定方法。通常情况下，影子价格估值偏离度低于 0.5% 时，货币市场基金即使有小幅波动，也可维持其固定净值，从而减少轻微市场扰动和投资损失引发挤兑的可能性。但如果影子价格估值偏离度达到 0.5% 以上，货币市场基金就必须放弃 1 货币单位每份的赎回价格，重新确立基金净值。此时，影子价格估值偏离度达到 0.5% 之前赎回的投资者可以将损失转移给后赎回的投资者，从而催生机会主义行为。市场一旦产生恐慌，即使很小的实际亏损也有可能导致挤兑。

（5）压力情景设计。

1）单一事件驱动的压力情景。将引起流动性风险的独立事件作为单一事件，根据余额宝和货币市场基金历史上是否发生过类似情景，分为历史情景和假设情景，根据流动性风险产生的内在逻辑从每类情景中提炼驱动风险因素和直接风险因素，并直接对应到资产负债表相应科目的变动上，完成由触发事件到风险因素再到业绩表现之间的逻辑构建（见表 4-2）。

表 4-2　单一事件驱动下的压力情景设计

序号	触发事件	情景类型	驱动风险因素	直接风险因素	关联科目变动
1	机构的信用评级短期下调三级	假设情景	信用风险上升	资产质量下降，投资者信任度降低	坏账准备/坏账增加 基金规模缩减

(续)

序号	触发事件	情景类型	驱动风险因素	直接风险因素	关联科目变动
2	道德丑闻或违法案件	假设情景	表外风险上升	资产异常流失	净赎回激增 支付宝垫款增加
3	短期集中消费	历史情景	无	短期流动性紧张	净赎回增加 支付宝垫款增加
4	股市行情上涨	历史情景	无	部分资金转入股市	净赎回增加 支付宝垫款增加
5	银行理财产品门槛降低	历史情景	无	一定规模资金转入银行理财	净赎回增加 支付宝垫款增加
6	融资能力下降	历史情景	市场流动性趋紧	融资来源减少、难度加大	同业授信额度减少 同业拆借利率升高

2) 风险因素联动下的压力情景。事实上，虽然单一事件驱动下会引发流动性问题，但除非受到特别极端事件的影响，得益于货币市场基金主要投向流动性较高的固定收益产品，单一事件一般不会引发大规模的流动性危机。但当多种风险触发因素联动发生时，流动性风险的复杂性与传染性特点便会快速显现出来，造成流动性危机的可能性也增大。因此，在对单一驱动因素识别分析的基础上，亦对风险因素联动下的压力情景进行了设计（见表4-3）。

表4-3 风险因素联动下的压力情景设计

序号	风险因素	相关业务科目变动
1	政策因素	货币市场基金纳入一般性存款，且需缴纳存款准备金 银行一般协议存款提前支取需缴纳罚息
2	资产质量下降	债券市值大幅下降 货币市场基金所持债券违约率上升
3	合作机构信任度降低	同业授信额度/垫资额度减少 淘宝商户集中提现
4	投资者信任度降低	资金集中转出

补充阅读文献

1. 根原因分析文献

[1] 朱爱勇．FMEA 与 RCA 在食品安全风险评估中的应用 [J]．解放军医院管理杂志，2013（4）．
[2] 范文玲，等．根本原因分析法在消毒供应室风险管理中的应用 [J]．中国社区医师，2014（7）．
[3] 杨俊，等．基于根本原因分析法对医疗设备使用风险的探究 [J]．中国医学装备，2014（1）．
[4] 朱爱勇，等．FMEA 与 RCA 在食品安全风险评估中的应用 [J]．解放军医院管理杂志，2013（4）．

2. 情景分析文献

[1] 宁钟，等．基于情景分析的供应链风险识别——某全球性公司案例分析 [J]．工业工程与管理，2007（4）．
[2] 范洪波，等．情景分析在商业银行风险管理中的应用 [J]．金融论坛，2010（5）．
[3] 饶伟，等．基于情景分析的项目风险识别方法研究 [J]．理论观察，2012（10）．
[4] 谢晓雪．情景分析在操作风险计量中的应用研究 [J]．投资研究，2009（12）．

[5] 王欣. 基于情景分析的战略风险管理探讨 [J]. 品牌, 2016 (2).
[6] 程先富, 等. 基于情景分析的区域洪涝灾害风险评价——以巢湖流域为例 [J]. 长江流域资源与环境, 2015 (8).

3. 故障树分析文献

[1] 肖艳玲. 基于事故树法的海上石油国际合作项目政治风险分析 [J]. 价值工程, 2010 (11).
[2] 郭一冰, 等. 事故树法在环境风险评价中的应用 [J]. 环境保护与循环经济, 2009 (3).
[3] 曾丽君. 基于事故树分析法的风险评价指标的确定 [J]. 中国科技信息, 2009 (6).
[4] 常悦, 等. 基于事故树-层次分析法的高校实验室火灾风险评估 [J]. 城市建筑, 2016 (3).
[5] 周德红, 等. 事故树分析法在 LNG 储存系统风险评估中的应用 [J]. 工业安全与环保, 2016 (3).
[6] 李俊. 基于事故树分析法的企业消防安全风险分析 [J]. 价值工程, 2016 (1).
[7] 赵振宇. 故障树法引入工程项目风险管理研究 [J]. 现代电力, 2002 (4).
[8] 苏义坤, 等. 基于耦合故障树分析的施工安全风险评价研究 [J]. 预测, 2006 (5).
[9] 杨太华. 基于故障树方法的项目安全风险分析 [J]. 系统管理学报, 2009 (10).
[10] 郑雷雷, 等. 故障树分析法在信息安全风险评估中的应用 [J]. 计算机科学, 2011 (10).
[11] 万小燕, 等. 故障树法在新创企业风险预警中的应用 [J]. 财会通讯, 2016 (1).
[12] 王成付. 基于故障树与可靠性分配理论的供应链金融风险控制研究 [J]. 管理现代化, 2016 (7).

4. 事件树分析文献

[1] 郝新东, 刘菲. 事件树法与德尔菲法在企业法律风险识别中的契合 [J]. 企业家天地, 2010 (12).
[2] 金朝光, 林焰, 纪卓尚. 基于模糊集理论事件树分析方法在风险分析中应用 [J]. 大连理工大学学报, 2003 (1).
[3] 解家毕, 等. 事件树法原理及其在堤坝风险分析中的应用 [J]. 中国水利水电科学研究院学报, 2006 (6).
[4] 杜振国, 等. 基于动态事件树的安全风险分析方法 [J]. 科学技术与工程, 2011 (8).
[5] 王静亚. 基于模糊集事件树法和模糊综合评判法的土石坝溃坝风险分析研究 [D]. 邯郸: 河北工程大学, 2015.
[6] 郑凯雷, 等. 模糊事件树分析方法及其在船舶工程风险分析中的应用研究 [J]. 工业设计, 2016 (5).

5. 定性决策树分析文献

[1] 王琪. 基于决策树的供应链金融模式信用风险评估 [J]. 新金融, 2010 (4).
[2] 徐晓霞, 等. 基于决策树法的我国商业银行信用风险评估模型研究 [J]. 北京理工大学学报: 社会科学版, 2006 (6).
[3] 薛晔, 等. 我国通货膨胀风险的预测模型——基于决策树-BP 神经网络 [J]. 经济问题, 2016 (1).
[4] 孙同阳, 等. 基于决策树的 P2P 网贷信用风险评价 [J]. 商业经济研究, 2015 (1).
[5] 唐剑琴. 基于决策树算法的 P2P 网贷借款人违约风险度量研究 [D]. 长沙: 湖南师范大学, 2016.

6. 因果分析文献

[1] 陈志芬, 等. 大型公共场所火灾风险评价指标体系 (Ⅰ) ——火灾事故因果分析 [J]. 自然灾害学报, 2006 (2).
[2] 杨晓兵, 等. 基于 AHP 和因果分析法的 IT 项目风险因素分析 [J]. 科技创业月刊, 2006 (1).
[3] 许坤, 等. 信用风险转移创新是否改变了银行风险承担行为? [J]. 国际金融研究, 2014 (7).
[4] 卢朋. 基于全生命周期的 LEP 风险识别与信息集成系统设计 [J]. 经济体制改革, 2014 (9).
[5] 江新, 等. 工程项目群内部风险复杂特性研究 [R] //2015 年中国管理科学与工程研究报告, 2015.

7. 特性要因分析/鱼骨图文献

[1] 孙华丽, 等. 基于鱼骨图的公共安全风险测度与评价 [J]. 中国安全科学学报, 2011 (7).

[2] 陈南华. 因果图在银行外部欺诈风险研究中的应用 [J]. 商业经济, 2009 (1).
[3] 夏红云. 基于因果图和 AHP 法的高校课程改革风险评价研究 [J]. 科学与管理, 2009 (6).
[4] 赵煜晖. 基于鱼骨图分析的城市燃气运营风险要因剖析 [J]. 石油与天然气化工, 2015 (8).
[5] 纪翔阁, 等. 建材企业财务风险分析与控制 [J]. 企业改革与管理, 2015 (4).
[6] 潘人愉. 生产线维修项目中 MRO 采购的风险管理 [J]. 项目管理技术, 2015 (4).

8. 业务影响分析文献

[1] 高维. 风险评估与业务影响分析的区别与联系 [J]. 计算机安全, 2011 (4).
[2] 金灿灿. 民航机务维修系统风险管理关键技术研究及系统实现 [D]. 南京: 南京航空航天大学, 2014.
[3] 高志民. 基于业务流程的信息安全风险度量方法研究 [D]. 北京: 北京交通大学, 2011.

9. 压力测试文献

[1] 丁建臣, 等. 基于压力测试的我国商业银行风险监管研究 [J]. 当代经济研究, 2016 (2).
[2] 张红力, 等. 环境因素对商业银行信用风险的影响——基于中国工商银行的压力测试研究与应用 [J]. 金融论坛, 2016 (2).
[3] 潘庄晨, 等. 互联网理财产品的压力测试建模与流动性风险管理——以余额宝为例 [J]. 现代管理科学, 2015 (8).
[4] 彭建刚, 等. 基于行业相关性的银行业信用风险宏观压力测试研究 [J]. 中国管理科学, 2015 (4).
[5] 王燕. 压力测试: 城市商业银行流动性风险案例 [J]. 金融理论与实践, 2014 (11).
[6] 周阳敏. 房地产企业风险压力测试实证研究: 限购令、房产税、新土管政策的持续性冲击影响 [J]. 管理评论, 2014 (9).
[7] 周凯, 等. 商业银行动态流动性风险压力测试应用研究 [J]. 审计与经济研究, 2014 (4).
[8] 安强身, 等. 风险可控还是危机前夜?——基于 Logit 模型的房地产社会融资风险压力测试 [J]. 云南财经大学学报, 2016 (4).
[9] 杨俊龙, 等. 利率市场化下的中小商业银行利率风险管理——基于统计分析方法的压力测试研究 [J]. 云南财经大学学报, 2016 (6).
[10] 曹轶. 压力测试在我国商业银行流动性风险管理中的应用研究 [D]. 太原: 山西财经大学, 2016.

练 习 题

1. 借鉴"宁钟, 等. 基于情景分析的供应链风险识别——某全球性公司案例分析 [J]. 工业工程与管理, 2007 (4)."一文的做法, 采用情景分析, 进行供应链的风险识别。

2. 借鉴"徐晓霞, 等. 基于决策树法的我国商业银行信用风险评估模型研究 [J]. 北京理工大学学报: 社会科学版, 2006 (6)."一文的做法, 采用定性决策树, 进行商业银行信用风险评估。

第五章

功能分析类风险评估方法

本章将介绍6种功能分析类风险评估方法：失效模式影响及危害度分析法、失效模式和效应分析、以可靠性为中心的维修、危险与可操作性分析、危害分析与关键控制点法、潜在通路分析。

第一节 失效模式影响及危害度分析法

一、理论

失效模式影响及危害度分析法（Failure Mode Effects and Criticality Analysis，FMECA）是一种自下而上（bottom-up）分析方法，可用来分析、审查系统的潜在故障模式。FMECA按规定的规则记录系统中所有可能存在的影响因素，分析每种因素对系统的工作及状态的影响，将每种影响因素按其影响的严重程度及发生概率排序，从而发现系统中潜在的薄弱环节，提出可能采取的预防改进措施，以消除或减少风险发生的可能性，保证系统的可靠性。根据其重要性和危害程度，FMECA可对每种被识别的失效模式进行排序。FMECA可协助挑选具有高可靠性的替代性设计方案；确保所有的失效模式及其对运行成功的影响得到分析；列出潜在的故障并识别其影响的严重性；为测试及维修工作的规划提供依据；为定量的可靠性及可用性分析提供依据。FMECA可以为其他风险方法，例如，定性及定量的故障树分析提供数据支持。

FMECA拓展了FMEA（失效模式和效应分析）的使用范围。根据其重要性和危害程度，FMECA可对每种被识别的失效模式进行排序。如将FMEA和FMECA联合使用，其应用范围更为广泛。FMEA通常是定性或半定量的，在可以获得实际故障率数据的情况下也可以定量化。

FMECA适用于对失效模式、影响及危害进行定性或定量分析，还可以对其他风险识别方法提供数据支持。

FMECA的优点有：①广泛适用于人力、设备和系统失效模式，以及硬件、软件和程序；②识别组件失效模式及其原因和对系统的影响，同时用可读性较强的形式表现出来；③通过在设计初期发现问题，从而避免了开支较大的设备改造；④识别单点失效模式以及对冗余或安全系统的需要。

FMECA的局限性表现在：①只能识别单个失效模式，无法同时识别多个失效模式；②除非得到充分控制并充分集中精力，否则研究工作既耗时又开支较大。

二、操作

FMECA 的输出包括对于系统失效的可能性、失效模式导致的风险等级、风险等级和"探测到"的失效模式的组合等方面的重要性进行排序。如果使用合适的故障率资料和定量后果，FMECA 可以输出定量结果。

对于 FMECA，研究团队需要根据故障结果的严重性，将每个识别出的失效模式进行分类。

（1）将系统分成组件或步骤，并确认各部分出现明显故障的方式、造成这些失效模式的具体机制、故障可能产生的影响、失败是无害的还是有破坏性的、故障如何检测。

（2）根据故障结果的严重性，将每个识别出的失效模式进行分类并确定风险等级。通常情况下，风险等级可以通过故障模式后果与故障发生的概率的组合获得，并定性、半定量或定量地表达。

（3）识别风险优先级，这是一种半定量的危害度测量方法，其将故障后果、可能性和发现问题的能力（如果故障很难发现，则认为其优先级较高）进行等级赋值（通常在 1 ~ 10 之间）并相乘来获得危险度。

（4）FMECA 将获得一份故障模式、失效机制及其对各组件或者系统或过程步骤影响的清单，该清单将包含系统失效的可能性、失效模式导致的风险程度等结果，如果使用合适的故障率资料和定量后果，FMECA 可以输出定量结果。

采用 FMECA 方法进行供应链风险管理，需要对常用风险管理过程各个阶段的主要任务进行一定的调整：

（1）风险识别。供应链经营过程中会遭遇的风险源可以分为五类：环境风险源、需求风险源、供应风险源、程序风险源，以及控制风险源。环境风险源分为四类：政治环境、法律环境、自然环境以及经济环境，四者合称为"总体环境"。需求风险源以及供应风险源分别以需求市场和供应市场为代表，两者合称为"市场环境"。程序风险源以及控制风险源则是以"组织""程序"以及"控制"三方面为代表，三者合称"公司本身因素"。风险源识别均采用问卷衡量方法，每个维度均采用五点量表，根据公司情况，针对各风险源确定相对程度。

（2）风险衡量。与传统风险衡量采用发生概率与潜在损失大小两个指标不同，FMECA 方法采用"发生可能性""影响程度""侦测程度""控制程度"四个因子来衡量风险。四个因子的衡量均采用 5 等分法，如表 5-1 所示。

表 5-1 风险衡量因子评分等级

衡量因子	衡量标准
发生可能性	可能性低 1、2、3、4、5 可能性高
影响程度	轻微　　　1、2、3、4、5 严重
侦测程度	容易侦测 1、2、3、4、5 不易侦测
控制程度	容易控制 1、2、3、4、5 不易控制

（3）风险评估。根据四个风险衡量因子，可以计算出各个风险时间的风险优先系数，对这些系数进行排列，可以确定企业的主要风险关注对象。当然，风险评估是一个动态的过

程，因为环境的变化会导致各个风险时间衡量因子的变化，从而影响各个风险时间的风险优先系数。例如，环境变化可能导致某些风险事件发生可能性提高或影响程度提高，从而提高该风险事件的优先级；再如，技术进步可能提高某些风险事件的控制程度，从而降低该风险事件的优先级。

（4）风险控制。传统风险控制方法强调降低风险发生可能性、减轻风险负面影响，FMECA将侦测程度和控制程度两个因子引入风险衡量中，也扩展了风险控制的手段，即采用更为先进及时的风险侦测手段，以及改善风险控制手段。

第二节 失效模式和效应分析

一、理论

失效模式和效应分析（Failure Mode and Effect Analysis，FMEA）是用来识别组件或系统是否达到设计意图的方法，广泛用于风险分析和风险评价中。FMEA是一种归纳方法，其特点是从元件的故障开始逐级分析其原因、影响及应采取的应对措施，通过分析系统内部各个组件的失效模式并推断其对整个系统的影响，考虑如何才能避免或减少损失。

FMEA用于识别系统各部分潜在的失效模式、这些故障对系统的影响、故障原因、如何避免故障及/或减弱故障对系统的影响。FMEA方法大多用于实体系统中的组件故障，但是也可以用来识别人为失效模式及影响。该方法有以下几种应用：①用于部件、产品的设计（或产品）FMEA；②用于系统的系统FMEA；③用于制造和组装过程的过程FMEA；④服务FMEA；⑤软件FMEA。FMEA可以在系统的设计、制造或运行过程中使用。然而，为了提高可靠性，改进在设计阶段更容易实施。FMEA也适用于过程和程序。例如，它被用来识别潜在医疗保健系统中的错误和维修程序中的失败。

（1）FMEA的优点：①广泛适用于人力、设备和系统失效模式，以及硬件、软件和程序；②识别组件失效模式及其原因和对系统的影响，同时用可读性较强的形式表现出来；③通过在设计初期发现问题，从而避免了开支较大的设备改造；④识别单点失效模式以及对冗余或安全系统的需要；⑤通过突出计划测试的关键特征，为开发测试计划提供输入数据。

（2）FMEA的局限性：①只能识别单个失效模式，无法同时识别多个失效模式；②除非得到充分控制并集中精力，否则研究工作较为耗时，且开支较大；③对于复杂的多层次组织来说，这项工作可能艰难枯燥。

（3）输入数据。FMEA需要有关系统组件的充分信息，以便对各组件出现故障的方式进行详细分析。信息可能包括：①正在分析的系统及系统组件的构成图，操作过程步骤的流程图；②了解过程中每一步或系统组成部分的功能；③可能影响运行的过程及环境参数的详细信息；④对特定故障结果的了解；⑤有关故障的历史信息，包括现有的故障率数据。

（4）输出结果。FMEA的主要输出结果是失效模式、失效机制及其对各组件或者系统或过程步骤影响的清单，也可以提供有关故障原因及其对整个系统影响方面的信息。

（5）步骤。FMEA的步骤，包括：①确定分析对象；②组件研究团队；③将系统分成组件或步骤；④确定故障补偿设计中的固定规定。

二、操作

将 FMEA 基本方法运用到高校财务风险审计的具体过程中，首先要在深入分析高校财务活动具体特点的基础上，按照对高校财务风险审计的要求，对高校财务活动各阶段进行结构分解；其次在进行结构分解的基础上，运用此方法对高校财务活动各阶段工作可能面临的风险进行识别分析，并找出风险诱发因素；然后对识别出的财务风险进行严重度、发生度及难检度的定量分析，找出各阶段风险控制的科学依据；最后针对高校财务风险量化分析结果，提出相关风险控制的审计建议。

（1）高校财务风险审计的工作分解。根据图 5-1，聘请高校主管部门、会计师事务所、审计师事务所相关人员及部分高校领导、财务人员与内部审计人员共同组成专家团队，对当前高校财务活动所面临的风险进行了分析。专家团队针对该高校财务特点，结合当前高等教育所处的大环境，从负债风险、失衡风险、管理风险、法律风险、制度风险、结构风险、运作风险、信用风险、政府风险等九个方面对其实施财务风险审计。

（2）高校财务风险审计的风险模式识别。在已确定高校财务活动所面临风险的基础上，组织具有不同经历的审计人员采用德尔菲法或头脑风暴法等科学工具，对高校财务风险进行全面的分析与识别，找出财务风险对高校财务活动可能产生的后果及其严重程度。笔者采用分级方法进行了严重度的描述，评分标准如表 5-2 所示（为了简化程序采用 5 分制）。专家团队在分解高校财务风险审计工作结构时，主要着眼于当前我国大多数高校财务活动中所面临的风险，在风险模式识别上也是着眼于我国大多数高校的实际情况。最终，通过专家团队对大多数高校进行财务风险模式识别，得出了具有普遍指导意义的结果。

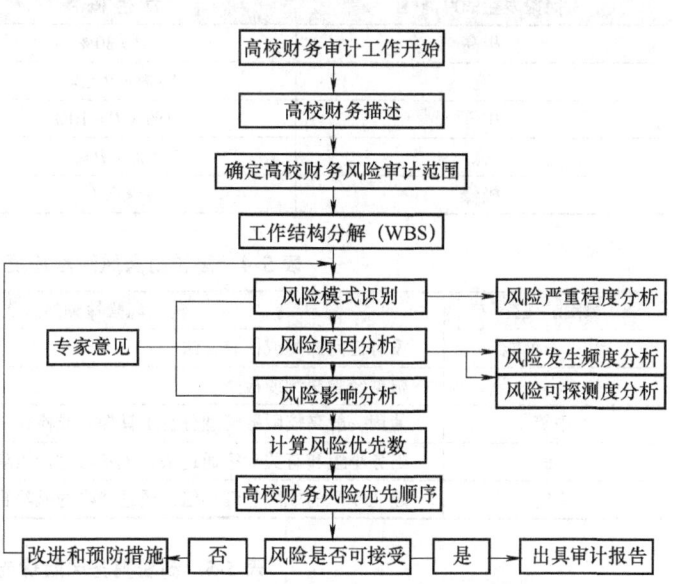

图 5-1 基于 FMEA 的高校财务风险审计流程图

表 5-2 高校财务风险严重度分值表

风险严重度	可能造成的损失	取值/分
非常严重	可能造成高校财务非常严重损失	5
严重	可能造成高校财务严重损失	4
一般	可能造成高校财务损失	3
不太严重	可能造成高校财务轻微损失	2
可以忽略	不会造成高校财务损失	1

（3）高校财务风险审计的风险原因分析。通过上述风险识别，需要对高校财务风险的

发生概率进行统计分析。考虑到审计样本的数量会对统计结果产生很大的影响，采用灰色系统分析法，专门处理如审计数据这种小样本的状况。最终可根据表 5-3 所示的风险发生度分值表合理确定风险发生度的级别。财务活动可检测性是影响高校财务风险的重要因素。对每种检测方法，需要进行评价与分析，结合专家智慧，根据表 5-4 所示的高校财务风险难检度分值表，合理科学地确定高校财务风险的可探测程度。针对我国大多数高校实际情况对其在财务活动中所面临的风险事件进行了原因分析，结果如表 5-5 所示。

表 5-3　高校财务风险发生度分值表

风险发生的可能性	发 生 概 率	取值/分
极高	$P > 30\%$	5
高	$10\% < P \leqslant 30\%$	4
中等	$1\% < P \leqslant 10\%$	3
低	$0.1\% < P \leqslant 1\%$	2
极低	$P < 0.1\%$	1

表 5-4　高校财务风险难检度分值表

风险难检度	风险探测的方法	取值/分
几乎不可能	没有任何探测或检查方法	5
小	根据经验探测或检查	4
中等	使用一般高校财务管理分析工具探测或检查	3
高	财务小组和有关专家通过头脑风暴法进行风险探测或检查	2
肯定	建立专门的风险管理小组，通过严格的风险管理制度进行风险探测或检查	1

表 5-5　高校财务风险优先数　　　　　　　　　　　　　　　　单位：分

	风 险 事 件		严重度	发生度	难检度	风险优先数
高校财务风险	负债风险	呆账风险	3	3	2	18
		不确定因素多	3	4	4	48
		还款能力有限	4	3	2	24
	失衡风险	流动资金短缺	5	4	2	40
	管理风险	内部控制不健全	3	4	4	48
		管理人才匮乏	3	3	3	27
		管理方法不当	3	3	4	36
	法律风险	民事责任	4	3	2	24
	制度风险	产权制度不明晰	3	4	4	48
	结构风险	负债结构不合理	5	4	3	60
	动作风险	投资风险	3	3	3	27
		校办产业风险	3	2	3	18
		利率风险	3	2	2	12
	信用风险	还贷信用风险	3	3	3	27
	政府风险	政府投入不足	4	3	4	48
		政府服务不到位	3	4	3	36

（4）高校财务风险审计的风险优先数。计算高校财务各项工作风险等级通过风险优先

第五章 功能分析类风险评估方法

数表示。风险优先数（RPN）＝严重度（S）×发生度（O）×难检度（D）。RPN 值越大，表示具有的风险也越大，根据 RPN 值的大小来确定高校财务风险程度。计算结果如表 5-5 所示。高校财务活动所面临的风险事件中，结构风险对高校财务活动影响最大；制度风险、负债风险、管理风险及政府风险对高校财务活动影响也较大；其他的利率风险等由于受国家经济、政治环境影响较大，因此对高校财务活动影响相对较小。通过对高校财务风险事件优先数的科学计算找到了财务风险审计的方向与重点。

（5）高校财务风险审计的风险影响分析。在高校财务风险审计中进行风险影响分析，主要是找出财务风险对高校财务活动带来的影响程度，并采用不同的分析方法，对这些影响程度进行分级。采用风险优先数法对高校财务每一种风险模式进行分级，考察风险严重度、发生度及难检度，计算 RPN，从而确定高校财务风险等级，找出高校财务活动缺陷及薄弱环节，对于 RPN 高的风险模式应重点分析风险机理。最后在此基础上提出有针对性的审计建议，以此降低高校财务风险，提高高校财务活动安全性。在 RPN 值基础上，对我国大多数高校在财务活动中所面临的风险事件进行了风险原因分析，并为其制定风险监控、诊断，同时提出了相应的审计建议，具体如表 5-6 所示。审计专家提出风险事件改进意见后，再通过科学的计算方式，高校财务活动所面临风险事件的 RPN 明显减小；通过审计专家的建议，很多风险事件的发生度与可控度均得到了很大改善。因此，通过审计专家小组对高校财务风险事件提出针对性审计建议，可有效改善风险事件对高校财务活动的影响，不但表明了风险审计的可行性，也真正实现了审计为高校财务运行服务的目的。

表 5-6 高校财务风险模式及审计建议   单位：分

风险事件	改进措施前							改进措施后			
	故障后果	S	故障原因	O	控制措施	D	RPN	审计建议	S	O	D	RPN
呆账风险	资金入不敷出，严重影响高校日常财务活动	3	金融机构对高校贷款准入条件不严格，风险意识淡薄	3	加强资金监管	2	18	国家要加强对高校贷款的严格管理，尽快制定相应的政策措施；整合高校资源，合理配置、各尽其用	3	1	2	6
不确定因素多	贷款风险潜伏时间较长，不易被及早发现	3	高校投资具有期限长、见效慢、回报低的特点	4	提高风险意识，实施全程监控	4	48	建立财务风险预警体系，提高应变能力；高校要树立财务风险意识，提高资金使用效益	3	2	2	12
还款能力有限	直接影响了高校的再融资能力	4	国家投入少，资金来源渠道有限	3	合理负债、拓宽筹资渠道	2	24	继续加大财政对高校的投入力度；增强高校资金积累，提高还债能力	4	2	1	8
流动资金短缺	直接影响到高校资金的调度	5	对财务状况所面临的风险认识不足，财务管理方法落后，内部控制制度不健全，资金管理存在漏洞	4	完善高校资金审批制度	2	40	做好"开源节流"工作，保证高校收支状况平衡；根据自身实际情况，建立适合自己的财务状况总体失衡风险预警系统	5	2	2	20

(续)

风险事件	改进措施前						改进措施后				
	故障后果	S	故障原因	O	控制措施	D	RPN	审计建议	S	O	D	RPN
内部控制不健全	经费使用上非程序化和随意行为严重	3	高校财务控制薄弱，对经费使用缺乏有效的内部控制	4	加强内控	4	48	构建科学的财务决策制度、健全的内部控制制度及完善的经济责任制度，建立制度完备、运行良好的财务系统	3	2	2	12
管理人才匮乏	不能及时揭示和掌控财务风险	3	对财务管理人才队伍建设重视不够	3	提高财务人员素质	3	27	建立科学严谨的会计人员教育培训体系、注重专业知识、专业技能的培训	3	2	1	6
管理方法不当	不能及时防范财务风险	3	停留在定性分析阶段，不能用科学定量的方法来进行财务管理	4	定性分析与定量分析相结合	3	36	建立以财务风险预警机制为核心的财务风险管理体系	3	2	3	18
民事责任	承担财务风险所带来的民事责任	4	高校未认清自身所处的法律地位	3	加强法律意识	2	24	端正对财务风险的认识，勇敢承担民事责任	4	2	1	8
产权制度不明晰	防范与控制财务风险的动力缺失	3	我国政府与高校之间的关系并未理顺，高校尚未成为自主发展、自我管理、自我约束的法人实体	4	理顺关系	4	48	转变政府职能、减少政府对高校内部事务的干预，落实高校自主办学的权利并保障高校自主分配财务资源、自主承担财务责任	3	2	2	12
负债结构不合理	直接影响了高校的再融资能力	5	高校在营运过程中资产负债率和产权比率过高	4	合理负债	3	60	利用财务杠杆控制负债比率，实现最佳的资本结构，使综合资金成本最低，财务杠杆效益高，财务风险适度	5	2	2	20
投资风险	效益不高、极易造成资金浪费	3	资产动作受主体性质限制大，缺乏资产运作经验	3	加强法人责任制	3	27	建立高校资产管理公司等，盘活高校资产	3	2	2	12
校办产业风险	管理混乱、资金流失	3	产权不明、责任不清、监督不严	2	理顺关系	3	18	明晰校办企业产权关系，促使校办企业成为自主经营、自负盈亏的规范化市场主体	3	1	2	6
利率风险	筹资成本大幅增加，增加高校债务负担	3	对利率风险重视不够，资产管理方式单一	2	注重财务杠杆的运用	2	12	强化利率风险意识；改变资产或负债的内部结构（如构造免疫资产组合），达到控制利率风险的目的；合理利用金融衍生工具	3	1	2	6

第五章 功能分析类风险评估方法

(续)

风险事件	改进措施前							改进措施后				
	故障后果	S	故障原因	O	控制措施	D	RPN	审计建议	S	O	D	RPN
还贷信用风险	高校信用降低，再筹资困难	3	高校还贷资金不足造成了拖欠本息情况	3	注重信用	3	27	构建科学合理的还贷体系和准备专门的还贷基金；加强与银行等的沟通	3	2	2	12
政府投入不足	高校资金来源不足，还债压力大	4	国家对高等教育的重视程度不够	4	加大投入	3	48	一是依法保障高等教育经费投入，建立高等教育经费保障机制；二是改革经费分配方式，加强经费管理，提高经费使用效益	4	2	2	16
政府服务不到位	导致高校财务活动缺乏制度保障	3	政府促成了高校与银行的合作，却未为此提供制度保障，如贷款审批制度、担保制度、信用制度等，也未建立贷款规模监控体系，未严格规定贷款资金的使用用途	4	加强政府服务	3	36	完善高校利用信贷政策，保持高校利用贷款办法的可持续性；建立专门为高校提供融资担保的分级担保机构；政府应对教学楼、图书馆、实验及教学设备等教学基本设施的贷款项目进行全额贴息，减轻贷款高校付息压力；规范和完善高校后勤社会化改革配套政策，允许社会闲散资金进入高等教育领域	3	2	1	6

第三节 以可靠性为中心的维修

一、理论

以可靠性为中心的维修（Reliability Centered Maintenance，RCM）是一种识别并确定故障管理策略的方法，目的是高效、有效地实现各类设备必要的安全性、可用性及运行经济性。现在，RCM 已经成为广泛用于各行业并经过验证而被普遍接受的方法。RCM 提供了一种决策过程，可以根据设备的安全、运行及经济结构，识别出设备使用且有效的预防性维修要求和退出机制。结束这个过程后，最终可以对执行维修任务或采取其他操作的必要性做出判断。

一切任务都离不开人员及环境安全，也离不开关注的运行及经济问题。但是，应该注意的是，考虑的标准将取决于产品的性质及其应用。RCM 用来确保可维护性，主要用于设计和开发阶段，然后在运行和维修阶段实施。

二、操作

（1）输入。成功地运用 RCM，需要了解设备和结构、运行环境和相关系统、子系统及设备可能的故障以及故障的结果。

（2）输出。维修任务的界定，如状况监控、计划性恢复、计划性替换、故障查找或非预防性维修。这项分析可能带来的其他行动包括重新设计、调整运行或维修程序，或者额外培训。执行任务的时间间隔以及必要的资源都要得到确认。

（3）步骤。RCM 项目的基本步骤为：①启动和规划；②功能故障分析；③任务挑选；④实施；⑤不断完善。RCM 与风险密切相关，因为它采用的就是风险评估的基本步骤。RCM 与失效模式和效应分析、失效模式影响及危害度分析法有着相似的类型。在某些情况下，通过执行维修任务可以消除潜在的故障或是降低其频率或结果，而风险识别关注的正是这种情况。这些工作可以通过识别必要的功能及性能标准以及妨碍功能实现的设备和组件故障得以实现。RCM 的风险分析包括估算无须维修状态下各故障的频率。通过界定失败效果来获得结果。综合故障频率和危险度的风险矩阵有利于对风险进行分级。随后，通过选择各失效模式适用的故障管理策略来进行风险评估。整个 RCM 过程应做好大量的记录工作，以供将来参考和检查之用。

第四节　危险与可操作性分析

一、理论

危险与可操作性分析（hazard and operability study，HAZOP）是一种对规划或现有产品、过程、程序或体系的结构化及系统分析方法。该方法被广泛应用于识别人员、设备、环境及组织目标所面临的风险。分析团队应尽量提供解决方案，以消除风险。HAZOP 过程是一种基于危险和可操作性研究的定性方法，它对设计、过程、程序或系统等各个步骤中是否能实现设计意图或运行条件的方式提出质疑。该方法通常由一支多专业团队通过多次会议进行。HAZOP 用于识别系统或程序的失效模式、失效原因及后果。HAZOP 团队通过考虑当前结果与预期结果之间的偏差以及所处环境条件等来分析可能的原因和失效模式。

HAZOP 方法最初被应用于化学工艺系统的风险评估中。目前该技术已拓展到其他类型的系统及复杂的操作中，包括机械及电子系统、程序、软件系统，甚至包括组织变更及法律合同的设计及评审。HAZOP 过程可以处理由于设计、部件、计划程序和人为活动的缺陷所造成的各种形式的对设计意图的偏离。这种方法也广泛地用于软件设计评审中。当用于关键安全仪器控制及计算机系统时，该方法称作仪控系统危险与可操作性分析（control hazard and operability study，CHAZOP）。HAZOP 通常在设计阶段开展，因为此时设计仍可进行调整。

HAZOP 的优点包括：①为系统、彻底地分析系统、过程或程序提供了有效的方法；②涉及多专业团队，可处理复杂问题；③形成了解决方案和风险应对行动方案；④有机会对人为错误的原因及结果进行清晰的分析。

HAZOP 的局限性表现在：①耗时，成本较高；②对文件或系统/过程以及程序规范的要求较高；③主要重视的是找到解决方案，而不是质疑基本假设；④讨论可能会集中在设计细节上，而不是在更宽泛或外部问题上；⑤受制于设计（草案）及设计意图，以及传递给团队的范围及目标；⑥过程对设计人员的专业知识要求较高，专业人员在寻找设计问题的过程中很难保证完全客观。

二、操作

（1）输入。HAZOP 的主要输入数据是有关计划审批的系统、过程或程序，以及设计意图与效果说明书的现有信息。输入数据可能包括说明书、工艺流程图、逻辑图、布局图、历史数据、操作及维修程序，以及紧急情况响应程序等。

（2）输出。对于每个评审点的项目，做好 HAZOP 会议的会议记录。这包括使用的引导词、偏差、可能的原因、处理所发现问题的行动以及行动负责人。对于任何无法纠正的偏差，需要对偏差造成的风险进行评估。

（3）步骤。HAZOP 依据设计图、流程说明、操作程序等对系统各组成部分进行审查，检查是否存在偏离预期效果的偏差、潜在原因以及偏差可能造成的结果。通过使用合适的引导词，对于系统、过程或程序的各个部分对关键参数变化的反应方式进行系统性分析，就可以实现上述目标。可以使用针对某个特殊系统、过程或程序的引导词，也可以使用能涵盖各类偏差的通用词。HAZOP 的一般步骤为：①确定研究目标及范围；②成立多专业人员组成的团队开展 HAZOP；③建立一系列关键的引导词；④收集必要的文件。

第五节　危害分析与关键控制点法

一、理论

危害分析与关键控制点法（Hazard Analysis and Critical Control Points，HACCP）作为一种科学的、系统的方法，应用在从初级生产至最终消费过程中，为识别过程中各相关部分的风险并采取必要的控制措施提供了一个分析框架，以避免可能出现的危险，维护产品的质量可靠性和安全性。HACCP 的重点在于预防而不是依赖于对最终产品的测试。

20 世纪 60 年代，美国宇航局最早开展了 HACCP，其本意是为了保证太空计划的食品质量。目前，该方法已被广泛应用于食品产业中，在食品生产过程的各个环节识别并采取适当的措施来控制物理、化学或生物污染带来的风险。HACCP 也被用于医药生产和医疗器械方面的危害识别、评价和控制方面。目前，HACCP 正逐渐从一种管理手段演变为一种管理模式或管理体系。

HACCP 的优点包括：①结构化的过程提供了质量控制以及识别和降低风险的归档证据；②重点关注流程中预防危险和控制风险的方法及位置的可行性；③鼓励在整个过程中进行风险控制，而不是依靠最终的产品检验；④有能力识别由于人为行为带来的危险以及如何在引入点或随后对这些危险进行控制。

HACCP 的局限性表现在 HACCP 要求识别危险、界定它们代表的风险并认识它们作为输入数据的意义，也需要确定相应的控制措施。如果等到控制参数超过了规定的限值时才采取行动，可能已经错过最佳控制时机。

二、操作

（1）输入。应用 HACCP，需要了解产品的生产过程流程，以及一切可能影响到产品质量、安全性或可靠性的危险因素的信息。

（2）输出。归档记录包括危害分析工作表及 HACCP 计划。危害分析工作表包含下列内容：①某个步骤中可能引入、控制或加剧的危害；②危险是否会带来严重的风险；③对严重性做出判断；④各种危险可能的预防措施；⑤该步骤能否使用监控或控制措施。

(3) 原则。HACCP 包括以下七项原则：①进行危害分析，识别潜在危害及已有预防性措施；②确定关键控制点；③确定关键限值；④建立一个系统以检测关键控制点的控制情况；⑤在检测结果表明某特定关键控制点失控时，确定应采取的纠正行动；⑥建立审核程序；⑦对于每一步都要实施记录和归档程序。

第六节　潜在通路分析

一、理论

潜在通路分析（Sneak Circuit Analysis，SCA）是一种用于识别系统设计错误的方法。潜在状态不是因部件故障产生的，而是一种可能会抑制预期功能或引起不良事件的潜在硬件、软件或集成的状态。这些状态的特点是具有随意性，在最严格的标准化系统检查中也很难检测出来。潜在状态可能会引起运行不当、系统可用性缺失、程序延时，甚至造成人员伤亡。

潜在通路分析是一种发现非故意电路路径的有效工具，有利于设计出将各功能独立处理的解决方案。随着技术进步，潜在通路分析的工具也有一定的发展，潜在分析是用来描述潜在通路分析扩大范围的术语。潜在分析涵盖并超出了潜在通路分析的范畴。潜在分析可以使用任何技术来确定软硬件问题。潜在分析工具可以将几种分析工具如故障树分析、失效模式和效应分析、可靠性分析等整合到一项分析中，从而节省时间和项目成本。

SCA 的优点包括：①潜在分析有利于分析人员识别设计错误；②与 HAZOP 一起使用时会有最佳效果；③非常有利于处理那些有多重情况的系统。

SCA 的缺点包括：①将其应用于电路、加工厂、机械设备或软件时，分析过程会有所不同；②使用效果依赖于是否可以建立起正确的网络树。

二、操作

（1）输入。潜在分析是一种独特的设计过程，因为它利用不同的工具（如网络树、网络森林等，帮助分析者发现潜在状态）来发现具体的问题。网络树和网络森林是对实际系统进行的拓扑分组。每个网络树代表一种次级功能并显示了可能影响次级功能输出的所有输入数据。将那些促成特定系统输出的网络树结合起来就能构建森林。一个合适的网络森林可以说明系统输出所有相关的输入数据。

（2）输出。潜在路通是系统内的意外路径或逻辑流。在特定状况下，意外路径或逻辑流会诱发不良功能或抑制预期功能。

（3）步骤。开展潜在分析的基本步骤包括：①数据准备；②网络树的建构；③网络路径的评估；④最终建议与报告。

补充阅读文献

1. 失效模式影响及危害度分析法文献

[1] 张进发. FMECA 方法在供应链风险管理中的应用研究 [J]. 物流技术，2009（3）.

[2] 夏震宇，杨波. 基于改进 FMECA 的装备故障风险定量评估 [J]. 四川兵工学报，2010（9）.

第五章 功能分析类风险评估方法

[3] 裴欢. 基于 FMECA 的城市火灾危险辨识和风险防范剖析 [J]. 科技展望, 2015 (12).
[4] 权俊晖. FMECA 法在工程供应链风险评价中的应用 [J]. 人民黄河, 2016 (7).

2. 失效模式和效应分析文献

[1] 罗阿维, 等. 采用 FMEA 的 ERP 项目实施风险分析方法 [J]. 工业工程, 2010 (12).
[2] 刘蕾, 等. FMEA 方法在公共工程风险审计中的应用研究 [J]. 工程管理学, 2012 (11).
[3] 程平, 等. 基于 FMEA 的 MPAcc 人才培养风险评估 [J]. 重庆理工大学学报: 社会科学版 2015 (12).
[4] 杨文静. 基于 FMEA 的供应链风险评估 [J]. 价值工程, 2015 (12).
[5] 罗小芳, 等. FMEA 方法改进及其在技术创新风险管理中的应用 [J]. 运筹与管理, 2015 (8).
[6] 童燕军. 基于 FMEA 的高校财务风险审计探讨 [J]. 财会通讯, 2015 (7).
[7] 尤筱玥, 等. 基于失效模式与后果分析扩展模型的外包风险分析 [J]. 同济大学学报: 自然科学版, 2016 (3).

3. 以可靠性为中心的维修文献

[1] 李晓明, 等. 以可靠性为中心的维修的经济效益评估模型 [J]. 工业工程与管理, 2005 (6).
[2] 梁国华. ERP-PM 与动态 RCM 风险技术关联应用的有效探索 [J]. 中国石化, 2010 (10).
[3] 龚澄. 信用风险主流模型与 RCM 模型的比较及借鉴 [J]. 国际金融研究, 2008 (2).
[4] 李翔, 等. RCM 与风险分析技术的研究和应用 [J]. 工业工程与管理, 2014 (10).
[5] 戴荣, 等. RCM 决断流程与风险评估 [J]. 航空工程与维修, 2001 (11).

4. 危险与可操作性分析文献

[1] 张艳辉, 等. 改进的 HAZOP 风险评价方法 [J]. 中国安全生产科学技术, 2011 (7).
[2] 姜春明, 等. HAZOP 风险分析方法 [J]. 安全、健康和环境, 2006 (6).
[3] 余文翟. HAZOP-LOPA-QRA 云平台辅助化工过程风险管控的实践应用 [J]. 石油化工安全环保技术, 2015 (12).
[4] 张博文, 等. HAZOP 在钢铁企业安全风险分析中的应用 [J]. 现代职业安全, 2015 (11).
[5] 边可, 等. 基于 HAZOP 的铁路危险货物运输风险因子分析 [J]. 物流技术, 2015 (7).

5. 危害分析与关键控制点法文献

[1] 赵玉华. 试析 HACCP 体系在证券公司的风险管理中的应用 [J]. 福建金融管理干部学院学报, 2004 (2).
[2] 李耘, 等. 从 COSO 风险内控理论谈我国 HACCP 体系建设 [J]. 农业质量标准, 2008 (10).
[3] 黄桂林, 等. 运用 HACCP 管理理念, 提高廉政风险防控实效 [J]. 中国检验检疫, 2013 (4).

6. 潜在通路分析文献

[1] 马成松. 结构分析中 SCA 技术的概念与应用 [J]. 长江大学学报: 自然科学版, 2008 (9).
[2] 马成松. SCA 技术的概念及其在结构分析中的应用 [C] // 第四届全国防震减灾工程学术研讨会会议论文集, 2009.

练 习 题

1. 借鉴 "张进发. FMECA 方法在供应链风险管理中的应用研究 [J]. 物流技术, 2009 (3)." 一文的做法, 采用失效模式影响及危害度分析法评价供应链风险。
2. 借鉴 "罗阿维, 等. 采用 FMEA 的 ERP 项目实施风险分析方法 [J]. 工业工程, 2010 (12)." 一文的做法, 采用失效模式和效应分析评价 ERP 项目的实施风险。

第六章

控制评估类风险评估方法

本章将介绍 5 种控制评估类风险评估方法：保护层分析、蝶形图分析、风险指数、设定基准、在险值法。

第一节 保护层分析

一、理论

保护层分析（Layer of Protection Analysis，LOPA）作为一种半定量方法，可估算与不期望事件或危险情景相关的风险，并且将其与风险容许界限比较，以确定现有的控制措施是否合适。

LOPA 的典型应用是在执行了预先危险分析之后，以预先危险分析的信息为基础进一步考虑安全设计问题。LOPA 可以定性使用，用来简单分析现有的危害防护措施。LOPA 也可以半定量使用，在应用完 HAZOP 或预先危险分析之后进行更为严格的检查。通过分析各防护措施产生的风险预防效力，LOPA 也可以用来对资源进行合理配置。

LOPA 的优点包括：①与故障树或其他定量风险分析方法相比，它需要更少的时间和资源，但是比定性的主观判断更为严格；②它有助于识别并将资源集中在最关键的保护层上；③它识别了那些缺乏充分安全措施的运行、系统及过程；④它关注最严重的结果。

LOPA 的局限性表现在：①LOPA 每次只能分析一个因果和一个情景，并没有涉及风险或控制措施之间的相互影响；②量化的风险可能没有考虑到普通模式的失效；③LOPA 并不适用于很复杂的情景，如有很多因果对的情景，或有很多结果影响不同利益相关方的情景。

二、操作

（1）输入：①有关风险的基本信息；②有关现有或建议控制措施的信息；③原因事件概率、保护层故障、结果措施及可容许风险定义；④初始原因概率、保护层故障、结果措施及可容许风险定义。

（2）输出。可给出需要进一步采取的控制措施，以及这些控制措施在降低风险方面效果的建议。

（3）程序。LOPA 可以通过专家团队运用下列程序实施：①识别不良结果的初始原因并查找有关其概率和结果的数据；②选择一个因果对；③识别现有的保护层，同时对它们的效力进行分析；④识别独立保护层；⑤估计每个独立保护层失效的概率；⑥保护层的综合影响应与风险承受度进行比较，以确定是否需要进一步的保护。

第二节　蝶形图分析

一、理论

蝶形图分析（bow-tie analysis）是一种简单的图解形式，用来描述并分析某个风险从原因到结果的路径。该方法可被视为分析事项起因（由蝶形图的结代表）的故障树和分析事项结果的事件树这两种方法的统一体。但是，蝶形图的关注重点是在风险形成路径上存在哪些预防措施及其实际效果。在建构蝶形图时，首先要从故障树和事件树入手，但是，这种图形大都在头脑风暴式的讨论会上直接绘制出来。

蝶形图分析被用来显示风险的一系列可能的原因和后果。如果人们更重视的是确保每个故障路径都有一个障碍或控制，那么就可以使用蝶形图分析。当导致故障的路径清晰而独立时，蝶形图分析就非常有用。与故障树及事件树相比，蝶形图通常更易于理解，因此，在使用更复杂的技术才能完成分析的情况下，它会成为一种有用的沟通工具。

蝶形图分析的优点包括：①用图形清晰地表示问题，便于理解；②关注的是为了到达预防及减缓目的而确定的障碍及其效力；③可用于期望结果；④使用时不需要较高的专业知识水平。

蝶形图分析的局限性包括：①无法描述当多种原因同时发生并产生结果时的情形（例如，故障树中有"闸"这个概念来描述蝶形图的右侧）；②可能会过于简化复杂情况，尤其是在试图量化的时候。

二、操作

（1）输入。对于风险的原因和结果以及可能预防风险的障碍及控制措施的认识。

（2）输出。输出结果是一个简单的图表，说明了主要的故障路径以及预防或减缓不良结果或者刺激及促进期望结果的现有障碍。

（3）实施步骤。蝶形图的实施步骤如下：①识别需要分析的具体风险，并将其作为蝶形图的中心结；②列出造成结果的原因；③识别由风险源到事故的传导机制；④在蝶形图左侧的每个原因与结果之间画线，识别那些可能造成风险升级的因素并将这些因素纳入图中；⑤如果某些因素可有效控制风险原因的升级，则用条形框列出这些"控制措施"；⑥在蝶形图右侧，识别风险不同的潜在结果，并以风险为中心向各潜在结果处绘制出放射状线条；⑦如果某些因素可有效控制风险结果的升级，则用条形框列出这些"控制措施"；⑧支持控制的管理职能（如培训和检查）应表示在蝶形图中，并与各自对应的控制措施相联系。在路径独立、结果的可能性已知的情况下，可以对蝶形图进行一定程度的量化，同时可以估算出控制效果的具体数字。然而，在很多情况下，路径和障碍并不独立，控制措施可能是程序性的，因此结果并不清晰。更合适的做法是运用故障树及事件树进行定量分析。不良结果的蝶形图如图6-1所示。

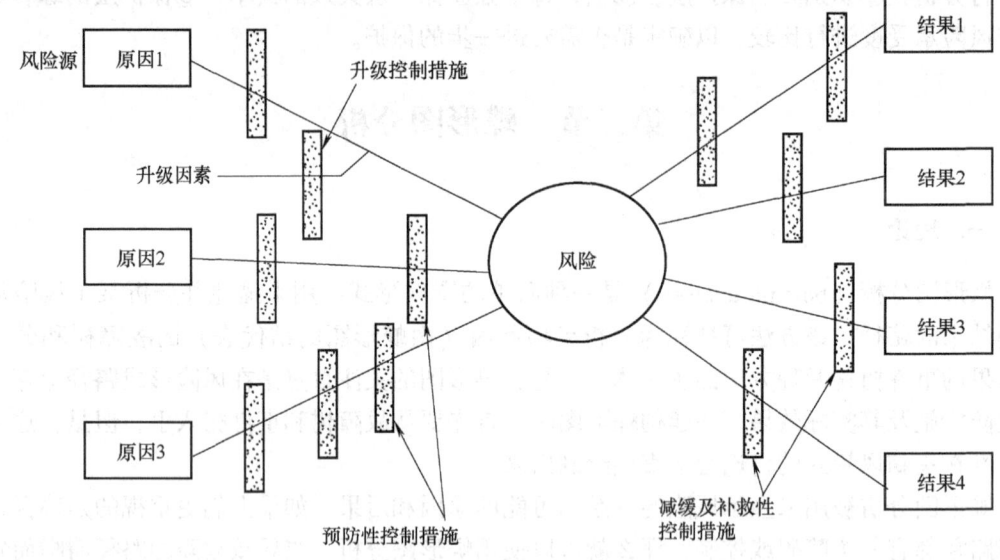

图 6-1　不良结果的蝶形图

第三节　风险指数

一、理论

（1）概述。风险指数（risk indices）是对风险的半定量测评，是利用顺序尺度的计分法得出的估算值。风险指数可以用来对使用相似准则的一系列风险进行比较。尽管是风险评估的组成部分，风险指数主要用于风险分析。尽管可以获得量化的结果，但风险指数本质上还是一种对风险进行分级和比较的定性方法，使用数字完全是为了便于操作。

（2）用途。如果充分理解系统，可以用指数对与活动相关的不同风险分级。指数允许将影响风险等级的一系列因素整合为单一的风险等级数字。风险指数可作为一种范围划定工具用于各种类型的风险，以根据风险水平划分风险。这可以确定哪些风险需要更深层次的分析以及可能进行定量评估。

（3）输入。输入数据来源于对系统的分析，或者对背景的宽泛描述。这就要求很好地了解风险的各种来源、可能的路径以及可能影响到的方面。像故障树分析、事件树分析和一般的决策分析工具都可以用来支持风险指数的开发。由于顺序尺度的选择在一定程度上具有任意性，因此，需要充分的数据来确认指数。

（4）过程。首先是理解并描述系统。一旦系统得到确认，就要对各组件确定得分。再将这些得分结合起来，以提供综合指数。例如，在环境背景中，来源、途径及接收方将被打分。在有些情况下，每个来源可能会有多种路径和接收方。根据考虑系统客观现状的计划将单个得分进行综合。关键是系统各部分的得分（来源、途径及接收方）应在内部保持一致。同时保持其正确关系。对风险要素（例如，概率、暴露及后果）或是增加风险的因素打分。可以设计合适的指数模型对各因素的得分进行加、减、乘、除的运算。通过将得分相加来考虑累积效果（例如，将不同路径的得分相加）。严格地讲，将数学公式用于顺序得分是无效的，因此，一旦打分系统得以建立，必须将该模型用于已知系统，以便确认其有效性。确定指数是一种迭代方法，在分析人员得到满意的确认结果之前，可以尝试几种不同的系统将得分进行综合。

（5）输出。输出结果是与特定来源有关的一系列数字（综合指数），并可以与其他来源开发的指数或是按相同方式建模的一系列数字进行比较。

（6）优点。风险指数可以提供一种有效的划分风险等级的工具，可以让影响风险等级的多种因素整合到对风险等级的分析中。

（7）局限性。如果过程（模式）及其输出结果未得到很好的确认，那么可能使结果毫无意义。输出结果是风险值这一点可能会被误解和误用。在很多使用风险指数的情况下，缺乏一个基准模型来确定风险因素的单个尺度是线性的、对数的还是某个其他形式，也没有固定的模型可以确定如何将各因素综合起来。在这些情况下，评级本身是不可靠的，对实际数据进行确认就显得尤其重要。

二、操作

本部分采用风险指数分析财政风险。依据设定的预警区间，将各项指标值指数化，然后根据合成指数的编制方法计算出财政风险的合成指数。其中，在对预警指标指数化时，将GDP（国内生产总值）增长率的安全点设为8%，宏观税负的安全点取其无警区间［18%，23%］的中位点20.5%。最终，1990~2001年间我国财政风险状况的相关计算结果如表6-1~表6-4所示。

表6-1　财政内部风险指标指数化得分及其合成指数　　　　　　　　单位：分

年 份	宏观税负	财政赤字率	财务平衡率	国债负担率	国债借债率	国债偿债率	国家财政债务依存度	中央财政债务依存度	内部风险合成指数
1990年	15.44	13.16	21.43	8.00	18.05	27.03	45.71	53.69	25.31
1991年	31.69	18.28	28.88	8.17	17.10	33.72	47.42	57.13	30.30
1992年	45.33	16.19	29.22	8.03	22.06	55.82	70.17	100.00	43.35
1993年	51.60	14.12	27.87	7.41	22.37	35.32	76.67	100.00	41.92
1994年	62.86	20.48	40.46	8.15	21.04	44.71	79.86	78.04	44.45
1995年	67.28	16.57	36.18	9.41	21.18	67.20	86.58	89.97	49.30
1996年	66.19	13.00	30.00	10.71	24.39	87.47	100.00	100.00	53.97
1997年	61.79	13.04	28.81	12.33	24.95	100.00	96.72	100.00	54.70
1998年	56.05	19.62	36.73	16.52	21.13	100.00	74.36	84.61	51.13
1999年	48.14	35.41	53.90	21.41	22.63	81.41	68.91	74.68	50.81
2000年	41.91	46.44	64.21	26.47	23.38	57.77	64.65	68.40	49.15
2001年	26.96	44.46	54.60	32.77	24.40	60.16	59.94	65.20	46.06

表6-2　财政外部风险指标指数化得分及其合成指数（一）　　　　　　单位：分

年 份	GDP增长率	通胀率	经常项目赤字率	商业银行资本充足率	商业银行资产收益率	企业资产负债率	企业亏损面
1990年	70.00	38.96	0.00	—	—	—	70.70
1991年	20.00	47.77	0.00	—	—	—	65.33

(续)

年　份	GDP 增长率	通　胀　率	经常项目 赤字率	商业银行 资本充足率	商业银行 资产收益率	企业资产 负债率	企业亏损面
1992 年	100.00	57.51	0.00	—	—	—	52.97
1993 年	91.67	100.00	16.50	31.23	0.00	63.67	69.53
1994 年	76.67	100.00	0.00	39.51	40.12	68.55	76.07
1995 年	41.67	100.00	0.00	51.33	43.23	59.83	77.70
1996 年	26.67	40.98	0.00	54.83	41.68	64.17	87.50
1997 年	13.33	5.11	0.00	62.84	65.51	61.83	100.00
1998 年	3.33	84.97	0.00	30.78	65.29	59.20	100.00
1999 年	15.00	79.83	0.00	42.16	58.50	59.00	89.17
2000 年	0.00	5.43	0.00	39.11	54.60	60.00	84.50
2001 年	11.67	66.27	0.00	40.44	56.39	48.65	83.70

表 6-3　财政外部风险指标指数化得分及其合成指数（二）　　　　　　　　单位：分

年　份	外债 偿债率	外债 负债率	外债 债务率	短期 外债率	外汇储备 月进口时间	外部风险 合成指数	财政风险 合成指数
1990 年	21.75	22.50	77.67	21.50	91.27	46.04	36.29
1991 年	21.25	24.83	78.17	35.00	85.58	41.99	36.49
1992 年	17.75	24.00	71.50	28.00	89.93	49.07	46.38
1993 年	26.00	23.17	85.83	31.00	91.81	52.53	48.29
1994 年	22.75	35.50	55.00	18.67	81.94	51.23	48.52
1995 年	19.00	26.00	45.67	18.67	77.71	46.73	47.76
1996 年	15.00	23.67	37.83	20.17	70.16	40.22	45.72
1997 年	18.25	24.17	30.33	23.17	48.74	37.77	44.55
1998 年	29.50	26.00	42.33	19.83	47.06	42.36	45.87
1999 年	31.50	26.50	40.83	16.67	52.56	42.64	45.91
2000 年	23.00	22.50	21.71	15.00	72.40	33.19	39.57
2001 年	18.75	24.50	23.67	76.57	58.57	42.43	43.88

表 6-4　财政风险预警信号显示图

年　份	财政风险		财政内部风险		财政外部风险	
	风险状态	灯　号	风险状态	灯　号	风险状态	灯　号
1990 年	轻警	黄灯	轻警	黄灯	轻警	黄灯
1991 年	轻警	黄灯	轻警	黄灯	轻警	黄灯
1992 年	轻警	黄灯	轻警	黄灯	轻警	黄灯
1993 年	轻警	黄灯	轻警	黄灯	中警	红灯
1994 年	轻警	黄灯	轻警	黄灯	中警	红灯
1995 年	轻警	黄灯	轻警	黄灯	轻警	黄灯
1996 年	轻警	黄灯	中警	红灯	轻警	黄灯
1997 年	轻警	黄灯	中警	红灯	轻警	黄灯
1998 年	轻警	黄灯	中警	红灯	轻警	黄灯
1999 年	轻警	黄灯	中警	红灯	轻警	黄灯
2000 年	轻警	黄灯	轻警	黄灯	轻警	黄灯
2001 年	轻警	黄灯	轻警	黄灯	轻警	黄灯

表 6-1～表 6-3 中列示了各预警指标在每一年份的指标值经过指数化后的得分值，这使得不同指标间的比较和运算成为可能。为了考察这些得分是否能够准确地反映出指标值的原

始信息，分别就每一指标的得分与其原始值进行了对比分析。结果表明，指数化方法能够很好地反映出指标原始值的风险信息。例如，1990～2001年间宏观税负从1990年的18.96%一直下降至最低点——1995年的11.23%，其后又逐渐恢复到2001年的17.69%；相应地，这期间宏观税负的得分从1990年的15.44分一路上升至1995年的67.28分，然后又逐渐下降至2001年的26.96分。又如，财政赤字率在1990～2001年间，经历了两轮小的周期波动，其中1990～1994年为第一轮，1995～2001年为第二轮；对应地，这期间财政赤字率的得分准确地反映出财政赤字率的两轮波动。类似地，其他指标的指标值经过指数化后的得分都能够准确地反映指标原始值的波动状态和风险信息。

将上述各指标在同一时期的指标值的得分简单算术平均，即得到每一期财政风险的合成指数。然后根据财政风险预警信号系统的设置，将财政风险的合成指数输入预警信号系统。预警信号显示，1990～2001年间我国的财政风险总体上一直未超过50分警戒线，处于基本安全状态。但是必须注意到，财政风险合成指数除了1990年、1991年、2000年这3年低于40分以外，其他9年都高于40分。尤其1993年与1994年财政风险合成指数都在48分以上，接近50分的警戒线。随后，财政风险合成指数也在45分左右波动，2000年财政风险出现好转——降至39.57分，而2001年又上升至43.88分，应警惕财政风险继续上升。

第四节 设定基准

一、理论

一些企业使用设定基准技术从可能性和影响方面来评价一个特定的风险，再以此为基础寻求改善风险应对决策、降低其可能性或影响的途径。基准数据能使企业风险管理部门根据其他组织的经验了解风险的可能性或影响。设定基准也用于经营过程中的活动，以识别过程改进的机会。

实践中通常采用的指标评价基准有两类：①公认标准，即对各类企业不同时期都普遍适用的指标评价标准；②行业标准，是反映某行业水平的指标评价标准。在比较分析时，既可以用本企业指标与同行业平均水平指标进行对比，也可以用本企业指标与同行业先进水平进行对比（标杆比较法），还可以用同行业公认的指标标准进行对比。此外，企业还可以在其内部把一个部门或子公司的度量与同一主体的其他部门或子公司进行比较。而在不同行业的企业之间，则可以根据行业与行业之间的换算表做出转换后进行比较。

企业通过为典型风险指标设定对比基准，可以帮助其确定自身的风险水平、明确本企业所处的地位和及时发现风险管理运作中需要改进的地方（早期预警系统），从而制定适合本企业的有效的风险应对策略。因此，这个方法最大的优点就在于将企业与行业内的企业联系在一起，而不是脱离企业生存的外部环境闭门造车，为各个风险管理层提供知己知彼的机会。

二、操作

本部分以某一铁路建设项目为例，应用加权平均资本成本法进行基准收益率测算。某项目融资构成为亚行贷款31.43亿元，占比11.4%，利率3.3%；国内贷款118.90亿元，占比43.3%，利率4.0%；债券46.50亿元，占比16.9%，利率4.8%；企业出资78.06亿元，占比28.4%，名义成本定为8.0%。通货膨胀率为3%。为简化计算，暂不考虑利息抵税因素。将调整后的各融资成本按账面价值加权后，可计算出加权平均资本成本（Weighed Average Cost of Capital，WACC）为2.5%。该项目可以2.5%为评价基准收益率。具体计算如表6-5所示。

表6-5　WACC法测算基准收益率

序号	项目	融资构成				合计
		亚行贷款	国内贷款	债券	资本金	
A	金额/亿元	31.43	118.90	46.50	78.06	274.89
B	权重（%）	11.4	43.3	16.9	28.4	100.0
C	名义成本（%）	3.3	4.0	4.8	8.0	
D	税率（%）	0.0	0.0	0.0	0.0	
E	税收调整的名义成本[C×(1-D)]（%）	3.3	4.0	4.8	8.0	
F	通货膨胀率（%）	0.0	3.0	3.0	3.0	
G	实际成本[(1+E)/(1+F)-1]（%）	3.3	1.0	1.7	4.9	
H	WACC（G×B）（%）	0.4	0.4	0.3	1.4	2.5

第五节　在 险 值 法

一、理论

（1）概述。在过去的几年里，一些银行和监管部门普遍地运用在险值法（Value at Risk，VaR）衡量风险。在险值法又被称为风险价值或在险价值，是指在一定的置信水平下，某一金融资产（或证券组合）在未来特定的一段时间内的最大可能损失。与传统风险度量手段不同，VaR是基于统计分析的风险度量技术，它是JP摩根公司用来计算市场风险的产物，随后逐步被引入信用风险管理领域。目前，VaR已成为国外大多数金融机构广泛采用的衡量金融风险大小的方法。在实际工作中，对于VaR的计算和分析可以使用多种计量模型，如参数法、历史模拟法和蒙特卡罗模拟分析。

（2）用途。利用VaR可以比较全面地描述和评估风险。许多风险度量方法只能用来度量一类资产的风险或一类特定的风险，而VaR不依赖于个别风险的特性或受资产种类的限制，具有整体性。因其适用于各种风险，所以VaR可提供一个基准单位，用来比较不同的风险。例如，企业可以用VaR统一度量其面临的市场风险、信用风险等。另外，VaR可以对企业管理层的资源配置和投资决策起到参考作用，如衡量公司各产品业绩、调整交易员的收益行为、实施风险限额和头寸控制等。VaR也可以应用于投资组合之中，投资者可以通过成分VaR来判断投资组合中哪笔交易对投资组合的风险暴露起到了对冲效果，从而优先把新投资投向该交易。VaR的概念还可以用来衡量诸如企业现金流和盈利的风险。这就是所谓的现金流在险值和收益在险值。

（3）输入。使用参数法计算VaR，仅需要将市价、当前头寸面临的风险和风险数据三种数据相结合，因此比较易于操作。

(4) 过程。参数法利用资产组合的价值函数与市场因子间的近似关系、市场因子的统计分布（方差—协方差矩阵）简化 VaR 计算。参数法的主要计算步骤包括：①列出各种风险因素；②对投资组合中所有金融工具的线性风险进行映射；③汇总不同金融工具的风险；④估计风险因子的协方差矩阵；⑤计算总体投资组合风险。由于在使用参数法时，一般假定资产收益率服从正态分布，这对于股票、债券、商品等基础资产以及外汇远期等线性衍生品而言是恰当的，但对期权等非线性衍生品而言，由于它们的收益分布是非正态的，即使假设标的资产收益率正态分布，经过非线性收益形态转换后，仍有巨大的偏移。因此，该方法仅适用于线性资产和线性衍生品。

(5) 计算。VaR 的基本模型为 $VaR = E(\omega) - \omega^*$。式中，$E(\omega)$ 为资产组合的预期价值；ω 为资产组合的期末价值；ω^* 为置信水平 α 下投资组合的最低期末价值。又设 $\omega = \omega_0(1+R)$。式中，ω_0 为持有期初资产组合价值；R 为设定期内（通常一年）资产组合的收益率。$\omega^* = \omega_0(1+R^*)$。式中，$R^*$ 为资产组合在置信水平 α 下的最低收益率。根据数学期望的基本性质，将后两个等式代入第一个等式，得到 $VaR = \omega_0[E(R) - R^*]$。该式即为该资产组合的 VaR 值，如果能求出置信水平 α 下的 R^*，即可求出该资产组合的 VaR 值。在估计 VaR 值时，置信区间和时间段的选取依赖于管理需要和风险本身的特性。

(6) 输出。VaR 可以给出特定持有期内、一定置信水平下资产组合面临的最大损失，有效描述资产组合的整体市场风险状况。

(7) VaR 的优点包括：①过程简单，结果简洁，非专业背景的投资者和管理者也可以通过 VaR 值对风险进行评判；②可以事前计算风险，不像以往风险管理的方法都是在事后衡量风险大小；③不仅能计算单个金融工具的风险，还能计算由多个金融工具组成的投资组合风险。

(8) VaR 的局限性表现在：①过分依赖统计数据和模型，当统计数据不足时难以支持可信赖的 VaR 模型，如一次性投资决策的数据；②VaR 衡量的主要是市场风险，如单纯依靠 VaR 方法，可能会忽视其他风险；③VaR 值表明的是一定置信度内的最大损失，但并不能排除高于 VaR 的损失发生的可能性；④VaR 值描述的是正常的市场条件下的情景。在极端情景下，VaR 可能会失去作用。因此，在使用 VaR 值时，要结合其他方法去进一步考虑这些极端的情形，如使用情景分析和压力测试的分析方法。

二、操作

上市商业银行的市场风险主要是通过股票价格来体现的，下面通过对上市商业银行股票价格波动性，即通过对股票收益率的 VaR 值的计算步骤的描述，来体现 VaR 方法对上市银行市场风险的基本思想。

第一步，选取数据，并对数据进行初步的处理。一般是选取约四年的股票的日收盘价，根据公式 $\ln(P_t/P_{t-1})$ 来求得收益率。式中，P 为股票的日收盘价；t 为年。

第二步，对其检验求得收益率的正态性。主要的统计量是看偏度、峰度、JB 检验值（Jarque-beta 统计量，是用来检验一组样本是否能够认为来自正态总体的方法）及 Prob 值（概率）的情况。

第三步，检验对数收益率是否存在 ARCH（Auto Regressive Conditional Heteroskedasticity，自回归条件异方差）效应（ARCH 模型能模拟时间序列变量的波动性变化），最常见的是

LM 检验（拉格朗日乘数检验，用来检验模型残差序列是否存在序列相关）。

第四步，选取合适的模型进行拟合，通常数据都会存在"尖峰厚尾"的分布特征，在选取模型时 GARCH 模型（广义 ARCH 模型，是 ARCH 模型的拓展）的拟合度较好。

第五步，选取方法计算 VaR 值。

第六步，对 VaR 进行检验。为了确定 VaR 的准确与否这一步是必不可少的。

补充阅读文献

1. 保护层分析文献

[1] 崔英. 基于 HAZOP 和 LOPA 半定量风险评估方法的研究与应用 [J]. 安全与环境工程, 2014 (5).

[2] 沈郁. HAZOP 和 LOPA 集成风险评估技术研究 [J]. 安全、健康和环境, 2014 (11).

[3] 李娜, 等. 保护层分析方法研究及其在风险分析中的应用 [J]. 石油与天然气化工, 2013 (12).

[4] 邢锐, 等. 保护层分析技术在液氯罐车现场使用风险控制中的应用 [J]. 常州大学学报：自然科学版, 2015 (12).

[5] 王旭, 等. 基于 bow-tie 的保护层分析法在风险分析中的应用研究 [J]. 青岛理工大学学报, 2015 (11).

[6] 付国荣. 危险可操作性分析/保护层分析在过程工艺风险评估中的改进研究 [J]. 科学技术与工程, 2016 (5).

2. 蝶形图分析文献

[1] 孙殿阁, 等. 基于 Bow-tie 技术的民用机场安全风险分析应用研究 [J]. 中国安全生产科学技术, 2010 (8).

[2] 曾庆军, 等. 风险分析工具 Bow-tie 在西气东输交叉作业中的成功应用 [J]. 石油化工安全环保技术, 2014 (10).

[3] 陆正. 基于 Bow-tie 模型的民机着陆冲出跑道风险分析 [J]. 工业安全与环保, 2015 (12).

[4] 程学庆, 等. 基于蝴蝶结模型的高速铁路车站安全风险管理 [J]. 铁路运输与经济, 2015 (12).

[5] 王旭, 等. 基于 bow-tie 的保护层分析法在风险分析中的应用研究 [J]. 青岛理工大学学报, 2015 (11).

[6] 陈玉超, 等. 基于 Bow-tie 模型的城镇输油管道风险评价方法研究 [J]. 中国安全生产科学技术, 2016 (4).

3. 风险指数文献

[1] 谢征, 等. 我国地方债务风险指数预警模型之构建 [J]. 现代财经, 2012 (7).

[2] 许涤龙, 等. 财政风险指数预警系统的构建与分析 [J]. 财政研究, 2007 (11).

[3] 丛树海, 等. 我国财政风险指数预警方法的研究 [J]. 财贸经济, 2004 (6).

[4] 翟士军, 等. 基于全球风险指数的制度质量对价值链竞争力提升研究 [J]. 国家经贸探索, 2016 (7).

[5] 刘军, 等. 财政风险指数与财政效率研究——基于跨国面板数据的实证分析 [J]. 中央财经大学学报, 2016 (8).

[6] 戴淑庚, 等. 资本账户开放风险指数的构建与测度 [J]. 经济与管理研究, 2015 (12).

4. 设定基准文献

[1] 杨春鹏, 等. 基准收益率与证券投资的认知风险 [J]. 管理评论, 2004 (12).

[2] 苗准, 等. 项目风险评估基准研究现状与趋势分析 [J]. 项目管理技术, 2013 (10).

[3] 黄柯鑫, 等. 影响项目风险评估基准的主观因素研究 [J]. 世界科技研究与发展, 2015 (6).

［4］王东，等. 铁路建设项目财务评价基准收益率及风险分析方法研究［J］. 铁道经济研究，2015（12）.

5. 在险值法文献

［1］陆静，曹晓文. 基于自上而下模型的银行操作风险压力测试——以5家上市银行为例［J］. 经济管理，2010（11）.

［2］周凯，袁媛. 商业银行动态流动性风险压力测试应用研究［J］. 审计与经济研究，2014（3）.

［3］许友传，陈可桢. 资产跳跃情景下的地方融资平台风险压力测试［J］. 财经研究，2013（2）.

［4］巴曙松，朱元倩. 压力测试在银行风险管理中的应用［J］. 经济学家，2010（2）.

［5］李娜，李敏. 压力测试在风险管理中的应用［J］. 技术经济与管理研究，2006（4）.

［6］刘伟，等. 基于条件在险价值法的量化基金市场系统性风险研究［J］. 金融理论与实践，2015（9）.

练 习 题

1. 结合表6-1、表6-2和表6-3中的原始数据，采用风险指数分析我国财政风险状况，考察是否得到表6-4的结果。

2. 通过对某家上市商业银行（如中国工商银行）股票价格波动性，即股票收益率的VaR值的计算，对上市银行的市场风险进行评价。

第七章

预警类风险评估方法

本章将介绍5种预警类风险评估方法：触发器法、预先危险分析、敏感性分析、蒙特卡罗模拟分析、神经网络方法。

第一节 触发器法

一、理论

触发器法类似于预警系统，将影响公司目标的关键指标设定一个预警范围，一旦指标超出该范围，就立即向管理层汇报，引起风险管理及业务相关部门的注意，分析问题的原因，寻找对策，将风险扼杀在摇篮之中。

触发器范围的设定往往与公司的风险容忍度有关，但一般而言，由于触发器的作用和目的在于先知先觉，所以触发器范围的设定要比风险容忍度小，并且监控时间单位要小于目标的时间单位。例如，对于销售量，公司的风险容忍度是可以偏离目标销量10%，那么触发器范围的设定就要低于10%，如设定为5%；公司的目标时间单位一般为年，如2016年完成多少销售量，那么触发器监控的时间单位就要为季度或者月，针对每季度或者每月的销售量数据进行监控。只有这样才可以达到先知先觉而不是亡羊补牢的效果。

一般来讲，需要设定触发器的指标有销售量、主营业务收入、应收账款周转率、存货周转率、流动比率、速动比率、利息保障比率、资产负债率、股票价格、市盈率等。

二、操作

对于销售指标，例如，公司的目标是每月3 000万元，设定触发器为2 500万~3 500万元，对销售量进行监控。当某月的销售量低于2 500万元时，触发器启动，风险管理部会同销售部一起寻找销售量下降的原因，究竟是正常的季节性波动还是源于市场状态的变化、竞争者的行动等因素，并制定相应的解决办法，防止销售量进一步下滑。反之，如果某月的销售量高于3 500万元，也要提醒管理层注意，分析销售量超过预期增长的原因，看是否预示着市场变化带来的机会，如果是机遇就不能放弃，根据分析的结果决定是否扩大生产、提高供货能力，把握商机。

第二节 预先危险分析

一、理论

预先危险分析（Primary Hazard Analysis, PHA）是一种简单易行的归纳分析法，其目标是识别危险以及可能给特定活动、设备或系统带来损害的危险情况及事项。

这是一种在项目设计和开发初期最常用的方法。因为当时有关设计细节或操作程序的信息很少，所以这种方法经常成为进一步研究工作的前奏，同时也为系统设计规范提供必要信息。在分析现有系统，从而将需要进一步分析的危险和风险进行排序时，或是现实环境使更全面的技术无法使用时，这种方法会发挥更大的作用。

PHA 的优点包括：①在信息有限时可以使用；②可以在系统生命周期的初期考虑风险。

PHA 的局限性表现在只能提供初步信息，它不够全面也无法提供有关风险及最佳风险预防措施方面的详细信息。

二、操作

PHA 的输入包括：①被评估系统的信息；②可获得的与系统设计有关的细节。

PHA 的输出包括：①危险及风险清单；②包括接受、建议控制、设计规范或更详细评估的请求等多种形式的建议。

通过考虑如下因素来编制危险、一般性危险情况及风险的清单：①使用或生产的材料及其反应；②使用的设备；③运行环境；④布局；⑤系统组成要素之间的分界面等。对不良事件结果及其可能性可进行定性分析，以识别那些需要进一步评估的风险。若需要，在设计、建造和验收阶段都应展开预先危险分析，以探测新的危险并予以更正。获得的结果可以使用诸如表格和树状图之类的不同形式进行表示。

第三节　敏感性分析

一、理论

敏感性分析是针对潜在的风险性，研究项目的各种不确定因素变化到一定幅度时，计算其主要经济指标变化率及敏感程度的一种方法。敏感性分析是在确定性分析的基础上，进一步分析不确定因素对项目最终效果指标的影响及影响程度。敏感性因素一般可选择主要参数（如销售收入、经营成本、生产能力、初始投资、寿命期、建设期、达产期等）进行分析。若某参数的小幅度变化能导致效果指标的较大变化，则称此参数为敏感性因素；反之则称其为非敏感性因素。该分析从改变可能影响分析结果的不同因素的数值入手，估计结果对这些变量的变动的敏感程度。

敏感性分析可以寻找出影响最大、最敏感的主要变量因素，进一步分析、预测或估算其影响程度，找出产生不确定性的根源，采取相应的有效措施；通过计算主要变量因素的变化引起项目评价指标变动的范围，使决策者全面了解项目方案可能出现的效益变动情况，以减少和避免不利因素的影响；通过可能出现的最有利与最不利的效益变动范围的分析，为决策者预测可能出现的风险程度，并对原方案采取某些控制措施或寻找可替代方案，为最后确定可行方案提供可靠的决策依据。敏感性分析最常用的显示方式是龙卷风图（见图 7-1，它是项目管理中用于在风险识别和定性分析之后，进行定量风险分析的技术，也是敏感性分析中最常用的一种图表技术）。龙卷风图有助于比较具有较高不确定性的变量与相对稳定的变量之间的相对重要程度。它因其显示形式像龙卷风一样而得名。

(1) 适用范围。敏感性分析适用于对项目不确定因素对结果产生的影响进行的定量分析。

(2) 实施步骤：①选定不确定因素，并设定这些因素的变动范围；②确定分析指标；③进行敏感性分析；④绘制敏感性分析图；⑤确定变化的临界点。

(3) 优点：①为决策提供有价值的参考信息；②可以清晰地为风险分析指明方向；③可以帮助企业制定紧急预案。

(4) 局限性。其局限性主要表现在：①分析所需要的数据经常缺乏，无法提供可靠的参数变化；②分析时借助公式计算，没有考虑各种不确定因素在未来发生变动的概率，无法给出各参数的变化情况，因此其分析结果可能和实际相反。

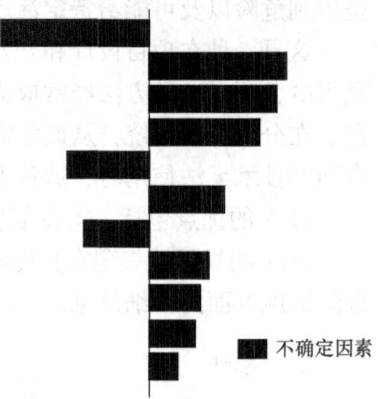

图 7-1 龙卷风图

二、操作

本部分利用敏感性分析来分析投资项目的风险水平。假设某投资项目初始投资金额服从均值为 1 000 万元，标准差为 50 万元的正态分布。项目使用期为 5 年，期末残值为 0。期初投入的营运资本服从均值为 50 万元、标准差为 10 万元的正态分布，项目贴现率为 10%，所得税税率为 25%，每年固定经营成本服从均值为 150 万元、标准差为 10 万元的正态分布、每年销售量服从均值为 200 万元、标准差为 20 万元的正态分布，销售价格服从均值为 6 元、标准差为 1 元的正态分布，单位变动成本服从 3~4 元之间的均匀分布，销售量年增长率为 8%。

(1) 计算。首先，建立这个投资项目的电子表格模型，然后在 Excel 中模拟 1 000 次得到表 7-1。根据表 7-1 中 NPV（Net Present Value，净现值）的数据可以计算出 NPV 的统计参数（见表 7-2）。根据表 7-1 的数据可以计算出其 Spearman 秩（斯皮尔曼秩），结果如表 7-3 所示。根据基于 Pearson 相关系数（皮尔逊相关系数）的敏感性系数计算公式，可以计算出投资项目的相关参数的敏感性系数，如表 7-4 所示。敏感性系数按照绝对值从大到小排序，可以得到投资项目的敏感性系数的条形图。

表 7-1 投资项目的蒙特卡罗模拟结果

模拟次数	初始投资金额/万元	期初的营运成本/万元	每年的固定经营成本/万元	销售量/万件	销售价格/（元/件）	单位变动成本/（元/件）	NPV/万元
1	940.66	98.18	151.05	205.13	4.08	3.91	-1 405.02
2	892.23	96.03	141.29	200.25	5.94	3.65	348.38
⋮	⋮	⋮	⋮	⋮	⋮	⋮	⋮
1 000	832.53	101.10	158.39	206.51	6.51	3.27	1 036.94

表 7-2 投资项目 NPV 的统计参数

平均值/万元	标准差/万元	最大值/万元	最小值/万元	标准差系数	P（NPV≥0）
376.61	766.73	3 100.11	-2 192.60	2.04	0.715

第七章 预警类风险评估方法

表7-3 投资项目的相关参数的 Spearman 秩

模拟次数	初始投资金额/万元	期初的营运成本/万元	每年的固定经营成本/万元	销售量/万件	销售价格/（元/件）	单位变动成本/（元/件）	NPV/万元
1	870	570	461	407	973	85	988
2	985	633	800	522	530	345	521
⋮	⋮	⋮	⋮	⋮	⋮	⋮	⋮
1 000	1 000	428	196	383	326	724	185

表7-4 投资项目的相关参数的敏感性系数

销售价格	单位变动成本	销售量	每年的固定经营成本	期初的营运成本	初始投资金额
86.12%	-7.96%	5.78%	-0.09%	-0.02%	0.02%

（2）分析。从图7-2中可以清楚地看出销售价格对NPV的影响程度最大，达到86.12%，然后是单位变动成本为-7.96%。所以公司管理者应该确保项目建设工期如期或提前完工，加大市场营销力度，在竞争者产品进入市场前让产品以较高的利润销售出去。因此该投资项目产品的快速撇脂定价策略能否成功是该项目能否成功的关键。接着，分析产品工艺，降低产品单位变动成本，从而使企业项目投资获得较好的回报。

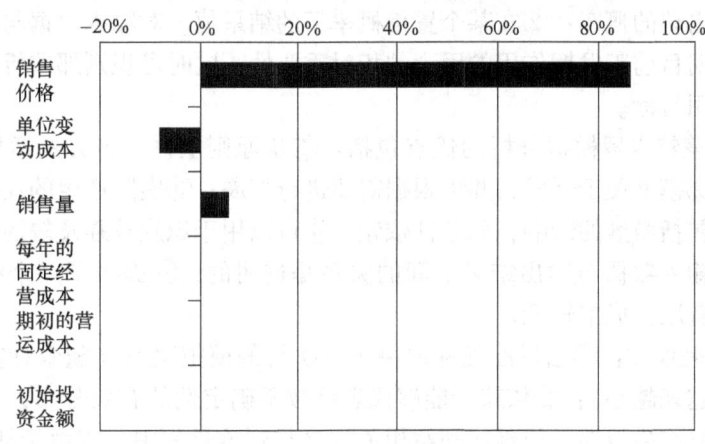

图7-2 某投资项目的敏感性系数

第四节 蒙特卡罗模拟分析

一、理论

蒙特卡罗模拟分析是由法国数学家约翰·冯·诺依曼（John von Neumann）创立并推广到科学研究中的，由于该方法与轮盘等赌博原理类同，所以采用欧洲著名的赌城摩洛哥首都蒙特卡罗命名。蒙特卡罗模拟分析又称随机抽样技巧或同级试验方法，它是估计经济风险和工程风险常用的一种方法。蒙特卡罗模拟分析的基本思想是将待求的风险变量当作某一特征随机变量。通过某一给定分布规律的大量随机数值，作为解释该数字特征的统计量和所求风险变量的近似解。具体方法是通过随机变量函数发生器产生一定随机数的概率模拟,理论上试验次数越多,分布越接近真实值,但实际上达到50~300次后分布函数便不再有显著变化,趋于稳定。

(1) 实施步骤:①编制风险清单;②采用专家调查法确定风险因素的影响程度和发生概率;③建立数学模型;④用随机变量函数发生器产生随机数序列,产生模型(系统模拟)输出,在每种情况下,计算机以不同的输入运行模型多次(经常到1万次)并产生多种输出;⑤将随机抽样的数据进行模拟试验,取得计算结果后从中找出规律;⑥分析与总结,用标准差检验结果,确定模拟可靠性程度,并根据可靠性确定是否另行试验。

一般来说,蒙特卡罗模拟分析要求一系列输入数据相互影响来确定输出结果;输入数据与输出结果之间的关系可以表述为合乎逻辑的代数关系;输入数据存在不确定性,因此输出结果也存在不确定性。蒙特卡罗模拟分析的输出结果可能是单个数值,也可能是表述为概率或频率分布的结果,或是对输出结果产生最大影响的模型内的主要功能的识别。

(2) 输入。进行蒙特卡罗模拟分析时,需要构建一个可以很好地描述系统特性的模型。模型中各变量的输入数据需要依据其分布随机产生。为此,均匀分布、三角分布、正态分布和对数正态分布经常被使用。

(3) 输出。输出结果可能是单个数值;也可能是表述为概率或频率分布的结果。一般来说,蒙特卡罗模拟分析可用来评估可能出现的结果的整体分布,或是以下分布的关键测评:①期望结果出现的概率;②在某个置信概率下的结果值。对输入数据与输出结果之间关系的分析可以说明目前正发挥作用的因素的相对重要性,同时可识别那些旨在减少结果不确定性的工作的有用目标。

(4) 优点。蒙特卡罗模拟分析的优点包括:①从原则上讲,该方法适用于任何类型分布的输入变量;②模型便于开发,并可根据需要进行拓展;③实际产生的任何影响或关系都可以进行表示,包括微妙的影响,如条件依赖;④可以用于识别较强及较弱的影响;⑤模型便于理解,因为输入数据与输出结果之间的关系是透明的;⑥提供了一个结果准确性的衡量;⑦软件便于获取且成本较低。

(5) 局限性表现在:①结果准确性取决于可执行的模拟次数(随着计算机运行速度的加快,这一限制越来越小);②依赖于能够代表参数不确定性的有效分布;③大型复杂的模型可能对建模者具有挑战性,很难使利益相关方参与到该过程中;④由于抽样效率的限制,该方法对于组织最为关注的严重后果/低概率的风险事件预测效力不足。

(6) 用途。蒙特卡罗模拟分析通常用来评估各种可能结果的分布及值的频率,如成本、周期、吞吐量、需求及类似的定量指标,其应用范围包括财务预测、投资效益、项目成本及进度预测、业务过程中断、人员需求等领域的风险评估。

(7) 适用范围。蒙特卡罗模拟分析适用于较为复杂的大中型项目风险管理。

二、操作

下面以上海某车站改建项目为例,利用蒙特卡罗模拟分析评估城市基础设施项目风险。

1. 实例概况

上海某车站改建项目是上海城市基础设施建设重点项目,采取BT(Build Transfer,建设—移交)总包价方式,项目公司中标报价55 428万元人民币,为本工程总投资。其中,自筹资本金占比为38.8%。工程总投资的资本结构为：资本金：债务＝38.8%：61.2%。项目公司资本金21 500万元人民币在注册登记时以现金方式一次全额投入，银行借款由项目公司向银行申请中长期贷款，并按工程建设进度需要，分期分批借入。该项目预期现金流如表7-5所示。该项目预期内部收益率（IRR）为8.6%，净现值（NPV）期望为－1 453万元（以10%社会折现率计）。

表7-5 上海某车站改建项目投资分析   单位：万元

内容	2002年	2003年	2004年	2005年	2006年	2007年
（一）现金流入						
回购收入				18 476	18 476	18 476
（二）现金流出						
1. 工程投资	18 988	17 051	927			
设计费	972					
施工准备	373	201				
R1线土建工程	15 201	10 134				
L1线土建工程	1 107	2 657	221			
轨道及路基	668	1 404	67			
机电设备安装调试		2 507	627			
工程建设其他费用	666	148	12			
2. 贷款利息	0	399	1 351	957	0	0
3. 回购营业税金及附加				1 030	1 030	1 030
（三）净现金流量	－18 988	－17 450	－2 279	16 489	17 446	17 446

注：①按先自有资本金后银行借款的资金使用原则，在自有资本金用完时再实施银行借款；②利率采用银行中长期（1～3年）贷款年利率5.49%；③应计利息＝（期初借款余额＋本期银行借款×50%）×年贷款利率。

2. 参数假设

根据影响项目的财务指标，选择工程投资、回购收入和贷款利率作为模拟参数，并做概率假设如表7-6和表7-7所示。

表7-6 参数概率分布及后关联因素

内容	概率分布	后关联因素
工程投资	±10%等概率分布	贷款利息
回购收入	±10%等概率分布	贷款利息、回购营业税金及附加
贷款利率	见表7-7	贷款利息

表7-7 贷款利率预期

年份	2002年	2003年	2004年	2005年	2006年	2007年
贷款利率	5.49%	5.49%	5.76%	6.03%	6.30%	6.57%
概率分布	定值	定值	±10%等概率	±10%等概率	±10%等概率	±10%等概率

3. 模拟结果

利用Crystal Ball2000软件，经过5 000次反复抽样试验，得到IRR和NPV的模拟结果，图7-3和图7-4分别为该项目IRR和NPV可能值的统计分布。模拟的统计结果如表7-8所示。上述统计指标表明，该模拟反复5 000次抽样基本达到了统计精度要求，可用该模拟结果描述研究对象的真实概率分布。

表 7-8　统计结果

指　　标	IRR	NPV
抽样次数	5 000 次	5 000 次
均值	9%	-1 495 万元
中位数	9%	-1 488 万元
标准差	1%	1 479 万元
偏度系数	0.02	0.00
峰度系数	2.78	2.77
变异系数	0.17	-0.99
最小值	4%	-6 438 万元
最大值	13%	3 460 万元
均值的标准误差	0.02%	20.92 万元

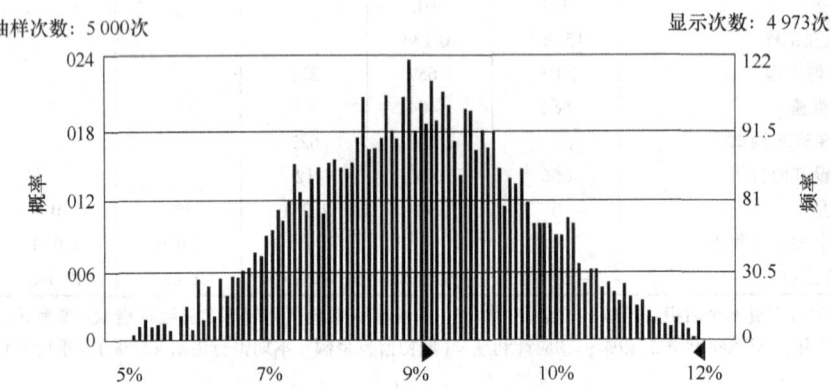

图 7-3　上海某车站改建项目 IRR 概率分布

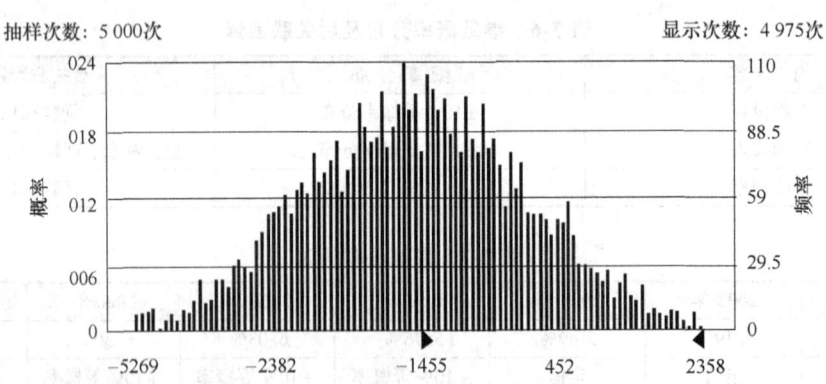

图 7-4　上海某车站改建项目 NPV 概率分布（单位：万元）

4. 结果分析

根据上述模拟结果，该项目内部收益率大于 6% 的概率为 95%，大于 9% 的概率约为 50%。说明该项目在前述投标价格和投资预算基础上具有较高的收益率，达到预期收益率的风险较低。投资者的投标决策是正确的。

第五节 神经网络方法

一、理论

人工神经网络力图构建"人造"的生物神经细胞（神经元）和神经网络，在不同程度和不同层次上实现人脑神经系统在信息处理、学习、记忆、知识的存储和检索方面的功能。BP（Back Propagation，后向）神经网络从因变量（输出层输出结果）到自变量（输入层输入数据）的任意一种映射都可以由一个三层神经网络实现。标准的 BP 神经网络模型的拓扑结构为：最下层为输入层，中间层为隐含层，最上层为输出层。各层间神经元形成全互连接，各层次内的神经元没有连接。BP 神经网络的学习过程由正向传播和反向传播组成。在正向传播过程中，输入信息从输入层经隐含层逐层处理，并传向输出层。每一层神经元的状态只影响下一层神经元的状态，如果在输出层不能得到期望输出，则转入反向传播，将误差信号沿原来的连接通路返回。BP 神经网络的输入层节点数目的确定相对简单，在因变量与自变量满足一定经济意义的框架下，可以采取主成分分析法，对指标进行筛选。对 p 值（概率）满足条件的指标保留，其他的予以剔除，从而确定每个样本的指标数目，即 BP 神经网络中输入层的节点数目。隐含层节点数目（神经元数目）的多少对网络的整体性能具有较大影响，其最直接的体现是在对网络进行训练时，网络收敛的速度在一定程度上受此影响。当隐含层节点数目过于充分时，会导致网络学习时间过长，甚至不能收敛；而当隐含层节点数目不足时，会导致网络的容错能力差。隐含层节点数目的选择较为复杂，可考虑的经验法则有：①隐含层节点数目不能是各层中节点数目最少的，也不是最多的；②较好的隐含层节点数目介于输入层节点和输出层节点数目之和的 50%~75% 之间；③隐含层节点数目的理论上限由其训练样本数据所限定。输出层节点数目最简单，因为输出层节点数目即为期望输出值的个数。

BP 神经网络采用的是 Delta 算法，该算法最大的特点便是对于多层结构的神经网络和高度非线性的模型具有较高的适应性。要利用一般化的 Delta 法则，激发函数 $f(x)$ 必须可导，线性阈值函数因其不连续，所以不能满足要求，线性函数不能从隐含层单元中获得足够的优势——它使网络失去非线性，降低其变换能力。因此，连续可导的非线性激发函数将是必须采用的，本书采用 Sigmoid 函数作为激发函数。BP 神经网络中最简单的拓扑结构为单节点三层网络拓扑。BP 神经网络通过不断的学习来调整权值 $IW_{i,j}$（i 为年，j 为项目），从而使网络的输出不断接近期望的输出。其算法的基本步骤为：①神经网络接受输入向量 P，并开始运行输入层上的激发函数，得到一个输出向量 $a_1 = [a_{1,1}, a_{1,2}, a_{1,3}, \cdots, a_{1,n}]$。②将向量组 a_1 输入到第二层，并运行第二层上的函数 f_2，得到一个输出向量 a_2，$a_2 = [a_{2,1}, a_{2,2}, a_{2,3}, \cdots, a_{2,n}]$。③将向量组 a_2 输入到第三层，并运行第三层上的函数 f_3，得到一个输出向量 a_3，$a_3 = [a_{3,1}, a_{3,2}, a_{3,3}, \cdots, a_{3,n}]$。④开始运行误差模型：$e_i = 0.5 \sum_{i=1}^{n} (a_{ji} - t_{ji})^2$，其中 a_{ji} 是第 i 层 j 节点的输出实际值，t_{ji} 是第 i 层 j 节点的期望值。整个网络的总误差为：$E = 0.05 \sum_{i=1}^{n} e_i$。⑤判断 E 是否在置信区间内。若 E 落在置信区间以外，则开始运行权值调整模型。⑥依据调整后新的权值，重新运行第①~⑤步，直到 E 落在置信区间内。经过这 6 个步骤，便完成了对 BP

神经网络的训练（见图7-5）。

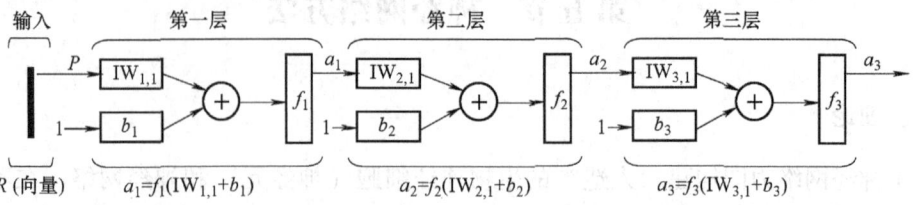

符　号	表　达　式	意　　义
P	$P=[x_1,x_2,x_3,\cdots,x_n]$	神经网络的输入向量
$IW_{j,1}$	$IW_{j,1}=(1,1,\cdots,1)$	第一层每一个输入量的权值
b_i	$b_i=0$	第i层的阈值，其默认值为0
f_i	$f(x)=\dfrac{1}{1+e^{-x}}$	f_1,f_2,f_3为各隐含层运算函数
a_i	$a_i=f_i(IW_{1,1}+b_1)$	a_1,a_2,a_3为各层输出值

图7-5　单节点三层网络拓扑

BP神经网络分为三个部分：模型的训练、模型的检测和模型反馈学习。模型的训练过程就是根据训练样本，系统从中学习，不断调整各个权值，进而训练出分类模型；模型的检测属于系统应用环节，它利用第一步已经被训练的神经网络对检测样本进行分类评估；在最后的反馈学习部分，系统将通过反馈学习来不断提高系统性能（见图7-6）。

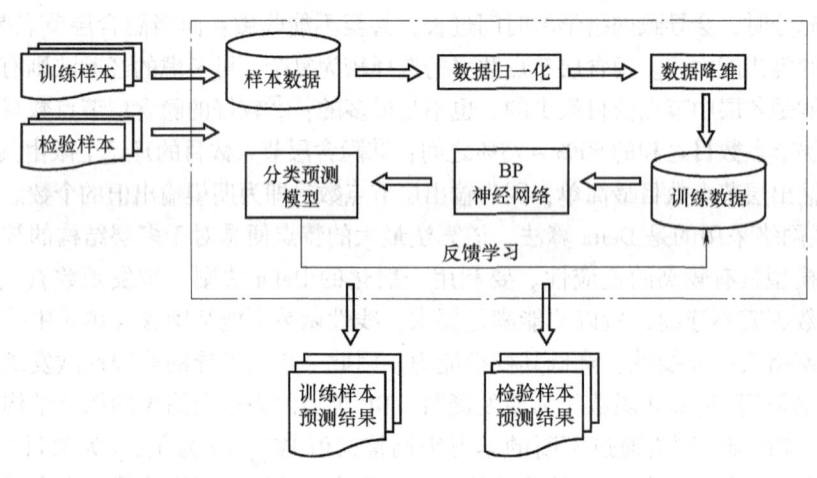

图7-6　神经网络流程图

二、操作

本部分的数据来源于教育部直属76所高校的2009年财务年报数据。自变量为通过因子分析获得的评估高校财务风险指标的15个因子，也是神经网络的输入变量，因变量为高校财务风险。利用因子分析的总分和排名，将财务风险离散化。由于财务风险通常采用五级评价（很小、较小、一般、较大、很大），因此，将76所高校的F得分（因子分析得到的高校财务风险得分）离散化，转化为1、2、3、4、5，分别表示财务风险的很大、较大、一般、较小和很小；F值小于-0.5表示财务风险很大，用1表示；F值介于$-0.5\sim 0$之间表示财务风险较大,用2表示;F 值介于 0~0.2 之间表示财务风险一般,用3表示;F 值介于 0.2~1 之间表示财务风险较小,用4表示;F 值大于1表示财务风险很小,用5表示。转换后发现,财务风险很大的高校有11所,财务风险较大的高校有31所,财务风险一般的高校有12所,财务风险较小的高校有17所,财务风险很小的高校有5所。之所以根据 F 值评价风险等级,是因为采用其他方法(如聚类分析)得到的各风险等级的高校数很不均衡,如 76 所高校财务风险聚为5类的话,很小、较小、一般、较大、很大的高校数分别为11所、5所、11所、46所、3所,这样的财务风险分类作用不明显,也无法采用神经网络进一步挖掘有用信息,因为神经网络要求测试样本和检验样本都含有各因变量数据。

采用 SPSS18.0 软件进行神经网络分析。自变量为 F_1~F_{15} 共 15 个指标,因变量为用 1~5 表示的财务风险等级,操作前对数据进行标准化处理。分区是多层感知器的重要步骤,使用分区变量来分配个案,数据中增加了一个"分区"新变量,将 76 所高校随机分为训练样本、检验样本和坚持样本。体系结构为自动体系结构,选择采用批处理进行培训。运行结果如表 7-9~表 7-15 所示。经过训练样本的"训练",BP 神经网络已经能够以很高的概率预测出与实际值误差不超过 10^{-4} 的预测值。采用笔者构建的 BP 神经网络,检测样本的预测正确率高达 100%,可以认为已经达到预期目的。

表 7-9 高校财务风险神经网络预测的原始数据

高校	离散化 F	分区(预测)	多层神经网络_预测值	多层神经网络_预测值_A	多层神经网络_伪可能性_1	多层神经网络_伪可能性_2	多层神经网络_伪可能性_3	多层神经网络_伪可能性_4	多层神经网络_伪可能性_5
L73	1	1	1.026 635	1	0.998	0	0	0.001	0
L2	1	1	1.030 332	1	0.998	0	0.001	0	0
L51	1	1	0.926 869	1	0.999	0	0	0	0
L9	1	1	1.020 577	1	0.999	0	0	0	0.001
L21	2	1	1.969 097	2	0	1	0	0	0
L37	2	1	2.037 125	2	0	0.999	0	0.001	0
L51	2	1	2.030 079	2	0	1	0	0	0
L49	2	1	2.091 552	2	0	0.999	0	0	0
L33	2	1	2.006 762	2	0	0.999	0	0	0
L6	2	1	2.004 023	2	0	0.999	0	0	0
L18	2	1	2.036 856	2	0	0.999	0	0	0
L64	2	1	1.935 726	2	0	0.999	0	0	0
L64	2	1	1.987 983	2	0	0.998	0	0.001	0.001
L52	2	1	1.960 467	2	0	1	0	0	0
L35	2	1	2.002 46	2	0	1	0	0	0
L26	3	1	3.011 535	3	0	0	0.999	0	0
L63	3	1	2.982 157	3	0.001	0.001	0.999	0	0
L11	3	1	3.012 592	3	0	0.001	0.999	0	0
L50	3	1	3.049 281	3	0	0	0.999	0	0
L66	4	1	4.019 387	4	0.001	0	0	0.999	0
L20	4	1	4.038 109	4	0	0	0	0.999	0
L76	4	1	4.018 711	4	0	0	0	0.999	0
L47	4	1	4.039 439	4	0	0	0	0.999	0
L39	4	1	3.997 609	4	0	0	0	1	0
L44	4	1	4.038 475	4	0	0	0	1	0
L42	5	1	4.954 645	5	0.001	0.001	0	0.001	0.998
L1	5	1	4.965 425	5	0.001	0.001	0	0	0.998

表 7-10 案例处理汇总

		N（高校数）	百 分 比
样本	训练	27	
	有效	27	100%
	已排除	49	100%
	总计	76	

表 7-11 模型汇总

训练	平方和错误	0.013
	相对错误	0.001
	中止使用的规则	已实现的培训错误比例标准（0.001）
	培训时间	0：00：00.250

注：因变量：离散化 F。

表 7-12 网络信息表

输入层	因子	1	F_1	
		2	F_2	
		3	F_3	
		4	F_4	
		5	F_5	
		6	F_6	
		7	F_7	
		8	F_8	
		9	F_9	
		10	F_{10}	
		11	F_{11}	
		12	F_{12}	
		13	F_{13}	
		14	F_{14}	
		15	F_{15}	
	单位数①			405
隐含层	隐含层数			1
	隐含层1中的单位数①			3
	激活函数		双曲正切	
输出层	因变量	1	离散化 F	
	单位数			1
	尺度因变量的重标度方法		标准化	
	激活函数		值等	
	错误函数		平方和	

① 排除偏差单位。

表 7-13 自变量的重要性

	重 要 性	标准化的重要性
F_1	0.065	86.0%
F_2	0.076	100.0%
F_3	0.071	92.9%
F_4	0.061	80.0%
F_5	0.071	93.5%
F_6	0.070	91.9%
F_7	0.058	76.9%
F_8	0.058	75.6%
F_9	0.075	98.7%
F_{10}	0.054	71.0%
F_{11}	0.076	99.8%
F_{12}	0.074	97.8%
F_{13}	0.070	92.4%
F_{14}	0.062	80.9%
F_{15}	0.059	76.9%

表 7-14 分区变量分配个案表

绩 效	很 好	较 好	一 般	较 差	很 差	小 计
训练样本	1	6	4	10	4	25
检验样本	2	6	4	11	4	27

(续)

绩效	很好	较好	一般	较差	很差	小计
坚持样本	2	5	4	11	2	24
小计	5	17	12	32	10	76

表 7-15　训练样本的结果

样本	已预测	已预测					正确百分比
		1	2	3	4	5	
训练	1	1	0	0	0	0	100%
	2	0	6	0	0	0	100%
	3	0	0	4	0	0	100%
	4	0	0	0	10	0	100%
	5	0	0	0	0	4	100%
总计百分比		4%	24%	16%	40%	16%	100%

BP 神经网络可用于高校财务风险评价和预测，是一种有效的量化方法，与其他人工网络相比，财务风险评价结果精度高，客观合理，对高校财务风险评价具有一定的使用价值。

补充阅读文献

1. 触发器法文献

[1] 李健. 基于触发器机制的企业政治战略风险识别与管理研究 [J]. 科学决策, 2012 (2).
[2] 刘升福. 企业战略风险理论研究及实证分析 [D]. 武汉：武汉理工大学, 2004.
[3] 陈建华. 风险投资项目中风险的识别、评估与防范研究 [D]. 广州：暨南大学, 2007.
[4] 曹娜娜. 企业财务战略制定中的财务战略风险研究 [D]. 五邑：五邑大学, 2014.
[5] 徐敏. 财务战略风险评价方法的实证研究 [D]. 南京：南京理工大学, 2010.
[6] 郑亚妮. 基于 AHP 的企业财务战略风险的评估研究 [J]. 商场现代化, 2010 (12).

2. 预先危险分析文献

[1] 罗多. 基于风险矩阵的 PHA 在矿山排土场安全评价中的应用 [J]. 矿山机械, 2010 (2).
[2] 何伟怡, 等. 工程项目风险管理技术的结构效应——基于 HSE 和可靠性问题 PHA 集成研究 [J]. 矿冶, 2006 (3).

3. 敏感性分析文献

[1] 王竹泉. 利润敏感性分析与利润预测分析和经营风险防范 [J]. 会计研究, 1996 (7).
[2] 陈家欣. 基于敏感性分析对土地储备项目风险评估方法的探讨 [J]. 赤峰学院学报：自然科学版, 2015 (10).
[3] 张锐. 城镇企业职工养老保险支付可分散风险探析——基于敏感性分析的角度 [J]. 财会通讯, 2014 (20).
[4] 汪冬华, 等. 我国商业银行整体风险度量及其敏感性分析——基于我国商业银行财务数据和金融市场公开数据 [J]. 系统工程理论与实践, 2013 (2).
[5] 夏彩云, 等. 敏感性分析在企业投资项目风险评估中的应用——以 A 公司为例 [J]. 财会通讯, 2012 (6).
[6] 李新丽. 以敏感性分析为基础加强风险分析提高建设项目投资决策科学性 [J]. 财经界, 2016 (8).

4. 蒙特卡罗模拟分析文献

[1] 何燕. 投资项目风险分析模型制作——决策树分析与蒙特卡洛模拟的综合运用 [J]. 会计之友, 2010 (3).

[2] 吴立寰. 工程项目风险分析中的蒙特卡洛模拟 [J]. 广东工业大学学报, 2004 (6).

[3] 姜鹏飞. 净现值准则下建设项目蒙特卡洛风险概率分析的简化模拟研究 [J]. 技术经济, 2007 (7).

[4] 孙建平, 等. 蒙特卡洛模拟在城市基础设施项目风险评估中的应用 [J]. 上海经济研究, 2005 (2).

[5] 林君晓, 等. 蒙特卡洛模拟在污水处理项目风险分析中的应用 [J]. 科技管理研究, 2006 (12).

5. 神经网络方法文献

[1] 郑立群. 人工神经网络方法在投资风险评价中的运用 [J]. 管理科学学报, 1999 (12).

[2] 张静文, 等. 高新技术项目投资风险评价方法的比较研究 [J]. 研究与发展管理, 2004 (4).

[3] 洪源, 刘兴琳. 地方政府债务风险非线性仿真预警系统的构建——基于粗糙集-BP 神经网络方法集成的研究 [J]. 山西财经大学学报, 2012 (3).

[4] 邓爱民, 熊剑, 张凡. 基于 BP 神经网络的订单融资风险预警模型 [J]. 情报杂志, 2010 (11).

[5] 仰炬, 张朋柱. 基于神经网络的医药高科技投资风险评价模型 [J]. 数理统计与管理, 2003 (7).

[6] 张明喜, 丛树海. 我国财政风险非线性预警系统——基于 BP 神经网络的研究 [J]. 经济管理, 2009 (5).

[7] 薛晔, 等. 我国通货膨胀风险的预测模型——基于决策树-BP 神经网络 [J]. 经济问题, 2016 (1).

[8] 张雅茹, 等. 基于 BP 神经网络的民生银行信用风险评价研究 [J]. 统计与管理, 2016 (2).

[9] 李淑锦, 等. 基于 BP 神经网络的 P2P 网络借款者的信用风险评估 [J]. 生产力研究, 2016 (4).

练 习 题

1. 基础数据见表 7-16。利用 Excel 进行利润敏感性分析,从而设计调价价格模型。利用 Excel 模拟运算表,求出在单价、销售量变化时的利润。最后用有效性把大于某个数据的值标为黄色。在选择调价时,可以参照黄色区间的利润值,为调价做科学的决策。

表 7-16 基础数据

项　　目	数　　值	变化后数值	变动百分比	滚动条及辅助值		
销售量/件	10 000	12 000.00	20.00%	70		
单价/元	28	23.52	−16.00%	34		
单位变动成本/元	12	11.40	−5.00%	45		
固定成本/元	25 000	28 250.00	13.00%	63		

2. 假设股票价格的对数收益率服从正态分布, 均值为 0, 每日变动标准差为 0.1 元, 模拟股票价格 1 年的路径(过程提示: 用到两个内置函数, 即用 rand() 来产生 0 到 1 之间的随机数, 然后用 norminv() 来获得服从既定分布的随机数, 即收益率样本 = norminv (rand (), 0, 0.1)。假定股票价格的初始值是 100 元, 那么模拟的价格就是 $S = 100 * \exp(\text{cumsum}(收益率样本))$。其中的 cumsum() 不是 Excel 的内置函数, 其意为收益率样本的累积, 每个时刻的值都是当前样本及此前所有样本的和, 如收益率样本从单元格 C3 开始, 当前计算 C15 对应的模拟价格, 则模拟价格计算公式是 $100 * \exp(\text{sum}(\$C\$3:C15))$。根据此操作可以得到股票价格的一条模拟路径)。

第八章

定性评价类风险评估方法

本章将介绍8种定性评价类风险评估方法：优良可劣评价法、单项评价法、风险综合评价法、工作风险分解法、风险度评价法、管理评分法、影响与可能性矩阵、SWOT。

第一节　优良可劣评价法

一、理论

优良可劣评价法是从企业特点出发，根据企业以往风险管理的经验和状况，对人为因素、机械设备因素、物的因素、环境因素和管理因素等风险列出全面的检查项目，并将每一检查项目分为优、良、可、劣四个等级。在进行风险评价时，由风险管理人员和操作人员共同进行，以此确定被检查单位的风险状况。如果风险管理主体达不到规定的标准，评价结果为"可"或者"劣"时，就需要采取相应的措施加以控制。

二、操作

优良可劣风险评价标准比较直观，可操作性强。例如，建筑施工、电气防爆、化学试验、工艺操作等，都可以采用这种方法评价风险。此外，检查表法和优良可劣评价法都是通过观察和分析，借助于经验和判断能力进行评价的方法。这些方法适用于风险结果不是特别严重，或者事故发生后不会产生严重后果的情况。

第二节　单项评价法

一、理论

单项评价法是指风险管理部门列举各项符合标准的项目，凡是具有一项或者一项以上的项目符合标准者，就可评价为风险管理项目。

二、操作

单项评价法的风险管理设计比较难，但风险评价比较简单，既可以达到查漏补缺的目的，又较易突出风险管理的重点。

例如，生产企业风险管理部门可以从产量、质量、成本、交货期、安全生产等方面将企业设备分为7类，只要有一项达标者，即为风险管理中重点管理的项目：①不管有没有备用机，一旦突然停机，马上会使整条生产线停工的设备；②产生故障后，会影响到关联设备的正常作业，无备用机或虽有备用机，但是转化难度大、转换时间长的设备；③对产品的加工质量有较大影响的设备；④意外事故需要大笔抢修费或者会使产品制造的成本有较大上升的设备；⑤计划外故障会经常影响交货期，引起索赔或失去较多销售机会的设备；⑥精度高而且修理难度大的设备；⑦发生意外事故会影响安全操作和污染环境的设备。

第三节　风险综合评价法

一、理论

由于每一种评价方法都有各自的优缺点，所以企业如果能够灵活运用两种或两种以上的方法去评价系统的风险，则往往可以取长补短，更加接近评价精确和切合实际的目标。但是在这一过程中，也有出现矛盾结果的可能。在这种情况下，需要再次对不同风险进行权衡，按照可容界限对风险进行综合排序，做出最终的风险评价。其中，人们常常采用的一个评价方法就是"成本－效益"分析，即研究当采取某种措施的情况下，必须付出多大代价以及可取得多大的效果。

二、操作

在实际风险管理操作中，这一分析贯彻了"两利相衡取其重，两害相衡取其轻"的原则进行风险评价和抉择。

MCE V1.0（现代综合评价软件包）软件可以进行风险综合评价。

第四节　工作风险分解法

一、理论

工作风险分解法（Work Breakdown Structure-Risk Breakdown Structure，WBS-RBS，工作分解树-风险分解树）就是把工作分解形成工作分解树，把风险分解形成风险分解树，然后用工作分解树在最低层次上的子活动和风险分解树在最低层次上的子事项交叉构成的WBS-RBS法。

二、操作

进行风险识别主要分为三个步骤：①工作分解；②风险分解；③套用WBS-RBS矩阵逐项判断风险是否存在，如果存在，就分析其作用机制。具体如下：

第一步，将工作分解形成工作分解树（见图8-1），主要是根据风险主体与子部分之间的结构关系和工作流程进行分解。

第二步，将风险分解形成风险分解树（见图8-2）。风险识别的主要任务是找到风险事件发生所依赖的风险因素，而风险事件与风险因素之间存在着因果关系。风险分解树建立了风险事件和风险因素之间的因果联系模型。风险分解的第一层次是把风险事件分为内、外两类，内部风险产生于项目内部，而外部风险源于项目环境因素。第二层次的风险事件分别按照内、外两类事件继续往下细分，每层风险都按其影响因素的构成进行分解，最终分解到基本的风险事件，把各层风险分解组合形成风险分解树。

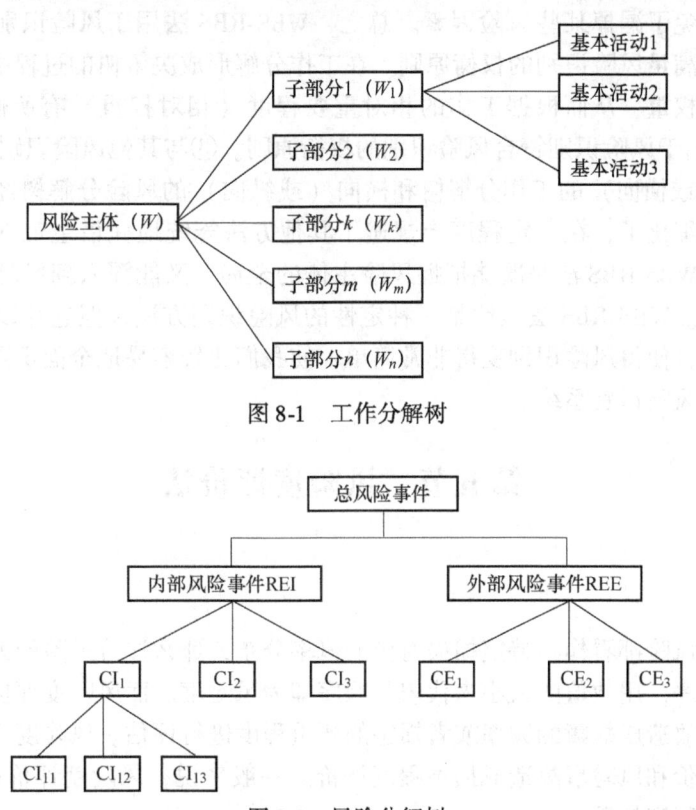

图 8-1　工作分解树

图 8-2　风险分解树

注：CI 为各内部风险事件；CE 为各外部风险事件。

第三步，在完成工作分解（WBS）和风险分解（RBS）之后，将工作分解树和风险分解树交叉，构建风险识别矩阵（见表 8-1）。WBS-RBS 矩阵的行向量是工作分解到最底层形成的基本工作包，矩阵的列向量是风险分解到最底层形成的基本子因素。风险识别过程是按照矩阵元素逐一判断某一工作是否存在该矩阵元素横向所对应的风险。

表 8-1　风险识别矩阵

基本工作包		基本子因素							
		内部风险事件				外部风险事件			
子部分	基本活动	CI_{11}	CI_{12}	…	$CI_{n,m}$	CE_{11}	CE_{12}	…	$CE_{n,m}$
W_1	W_{11}								
	W_{12}								
	W_{13}								
⋮	⋮								
W_n	$W_{n,m-1}$								
	$W_{m,m}$								

从 WBS-RBS 风险识别的原理可以看出，同其他风险识别方法比较，其优势表现在三个方面：①该方法符合风险识别的系统性原则。在运用 WBS-RBS 法进行风险识别时，首先要按照各项工作在施工工艺和工程结构上的关系逐级进行分解，形成工作分解树，这样风险源逐级地呈现在工作分解树上，从而不容易漏掉某些重要的风险源，并且将风险进行了系统的分解，这样也避免了漏掉某些风险因素。总之，WBS-RBS 法用于风险识别完全符合系统性原则。②该方法满足风险识别的权衡原则。在工作分解形成决策树的过程中，可以估计出各层次工作的相对权重，从而根据工作的相对重要程度（相对权重）有所侧重地识别风险。因而 WBS-RBS 用于风险识别符合风险识别的权衡原则。③与其他风险识别方法相比，WBS-RBS 矩阵纵向（或横向）的工作分解树和横向（或纵向）的风险分解树经过分解把工作和风险的初始状态细化了，在一定程度上规避了其他方法笼统地凭借主观判断识别风险的弊端。迄今为止，WBS-RBS 法是既能把握风险主体的全局，又能深入到风险管理的具体细节的风险识别方法。WBS-RBS 法虽然是一种定性的风险识别方法，但它却以定量的思路将工作层层分解细化，使得风险识别变得非常简单，使我们比较容易地全面识别风险。该方法适用于比较复杂的风险识别系统。

第五节　风险度评价法

一、理论

如果把每种风险都看作与特定损失对应的概率分布，那么评价风险的大小就是要对这些概率分布排列顺序，用数值的大小来代表其顺序即为风险度。而风险度评价法就是指风险管理部门对风险事故造成故障的频率或者损害的严重程度进行评估。风险度评价可以分为风险事故发生频率评价和风险事故造成损害程度评价。一般来说，风险度评价可分为 1~10 级，级别越高，危险程度越重。

在实际操作中，无论风险单位、损失事件和损失形态的组合如何，风险管理部门为了风险管理的目的，都可以宽泛地将损失频率评价为以下四种：几乎不会发生、不太可能发生、偶尔发生和经常发生。同时，也可以将损失程度分为轻微损失、中等损失、重大损失和特大损失。这种不严格的风险评价方式方便了风险的管理。但是，也应该看到，这种简单的风险评价已经越来越不适应风险管理的需要。为了准确地评价风险，可以根据风险发生的概率细分，具体标准如表 8-2 所示。

表 8-2　给予风险发生概率的风险度标准

风险发生的可能性	概　　率	风险度标准
很高：风险的发生几乎是不可避免的	≥1/2	10
	1/3	9
高：风险的发生与以往经常发生的事故类似	≥1/8	8
	1/20	7
中等：风险的发生与以往有时发生的事故有关，但不与主要营运流程有关	1/80	6
	1/400	5
	1/2000	4

第八章 定性评价类风险评估方法

（续）

风险发生的可能性	概　率	风险度标准
低：风险的发生较少，与以往偶尔发生的事故有关	>1/15 000	3
很低：风险的发生很少，与以往极少发生的事故相同	1/15 000	2
极低：风险不太可能发生，与过去极少发生的事故相同	1/150 000	1

为了评价风险，也可以根据风险造成的后果将其细分，具体标准如表 8-3 所示。风险度评价法可以按照风险度评价的分值确定风险的大小，分值越大，风险越大；反之，则风险越小。据此，就可以做出风险事故因素的排列图。风险事故排列图可以用来确定风险管理部门采取措施的顺序，这不仅可以找到风险事故发生的主要原因，而且可以连续使用，找出复杂问题的最终原因。然后，根据风险事故排列图，对风险的等级进行评价。

表 8-3　基于风险后果的风险度标准

后　果	评　价	风险度标准
无警告的严重危害	可能危害财产或人员；风险可能严重影响系统安全运行；不符合法规；发生时无警告	10
有警告的严重危害	可能危害财产或人员；风险可能严重影响系统安全运行；不符合法规；发生时有警告	9
很高	企业运营被严重破坏；系统无法运行，基本丧失功能	8
高	企业运营破坏不严重；系统能够运行，性能下降	7
中等	企业运营破坏不严重；系统能运行，但舒适性或方便性项目失效	6
低	企业运营破坏不严重；系统能运行；舒适性或方便性项目性能下降	5
很低	企业运营破坏不严重；产品有缺陷	4
轻微	企业运营破坏较轻；部分产品有缺陷	3
很轻微	企业运营破坏较轻；极少产品有缺陷	2
无	没有影响	1

每个风险环节，都涉及若干风险点和风险事件，可以从"发生概率""危害程度"和"应对措施有效性"三个评价指标来衡量这些风险环节和它们各自的风险点。为了客观评价风险点，给出了一个"风险度评价模型"的数学表达公式：客观风险度 R = 发生概率均值×危害程度均值。该 R 值根据"应对措施有效性均值"的大小，调整变化。例如，一个风险事件的发生概率均值是 5 分，其危害程度均值为 5 分，根据公式，计算求得其客观风险度 R 值为 25，客观评价为 A 级，即"不可接受风险"。此时，参照此风险的应对措施有效性均值，若均值为 5 分，由于其属于闭区间 [4，5]，将客观风险等级降一级，得到一个调整后的风险等级，B 级。

风险度确定及其调整准则如表 8-4 所示。

风险评估方法

表 8-4　风险度确定及其调整准则

风险度 R 值	客观风险等级	含　义	风险等级 调整标准	调整后风险等级
20~25	A	不可接受风险	1. 当应对措施有效性分值属于闭区间 [1,3] 时，将客观风险等级"升一级"； 表示：某个风险事件发生时，其应对措施不及时，或应对措施不够；此外，需要采取行动，或加强、改进控制措施 2. 当应对措施有效性分值属于开区间 (3,4) 时，将客观风险等级"保持不变"。此时，可维持先前的控制运行程序来控制风险 3. 当应对措施有效性分值属于闭区间 [4,5] 时，将客观风险等级"降一级"； 表示：某个风险事件发生时，其应对措施较好，或应对较及时，此时，无须再增加控制措施	—
15~16	B	重大风险		—
9~12	C	中度风险		—
4~8	D	可接受风险		—
<4	E	轻微风险		—

二、操作

本部分利用风险度评价法评价合同立项的风险。

1. "合同立项"的风险点及其风险事件

合同立项风险涉及两个风险点：合同立项投资计划风险和合同立项财务预算风险。各风险点所对应的风险事件：合同立项中的投资计划未落实或支出类项目未纳入计划和合同立项中的财务预算未落实或支出类项目未纳入预算。

2. "合同立项"的风险评价分析

以下从发生概率、危害程度和应对措施的有效性三个方面来评价上述两个风险点和该项风险环节，分析其对应的风险事件：

（1）合同立项投资计划风险。调查数据表明，"合同立项投资计划风险"发生概率的单项平均值为 2.0 分，专家判断其发生的概率"小"；"合同立项投资计划风险"危害程度的单项平均值为 2.8 分，专家判断该风险危害程度"较小"；"合同立项投资计划风险"应对措施有效性的单项平均值为 3.3 分，专家判断此风险应对措施有效性为"较好"。通过计算，"合同立项投资计划风险"风险度值为 5.6，评价此项风险度为 D 级，应对措施有效性为 3~4 分之间，R 所指风险等级维持不变，判断该风险点为"可接受风险"。

（2）合同立项财务预算风险。调查数据表明，"合同立项财务预算风险"发生概率的单项平均值为 1.5 分，专家判断其发生的概率"小"；"合同立项财务预算风险"危害程度的单项平均值为 2.7 分，专家判断该风险危害程度"较小"；"合同立项财务预算风险"应对措施有效性的单项平均值为 3.8 分，专家判断此风险应对措施有效性为"较好"。通过计算，"合同立项财务预算风险"风险度值为 4.05，评价此项风险度为 D 级，应对措施有效性为 3~4 分之间，R 所指风险等级维持不变，判断该风险点为"可接受风险"。

（3）合同立项风险。调查数据表明，"合同立项风险"发生概率的单项平均值为 1.8 分，专家判断其发生的概率"小"；"合同立项风险"危害程度的单项平均值为 2.8 分，专家判断该风险危害程度"较小"；"合同立项风险"应对措施有效性的单项平均值为 3.6 分，专家判断此风险应对措施有效性为"较好"。通过计算，"合同立项风险"风险度值为 5.04，评价此项风险度为 D 级，应对措施有效性为 3~4 分之间，R 所指风险等级维持不变，判断该风险点为"可接受风险"。

第六节 管理评分法

一、理论

美国的仁翰·阿吉蒂（Renhan Ajiti）调查了企业的管理特征以及可能导致破产的种种缺陷。阿吉蒂将这几种缺陷、错误和症状进行对比打分，还根据这几项对破产过程产生影响的大小程度对它们做了加权处理。用管理评分法对企业经营管理进行评估时，每一项得分要么为 0，要么是满分，不容许给中间分。所给的分数表明了管理不善的程度。参照表 8-5 中各项进行打分，分数越高，则说明企业的处境越差。在理想的企业中，这些分数都应为 0。如果评价的分数总计超过 25 分，则表明企业正面临失败的危险；如果得分总数超过 35 分，则表明企业处于严重的危机中；企业的安全得分一般小于 18 分。因此，在 18~35 分之间构成企业管理第一个"黑色区域"。如果企业所得的评价总分位于"黑色区域"内，就必须提高警惕，迅速采取有效措施。该方法的前提是企业的失败源于企业的高管。它的原理是：企业的经营失败并不是突然发生的，而有一个过程。企业首先会发生一些经营上的缺点或不足，如不能加以克服，这些缺点就会导致经营上的错误产生。

表 8-5 管理评分法评分表

项	目	评分/分	表 现
缺陷	管理方法	8	总经理独断专行
		4	总经理兼任董事长
		2	独断的总经理控制着被动的董事会
		2	董事会成员构成失衡，如管理人员不足
		2	财务管理能力低下
	财务费用	1	管理混乱，缺乏规章制度
		3	没有财务预算或不按预算进行控制
		3	没有现金流转计划或虽有计划但从未适时调整
		3	没有成本控制系统，对企业成本一无所知
		15	应变能力差，存在产品过时、设备陈旧、战略守旧等问题
合计		43	及格 10 分
错误		15	欠债过多
		15	企业过度发展
		15	过度依赖大项目
合计		45	及格 15 分
症状		4	财务报表上显示不佳的信号
		4	总经理操纵会计账目，以掩盖企业滑坡的实际
		3	非财务反应：管理混乱、工资冻结、士气低落、人员外流
		1	晚期迹象：债权人扬言要诉讼
合计		12	及格 4 分
总计		100	及格 29 分

二、操作

本部分根据管理评分法结合中小企业融资风险的警兆进行定性分析。与警兆的识别相同，分三个阶段阐述。

1. 潜伏期融资风险警度监测

按管理评分法，对每一项要么得零分，要么满分，不许给中间分。得分越高，企业的融资风险越大。最低分为 0，最高分为 16 分（见表 8-6）。根据财务预警理论的要求，得分由低到高，警度由低到高的排序如表 8-7 所示。

表 8-6　潜伏期融资风险警度监测

警兆表现	得分/分		
	0	2	4
外部融资市场的成熟度不高	是	否	
融资主体自由度不高	是	否	
未进行融资方式分析	是	否	
未进行资金成本分析	是	否	
融资活动不符合融资的优序排列	是		否
企业同期平均资产收益率略低于债务资金成本率	是		否
最高得分	16		

表 8-7　潜伏期融资风险的警度判断

警兆指标	警情临界值	实际警度
$0 \leq x \leq 2$	2	无警
$2 < x \leq 6$	6	轻警
$6 < x \leq 10$	10	中警
$10 < x \leq 14$	14	重警
$14 < x \leq 16$	16	巨警

2. 发作期融资风险警度监测

发作期融资风险警度监测如表 8-8 所示，该阶段的警度判断如表 8-9 所示。

表 8-8　发作期融资风险警度监测

项目	警兆表现	得分/分	
		无	有
财务警兆	①资不抵债	0	3
	②经营活动现金净流量出现负数	0	3
	③存在大额的逾期利润	0	3
	④信用等级下降	0	3
	⑤融资活动受到严重阻碍，无法继续获得外部资金支持	0	3
经营管理警兆	①主营产品核心竞争力下降，属夕阳产业产品	0	4
	②管理混乱，人力资源短缺	0	4
最高得分		23	

第八章 定性评价类风险评估方法

表 8-9 发作期融资风险的警度判断

警兆指标	警情临界值	实际警度
$x=0$	0	无警
$0<x\leq 3$	3	轻警
$3<x\leq 10$	10	中警
$10<x\leq 17$	17	重警
$17<x\leq 23$	23	巨警

3. 恶化期融资风险警度监测

企业融资风险处于恶化期时，就不仅是企业融资出了问题，而是整个企业面临极其严重的财务危机。当同时出现前述恶化期警兆的第一项和第二项时，表明企业的财务状况已经恶化，融资风险非常巨大，企业已气息奄奄。在此基础上，若再出现第三项，则表明企业已彻底陷入财务危机，若不采取强制性排警对策，短期内，企业将破产。

第七节 影响与可能性矩阵

一、理论

影响与可能性矩阵是指直接对某种税务风险发生可能性的高低以及可能造成损失程度的大小进行文字描述。一般来说，这种方法经常用在数据无法获得、数据不充分或评估数据成本过高而无法量化的某种风险上。一般用文字进行描述，对某种风险发生可能性的评估结果一般有"几乎不可能""较小可能""较大可能""很可能""几乎确定"五种情况。"几乎不可能"意味着风险极低，几乎不会发生；"较小可能"意味着风险较低；"较大可能"意味着风险较高；"很可能"意味着风险很高；"几乎确定"意味着风险几乎不可避免。对某种风险可能产生影响的评估结果，可以按照某种风险的性质划分为"几乎无影响""较小影响""较大影响""严重影响""致命影响"五级。"几乎无影响"意味着风险的影响几乎可以忽略不计；"较小影响"意味着影响程度较小；"较大影响"意味着会对个别生产经营业务造成影响，可能会受到相关调查；"严重影响"意味着对部分生产经营环节造成影响，可能会受到相关机关处罚；"致命影响"意味着威胁到整个企业的生产经营及重要声誉。

二、操作

将影响与可能性矩阵运用到税务风险的评估。对税务风险发生可能性的评估结果一般有"几乎不可能""较小可能""较大可能""很可能""几乎确定"五种情况。对税务风险可能产生影响的评估结果，可以按照税务风险的性质划分为"几乎无影响""较小影响""较大影响""严重影响""致命影响"五级。这样，就形成了某种风险的影响与可能性矩阵，根据税务风险发生的可能性与风险的影响两方面，将税务风险大致划分为致命风险、极度风险、高度风险、中度风险、低度风险五种情形（见表 8-10）。

表 8-10　税务风险影响与可能性矩阵

项　目	几乎不可能	较小可能	较大可能	很可能	几乎确定
致命影响	中度风险	高度风险	极度风险	极度风险	致使风险
严重影响	中度风险	高度风险	高度风险	高度风险	极度风险
较大影响	中度风险	中度风险	高度风险	高度风险	极度风险
较小影响	低度风险	低度风险	中度风险	中度风险	高度风险
几乎无影响	低度风险	低度风险	低度风险	低度风险	中度风险

发生的税务风险影响不同时，企业的应对方式也应当有所差异。当发生致命风险和极度风险时，应该引起企业管理层的高度重视；当发生高度风险时，应该引起税务风险部门的高度重视；当发生中度风险时，应该引起税务风险管理人员的注意；当发生低度风险时，相关人员可酌情进行处理。

第八节　SWOT

一、理论

SWOT 分析最早是由美国旧金山大学海因茨·韦里克（Heinz Weihrich）教授于 20 世纪 80 年代初提出的，随着国际上企业竞争战略理论的发展而逐渐发展和完善。SWOT 分析的基准点是对企业内部环境之优劣的分析，在了解企业自身特点的基础上，判明企业外部的机会和威胁，然后对环境做出准确的判断，继而制定企业发展的战略和策略，后借用到项目风险管理中进行项目战略决策和系统分析。所谓的 SWOT 是英文 S-Strength（优势）、W-Weakness（劣势）、O-Opportunity（机会）和 T–Threat（威胁）的简写。SWOT 分析是通过具体的情景分析，将与研究项目密切关联的各种主要的内部优势因素、劣势因素和外部机会因素、威胁因素分别识别和评估出来，依据矩阵的形态进行科学的排列组合，然后运用系统分析的研究方法将各种主要因素相互匹配进行分析，最后提出相应对策的方法。

SWOT 模型的道斯矩阵及分析步骤。把外界的条件和约束同组织自身的优缺点结合起来，随环境变化做动态系统分析，识别项目或企业所处的位置及存在的风险，并把分析的结果填入道斯矩阵（见表 8-11）：①Ⅰ、Ⅱ、Ⅲ、Ⅳ区。分析项目的优势和劣势、可能的机会与威胁，填入相应的道斯矩阵区域内。②Ⅴ区。该区是内部优势与外部机会相匹配，是最理想的匹配，存在的项目风险较小，此时可通过两种方式强化组织内部的优势：一是通过找出最佳的资源组合来获得竞争优势；二是通过提供资源来强化、扩展已有的竞争优势。③Ⅵ区。该区是与外部机会相关的内部劣势，此时可通过两种方式来权衡对机会的取舍：一是加强投资，将劣势转化为优势开拓机会；二是放弃机会给对手。④Ⅶ区。该区是内部优势与外部威胁相匹配，此时可有以下两种选择：一是通过重新构建组织资源来获得竞争优势，将威胁转为机会；二是采取防守战略，抓住其他象限中有前景的机会。⑤Ⅷ区。该区是与外部威胁相关的内部劣势，此种是最糟糕的匹配，存在的项目风险最大，此时也存在以下两种选择：一是主动进取，争取领先；二是主动放弃。

第八章 定性评价类风险评估方法

表 8-11 道斯矩阵

项目		内部因素	
		Ⅲ 优势	Ⅳ 劣势
外部因素	Ⅰ 机会	Ⅴ 优势与机会相匹配 SO	Ⅵ 劣势与机会相匹配 WO
	Ⅱ 威胁	Ⅶ 优势与威胁相匹配 ST	Ⅷ 劣势与威胁相匹配 WT

SWOT 分析对项目风险决策需要的信息做了两个区分：①内外区分，即关于项目自身的信息和关于项目所处环境的信息；②利害区分，即对项目有利的内部优势、外部机会和对项目有害的内部劣势、外部威胁。这种分类大大明晰和简化了识别项目风险及项目制定战略时需要掌握的信息。

二、操作

SWOT 的运用非常广泛，具体操作可见本章补充阅读文献中"8. SWOT 文献"中的六篇文献。

补充阅读文献

1. 优良可劣评价法文献
[1] 饶会林，等. 中国亟须建立一所综合性城市大学 [J]. 城市，2000（11）.

2. 单项评价法文献
[1] 王锡贞. 区域生态风险评价与管理——以长江江苏段为例 [D]. 南京：南京农业大学，2011.
[2] 林嗣豪. 职业危害风险指数评估方法的初步研究 [J]. 中华劳动卫生职业病杂志，2006（12）.

3. 风险综合评价法文献
[1] 王会金. 基于动态模糊评价的审计风险综合评价 [J]. 模型及其应用，2011（9）.
[2] 周兴慧，等. 基于五元联系数的风险综合评价方法及其应用 [J]. 系统工程理论与实践，2013（8）.
[3] 钟永红，等. 中国上市银行流动性风险综合评价 [J]. 金融论坛，2013（1）.
[4] 魏星，等. 风险投资项目决策中的风险综合评价 [J]. 中国软科学，2004（2）.
[5] 赵伟. 基于改进的 AHP 房地产开发项目投资风险综合评价 [J]. 工程管理学报，2013（8）.

4. 工作风险分解法文献
[1] 郭照蕊. 基于 WBS-RBS 的 BOT 项目风险分析研究 [D]. 兰州：兰州理工大学，2006.
[2] 孙嘉天. WBS-RBS 方法在海外工程项目风险识别中的应用 [J]. 沈阳航空工业学院学报，2009（4）.
[3] 洪微，等. WBS-RBS 与改进的 FAHP 法在代建制企业风险评估中应用 [J]. 工程管理学报，2011（2）.
[4] 任南，等. 基于 WBS-RBS–DSM 的项目风险识别与评估 [J]. 系统工程，2014（11）.
[5] 曾婷婷，等. 基于 WBS-RBS 的机场投资风险识别 [C] // 第九届长三角科技论坛——航空航天科技创新与长三角经济转型发展分论坛论文集，2012.

5. 风险度评价法文献
[1] 张永剑. T 油田对外合作 EPC 项目合同管理风险度评价研究 [D]. 成都：西南石油大学，2014.
[2] 付玉秀，等. 我国创业投资的宏观风险度评级研究 [J]. 商业研究，2005（1）.

6. 管理评分法文献

[1] 曹颖. 信用卡信用风险管理评分方法的实证研究 [D]. 南京：南京理工大学，2010.

[2] 王震. 风险预警系统在西部工程项目中的应用研究 [D]. 济南：山东大学，2013.

[3] 周成国. AB 公司财务风险管理问题研究 [D]. 天津：天津财经大学，2014.

[4] 武郁蓓. 财务风险控制研究 [D]. 济南：山东大学，2010.

[5] 张明华. 中小企业融资风险预警系统研究 [D]. 北京：首都经济贸易大学，2006.

7. 影响与可能性矩阵文献

[1] 陈曦. 大企业税务风险管理研究 [D]. 北京：财政部财政科学研究所，2013.

8. SWOT 文献

[1] 金丽丽，黄琦，田兵权. SWOT 分析法在项目风险管理中的应用 [J]. 科技与经济，2007（2）.

[2] 鲍学英，柏琼. SWOT 技术在房地产投资风险管理中的应用研究 [J]. 兰州交通大学学报，2008（12）.

[3] 俞彬涛，吴敏华. 基于 SWOT 分析的公司税务风险防范研究 [J]. 商场现代化，2012（10）.

[4] 黄琨. 基于 SWOT 模型的石油企业跨国经营风险规避战略 [J]. 社会科学，2011（11）.

[5] 范天艳，等. SWOT-AHP 在 CRM 主导新产品推广项目风险管理中的应用 [J]. 项目管理技术，2016（4）.

[6] 冯柳. 基于 SWOT 视角下的 PPP 模式的风险治理的现状及对策的研究 [D]. 郑州：郑州大学，2016.

练 习 题

1. 结合表 8-6 ~ 表 8-9 中的数据，采用管理评分法，评估中小企业的融资风险。

2. 找一起最近发生的企业并购案例，采用 SWOT 方法，分析并购方进行该次并购的优势、劣势、机会和威胁，来衡量并购方进行此次并购面临的风险。

第九章 图形类风险评估方法

本章将介绍 12 种图形类风险评估方法：直方图评价法、矩阵评价法、流程图分析法、风险矩阵、企业风险分析工作表法、商业风险模型、风险坐标图法、雷达图、风险评估系图法、概率影响图、等风险图法、耗散结构。

第一节 直方图评价法

一、理论

直方图形象直观地反映了数据分布的情况，通过直方图可以观察和分析风险的概率分布，从而直观地对其做出评价。

二、操作

建立直方图的步骤是：首先，以各组风险数据 u_1，u_2，u_r，u_{r+1} 为端点标在直角坐标系的横轴上；然后，分别以线段 $[u_i, u_{i+1}]$ 为底边，以相应频率密度 f_i 为另一边做矩阵，于是 r 个矩形就构成了直方图。显然，频率直方图中每个小矩形的面积等于相应风险数据组的频率，而各矩形的总面积恰好等于 1。直方图图形分为正常型和异常型两种类型。其中，正常型是左右对称的山峰形状，图的中部有一峰值，两侧的分布大体对称，且越偏离峰值方柱的高度越小，符合正态分布（见图 9-1）。

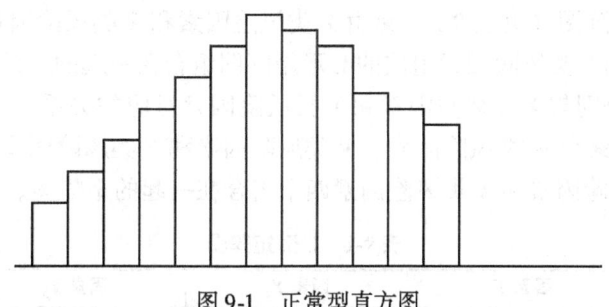

图 9-1 正常型直方图

该图表明数据所代表的风险处于稳定状态。与正常型分布状态相比，带有某种缺陷的直方图即为异常型直方图，这类图形表明数据所代表的风险项目处于不稳定状态。常见的异常型直方图主要有偏向形（直方图的顶峰偏向一侧）、双峰形、平峰形、高端形（直方图的一侧出现陡壁状态）、孤岛形（在远离中心处出现孤立的小直方图）、锯齿形等，分别代表管理需要改进或数据出现问题。

当然，观察直方图的形状只能判断风险管理过程是否稳定正常，并不能判断是否能稳定地管理风险，而将直方图和公差相比较，即可以达到风险管理的目的。在这里，公差是指企业可以容忍和允许的风险变动范围，而对比的方法是观察直方图是否都落在公差范围内，是否有相当的余地以及其分布是否过于偏离中心位置。一般来说，较理想的状态是数据分布范围充分居中，处于公差范围的上下界限内，而且具有一定余地。

这种状态表明风险管理处于正常状态，目前不需要调整。与此相比，如果出现偏向形、无余地形、余地过多形状态，可以判断风险管理对象存在异常因素，应当采取措施进行控制，尽量将主要异常因素消除在萌芽状态，使直方图分布向理想状态靠近。

第二节 矩阵评价法

一、理论

矩阵评价法是一种利用多维思考逐步明确问题的方法，就是从问题的各种关系中找出成对要素 L_1，L_2，L_i，…，L_n 和 R_1，R_2，R_i，…，R_n，用数学上矩阵的形式排成行和列，在其交点上表示出 L 和 R 各因素之间的相互关系，从而确定关键点的方法。通过在交点处给出行和列对应要素的关系和关系程度，就可以大致判断出评价风险的关键因素。在矩阵图中，一般会用不同的符号表示要素之间的相互关系。

采用矩阵评价法评价风险是一种比较有效的风险管理方法，可以发现引发风险的重要因素。但是，用◎、○或△等符号表示不良现象及其原因等造成的关联程度时，由于容易掺入评价者的主观见解，所以要完全真实地反映风险的状况具有一定困难。不过，如果能够得到多数有经验者的一致意见，也可以在短时间内得到长期经验所证明的满意结果。

二、操作

L 形矩阵图（见表 9-1）是一种最基本的矩阵图，是由 X 类风险因素和 Y 类风险因素二元配置组成的矩阵图，这种矩阵图适用于若干个目的和实现目的的手段或若干结果及其原因之间的关联。T 形矩阵图（见表 9-2）是由 Z 类风险因素和 X 类风险因素组成的 L 形矩阵图和由 Z 类风险因素和 Y 类风险因素组成的 L 形矩阵图组合在一起的三维矩阵图。T 形矩阵图表示 Z 类风险因素分别与 X 类风险因素和 Y 类风险因素对应的关系。X 形矩阵图（见表 9-3）是由 X 类风险因素和 W 类风险因素、W 类风险因素和 Y 类风险因素、Y 类风险因素和 Z 类风险因素、Z 类风险因素和 X 类风险因素四个组合在一起的矩阵图。

表 9-1 L 形矩阵图

	因素 Y_1	因素 Y_2	因素 Y_3	…
因素 X_1				
因素 X_2				
因素 X_3				
⋮				

表 9-2　T 形矩阵图

	⋮							
	因素 X_3							
	因素 X_2							
	因素 X_1							
因素 X / 因素 Y	因素 Z	因素 Z_1	因素 Z_2	因素 Z_3	因素 Z_4	因素 Z_5	…	
	因素 Y_1							
	因素 Y_2							
	因素 Y_3							
	⋮							

表 9-3　X 形矩阵图

				⋮				
				因素 X_3				
				因素 X_2				
				因素 X_1				
…	因素 W_3	因素 W_2	因素 W_1		因素 Z_1	因素 Z_2	因素 Z_3	…
				因素 Y_1				
				因素 Y_2				
				因素 Y_3				
				⋮				

第三节　流程图分析法

一、理论

流程图分析法是对流程的每一阶段、每一环节逐一进行调查分析，从中发现潜在风险，找出导致风险发生的因素，分析风险产生后可能造成的损失以及对整个组织可能造成的不利影响。流程图是指使用一些标准符号代表某些类型的动作，直观地描述一个工作过程的具体步骤。流程图分析法将一项特定的生产或经营活动按步骤或阶段顺序以若干个模块形式组成一个流程图系列，在每个模块中都标示出各种潜在的风险因素或风险事件，从而给决策者一个清晰的总体印象。在企业风险识别过程中，运用流程图绘制企业的经营管理业务流程，可以将与企业各种活动有影响的关键点清晰地表现出来，结合企业中这些关键点的实际情况和相关历史资料，就能够明确企业的风险状况。

企业的经营活动由多个流程组成，每个流程又由许多细节模块组成。一般将公司的流程分为三大类：客户流程、生产流程和管理流程。流程图分析法通过对公司业务过程的详细解读，将业务流程用图示的方法详细描述，然后据此分析影响每个细节模块的内部和外部因素，是寻找风险因素、把握风险敞口的有力工具。

要把风险管理融入企业的日常经营活动中，就必须对公司的业务流程进行认识和分析。从流程中来，到流程中去。从流程中寻找风险因素，并将风险应对措施细化加入到流程之中，使风险管理和控制成为业务流程中不可缺少的组成部分。

流程图分析法是根据生产过程或管理流程来识别风险的方法。应用这种方法时，首先要将企业的生产运营过程按照各阶段的顺序绘制成图。流程图的类型有很多，按流程的内容划分，可分为内部流程图和外部流程图；按流程的表现形式划分，可分为实物流程图和价值流程图。

（1）内部流程图和外部流程图。只包含生产制造过程的流程图称为内部流程图，包含供货和销售过程的流程图称为外部流程图。图9-2和图9-3分别为时尚制衣公司的内部流程图和外部流程图。由内部流程图可知，原料进入1号仓库和2号仓库后，布匹原料开始着色、处理和烘干，2号仓库中的辅料直接进入加工和清洁程序，然后送至半成品库，主料裁剪后也进入半成品库。接下来的流程都是单线的，即成衣经主装配和辅助装配后，进行成品检验，合格品放入成品仓库，开始销售。从外部流程图可知，时尚制衣公司有甲、乙两个供应商，其供应原料的比例分别为70%和30%。公司产品大部分销往国外，只有10%的产品在国内市场上销售。

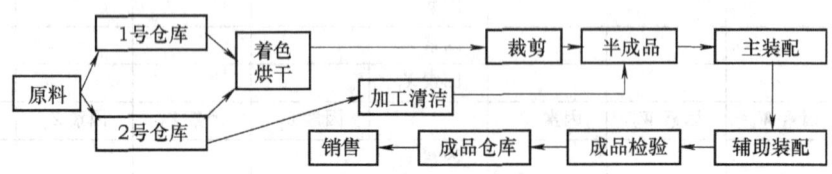

图9-2　时尚制衣公司的内部流程图

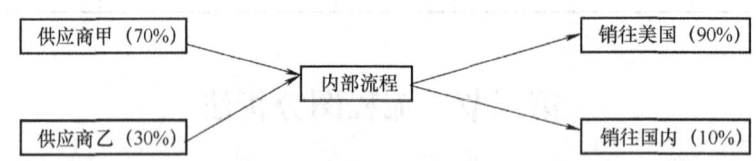

图9-3　时尚制衣公司的外部流程图

（2）实物流程图和价值流程图。实物流程图反映的是某种产品从原材料供应到成品完成的生产全过程，除了像上述流程图那样将各个生产环节按照顺序用带箭头的连线连接起来以外，每个环节（如车间A、仓库B）中还标出产品名称，连线上则标出流动产品的数量。从实物流程图可以明显看出各个生产环节之间的依赖关系。例如，车间A的产品供给车间C和D，车间C生产出的材料又供给车间E等。由于连线上标出了产品流动的数量，如果某个生产环节出现问题，其他环节所受的影响就很容易推断出来。价值流程图和实物流程图非常相似，所不同的是，在实物流程图中，各环节以及环节之间的连线上标出的是物品的名称和数量，而价值流程图标出的是物品的价值。

流程图分析法的优点在于清晰、形象、较全面地揭示出所有生产运营环节中的风险，而且对于营业中断和连带营业中断风险的识别极为有效。但流程图只强调事故的结果，并不关注损失的原因，因此，要想分析风险因素，就要和其他方法配合使用。

通过流程图分析法，可以对企业生产或经营中的风险及其成因进行定性分析。

流程图分析法是识别风险最常用的方法之一。它清晰明了，易于操作，且组织规模越大，流程越复杂，流程图分析法就越能体现出优越性。通过业务流程分析，可以更好地发现风险点,从而为防范风险提供支持。

流程图分析法的局限性主要表现在该方法的使用效果依赖于专业人员的水平。

二、操作

通常,流程图分析法的应用步骤包括四个方面:①分析业务活动之间的逻辑关系。②绘制流程图。当分析对象涉及多个子流程时,可以先绘制各个子流程,再组成综合流程图。③对流程图做出解释。流程图本身只能反映生产、经营过程的逻辑关系,在实际应用时还需要对流程图做进一步的解释、剖析,并编制流程图解释表。④风险识别分析。风险管理部门通过察看流程图及其解释表,进行静态和动态分析并识别流程中各个环节可能发生的风险以及导致风险的原因和后果。静态分析就是对图中的每个环节逐一调查,找出潜在的风险,并分析风险可能造成的损失后果。类似于这样的问题是针对单独某个生产销售环节的,而动态分析则着眼于各个环节之间的关系,以找出那些关键环节。

针对风险管理流程图而言,一般是以下三个步骤:①根据企业实际绘制业务流程图;②识别流程图上各业务节点的风险因素,并予以重点关注;③针对风险及产生原因,提出监控和预防的方法。

例如,财务费用报销流程中各环节及其风险审核点,如表9-4所示。

表9-4 财务费用报销流程风险分析

流 程 图	风险审核点	权责部门
报销单据整理粘贴	报销人员根据公司费用报销制度要求,整理好需要报销的发票或单据,并进行整齐粘贴。根据报销内容填写费用报销单	报销人员
填写费用报销单	报销单不得涂改,不得用铅笔或红色的笔填写,并附上相关的报销发票或单据。若属于出差的费用报销,则必须附上经过批准签字的差旅费报销单。采购物品报销需附上总经理签字确认的采购申请表	报销人员
部门领导审核	费用报销单及相关单据准备完成后,报销人员提交给直接主管核签字,直接主管须对以下方面进行审核:①费用产生开支的原因及真实性;②费用的标准性及合理性;③费用的控制等。若发现不符合要求,应立即退还给相关报销人员重新整理提报	相关部门领导
财务部确认	部门领导审核签字后,报销人员将报销单据提交给财务部,由财务部会计人员进行报销费用的确认,主要内容包括:①产生的费用是否符合报销标准;②财务部门是否能及时安排此费用。若发现不符合要求,应立即退还给相关人员重新整理提报	财务部主管
财务部负责人审查	财务主管审核签字后,报销人员将报销单据提交给财务部负责人,由财务部负责人进行报销费用的审查,主要内容包括:①单据或票据是否符合财务规范要求;②财务人员是否已按照报销标准审核。若发现不符合要求,应立即退还给相关人员重新整理提报	财务部负责人
副总经理批准	财务部对审核签字后,报销人员将报销单据提交副总经理(总经理助理),由副总经理进行最后核查,主要内容包括:①部门领导审核的公正性;②财务部门审核的严谨性。若副总经理发现不符合要求,应立即退还给相关人员重新整理提报	副总经理(总经理助理)
董事长、总经理批准	副总经理(总经理助理)对审核要求的报销单签字后,最后报销人员呈交董事长(总经理),由总经理进行批准签字。签字后报销人员方可去财务部领款	董事长(总经理)

第四节 风险矩阵

一、理论

（1）概述。风险矩阵（risk matrix）是用于识别风险和对其进行优先排序的有效工具。风险矩阵可以直观地显示组织风险的分布情况，有助于管理者确定风险管理的关键控制点和风险应对方案。一旦组织的风险被识别，就可以依据其对组织目标的影响程度和发生的可能性等维度来绘制风险矩阵。

（2）用途。风险矩阵通常作为一种筛查工具用来对风险进行排序，根据其在矩阵中所处的区域，确定哪些风险需要更细致的分析，或是应首先处理哪些风险。风险矩阵也可以用于帮助在全组织内沟通对风险等级的共同理解。设定风险等级的方法和赋予它们的决策规则应当与组织的风险偏好一致。

（3）风险矩阵的优点包括：①方法简便，易于使用；②显示直观，可将风险很快地划分为不同的重要性水平。

（4）风险矩阵的局限性表现在：①必须设计出适合具体情况的矩阵，因此，很难有一个适用于组织各相关环境的通用系统；②很难清晰地界定等级；③该方法的主观色彩较强，不同决策者之间的等级划分结果会有明显的差别；④无法对风险进行累计叠加（例如，人们无法将一定频率的低风险界定为中级风险）。

二、操作

（1）输入。需要输入的数据为风险发生的可能性与后果严重程度的评估结果。对风险发生可能性的高低、后果严重程度的评估有定性、定量等方法。定性方法是直接用文字描述风险发生可能性的高低、后果严重程度，如"极低""低""中等""高""极高"等。定量方法是对风险发生可能性的高低、后果严重程度具有实际意义的数量描述，如对风险发生可能性的高低用概率来表示，对后果严重程度用损失金额来表示。等级标度可以为任何数量的点。

风险发生可能性的评价标准如表9-5所示。

表9-5　风险发生可能性的评价标准

	评分/分	1	2	3	4	5
定量方法一						
定量方法二	一定时期发生的概率	10%以下	10%~30%	30%~70%	70%~90%	90%以上
定性方法	文字描述一	极低	低	中等	高	极高
	文字描述二	一般情况下不会发生	极少情况下才发生	某些情况下发生	较多情况下发生	常常会发生
	文字描述三	今后10年内发生的可能少于1次	今后5~10年内可能发生1次	今后2~5年内可能发生1次	今后1年内可能发生1次	今后1年内至少发生1次

风险对目标影响程度的评价标准如表9-6所示。

表9-6 风险对目标影响程度的评价标准

	定量方法一	评分/分	1	2	3	4	5
适用于所有行业	定量方法二	企业财务损失占税前利润的百分比（%）	1%以下	1%~5%	6%~10%	11%~20%	20%以上
	定性方法	文字描述一	极轻微的	轻微的	中等的	重大的	灾难性的
		文字描述二	极低	低	中等	高	极高
		文字描述三 日常运行	不受影响	轻度影响	中度影响	严重影响	重大影响
		财务损失	较低的财务损失	轻微的财务损失	中等的财务损失	重大的财务损失	极大的财务损失
		企业声誉	负面消息在企业内部流传，企业声誉没有受损	负面消息在当地局部流传，企业声誉轻微损害	负面消息在某区域流传，企业声誉中等损害	负面消息在全国各地流传，对企业声誉造成重大损害	监管机构进行调查，公众关注，对企业声誉造成无法弥补的损害

（2）输出。输出结果是对各类风险的等级划分或是确定了重要性水平的、经分级的风险清单。

（3）过程。对风险发生可能性的高低和后果严重程度进行定性或定量评估后，依据评估结果绘制风险矩阵。绘制矩阵时，一个坐标轴表示结果等级，另一个坐标轴表示可能性等级。图9-4为一个风险矩阵示例，该矩阵带有6个结果等级和5个可能性等级。矩阵定义的风险等级与组织的决策规则和风险偏好紧密相关，如管理层关注度或应对所需的反应时间等。

可能性等级	E	4	3	2	1	1	1
	D	4	3	3	2	1	1
	C	5	4	3	2	2	1
	B	5	4	4	3	2	1
	A	5	5	4	3	2	2
		1	2	3	4	5	6
				结果等级			

图9-4 风险矩阵示例

第五节 企业风险分析工作表法

一、理论

依据对风险分析的说明与介绍，给出一个企业风险分析工作表。它既是对相关内容的总结和提炼，也为企业风险管理提供了一份切实可行的操作清单。

二、操作

通常企业可以采用企业风险分析工作表（见表9-7）来识别企业面临的风险。

表9-7 企业风险分析工作表

风险种类	项目即编号（可根据实际情况进行再细分和编号）	确认是否属于重点风险	步骤一：在风险识别的基础上，通过定性分析确认需要进行进一步衡量和评价的重点风险类别		步骤二：针对企业面临的重点风险，选择合适的计量技术对其进行量化衡量		步骤三：在量化分析的基础上，对重点风险进行评价和排序，为权衡应对策略提供可靠依据	
			可供选择的风险衡量技术		应用此种衡量技术的风险编号	可供选择的风险评价方法		最终风险排序的结果
人力资本	1. 死亡	是/否		传统概率分析			风险度评价法	
	2. 丧失工作能力	是/否					检查表法	
	3. 退休	是/否	概率技术	贝塔指标分析法			优良可劣评价法	
	4. 辞职和失业	是/否					单项评价法	
财产	5. 价值	是/否		在险值法			指标评价法	
	6. 权益	是/否					直方图评价法	
法律责任	7. 产品责任	是/否		其他概率技术			矩阵评价法	
	8. 环境污染责任	是/否						
	9. 员工伤害责任	是/否		敏感性分析				
	10. 市场风险	是/否		情景分析				
	11. 信用风险	是/否	非概率技术	压力测试			风险综合评价法	
法律责任	12. 流动性风险	是/否		设定基准				
	13. 操作风险	是/否						
	14. 法律风险	是/否		各种计分方法				
	15. 国家风险	是/否						
	16. 关联风险	是/否						
其他	其他特有风险	是/否		其他风险衡量技术			其他风险评价方法	
备注								

例如，物流企业通过风险分析调查表（见表9-8）识别企业可能面临的风险如表9-9所示。

表9-8 风险分析调查表

公司名称：w1物流公司	
部门：运输一部	
通信地址	电话
所收到的信息来自：计划部、调度、集装箱货车驾驶员、客户订单等	
信息接收者：运输一部风险管理主管	

(续)

这份调查表包括：	
基本情况1：部门情况、客户分布、线路优化	忠诚度表
基本情况表2：途经国家、报关、检疫、承运人	犯罪部分
基本情况表3：业务管理（交接、装卸、积载、铅封、通知）	公司运营中断表
货运站、堆场与位置表	公司运营中断损失
财物内容表	确定所需额外保险花费指南
火灾与保险单	运输表
公司现场玻璃	船只暴露表
电梯	索赔与损失表
锅炉与机械设备	关键人员福利表

表9-9 物流企业的风险分析工作表

①在风险识别基础上，通过定性分析确认需要进一步衡量和评价的重点风险类别			②针对企业面临的重点风险，选择合适的计量技术对其进行量化分析		③在量化分析的基础上，对重点风险进行评价和排序，为权衡应对策略提供依据		
风险种类	项目及编号	是否重点风险	可供选择的衡量技术		风险编号	可供选择的风险评价方法	最终风险排序
人力资本	死亡	是/否	概率技术	传统概率技术		风险度评价法 检查表法	
	丧失工作能力	是/否		贝塔指标分析法		优良可劣评价法 单项评价法	
	退休	是/否		在险值法			
	辞职和失业	是/否		其他概率技术			
财产	价值	是/否					
	权益	是/否					
法律责任	产品责任	是/否					
	环境污染责任	是/否					
	员工伤害责任	是/否	非概率技术	敏感性分析			
物流运作	仓储风险	是/否		情景分析			
	运输风险	是/否		压力测试			
	流动性风险	是/否		设定基准			
	报关与货代风险	是/否		各种计分方法			
	法律风险	是/否					
	配送风险	是/否					
	装卸搬运风险	是/否					

第六节 商业风险模型

一、理论

1995年，经济学家情报社联同安达信公司出版了一部介绍风险管理的著作《商业风险管理：一种整合的方法》。其提出了商业风险模型，为业界提供了一份通用的风险管理定义清单，有助于管理层对风险进行追踪和管理，并在业界广泛使用。

二、操作

商业风险模型将风险分为三大类：①环境风险，是指外部因素引起的，影响公司目标实现或使公司发生损失的风险；②流程风险，是指由于公司内部业务流程没有得到有效实施、资产未得到有效保护等因素而产生的风险；③决策信息风险，是指由于战略决策、经营决策和财务决策所使用的信息不恰当、不可靠或未被正确使用而产生的风险。在上述三大类风险的基础上，继续细分，可以得到更多的风险因素，它们共同构成了商业风险模型，具有较广的适用范围。最初的商业风险模型有 73 种细化风险。经过补充后的商业风险模型有 77 种细化风险，如表 9-10 所示。

表 9-10　商业风险模型

环境风险		
竞争对手、顾客需求、技术进步、敏感性、股东关系、资金、政治、法律、监管、行业、金融市场、灾害损失		
经营风险 顾客满意度 人力资源 产品开发 效率 生产能力 性能差距 周期 货源 渠道有效性 合作伙伴 陈旧/跌价 合规性 经营中断 产品/服务失败 环保 健康与安全 商标价值损失	授权风险 领导能力 权力/限制 外包 业绩激励 变化应对 沟通 信息处理/技术风险 相关性 系统整体性 接触途径 可获得性 基础设施 诚信风险 管理层舞弊 雇员/第三方舞弊 违法行为 未经授权的使用声誉	财务风险 价格 利率 货币 权益 商品 金融工具 流动性 现金流量 机会成本 集中 信用 违约 清偿 担保
决策信息风险		
经营决策 定价 合同承诺 考核（经营层） 一致性	财务决策 预算和计划 会计信息 财务报告评估 税务 养老金 投资评估 报告合规	战略决策 环境监控 经营种类组合 估价 组织结构 考核（战略层） 资源分配 计划 生命周期

例如，某物流企业借鉴商业风险模型，建立物流企业的风险模型，有效识别物流风险（见表9-11）。

表9-11　商业风险模型

环境风险		
竞争对手、客户需求、物流技术、敏感性、资金、政治、法律、监管、行业、灾害损失		
物流运营风险： 　客户满意度 　客户开发 　物流作业效率 　物流能力 　物流周期 　可得性 　渠道有效性 　合作伙伴 　标准化 　经营中断 　产品/服务失败 　健康、安全与环保 　信用损失 　货损货差率 　及时性 　作业质量	授权风险： 　领导能力：权力/限制 　外包 　业绩激励 　变化应对 　沟通 信息处理/技术风险： 　相关性 　系统整体性 　基础设施 诚信风险： 　管理层舞弊 　雇员/第三方舞弊 　违法行为 　未经授权的使用声誉	财务风险： 　物流仓储、运输费率 　资金利率 　使用货币 　流动性： 　现金流量 　机会成长 　信用 　违约 　清偿 　担保
决策信息风险		
经营决策： 　物流服务定价 　合同承诺 　考核 　一致性	财务决策： 　预算和计划 　会计信息 　财务报告评估 　税收与保险 　投资评估 　报告合规	战略决策： 　环境监控 　组织结构 　绩效考核 　资源分配 　物流计划 　生命周期

第七节　风险坐标图法

一、理论

风险坐标图（R-Map）法是由日本科学技术联盟于2004年开发的风险管理方法，是依据产品和服务的寿命周期，针对开发、设计、制造、销售、使用、报废等各个阶段的特点进行风险评估和召回预警的可视化工具。目前已广泛应用在风险管理的相关研究中。它将某一风险按发生的强度和频率建立坐标系，并将坐标系中的位置划分为三个风险值不同的区域，即强风险区、半强风险区和弱风险区。风险坐标图是把风险发生可能性的高低、风险发生后对目标的影响程度，作为两个维度绘制在同一个平面上（即绘制直角坐标系）。对风险发生可能性的高低、风险对目标影响程度的评估有定性、定量等方法。

二、操作

为了评估民办高校办学风险，设计民办高等学校办学风险强度与频度的调查表，对民办高校的管理者、教师、民办教育研究者等人开展问卷调查。其中，将民办高等学校办学风险强度及频度分别赋分，强度划分为无影响、轻微、中等、严重和灾难五个等级，即无影响（0）、轻微（1和2）、中等（3、4和5）、严重（6、7和8）、灾难（9和10）；对于发生频度，0代表不会发生，1和2代表极少发生，3和4代表很少发生，5和6代表偶尔发生，7和8代表有时发生，9和10代表频繁发生。

用 $E(r)\{x(r),y(r)\}$ 表示坐标系中的某一风险，经数据统计，将各方案层风险的影响程度与发生频度进行算术平均后，绘制到风险坐标系中（见图9-5）。其中，筹资风险（9.2，5.4）位于强风险区；市场竞争风险（1.9，9.2）、政策歧视风险（4.6，7.7）、政策执行风险（6.8，5.4）、生源减少风险（7.3，5.9）、教师队伍风险（7.1，5.2）、战略决策风险（9.3，3.6）、投资风险（9.3，3.5）、财务管理风险（9.2，

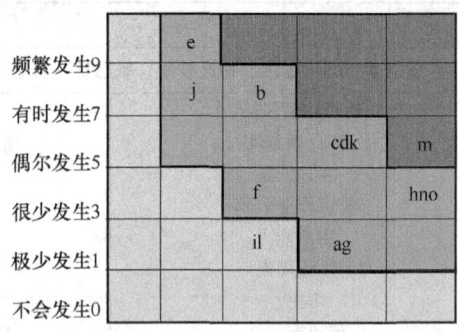

图9-5　民办高等学校办学风险等级分布图

注：a为政策变化风险；b为政策歧视风险；c为政策执行风险；d为生源减少风险；e为市场竞争风险；f为学生就业风险；g为办学定位风险；h为战略决策风险；i为治理结构风险；j为学生素质风险；k为教师队伍风险；l为教学条件风险；m为筹资风险；n为投资风险；o为财务管理风险。

3.4)、学生素质风险（2.8，8.1）、学生就业风险（3.7，4.1）、政策变化风险（8.3，2.7)、办学定位风险（8.3，2.7）位于半强风险区；治理结构风险（5.1，2.8）、教学条件风险（4.6，2.7）位于弱风险区。根据风险评分 $E(r) = x(r) \times y(r)$，各类风险的专家评分如表9-12所示。

表9-12　民办高等学校办学风险评分

方案风险	风险评分/分
政策变化风险	22.4
政策歧视风险	35.4
政策执行风险	36.7
生源减少风险	43.1
市场竞争风险	17.5
学生就业风险	15.2
办学定位风险	22.4
战略决策风险	33.5
治理结构风险	14.3
学生素质风险	22.7
教师队伍风险	37.0
教学条件风险	12.4
筹资风险	49.7
投资风险	32.6
财务管理风险	31.3

第八节 雷 达 图

一、理论

雷达图因其形状相似于气象学中的雷达而得名,可用于多变量的定量对比分析,能够通过图形的形式体现出各变量之间的数值关系并进行综合评价,具有形象、直观的特点。

二、操作

以工期风险、技术风险、质量风险、费用风险和安全风险为一级指标,建立公路工程施工项目风险管理评价的雷达图。将圆形等分为 5 等分,分别表示五个指标,对各个因素的影响指标值进行标准化处理,使其处于 0 到 1 之间的范围内。设定圆的半径为 1,圆心点为 0 点处,将经过标准化处理之后的各影响指标值分别标于对应的各半径线上,依次连接各指标值点,得到 5 个扇形区域,公路工程项目一级风险评价雷达图如图 9-6 所示。同理,以业主、设计方、分包方、承包方、技术控制、供应商、质量专员、项目预算、项目计量、安全专员、气象条件为二级指标,可得到二级风险评价雷达图,如图 9-7 所示,该图体现了各个二级指标因素对项目风险的影响。

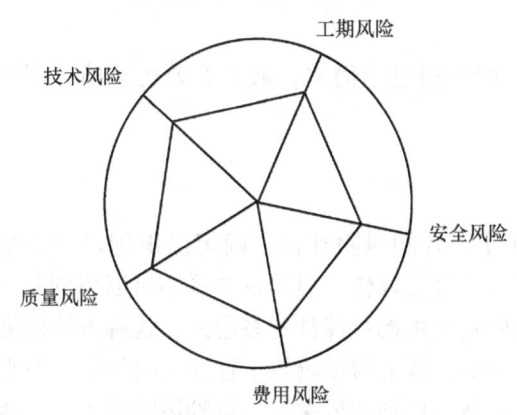
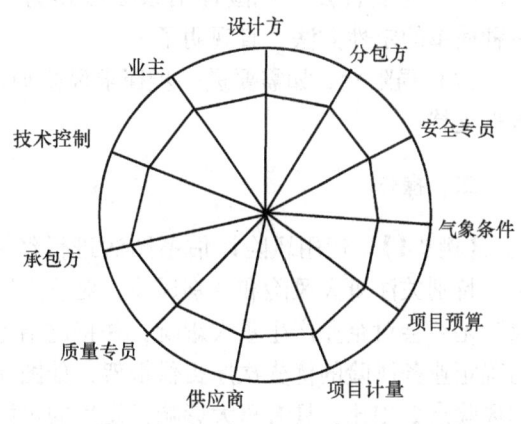

图 9-6　公路工程项目一级风险评价雷达图　　图 9-7　公路工程项目二级风险评价雷达图

引入雷达图的面积和每个扇形的半径为特征量。通过雷达图可以形象地表达出公路工程项目所面临的各个风险指标值以及项目的总体风险大小,雷达图的面积越大,表示项目所面临的风险越大。根据项目经验,可以在图中画一个同心圆,用其面积表示项目可接受风险的标准值,若某时间段内项目的风险值大于该标准值,则应当提高警惕,立即查明引起风险增大的原因,采取相对应的措施,降低风险值,使其在标准值以内,实现项目的动态风险控制。通过该图也可以实现项目的风险预控管理,有时虽然扇形区域面积总和在标准值以内,也就是项目总的风险值在可接受范围内,但是在雷达图中会存在某些指标值超出标准圆的半径,表明此时该指标风险值过大,应采取一定措施,对其进行风险预控。

第九节　风险评估系图法

一、理论

用以评估风险影响的常见的定性方法是制作风险评估系图。风险评估系图识别某一风险是否会对企业产生重大影响，并将此结论与风险发生的可能性联系起来，为确定企业风险的优先次序提供框架。横坐标反映风险发生的可能性，纵坐标反映风险发生后产生的影响程度。

（1）实施步骤。根据企业实际情况绘制风险评估系图（见图9-8）。与影响较小且发生的可能性较低的风险（图中的点2）相比，具有重大影响且发生的可能性较高的风险（图中的点1）更加需要关注。然后分析每种风险的重大程度及影响。

（2）适用范围。风险评估系图法适用于对风险初步的定性分析。

（3）主要优点。风险评估系图法作为一种简单的定性方法，直观明了。

（4）局限性。如需要进一步探求风险原因，则显得过于简单，缺乏有效的经验证明和数据支持。

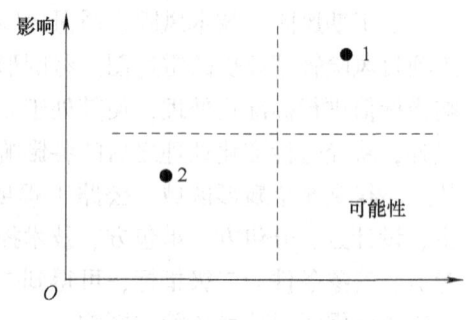

图9-8　风险评估系图

二、操作

【例9-1】　运用风险评估系图法进行经济责任审计的风险评估，确定已识别风险的层级，特别关注重大风险和特别风险，对重大错报风险进行评估。风险评估系图可以识别某一风险是否会对企业产生重大影响，并将此结论与风险发生的可能性联系起来，这种方法能够为确定业务风险的优先次序提供框架，如图9-8所示，点1与影响较小且发生的可能性较低的风险点2相比，具有重大影响且发生的可能性较高，更加需要关注。每种风险的重要性程度及影响会因企业结构的不同而有所差别。

【例9-2】　运用风险评估系图法比较企业不同种类的税务风险，需要准确计算每一种税务风险所对应的可能性。在图9-8中，横轴代表每一种税务风险的可能性，纵轴代表各种税务风险对公司的影响程度的大小。点1的税务风险可能性大且影响大，故点1就是公司所面对的主要税务风险。

第十节　概率影响图

一、理论

概率影响图是影响图的一种特殊形式，它将概率论和影响图理论相结合，专门处理随机事件间的相互关系，对随机事件进行概率推理，并在推理过程中对事件发生的概率及其依赖与其他事件的发生概率做出完整的概率评估。

二、操作

本部分是基于概率影响图的项目期权评价的风险评估。

1. 项目期权评价的风险来源分析

一般来说，在对一个系统进行风险分析时，通常将最不希望发生的风险事件作为目标事件。"项目期权评价存在风险"是目标事件，通过对投资项目实物期权扩展评价模型的系统分析，结合已有研究成果，将影响期权价值实现的风险指标概括为三大类，如图9-9所示。

2. 构建概率影响图评价模型

概率影响图评价模型的构建是系统风险评估的关键，通常人们在心理上更容易接受按因果关系构造影响图，但这种方法容易产生由于数据无法判断而引起的偏差。因此，选择目标定向的方法构造影响图。按照目标定向的思路，将图9-9中的风险指标转化为风险影响图。需要注意的是，各指标并不是独立存在的，它们之间也或多或少地存在关系。通过对项目期权价值实现的过程进行系统分析，最终确定指标间的相互影响关系，如图9-10所示。

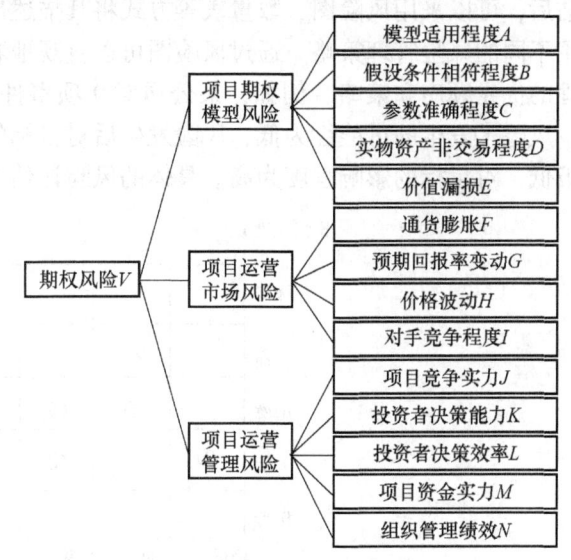

图9-9 项目期权评价的风险指标

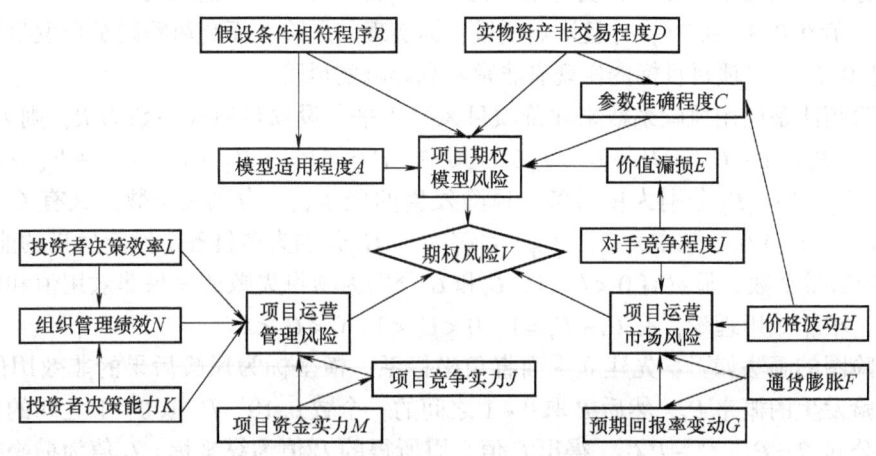

图9-10 项目期权评价的概率影响图

第十一节 等风险图法

一、理论

对于发生可能性较小、对目标实现的影响也不大的事件，管理者并不需要花费太多的时间进行考虑。而发生可能性大、影响严重的事件，管理者需慎重应对。在这两个极端之间，往往需要管理者理性、谨慎地分析和判断。对事件发生的可能性及影响程度进行定性或定量评估后，可以采用风险图、数量表等方式将其描述出来，以利于管理者针对不同的风险类型采用不同的风险管理策略。通过风险图可以直观地看出各类财务风险的大小，从而确定风险管理的优先顺序和策略。例如，某公司对 9 项事件发生的可能性和影响程度进行了定性评估，风险①发生的可能性为低，风险发生后对目标的影响程度为极低；风险⑨发生的可能性为极低，对目标的影响程度为高。具体的风险评估结果如图 9-11 所示。

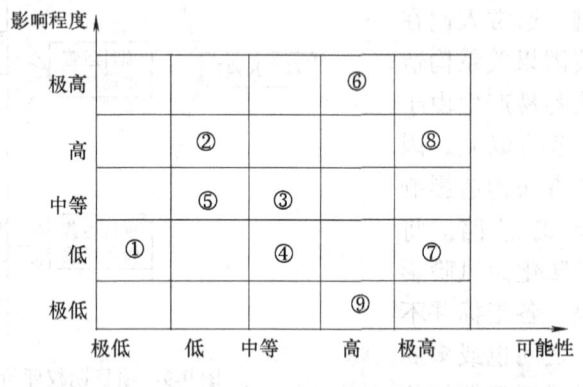

图 9-11　风险评估结果

等风险图法是一种较新的项目风险管理的定量分析方法。等风险图法包括两个因素：失败的概率和失败的后果。这种方法把已识别的风险分为高、中、低三类，其中，低风险是指对项目目标仅有轻微不利影响，发生概率也小（一般小于 0.3）的风险；中风险是指发生概率较大（一般在 0.3~0.7），并且影响项目目标实现的风险；而高风险则是指发生概率很大（一般大于 0.7），对项目目标的实现有非常不利影响的风险。

等风险图法是应用风险系数来评价项目风险水平。设项目风险系数为 R，则 $R = 1 - P_S C_S = 1 - (1 - P_f)(1 - C_t) = P_f + C_f - P_f C_f$，其中，$P_f = (P_{f1} + P_{f2} + P_{f3} + \cdots + P_{fn})/n$。式中，$P_{f1}, P_{f2}, P_{f3}, \cdots, P_{fn}$ 分别为项目各个风险发生的概率；n 为风险个数。又有 $C_f = (C_{f1} + C_{f2} + C_{f3} + \cdots + C_{fn})/n$。式中，$C_{f1}, C_{f2}, C_{f3}, \cdots, C_{fn}$ 分别为项目各个风险后果的非效用值；n 是风险的后果个数。显然有 $0 < R < 1$，C_f 和 C_s 分别为项目失败的后果非效用值和成功的后果效用值，根据效用理论，有 $C_f + C_s = 1$，$0 < C_s < 1$，$0 < C_f < 1$。

等风险图的画法如下：先建立平面直角坐标系，横坐标为风险后果的非效用值 C_f，纵坐标为风险发生的概率 P_f，然后 R 取 0~1 之间的一个数 0.10，P_f 取 0~1 之间的任意一个数，根据公式 $R = P_f + C_f - P_f C_f$，得出 C_f 值，以所得的 P_f 值为纵坐标，C_f 值为横坐标，确定一个坐标点，当 P_f 取 0~1 之间的多个值时，相应得出多个 C_f 值，进而得出多个坐标点，把这些点连接起来,就会得到一条曲线。R再分别取 0.20、0.30、0.40、0.50、0.60、0.70、0.80、0.90、0.95 和 0.98 这 10 个值时,根据前面叙述方法,即可得到 10 条曲线,从而就可以得到等风险图(见图 9-12)。

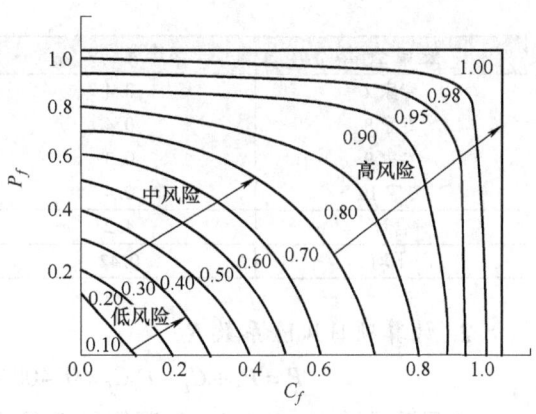

图 9-12　等风险图

二、操作

本部分用等风险图法评价工程项目风险。有一个商品房住宅小区项目,该项目能否按时建成并收回投资受很多不确定风险因素影响。其中主要风险有费用风险、工期风险、质量风险、组织风险和技术风险。风险带来的后果有总投资超支、进度拖延、质量缺陷。

1. 对专家问卷调查的结果统计

(1) 主要风险发生的概率。从表 9-13 可知,$P_{f1}=0.71$,$P_{f2}=0.57$,$P_{f3}=0.42$,$P_{f4}=0.19$,$P_{f5}=0.15$。则可求得 $P_f=0.408$。

表 9-13　专家对主要风险发生概率打分汇总表

被调查者	费用风险 P_{f1}	工期风险 P_{f2}	质量风险 P_{f3}	组织风险 P_{f4}	技术风险 P_{f5}
专家 1	0.7	0.6	0.4	0.3	0.1
专家 2	0.8	0.5	0.5	0.1	0.1
专家 3	0.7	0.7	0.7	0.2	0.2
专家 4	0.7	0.5	0.2	0.4	0.2
专家 5	0.8	0.6	0.4	0.1	0.1
专家 6	0.6	0.5	0.3	0.1	0.2
专家 7	0.7	0.7	0.5	0.1	0.3
专家 8	0.8	0.6	0.4	0.3	0.1
专家 9	0.6	0.6	0.4	0.1	0.1
专家 10	0.7	0.4	0.4	0.2	0.1
合计	7.1	5.7	4.2	1.9	1.5
平均	0.71	0.57	0.42	0.19	0.15

(2) 风险对项目造成的后果。从表 9-14 可知,$C_{f1}=0.42$,$C_{f2}=0.33$,$C_{f3}=0.24$。则可求得 $C_f=0.33$。

表 9-14　专家对风险后果打分汇总表

被调查者	总投资超支 C_{f1}	进度拖延 C_{f2}	质量缺陷 C_{f3}
专家 1	0.4	0.3	0.1
专家 2	0.3	0.6	0.6
专家 3	0.5	0.1	0.2
专家 4	0.2	0.3	0.2
专家 5	0.7	0.2	0.4
专家 6	0.6	0.2	0.1

(续)

被调查者	总投资超支 C_{f1}	进度拖延 C_{f2}	质量缺陷 C_{f3}
专家7	0.4	0.3	0.2
专家8	0.4	0.8	0.3
专家9	0.3	0.3	0.2
专家10	0.4	0.2	0.1
合计	4.2	3.3	2.4
平均	0.42	0.33	0.24

2. 计算项目风险系数 R

$$R = P_f + C_f - P_f C_f = 0.408 + 0.33 - 0.408 \times 0.33 = 0.603$$

由风险系数 $R = 0.603$，对照等风险图可知，0.603 在中风险曲线 0.60~0.70 之间，所以该工程项目应按中风险项目进行严格管理和跟踪。

第十二节 耗散结构

一、理论

耗散结构是指一个远离平衡态的开放系统，通过不断地与外界交换物质能量和信息，在外界条件变化达到某一特定阈值时，通过涨落发生突变，使系统从原有的无序的混乱状态转变为一种在时间、空间或功能上新的有序状态。耗散结构承认熵总是在不断增加，但整个世界是处在一个开放的环境下，任何系统都会和外界环境进行物质和能量交换，因此，熵的变化还要受到外部环境的影响。它认为，总熵变 ds 是由两个部分构成的：$ds = d_e s + d_i s$。其中，$d_e s$ 称为熵流，是由体系与环境之间交换物质能量和信息引起的，它的正负是由开放体系的性质条件不同决定的。而 $d_i s$ 称为熵产生，是由体系内部自发的不可逆过程产生的，它永远不会为负值，即 $d_i s \geq 0$。系统内外的熵交换范式如图 9-13 所示。当内部发生可逆变化时，$d_i s = 0$；当内部自发不可逆变化时，$d_i s > 0$。因此，当系统从外部引入负熵流 $d_e s$ 时，就可以抵消内部熵 $d_i s$ 的增加，从而避免无序状态发生甚至到达新的有序状态。

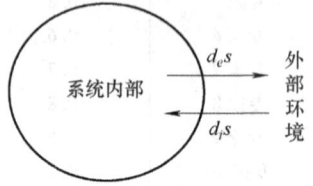

图 9-13 系统内外的熵交换

二、操作

本部分利用耗散结构进行财务风险评估。

1. 耗散结构理论在财务风险中的运用[一]

耗散结构理论在各个领域都得到了广泛的运用。目前，经济领域根据耗散结构提出的熵理论，引入了信息熵与管理熵的概念。信息熵用来表示系统信息量的大小，系统不确定性程度高其所包含的信息量就少。管理熵是在企业管理系统中，管理信息流在各个管理对象发生

[一] 张友棠，洪荭. 基于耗散结构的企业三维财务风险机理研究 [J]. 财会通讯，2010 (2).

的阻力、紊流、无序及损失。同时，耗散结构的系统发展观也被运用到企业管理和区域经济理论的研究之中。企业系统是一个耗散结构体，企业的生存与发展要遵循开放非平衡的原则，积极从外部引入先进的技术和思想，在业务经营上体现重点，采用差别化、层次化的人力资源管理，适时地改革创新实现企业质的飞跃。在企业的兼并与重组上同样要做好协调工作，避免企业在重新组合后无序状态的上升。因此，耗散结构理论在许多学科中的应用及其科学方法论的启示已成为不可否认的事实，它对财务风险管理的研究也有很大的意义。

企业财务风险是指在各项财务活动过程中，由于各种难以预料或控制的因素影响，财务状况具有不确定性，使企业有蒙受损失的可能。企业财务是一个开放的非平衡系统，存在着非线性的涨落，它满足耗散结构的形成条件，是一个耗散结构体。企业财务的正常经营状态是该耗散结构体处于有序状态的表现，在其生存和发展过程中，不可避免地会受到来自内部和外部各种不利因素的影响，可能威胁到企业财务的正常活动，降低企业财务的运行效率，甚至使企业财务失去部分或全部功能，发生企业财务风险。因此，企业财务风险是企业财务系统从有序状态最终发展到无序状态的表现形式。而耗散结构理论的系统发展观主要探讨的是耗散结构系统如何从无序走向有序的过程，因而，运用耗散结构理论研究企业财务风险的形成机理具有可行性。

2. 企业财务系统的耗散结构分析

（1）企业财务系统是一个开放系统。企业系统是一个包含大量元素的开放系统。在市场经济条件下的每个企业都是一个开放系统，不断地与外界环境进行物质、能量和信息交换。对于一个企业而言，最基本的就是"投入—产出"，一方面是原材料的购进，能源的持续输入，另一方面是通过加工后形成产品，在市场上尽快地销售以使资金很快回收。这是企业和外界环境之间物质能量的交换。在企业系统与外界环境进行物质、能量和信息交换的同时，必然伴随着财务信息的输入与输出。因此，企业财务系统作为企业系统的一个核心子系统，同样也是一个开放系统。

（2）财务系统处于远离平衡状态。企业的财务系统涉及许多不同的利益相关者，这些利益相关者由于各自所拥有的资源不同、信息不同，因而对企业有不同的期望。由于这些利益相关者力量对比的不同，企业的财务系统在一定的时间和空间条件下，只能满足个别的利益相关者的要求，而且程度也是不同的，不可能达到满足所有利益相关者期望的平衡状态。因此，财务系统永远都是处于利益相关者利益冲突中的非平衡态。

（3）财务系统中存在着非线性作用机制。企业的筹资、投资和股利分配决策都不是孤立的，它们之间是相互联系、相互制约的，通过相互之间的耦合显示出整合效应，而不仅仅是简单的线性叠加，保证了企业目标和财务目标的实现。从财务关系来看，财务系统的利益相关者之间也存在着非线性相互作用。财务系统能否实现既定目标，取决于其利益相关者之间的博弈。在这种博弈中，利益相关者既相互联系又相互制约，显示出一种整合效应，决定着企业财务的目标、政策与策略。财务系统中的这种内部各要素之间的非线性作用机制正是财务耗散结构形成的内在机理。

（4）财务活动存在有规律的波动和无规律的随机扰动。企业发展呈现一定的规律性，与此相适应，企业的财务活动也呈现出有规律的波动。这种有规律的波动表面看起来是一种良好的现象，但时间长了，企业就会墨守成规，失去创新的动力，抑制企业发展。所以，财务系统出现无规律的随机扰动反而是一件好事。这种无规律的随机扰动可能是企业管理创新所引起的，也可能是由技术变革所引起的。不管怎样，都会使企业财务系统脱离原来的状态或运行轨道，而且如果创新或变革的影响通过财务系统的内部机制被逐渐反馈放大，就会形成一种"巨涨落"，使企业财务系统的结构发生质的改变，从僵死的平衡跃迁到一种新的有序状态，也即耗散结构的出现。

3. 企业三维财务风险机理分析

（1）界壳论视角下的企业财务系统三维结构特性。将界壳论思想引入耗散结构理论中，从而为企业三维财务风险找到了理论基石。界壳论认为系统是由若干相互作用的部分组成的复合体，与系统相邻并与之依附的部分称为环境或者外界，分隔系统与环境的部分称为系统的周界。无论从系统向环境，或是从环境向系统的物质、能量、信息的传输，都必须经过这一周界。如果系统的周界具有卫护系统生存发展和促进系统与环境间物质、能量、信息交换的作用，则这样的周界称之为界壳。从结构上讲，界壳由界壁（W）和界门或通道（P）组成。界壁起着卫护系统和环境的生存与发展的作用，或者说限制系统内和环境间物质、能量的任意交换，保持系统的相对稳定性；界门（P）是指系统和环境间物质、能量和信息的交换通道。界壳结构如图9-14所示。企业利益相关者是指那些向企业贡献了专用性物质资本、人力资本、市场资本或社会公共资本的组织或个人，如股东、经营者、债权人、员工、政府、社区等。利益相关者是企业生存和发展的基本保障，具备了成为企业界壳的基本特性：①利益相关者具备界壳的普遍性。利益相关者存在于企业系统中，是企业系统不可缺少的组成部分，只要企业存在，利益相关者就一定存在。②利益相关者具备界壳的空间特性。利益相关者位于企业系统的周界，是与外部环境邻接的系统外围部分，处于系统的特殊位置上，这就决定了它的特殊性。③利益相关者具备界壳的约束性。由于利益相关者的存在，不管由外部环境到企业系统或是由企业系统到外部环境都必须经过利益相关者这一界壳，通过利益相关者来卫护企业系统。外部环境并不直接影响企业财务状况，而是通过影响利益相关者，进而影响企业的经营状况，最终导致企业的财务状况出现周期性波动。④利益相关者具备界壳的中介性。企业财务系统与外界物质、能量和信息的交换都要通过利益相关者才能实现，这就使利益相关者具有了界壳的中介性。因此，利益相关者满足系统界壳的形成条件，是一个企业财务系统的界壳。根据耗散结构和界壳论的分析，企业财务系统是一个包括系统内部、系统外部环境以及利益相关者（界壳）的三维结构（见图9-15）。

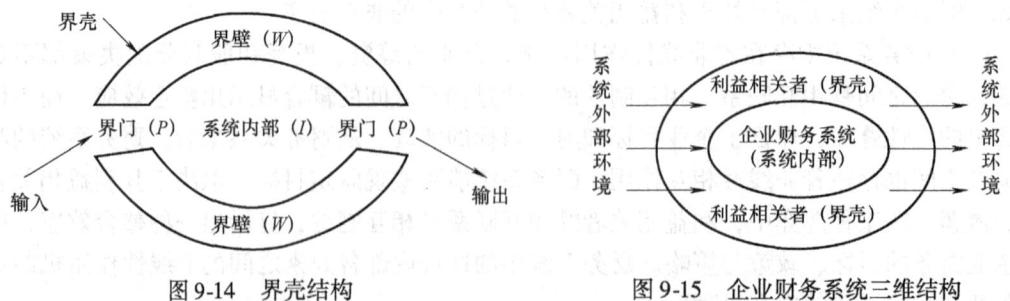

图9-14　界壳结构　　　　　　图9-15　企业财务系统三维结构

（2）企业三维财务风险的形成机理。既然企业财务是一个三维结构系统，那么企业财务风险因素就具有三维特性（见图9-16）：①企业内在的脆弱性导致内部熵增加是企业财务风险的根源。在任何系统的内部，能量始终在不断退化，无效能量逐渐增大，即熵总是朝着增大的方向运行（$d_i s \geq 0$），系统混沌状态不断上升。因此，内部熵的增加是系统最终走向

无序状态的根源。在企业财务系统中，内部熵的增加主要是由企业内在的脆弱性引起的，这种企业内在缺陷是伴随着企业的产生而产生的，并不能依靠自身的发展完全消除，而只能暂时利用良好的经营业绩来掩盖，而且外界的一切因素也都只是激化这种内在的脆弱性，通过其放大显现而最终导致企业财务危机。因此，企业内在的脆弱性是企业财务风险发生的根源。②企业外部环境的不确定性引入正熵流是企业财务风险的外部条件。从耗散结构理论可知，当系统处于开放的非平衡态时，可以从外部引入熵流 $d_e s$ 抵消内部熵 $d_i s$ 的增加，$d_e s$ 可以为正也可以为负，因此能使系统无序状态显现出来，即 $ds = d_e s + d_i s > 0$，有两种可能：第一种是当 $d_e s \geq 0$ 时，反而会加速系统的无序；第二种是当 $d_e s \leq 0$ 时，若 $|d_e s| > d_i s$，便可以抵消内部熵的增加，但能否避免系统的无序就只取决于它相对内部熵增加的大小，如果负熵流不够大，不能完全抵消内部熵的增加，这样就只能减缓系统走向无序的速度。无论从外部环境引入的是正熵流还是不足的负熵流，随着时间的推移，都会渐渐通过激化固有的企业财务内在脆弱性，使企业财务风险显现出来。③利益相关者作为企业财务系统的界壳，不能有效地限制系统内和环境间物质、能量的任意交换，导致外部环境正熵流的大量流入，加速了财务系统的不确定性；或者未能积极促进系统和环境间物质、能量和信息的交换，导致外界引入的负熵流不足以抵消内部熵的增加。利益相关者决定着外部环境对系统内部的影响程度，即熵流的大小。企业和利益相关者的冲突性导致了利益相关者界壳功能的降低，加剧了企业财务状况的无序化。企业只有达到与客户利益上的共鸣和协同，才能赢得利益相关者的信赖，也才能有效抵御外部环境变迁所带来的企业财务危机。否则，当外部环境恶化，系统外部产生正熵流，就会导致供应商原材料的价格上涨，顾客的购买能力下降，投资者的投资意愿低迷，债权人的贷款利率和政府的税率上调；或者，当外部环境良好时，由于利益相关者和企业间的利益冲突，减少了这种负熵流的流入，影响到企业内部经营状况，最终导致财务风险的产生。因此，企业财务系统内部的熵增加是由于企业内部脆弱性引起的，企业财务系统外部的熵流是由企业外部环境的不确定性决定的，最后，利益相关者在企业财务风险中起到关键作用。企业与利益相关者之间的利益冲突性，导致了利益相关者界壳功能的降低，加速了财务系统的不确定性。根据企业财务风险形成的机理，将企业内部脆弱性引起的财务风险定义为财务资源配置风险，把企业外部环境的不确定性引起的财务风险定义为财务环境适应风险，把企业利益相关者冲突性引起的财务风险定义为财务利益协同风险。当然，导致企业财务风险的三个因素和企业财务风险的三个维度之间并不具有直接相关性，它们之间相互影响，共同作用于企业的三维财务风险（见图9-17）。

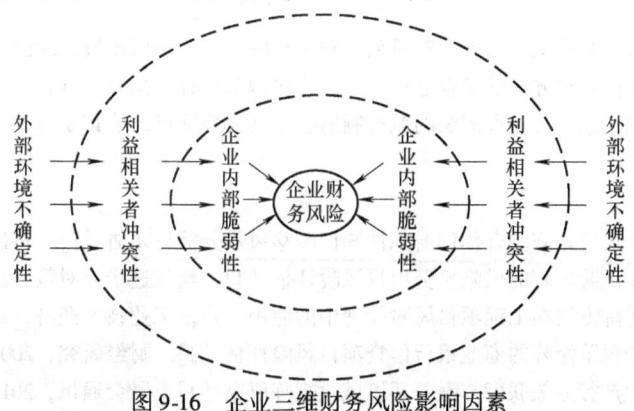

图 9-16　企业三维财务风险影响因素

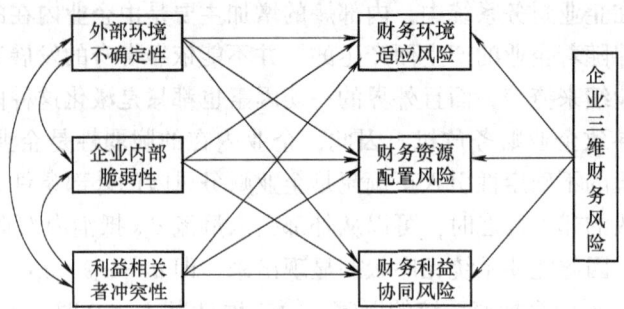

图 9-17 企业三维财务风险形成机理

补充阅读文献

1. 直方图评价法文献

[1] 严抄宁. 基于直方图的供应商质量供应能力评价 [J]. 机械设计与制造工程, 2013 (4).

[2] 黄崇福, 等. 模糊直方图的概念及其在自然灾害风险分析中的应用 [J]. 工程数学学报, 2000 (5).

[3] 乔舰, 等. 右删失数据风险函数直方图估计 [J]. 统计与信息论坛, 2015 (1).

[4] 曹志成. 我国保险集团的风险管理与控制研究——基于AIG危机的分析 [D]. 成都: 西南财经大学, 2011.

[5] 郝忠焰. 我国企业现阶段财务风险的识别及防范 [D]. 北京: 对外经济贸易大学, 2006.

[6] 裴偲. G公司财务管理风险预警研究 [D]. 北京: 北京化工大学, 2010.

[7] 乔舰. 基于极大似然估计的右删失数据风险函数直方图估计 [J]. 廊坊师范学院学报: 自然科学版, 2016 (3).

2. 矩阵评价法文献

[1] 杨继君, 等. 基层社会稳定风险评估方法创新及其应用——基于风险矩阵图法的视角 [J]. 桂海论丛, 2014 (9).

[2] 郭章林, 等. 基于风险分析的城市燃气管道安全评价 [J]. 河北工程大学学报: 自然科学版, 2010 (6).

3. 流程图分析法文献

[1] 史伟民, 钟宇光, 贾同生. 内部控制风险审计测评的流程图运用 [J]. 财会月刊, 2013 (7).

[2] 李婵, 张文德. 基于流程图分析法的高校数字图书馆知识产权风险识别 [J]. 图书馆学研究, 2010 (8).

[3] 林芳竹. 基于模糊控制系统的海外投资风险控制流程图 [J]. 中国投资, 2012 (12).

[4] 高跃. 现代企业风险管理方法的综合运用 [J]. 中国内部审计, 2007 (11).

[5] 唐张伟. 基于头脑风暴法与流程图法的航空制造企业某改装项目风险识别 [J]. 江苏科技信息, 2014 (12).

4. 风险矩阵文献

[1] 苏世彬, 等. 基于风险矩阵的合作创新隐性知识转移风险分析与评估 [J]. 科研管理, 2007 (3).

[2] 党兴华, 等. 基于风险矩阵的风险投资项目风险评估 [J]. 科技进步与对策, 2006 (1).

[3] 常虹, 等. 风险矩阵方法在工程项目风险管理中的应用 [J]. 工业技术经济, 2007 (11).

[4] 刘国靖, 等. 基于风险矩阵的商业银行信贷项目风险评估 [J]. 财经研究, 2004 (2).

[5] 李玉纳, 等. 房地产行业关联度与财务环境风险矩阵研究 [J]. 财会通讯, 2016 (6).

第九章 图形类风险评估方法

[6] 周善葆，等．风险评估在人民银行综合执法检查中的实践——基于风险矩阵的运用［J］．区域金融研究，2016（6）．
[7] 李玉纳，等．产业关联效应及其波及效应的风险矩阵研究［J］．财会月刊，2016（5）．

5. 企业风险分析工作表法文献

[1] 廖庆新．企业信息安全风险评估的框架研究［D］．上海：同济大学，2005．
[2] 马俊生，等．面向东盟的企业物流风险管理——以云南第三方物流企业为对象［J］．物流技术，2010（2）．
[3] 任昕．保险行业软件开发项目管理研究［D］．北京：对外经济贸易大学，2004．
[4] 高超群．国内外海外施工项目的风险管理［D］．北京：北京邮电大学，2009．

6. 商业风险模型文献

[1] 杨庆，等．信息技术风险及其管理［J］．合肥工业大学学报：自然科学版，2003（12）．
[2] 熊美萍．连锁经营的物流联盟研究［D］．南昌：江西财经大学，2006（10）．
[3] 李红星．我国石油企业境外经营规模发展期风险防范对策研究［D］．北京：首都经济贸易大学，2014．

7. 风险坐标图法文献

[1] 俞新辉．风险导向内部控制评审的具体运用——广东省机场集团风险导向内控评审实践［J］．审计月刊，2010（12）．
[2] 松本浩．风险管理中风险坐标图（R-Map）的应用［J］．中国质量，2010（9）．
[3] 王旭．基于层次分析（AHP）和风险坐标图（R-Map）的民办高等学校办学风险评价［J］．当代教育论坛，2013（5）．
[4] 周世平，等．基于风险坐标图的物流服务供应链国际货代风险分析［C］∥第24界中国控制与决策会议论文集，2012．
[5] 智浩．基于风险坐标图的风险识别与评估探究——以中国海油钻井作业风险为例［J］．国际商务财会，2013（11）．
[6] 许伟．应用风险坐标图分析石油钻井施工作业风险源方法研究［J］．北京石油管理干部学院学报，2012（4）．

8. 雷达图文献

[1] 王强．"银行风险雷达图"在我国商业银行风险监测中的应用［J］．上海金融，2000（5）．
[2] 金晓燕．风险雷达图与熵值法结合的商业银行风险评价研究［J］．统计与决策，2010（22）．
[3] 杨玉荣．论雷达图在并购风险综合评价中的应用［J］．时代经贸，2008（4）．
[4] 雷声，等．基于雷达图法的公路工程项目风险评价［J］．黑龙江科技信息，2016（6）．

9. 风险评估系图法文献

[1] 戴理大．风险导向审计在经济责任审计实务中的应用［J］．中国内部审计，2010（9）．
[2] 钱孝莲．如何防范与控制集团企业税务风险［J］．会计师，2014（22）．
[3] 唐瑾，等．内部审计对组织价值增值作用研究［J］．中国内部审计，2014（11）．
[4] 斯文．关于完善我国场外衍生品风险管理机制的思考［J］．北京市经济管理干部学院学报，2011（4）．

10. 概率影响图文献

[1] 赵飞，等．基于概率影响图的空降地域选择风险评估研究［J］．信息工程大学学报，2016（2）．
[2] 王华，等．基于概率影响图的项目期权风险分析［J］．沈阳工业大学学报：社会科学版，2012（12）．
[3] 杨潮兴，等．基于概率影响图的R&D项目风险传导评估模型［J］．中国安全科学学报，2011（1）．
[4] 路梅，等．基于概率影响图的IT项目风险评估方法研究［J］．湖北农业科学，2010（2）．

[5] 王细娥, 等. 基于概率影响的软件体系结构的安全风险分析 [J]. 计算机应用研究, 2009 (5).

11. 等风险图文献

[1] 徐阳, 等. 等风险图法在工程项目风险评价中的应用 [J]. 西南大学学报：自然科学版, 2007 (1).

[2] 时伟, 等. 基于等风险图和模糊综合评价法的投标报价风险分析 [J]. 建筑管理现代化, 2009 (2).

[3] 张静. 等风险图法在矿业项目风险管理中的应用 [J]. 中国煤炭, 2005 (3).

12. 耗散结构文献

[1] 禹玉泽. 基于耗散结构理论的企业财务风险控制对策 [J]. 财经界, 2014 (4).

[2] 章振东. 基于耗散结构的企业财务风险控制对策 [J]. 财会研究, 2014 (2).

[3] 叶进, 王灵凤, 邹驯智. 运用耗散结构理论提升政府社会风险管理水平 [J]. 甘肃社会科学, 2008 (1).

[4] 叶进, 畅广. 强化社会风险管理的一个新视角：耗散结构效应 [J]. 理论导刊, 2008 (1).

[5] 陶凯, 等. 建筑节能改造项目风险共担耗散结构演化机理 [J]. 吉首大学学报：自然科学版, 2016 (5).

练 习 题

1. 选取企业某个内部控制程序，画出其流程图，并标注各个主要的风险控制点，分析每个步骤可能存在的风险。

2. 采用雷达图表示产品 A 和产品 B 的 6 项性能。原始数据见表 9-15。利用 Excel 软件，插入→图表→其他图表→雷达图，画出两个产品性能的雷达图。

表 9-15　产品 A 和产品 B 的 6 项性能数据

产 品	性能1	性能2	性能3	性能4	性能5	性能6
产品 A	1	5	6	3	9	1
产品 B	2	4	3	9	1	8

第十章

财务分析类风险评估方法

本章将介绍 7 种财务分析类风险评估方法：财务指标评价法、Z 判别分析法、F 计分模型分析法、杜邦分析法、相对流动性程度模型、沃尔评分法、资本资产定价模型。

第一节 财务指标评价法

一、理论

财务指标评价法是指通过选择企业的某些财务风险评价指标与性质相同的指标评价标准进行比较，给出评价，最终通过财务风险评价矩阵来分析企业财务风险的大小并进行排序的方法。通常所选用的风险评价指标是财务指标，如评价流动能力、营运能力、偿债能力、盈利能力等的指标（见表 10-1）。通过分析上述指标，再结合企业所属行业的性质、在行业中的地位和所占市场份额，综合评估企业的财务风险水平。

表 10-1 企业风险评价矩阵

评价 指标	很好	较好	正常	较差	很差
财务方面					
1. 流动能力					
2. 营运能力					
3. 偿债能力					
4. 盈利能力					
⋮					
非财务方面					
1. 顾客满意程度					
2. 内部运作能力					
3. 自身发展能力					
⋮					

二、操作

财务指标评价法可以借鉴平衡计分卡，将评价企业风险的指标分为财务指标方面与非财务指标方面，从多个角度去分析和评价企业的财务风险。财务风险的指标评价法比较简单而且实用，涵盖了企业的财务和非财务指标，而且可以根据企业自身情况随时更换指标和权重。但是其评价的过程难免带有主观成分，权重的设置也要谨慎。总体来说，财务指标评价法不失为一种实用的财务风险评价方法。

第二节 Z 判别分析法

一、理论

判别分析可以根据已知类别事物的性质建立判别函数，然后通过该函数对未知类别的新事物进行类别判断。1968 年，爱德华·阿特曼（Edward Altman）运用多变量分析（Multiple Discriminant Analysis，MDA）技术，选取了五个变量组，建立了 Z 计分模型以评估公司财务风险。该模型是：$Z = 1.2 X_1 + 1.4 X_2 + 3.3 X_3 + 0.6 X_4 + X_5$。式中，$X_1$ = 营运资本/总资产；X_2 = 留存收益/总资产；X_3 = 息税前利润/总资产；X_4 = 股东权益的市场价值/负债的账面总额；X_5 = 销售额/总资产。Z 计分模型从企业的资产规模、盈利能力、财务结构、偿债能力、资产利用效率等方面综合反映了企业财务状况，进一步推动了财务预警的发展。通过对 Z 计分模型的研究分析得出 Z 值越大说明公司财务风险越小、财务状况越好；反之，Z 值越小说明公司财务状况越差。爱德华·阿特曼还提出了判断企业破产的临界值（见表 10-2）：Z 小于 1.81 时，企业面临很大的破产危机；Z 在 1.81 和 2.675 之间时，企业存在一定的财务危机，财务状况极不稳定；Z 处于 2.675 和 3 之间时，从预测破产的角度讲，企业可能是安全的，但是处于灰色区域之中；Z 大于 3 时，企业财务状况良好，破产可能性极小。

表 10-2 Z 值的含义

Z 值	短期出现破产的概率
1.81 以下	很可能正在走向破产。很难指望 Z 值在 1.81 以下的企业能恢复过来
1.81~2.675	可能在两年内破产。企业处于灰色区域，要幸存必须采取较大的变革措施
2.675~3.0	从预测破产的角度来讲，企业可能是安全的，但处于灰色区域之中
3.0 及以上	从财务数据来判断，该企业的运营是安全的。当然，管理失误、欺诈、经济下滑以及其他因素都可能造成难以预见的问题

二、操作

A 上市公司由于 2003 年、2004 年连续两年亏损被列为 ST 公司[①]。为了及早地发现和控制财务风险，避免财务状况进一步恶化成为 *ST 公司，该公司建立行之有效的财务预警系统以加强风险管理已成为当务之急。下面以该公司 2001~2006 年连续 6 年的年报数据为基础对 Z 判别分析法进行模型有效性应用。该公司普通股股票面值为 1 元/股，2001 年 12 月 31 日股票市价为 9.69 元/股，2002 年 12 月 31 日为 7.3 元/股，2003 年 12 月 31 日为 5.08 元/股，2004 年 12 月 31 日为 2.61 元/股，2005 年 12 月 31 日为 2.45 元/股，2006 年 12 月

[①] ST（Special Treatment）为"特别处理"。ST 为公司经营连续两年亏损，特别处理；*ST 为公司经营连续三年亏损，退市预警。

31日为2.72元/股。运用Z计分模型对该公司2001~2006年的相关数据进行计算，得出六年的Z值（见表10-3）。由表10-4可知，2001年Z值远大于临界值3，说明该公司2001年财务状况良好，没有破产风险；2002~2006年的Z值均小于临界值1.81，并呈逐年下降趋势，说明该公司在这五年财务状况不断恶化，出现财务危机，具有破产风险；同时这也为该公司2005年成为ST公司起了很好的警示作用。

表10-3 A上市公司六年Z值的计算

指标项目	2001年	2002年	2003年	2004年	2005年	2006年
X_1	0.116 4	0.074 1	0.138 5	-0.177 3	-0.186 3	-0.285 5
X_2	41.47	0.041 8	-0.103 4	-0.527 4	-0.610 1	-0.673 2
X_3	0.056 8	0.028 0	-0.131 2	-0.361 2	0.039 6	0.082 0
X_4	0.207 8	1.525 2	1.017 1	0.487 2	0.535 3	0.832 3
X_5	0.207 8	0.270 0	0.193 2	0.400 9	0.393 9	0.337 3
Z值	58.717 6	1.425 0	0.391 9	-1.449 9	-0.231 9	-0.177 8

表10-4 A上市公司依据Z值的财务预警

指标项目	2001年	2002年	2003年	2004年	2005年	2006年
Z值	58.717 6	1.425 0	0.391 9	-1.449 9	-0.231 9	-0.177 8
判别结果	大于3	小于1.81	小于1.81	小于1.81	小于1.81	小于1.81
警情	无破产风险	有破产风险	有破产风险	有破产风险	有破产风险	有破产风险
是否*ST	否	否	否	否	是	是

第三节　F计分模型分析法

一、理论

由于Z计分模型建立时没有充分考虑现金流量变动的情况，因而具有一定的局限性，F计分模型是对Z计分模型的改进：加入了现金流量这一预测自变量；考虑了现代企业财务状况的发展及其有关标准的更新；使用的样本更加宽泛。其公式为 $F = -0.177\ 4 + 1.109\ 1X_1 + 0.107\ 4X_2 + 1.927\ 1X_3 + 0.030\ 2X_4 + 0.496\ 1X_5$。式中，$X_1$ = 期末营运资本/期末总资产 = (期末流动资产 - 期末流动负债)/期末总资产；X_2 = 期末留存收益/期末总资产 = (期末未分配利润 + 期末盈余公积)/期末总资产；X_3 = (税后纯收益 + 折旧)/平均总负债；X_4 = 期末股东权益的市场价值/期末总负债；X_5 = (税后纯收益 + 利息 + 折旧)/平均总资产。F计分模型中的临界点为0.027 4。若某一特定的F值低于0.027 4，则企业将被预测为破产企业；反之，则企业将被预测为继续生存企业。

二、操作

利用F计分模型检验ABC公司的财务状况。已知，期末流动资产为43 310.67万元，期末流动负债为56 071.43万元；期末未分配利润为38 626.72万元，期末盈余公积为100 480.11万元；税后纯收益为43 162.86万元，折旧为19 727.04万元；期末股东权益的市场价值为 44 603.92 万元；利息为 0。ABC 公司 2016 年 1 月 1 日～12 日 31 日资产、负债、所有者权益变动如表 10-5 所示。

表 10-5 ABC 公司 2016 年 1 月 1 日～12 月 31 日资产、负债、所有者权益变动

单位：万元

项目	年初数 ①	年末数 ②	变动金额 ③＝②－①	变动百分比 ④＝③/①
资产	233 796.25	283 765.19	49 968.94	21.37%
负债	59 117.30	65 763.38	6 646.08	11.24%
所有者权益	174 678.95	217 841.81	43 162.86	24.71%

$X_1 = (43\,310.67 - 56\,071.43)$ 万元$/283\,765.19$ 万元 $= -0.045\,0$

$X_2 = (38\,626.72 + 100\,480.11)$ 万元$/283\,765.19$ 万元 $= 0.490\,2$

$X_3 = (43\,162.86 + 19\,727.04)$ 万元$\times 2/(59\,117.30 + 65\,763.38)$ 万元 $= 1.007\,2$

$X_4 = 44\,603.92$ 万元$/65\,763.38$ 万元 $= 0.678\,2$

$X_5 = (43\,162.86 + 19\,727.04)$ 万元$\times 2/(233\,796.25 + 283\,765.19)$ 万元 $= 0.243\,0$

$F = -0.177\,4 + 1.109\,1X_1 + 0.107\,4X_2 + 1.927\,1X_3 + 0.030\,2X_4 + 0.496\,1X_5 = 1.907\,3$

ABC 公司的 F 值高于 0.027 4，说明 ABC 公司发生财务危机的可能性极小。

第四节 杜邦分析法

一、理论

杜邦分析法最早由杜邦公司使用并流传下来。杜邦分析法提供了对财务比率进行综合分析的方法，它将财务比率逐层分解，揭示了比率之间的相互联系，为寻找财务问题的关键所在提供了一种有力工具。

杜邦分析法以净资产收益率为切入点，以总资产收益率为核心，通过层层展开，将企业的重点财务指标有机地结合在一起。杜邦分析法可以按层来认识和理解，帮助我们对企业进行风险识别。

二、操作

第一层，将净资产收益率分解为总资产收益率和权益乘数的乘积。这种分解告诉我们不同企业对股东回报的差异来源：一是企业更强的综合盈利能力（总资产收益率）；二是更激进的融资手段（负债比率越高，权益乘数就越大）。从中可以评价企业的债务风险。适度的负债可以帮助企业提高对股东的回报，但其前提是借来的资金在企业中的回报率必须高于融资成本。同时，过度的负债也容易使企业陷入偿债风险。

第二层，将总资产收益率分解为净利润率和总资产周转率的乘积。其中净利润率反映了公司的盈利能力，总资产周转率反映了公司的营运能力。这就揭示了企业的综合盈利能力的差异是由什么引起的，是来自业务本身的盈利能力，还是来自公司的营运能力。这一层次的划分是杜邦分析法的特色，因为盈利能力和营运能力这两者的相对强弱，实际上反映了企业

的战略选择，提示了战略风险。采用成本领先战略的企业，往往营运能力较强，但是其净利润率往往较低。采用产品差异战略的企业，其净利润率较高，业务盈利能力较强，但是其周转率往往不高。可见，这种分解揭示了企业的战略成效。企业要么选择成本领先战略，要么选择产品差异战略，两种优势往往不太可能同时具备。

第三层，将净利润率和总资产周转率进一步分解。净利润率为净利润和营业收入的比值，总资产周转率为营业收入和总资产的比值。

第四层，将净利润和总资产细分，揭示各组成部分。净利润由营业收入、营业外收入减去成本与费用得到，总资产由流动资产、固定资产和其他资产组成。

第五层，继续细分，将关键的组成部分，如成本与费用、流动资产等细分，这样就可以了解各个具体的组成部分，针对不同的战略选择，找到风险的集中部分。

第五节 相对流动性程度模型

一、理论

相对流动性程度（Degree of Relative Liquidity, DRL）模型是衡量企业流动性情况是否存在危机的方法，也可以说是对短期偿债能力评估的模型。它是与两个普通的流动性比率——流动比率和速动比率相比较而言的。虽然，这两个比率经常被用来评估企业的流动性，但是在某种情况下，这两个比率对企业偿付短期债务的能力有时会提供不完整的和误导性的指示，甚至与即将到来的趋势相反。例如，流动比率包含的过时的或滞销的存货和无法收回的应收账款可能扭曲流动性；剔除了存货的速动比率有时会提供一幅不完整的公司形势图。而 DRL 模型不失为评估企业流动性的合理方法，它能恰当、准确地反映企业财务流动性变化的方向及程度。

DRL 模型如下：DRL = TCP/E = [WC + OT + SVI]/[NSV − (NI + NON) − WCC]。式中，TCP 为总潜在现金，它是初始潜在现金与来自正常经营过程中的潜在现金之和；E 为预期现金支出；WC 为期初营运现金；OT = 销售收入/[应收账款 + 库存产成品 ×（销售收入/销售成本）]，反映在经营期内以售价计算的库存产品和应收账款转换成现金的次数；SVI = 库存产成品 ×（销售收入/销售成本），将以成本计价的产成品转换成以售价计价；NSV 为销售收入；NI 为净利润；NON 为非付现费用（主要指折旧和摊销等）；WCC = 期末营运现金 − 期初营运现金。如果 DRL 大于 1，则说明企业能够满足期间内的流动负债，并在期末有一些净流动现金。如果 DRL 小于 1，则说明企业应在期末前向外界寻找营运资本融资，且企业破产的可能性较大。DRL 模型主要是衡量小企业的流动性以预测企业破产的备选方法，对大企业也有很强的适用性。企业的流动性通常用流动比率和酸性测试比率（速动比率）来评估。DRL 是总潜在现金除以预期现金支出，它表示企业现金支出需求占总潜在现金的百分比。总潜在现金是指可以从期初营运资本中获得或来源于正常经营过程中的现金，企业现金支出需求是指正常经营的现金支出。

二、操作

以宝钢股份、武钢股份（2004 年财务数据）和有色鑫光、ST 长岭（2003 年财务数据）

为例来验证 DRL 模型（见表 10-6）。

表 10-6 DRL 模型示例

公司名称	期初营运现金/万元	产品和账款周转次数/次	产成品销售价值/万元	销售收入/万元	净利润/万元	非付现费用/万元	期末营运现金/万元	DRL
宝钢股份	179 550.43	7.19	609 745.88	5 863 806.03	939 523.14	864 009.43	158 134.22	1.118
武钢股份	212 414.28	3.68	638 520.5	2 414 816.05	320 358.31	148 878.39	392 033.60	1.451
有色鑫光	92.84	0.023	393.01	453.76	74.16	786.74	1 613.41	−0.052
ST长岭	1 054.86	0.956	21 316.07	42 095.89	−44 850.54	4 070.09	1 152.87	0.53

第六节 沃尔评分法

一、理论

亚历山大·沃尔（Alexander Wole）在《信用晴雨表研究》和《财务报表比率分析》中提出了信用能力指数的概念，把若干个财务比率用线性关系结合起来，以评价企业的信用水平（与其风险水平密切相关）。他选择了 7 个财务比率，即流动比率、产权比率、固定资产比率、存货周转率、应收账款周转率、固定资产周转率和自有资金周转率，分别给定了其在总评价中占的权重，总和为 100 分，然后以行业平均数为基础确定标准比率，将实际比率与标准比率相比，得出相对比率，将此相对比率与各指标权重相乘，得出总评分（见表 10-7）。这种综合比率评价体系把若干个财务比率用线性关系结合起来，可以用来衡量企业的财务状况。简单来说，沃尔评分法的公式为：评分 = 实际比率/标准比率 × 权重。沃尔评分法将彼此孤立的偿债能力和营运能力指标进行组合，做出较为系统的衡量。因此，其对通过评价企业的财务状况来衡量其风险状况，具有积极的意义。

表 10-7 沃尔评分法

财务比率	权重①	标准比率②	实际比率③	相对比率④=③/②	评分⑤=①×④
流动比率					
产权比率					
固定资产比率					
存货周转率					
应收账款周转率					
固定资产周转率					
自有资金周转率					
合计					

二、操作

某家企业连续 4 年的财务报表资料如表 10-8 和表 10-9 所示。本部分采用沃尔评分法来评价该企业各年的信用风险。

表 10-8 资产负债表（简表）　　　　　　　　　　　　　单位：万元

时　间	2013 年	2014 年	2015 年	2016 年
流动资产：				
应收票据	0	0	300	0
应收账款	181 921.92	197 185.83	273 362.77	223 595
存货	68 568.53	217 541.97	433 115.8	591 599.84
流动资产合计	274 081.19	461 679.37	903 735.76	961 477.67
固定资产合计	188 006.26	220 567.44	259 216.18	426 446.68
资产合计	520 528.91	727 116.95	1 195 545.22	1 397 596.6
流动负债合计	259 173.66	427 814.09	748 837.29	775 843.82
负债合计	335 283.66	514 101.28	848 800.99	922 534.94
股东权益合计	185 103.64	212 872.91	346 599.71	457 131.99
负债与股东权益合计	520 528.89	727 116.97	1 195 545.25	1 397 596.58

表 10-9 利润表（简表）　　　　　　　　　　　　　单位：万元

时　间	2013 年	2014 年	2015 年	2016 年
主营业务收入	307 423.76	462 817.28	710 966.43	1 210 479.58
主营业务成本	279 633.3	411 778.50	623 694.31	1 048 747.94

1. 权重的制定

通常，当某一个指标严重异常时，会对总评分产生不合逻辑的重大影响，分值权重的确定问题是个难题。其实，在实际工作中一旦确定标准比率、分值权重，则应在历年中进行延续，以方便对企业财务风险进行纵向比对、正确评估。既然沃尔评分法只涉及财务管理指标体系中的两类指标——偿债能力指标和营运能力指标，所以权重按大类分为偿债能力指标占 50%，营运能力指标占 50%。再按算术平均法计算出各个指标权重：流动比率为 16.66%，产权比率为 16.67%，固定资产比率为 16.67%。存货周转率为 12.50%，应收账款周转率为 12.50%，固定资产周转率为 12.50%，自有资金周转率为 12.50%。

2. 标准比率的确定

标准比率是根据该企业的行业平均值来确定的，沃尔评分法的公式为：实际分数 = 实际比率/标准比率 × 权重。得到计算结果如表 10-10 所示。

表 10-10 沃尔评分法的计算过程

指　标	标准比率	权　重	2014 年		2015 年		2016 年	
			实际比率	得分/分	实际比率	得分/分	实际比率	得分/分
流动比率	100%	16.66%	108%	18	121%	20	124%	21
产权比率	150%	16.67%	242%	27	245%	27	202%	22
固定资产比率	20%	16.67%	30%	25	22%	18	31%	25

(续)

指　　标	标准比率	权　重	2014 年		2015 年		2016 年	
			实际比率	得分/分	实际比率	得分/分	实际比率	得分/分
存货周转率	150%	12.50%	288%	24	192%	16	205%	17
应收账款周转率	160%	12.50%	244%	19	302%	24	487%	38
固定资产周转率	200%	12.50%	227%	14	296%	19	353%	22
自有资金周转率	200%	12.50%	217%	14	205%	13	265%	17
总分		100%		141		137		162

3. 评价结果分析

沃尔评分法认为若实际得分大于或接近 100 分，则说明财务状况良好；反之，若相差较大，则说明财务状况较差。按照表 10-10 中显示的结果，该企业的得分都在 100 分以上，而且从 2014～2016 年 3 年的表现来看，偿债能力、营运能力较强，从趋势上看有增强的势头，企业在信用问题上不存在任何风险。

第七节　资本资产定价模型

一、理论

1. 概述

资本资产定价模型（Capital Asset Pricing Model，CAPM）是在投资组合理论和资本市场理论基础上形成发展起来的，主要研究证券市场中资产的预期收益率与风险资产之间的关系，以及均衡价格是如何形成的。该模型运用一般均衡模型刻画所有投资者的集体行为，揭示在均衡情况下证券风险与收益之间关系的经济本质。目前，CAPM 被公认为是金融市场现代价格理论的主干，它使丰富的金融统计数据得到系统而有效的利用。此模型也被广泛用于实证研究并因而成为不同领域中决策的重要基础。该理论的前提假设包括以下几点：①市场是均衡的，并不存在摩擦；②市场参与者都是理性的；③不存在交易费用；④税收不影响资产的选择和交易；⑤投资总风险可以用方差或标准差表示，系统风险可以用 β 系数表示；⑥非系统性风险可通过多元化投资分散掉，不发挥作用，只有系统性风险发挥作用。

2. 用途

CAPM 理论广泛应用于投资决策及公司理财领域，一般用于评估已经上市的不同证券价格的合理性；帮助确定准备上市证券的价格；能够估计各种宏观和宏观经济变化对证券价格的影响。

3. 输入

输入数据主要包括预期回报率和无风险报酬率等相关信息，以及当前市场背景的宽泛描述。

4. 过程

CAPM 理论认为，一项投资所要求的必要报酬率取决于以下三个因素：

（1）无风险报酬率，通常将国债投资（或银行存款）视为无风险投资。

(2) 市场平均报酬率，即整个市场的平均报酬率，如果一项投资所承担的风险与市场平均风险程度相同，则该项报酬率与整个市场平均报酬率相同。

(3) 投资组合的系统风险系数，即 β 系数，是某一投资组合的风险程度与市场证券组合的风险程度之比。

CAPM 的公式为：$E(R_i) = R_f + (R_m - R_f)\beta_i$。式中，$E(R_i)$ 为投资组合 i 的期望收益率；R_f 为无风险报酬率；R_m 为市场平均报酬率；β_i 为投资组合 i 的 β 系数。β 越大，系统性风险越高，要求的报酬率越高；反之，β 越小，要求的报酬率越低。CAPM 是通过比较一项资本投资的回报率与投资于整个股票市场的回报率，来衡量该投资的风险贴水。如果该资产是股票，则其 β 系数通常可以用统计数据估算出来。但当资产是一家新工厂时，确立 β 系数就比较困难。许多公司因此利用公司的资本成本作为正常的贴现率，公司资本成本是公司股票的预期回报率（取决于该股票的 β）和它偿付债务的利率的加权平均数。只要有关的资本投资对整个公司是有代表性的，这一方法就可以使用。

5. 输出

CAPM 说明了单个证券投资组合的期望收益率与相对风险程度间的关系。

6. 优点及局限性

CAPM 是金融市场价格理论的经典模型，作为第一个不确定性条件下的资产定价的均衡模型，具有重大的历史意义。由于股票等资本资产未来收益的不确定性，CAPM 的实质是讨论资本风险与收益的关系。该模型合理、简明地表达了这一关系，即高风险伴随着高收益。CAPM 由于严格的理论假设和对现实环境的高度抽象，也影响和限制了其应用范围和效果。

二、操作

本部分利用 CAPM 进行并购前的风险评估。企业财务管理的目标在于提高企业的价值，增加股东的财富。在股票市场中，这主要是通过企业股票价格的高低来反映的。股票价格的形成是收益和风险等因素综合作用的结果。如果企业绩效波动程度较小，则企业的经营风险较小，其股票的市场形象较好；反之，则该企业的经营风险较大，其股票在股票市场中的价格波动很大，往往不被理性的投资者所迎合。

具体来说，一个业绩波动较大的企业可以通过并购一个业绩稳定的企业，实现投资组合的多元化，这样可以抵消一定的风险，降低投资组合的投资风险，增进收益或销售的稳定性。此外，可以通过了解收购方和目标方的股票类型，评估并购前的风险。例如，收购方的 $U > 1$，属进攻型股票，为了稳定经营风险，并购的目标方最好 $U \leqslant 1$，使其有利于并购后股东财富最大化。但是，在跨国并购中，单纯地比较收购方和目标方的 U 系数，有时可能得出错误的结论。用 U 系数来衡量系统性风险的时候，横向的比较是必需的，尤其是在纵向并购和混合并购事件中，由于收购方和目标方所在行业不同，有的行业风险比较高，普遍的 U 系数较高，只有通过同行业的横向比较，才能得到一个较公允的 U 系数。U 系数反映的是股票或股票组合的系统性风险，虽然其大小因国家政治、经济环境的不同而变化，而且针对特定国家风险因素调整回报率可能并不准确，但即使是一个近似的调整也很必要。具体的调整方法有两种：①国家风险组成法。这种方法是先通过 CAPM 确定投资回报率，然后在回报率的基础上另外考虑国家风险，通常从《各国风险指南》一书中得到国家风险的数据。②确定国家无风险报酬率、国家的 U 值以及特定国家的权益风险溢价。每个国家的无风险报酬率一般以该国的长期政府债券收益率为代表（IMF（International Monetary Fund，国际货币基金组织）提供各国长期的政府债券收益率）。比较各国市场指数与世界市场指数的波动性，可以估计国家的 U 值（如美国市场指数是标准普尔 500 指数）。

补充阅读文献

1. 财务指标评价法文献

[1] 余玉苗，等. 财务舞弊风险的识别——基于财务指标增量信息的研究视角 [J]. 经济评论，2010 (7).

[2] 国琳，等. 利用财务指标预测股票价格及财务风险预警 [J]. 科学技术与工程，2005 (12).

[3] 张勇，等. 中小企业的风险及其财务指标评价体系 [J]. 经营与管理，2010 (1).

[4] 罗公利，等. 基于财务指标的 ST 公司退市风险判别研究 [J]. 青岛科技大学学报：社会科学版，2007 (12).

[5] 刘海军. 财务指标在企业筹资风险管理中运用 [J]. 知识经济，2016 (3).

2. Z 判别分析法文献

[1] 欧阳歆. 基于 Z 模型的物联网企业财务风险评价研究 [J]. 会计之友，2014 (4).

[2] 向德伟. 运用"Z 记分法"评价上市公司经营风险的实证研究 [J]. 会计研究，2002 (11).

[3] 欧阳歆. 基于 Z 模型的财务风险预警模型运用 [J]. 财会通讯，2013 (11).

[4] 盛小琪，等. 基于 Z 模型的我国农业上市公司财务风险评价研究 [J]. 经济研究参考，2014 (10).

[5] 张传新. "Z 计分模型"对我国制造业信用风险的预警能力分析 [J]. 经济论坛，2010 (12).

[6] 田鸥. 基于修正的 Z 模型和 KMV 模型的信用风险实证研究 [D]. 深圳：深圳大学，2015.

3. F 计分模型分析法文献

[1] 潘江平. 论我国深圳创业板上市公司财务风险的大小——以 F 分数模型的实证分析为例 [J]. 中国证券期货，2013 (4).

[2] 李敏，赵丽萍，潘志刚. 基于 F 分数模型的创业板企业财务风险预警——以制造业上市公司为例 [J]. 财会通讯，2012 (12).

4. 杜邦分析法文献

[1] 李敬红. 杜邦分析看地产企业的运营模式与风险 [J]. 中国乡镇企业会计，2009 (5).

[2] 谢方敏. 大型公司防范管理失控风险的科学方法——应用杜邦财务分析系统 [J]. 中国乡镇企业会计，1998 (5).

[3] 张琰. 基于改进杜邦分析法的平高电气经营绩效评价 [J]. 企业经济，2013 (8).

5. 相对流动性程度模型文献

[1] 郝忠焰. 我国企业现阶段财务风险的识别及防范 [D]. 北京：对外经济贸易大学，2006.

[2] 江少华. 企业财务风险的预警系统研究 [J]. 财会研究，2005 (1).

[3] 王跃旗. 财务预警系统风险评价模型评价 [J]. 中国管理信息化，2007 (2).

6. 沃尔评分法文献

[1] 王琨，等. 基于沃尔评分法的公立医院财务风险预警分析 [J]. 中国医院管理，2014 (12).

[2] 庄耀东，等. 基于沃尔评分法的公立医院财务风险控制 [J]. 医学与社会，2010 (8).

[3] 陈宏博. 沃尔评分体系在对企业财务风险评估中的应用 [J]. 天津市财贸管理干部学院学报，2010 (12).

[4] 文静. 公立医院财务风险控制研究 [J]. 中国农业会计，2013 (5).

7. 资本资产定价模型文献

［1］周芳，等．基于流动性风险的资本资产定价模型［J］．中国管理科学，2013（10）．
［2］张志强．考虑全部风险的资本资产定价模型［J］．管理世界，2010（4）．
［3］彭涛康．资本资产定价模型与风险项目评价［J］．预测，2000（1）．
［4］魏龙，等．资本资产定价模型与跨国并购风险收益评估［J］．武汉理工大学学报，2004（6）．

练 习 题

1. 根据表 10-3 中前六行的原始数据，采用 Z 判别分析法（$Z = 1.2X_1 + 1.4X_2 + 3.3X_3 + 0.6X_4 + X_5$），考察是否得到表 10-3 最后一行的 Z 值结果，并根据 Z 值结果进行判别分析，考察是否得到表 10-4 的结果。

2. 根据表 10-5 中的原始数据及相关资料，采用 F 计分模型（$F = -0.1774 + 1.1091X_1 + 0.1074X_2 + 1.9271X_3 + 0.0302X_4 + 0.4961X_5$），计算 ABC 公司的 F 值，考察是否得到文中的结果。

第十一章

统计类风险评估方法

本章将介绍 7 种统计类风险评估方法：马尔可夫分析、统计推论法、均值-方差模型、FN 曲线、贝叶斯统计及贝叶斯网络、熵度量法、投影寻踪法。

第一节 马尔可夫分析

一、理论

马尔可夫分析又称马尔可夫转移矩阵法，是指在马尔可夫过程的假设前提下，通过分析随机变量的现时变化情况来预测这些变量未来变化情况的一种预测方法。马尔可夫是俄国数学家，他在 20 世纪初发现，一个系统的某些因素在转移中，第 n 次结果只受第 $n-1$ 次结果的影响，即只与当前所处状态有关，与以前状态无关。例如，研究一个商店的累计销售额，如果现在时刻的累计销售额已知，则未来某一时刻的累计销售额与现在时刻以前的任一时刻的累计销售额都无关。在马尔可夫分析中，引入了状态转移概念。所谓状态，是指客观事物可能出现或存在的状态；状态转移是指客观事物由一种状态转移到另一种状态的概率。马尔可夫分析主要围绕"状态"这个概念（例如，现有状态及故障状态）以及基于常概率的状态间的转移展开。随机转移概率矩阵可用来描述状态间的转移，以便计算各种输出结果。

1. 适用范围

马尔可夫分析适用于对复杂系统中不确定性事件及其状态改变的定量分析。如果系统未来的状况仅取决于其现在的状况，那么就可以使用马尔可夫分析。这种分析方法通常用于对那些存在多种状况（包括各种降级使用状态）的可维修复杂系统进行分析。马尔可夫分析是一项定量技术，可以是不连续的（利用状态间变化的概率）或者连续的（利用各种状态的变化率）。虽然马尔可夫分析可以手动进行，但是该技术的性质使其更适合于计算机程序。

2. 实施步骤

（1）调查不确定性事件各状态及其变化情况。

（2）建立数学模型。

（3）求解模型，得到风险事件各个状态发生的可能性。

3. 输入

马尔可夫分析的关键输入数据如下：①系统、子系统或组件可能处于的各种状况的清单，例如，全运行、部分运行（降级状况）以及故障状况等；②状态的可能转移，例如，如果是汽车轮胎故障,那就要考虑备胎的状况,还要考虑检查频率;③某种状况到另一种状况的变化率,通常由不连续事项之间的变化概率来表示,或者用连续事项的故障率(λ)或维修率(μ)来表示。

4. 输出

马尔可夫分析的输出结果是处于各种状态下的各种概率,因此,可以估算出故障率及可用度(系统的关键组件之一)。

5. 主要优点

马尔可夫分析的主要优点是能计算出具有维修能力和多重降级状态的系统的概率。

6. 局限性

(1)无论是故障还是维修,都假设状态变化的概率是固定的。

(2)所有事项在统计上具有独立性,因此未来的状态独立于一切过去的状态,除非两个状态紧密相接。

(3)需要了解状态变化的各种概率。

(4)有关矩阵运算的知识比较复杂,非专业人士很难看懂。

二、操作

为了说明马尔可夫分析,不妨分析一种仅存在于三种状态的复杂系统。功能、降级和故障将分别界定为状态 S_1、状态 S_2 以及状态 S_3。每天,系统都会存在于这三种状态中的某一种。表 11-1 说明了系统明天处于状态 S_i 的概率(i 可以是 1、2 或 3)。该概率矩阵称作马尔可夫矩阵,或是转移矩阵。注意,每列数值之和是 1,因为它们是每种情况一切可能结果的总和。这个系统可以用马尔可夫图(见图 11-1)来表示。其中,圆圈代表状态,箭头代表相应概率的转移。从某个状态返回自身的箭头通常并不绘出,但是为了完整性也显示在图 11-1 中。P_i 代表系统处于状态 i(i 可以是 1、2 或 3)的概率。那么需要解决的联立方程包括:$P_1 = 0.95P_1 + 0.30P_2 + 0.20P_3$,$P_2 = 0.04P_1 + 0.65P_2 + 0.60P_3$,$P_3 = 0.01P_1 + 0.05P_2 + 0.20P_3$。这 3 个方程并非独立的,无法解出 3 个未知数。因此,下列方程必须使用,而上述方程中有一个方程可以弃用:$1 = P_1 + P_2 + P_3$。

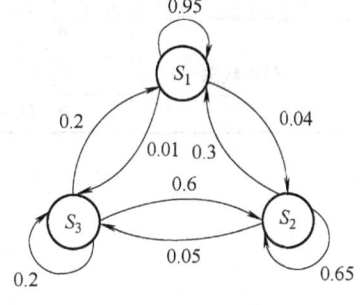

图 11-1 马尔可夫图

状态 1、2 和 3 的答案分别是 0.85、0.13 和 0.02。该系统只在 85% 的时间里能充分发挥功效,13% 的时间里处于降级状态,而 2% 的时间里存在故障。

表 11-1 马尔可夫矩阵

项目		今天状态		
		S_1	S_2	S_3
明天状态	S_1	0.95	0.3	0.2
	S_2	0.04	0.65	0.6
	S_3	0.01	0.05	0.2

再来考虑平行运行的两个组件。系统要发挥功能,其中一个组件必须正常运行。这些组

件可能是正常或故障的，系统的可用性依赖于组件的整体状态。状态可以视为：状态 1：两个项目能发挥正常功能；状态 2：一个项目已出现故障并正在进行维修，而另一个项目运行正常；状态 3：两个项目都已出现故障且都在进行维修。如果假设各项目的故障率为 λ，维修率为 μ，那么状态转移图如图 11-2 所示。注意，从状态 1 到状态 2 的转移为 2λ，因为这两项中任一项的故障都会使系统进入状态 2。设 $P_i(t)$ 为 t 时系统处于初始状态 i 的概率；设 $P_i(t+\delta t)$ 为 $t+\delta t$ 时系统处于最终状态 i 的概率。转移概率矩阵如表 11-2 所示。值得关注的是，如果无法从状态 1 转移到状态 3 或是由状态 3 转移到状态 1，那么就会出现零值。而且，在规定概率时，各列总和为零。联立方程变为：$dP_1/dt = -2\lambda P_1(t) + \mu P_2(t)$，$dP_2/dt = 2\lambda P_1(t) + [-(\lambda+\mu)]P_2(t) + \mu P_3(t)$，$dP_3/dt = \lambda P_2(t) + (-\mu)P_3(t)$。为了简单起见，假设所需的可用度为稳定状态可用度。当 δt 趋向无限时，dP_i/dt 会趋于零，方程式的求解会变得更容易。

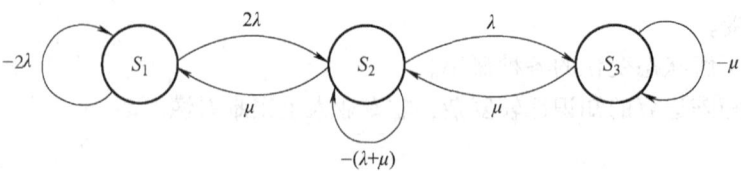

图 11-2 状态转移图

表 11-2 转移概率矩阵

项目		最初状态		
		$P_1(t)$	$P_2(t)$	$P_3(t)$
最终状态	$P_1(t+\delta t)$	-2λ	μ	0
	$P_2(t+\delta t)$	2λ	$-(\lambda+\mu)$	μ
	$P_3(t+\delta t)$	0	λ	$-\mu$

第二节 统计推论法

一、理论

统计推论法是进行项目风险评估和分析的一种十分有效的方法。它可分为前推、后推和旁推三种类型。前推就是根据历史经验和数据推断出未来事件发生的概率及其后果。如果历史数据具有明显的周期性，就可据此直接对风险做出周期性的评估和分析，如果从历史记录中看不出明显的周期性，就可用一个曲线或分布函数来拟合这些数据再进行外推，此外还得注意历史数据的不完整性和主观性。后推是在没有历史数据可供使用时所采用的一种方法，由于很多项目风险的一次性和不可重复性，所以在这些项目风险评估和分析时常用后推。后推是把未知的想象的事件及后果与一个已知事件及后果联系起来，把未来风险事件归结到有数据可查的造成这一风险事件的初始事件，从而对风险做出评估和分析。旁推就是利用类似项目的数据进行外推，用某一项目的历史记录对新的类似建设项目可能遇到的风险进行评估和分析，当然这还得充分考虑新环境的各种变化。这三种推论法在项目风险评估和分析中都得到了广泛的采用。

(1) 适用范围。统计推论法适合于各种风险分析预测。

(2) 实施步骤：①收集并整理与风险相关的历史数据；②选择合适的评估指标并给出数学模型；③根据数学模型和历史数据预测未来风险发生的可能性和损失大小。

(3) 主要优点：①在数据充足可靠的情况下简单易行；②结果准确率高。

(4) 局限性：①由于历史事件的前提和环境已发生了变化，不一定适用于今天或未来；②没有考虑事件的因果关系，使外推结果可能产生较大偏差，为了修正这些偏差，有时必须在历史数据的处理中加入专家或集体的经验修正。

二、操作

可以利用统计推论法，根据2012年1月1日～2015年3月1日的数据，采用非参数检验、中位数检验等统计推论检验方法，对贷款利率市场化对我国银行间同业拆借利率的影响进行实证分析，结果表明贷款利率市场化对我国不同期限的银行间同业拆借利率分布函数的分布、方差和中位数均产生显著影响。㊀

第三节 均值-方差模型

一、理论

(1) 概述。均值-方差模型（Mean-Variance Model）是组合投资理论研究和实际应用的基础，由美国经济学家马柯维茨（Markowitz）提出，因此又称为 Markowitz 模型。证券及其他风险资产的投资者面对着两个核心问题，即预期收益与风险，他们期望尽可能高的收益率和尽可能低的不确定性。如何测定组合投资的风险与收益，并平衡这两项指标进行资产分配，是市场投资者迫切需要解决的问题。均值-方差模型即可用于这一场合。从所有可能的证券组合中选择一个最优的组合，使收益和风险这两个相互制约的目标达到最佳平衡。对于给定的收益水平，利用该模型可以求出方差意义下最小风险的组合。均值-方差模型揭示了"资产的期望收益由其自身的风险的大小来决定"这一重要结论，即资产（单个资产和组合资产）由其风险大小来定价，单个资产价格由其方差或标准差来决定，组合资产价格由其协方差来决定。

(2) 用途。该方法常用于实际的证券投资和资产组合决策。

(3) 输入：预期收益率及各项目的风险概率信息。

(4) 输出：在给定收益率下的最小风险组合或预定风险下的最大收益组合。

(5) 主要优点。均值-方差模型通过数理方法描绘出了资产组合选择的最基本、最完整的框架，具有开创性，是目前投资理论和投资实践的主流方法。

(6) 局限性。一方面在于没有考虑到收益的非正态分布，而多数实证研究表明证券收益率不一定服从正态分布；另一方面该方法计算复杂，特别是应用于多个项目的投资组合问

㊀ 具体做法可以参见：祁永忠. 贷款利率市场化对我国银行间同业拆借利率分布影响研究——基于统计推论检验的实证分析 [J]. 宁夏师范学院学报，2015 (12).

题时，这种计算量更为庞大。

二、操作

均值-方差模型如下：

目标函数：$\min\sigma^2(R_p) = \Sigma x_i x_j \text{cov}(R_i, R_j)$

其中，$R_p = \Sigma x_i R_i$，限制条件：$\Sigma x_i = 1$，$x_i \geq 0$，$i = 1, 2, \cdots, n$

式中，R_p 为组合收益；R_i 为第 i 只股票的收益；x_i、x_j 为证券 i、j 的投资比例；$\sigma^2(R_p)$ 为组合投资方差（组合总方差）；$\text{cov}(R_i, R_j)$ 为两个证券之间的协方差。

上式表明，在限制条件下如何使组合风险 $\sigma^2(R_p)$ 最小，可通过拉格朗日目标函数求得。其经济学意义是，投资者可预先确定一个期望收益，通过上式可确定投资者在每个投资项目（如股票）上的投资比例（项目资金分配），使其总投资风险最小。不同的期望收益有不同的最小方差组合，这就构成了最小方差集合。

第四节 FN 曲线

一、理论

（1）概述。FN 曲线（FN Curves）表示的是人群中有 N 个或更多的人受到影响的累积频率（F），FN 曲线最初用于核电站的风险评价中，其采用死亡人数 N 与事故发生频率 F 之间关系的图形来表示，目前广泛用于社会风险接受准则的制定。在大多数情况下，它们指的是出现一定数量伤亡的频率。

（2）用途。FN 曲线可用于系统或过程设计，或是用于现有系统的管理。FN 曲线是表示风险分析结果的一种手段。很多风险都具有轻微后果高概率或严重后果低概率的特点，FN 曲线用区域块来表示风险，而不是用后果和概率组成的单点表示风险。FN 曲线可用来比较风险，如将风险与 FN 曲线规定的标准相比，或是将风险与历史数据相比，或是与决策准则相比。

（3）输入。所需输入数据有：①特定时期内成套的可能性/后果；②定量风险分析的数据结果，估算出一定数量伤亡的可能性；③历史记录及定量风险分析中得出的数据。

（4）过程。将现有数据绘制在图形上，以伤亡人数（一定程度的伤害，如死亡）作为横坐标，以事故发生频率作为纵坐标。由于数值范围大，两个轴通常都离不开对数比例尺。FN 曲线可以使用过去损失的"真实"数字进行统计上的建构，或者通过模拟模型进行计算。使用的数据及假定意味着这两类 FN 曲线可以传递出不同的信息，应单独用于不同的目的。一般来说，理论 FN 曲线对于系统设计非常有用，而统计 FN 曲线对现有的特定系统的管理非常有用。两种归纳法可能会很耗时，因此，将两种方法综合运用较为常见。接着，实证数据将形成已准确掌握的伤亡人数（在规定时间范围内已知事故/事项中发生的伤亡人数），以及通过外插法或内插法提供其他观点的定量风险分析。对于低频率事故的分析工作，需要收集较长时间跨度范围内的数据。

（5）输出：可与现有风险决策准则进行比较的一个风险区域。

（6）主要优点及局限性。FN 曲线是一种有效描述风险信息的手段，能以便于理解的形式来表示频率及后果信息。管理人员和系统设计师可通过 FN 曲线，更有效地做出风险及安全水平方面的决策。FN 曲线适用于具有充分数据且背景类似的情况下的风险比较。FN 曲线的局限性表现在它们无法说明影响范围或事项结果，而只能说明受影响人数，并且无法识别引发伤害发生的方式。FN 曲线并不是风险评估方法，而是一种表示风险评估结果的方法。作为一种表示风险评估结果的明确方法，它需要那些熟练的分析师进行准备，经常很难为专家以外的人士所理解和使用。

二、操作

本部分利用 FN 曲线分析火灾可容忍风险。表 11-3 列出了 1998～2008 年我国火灾死亡情况，其中 N_i 代表死亡人数为 i 的火灾起数，火灾事故由 $N_1 \sim N_{309}$ 共分成 21 组（由于数据有限，N_4、N_5 为一组，N_6、N_7、N_8、N_9 为一组）。表 11-3 只能反映总体的伤亡水平，而难以在实际的建筑物定量火灾风险评估中应用。为此，以死亡 N 人火灾的总致死人数与受影响人数（以全国总人口代替）的比值表示 f，F 则表示累积概率，计算结果如表 11-4 所示。

表 11-3　1998～2008 年我国火灾死亡情况

年　份	1998 年	1999 年	2000 年	2001 年	2002 年	2003 年	2004 年	2005 年	2006 年	2007 年	2008 年
火灾总起数	142 326	179 955	189 185	216 784	258 315	253 932	252 804	235 941	231 881	163 521	136 835
造成死亡起数	1 631	1 908	1 883	1 773	1 759	1 877	1 948	1 902	1 301	1 130	1 152
N_1	1 242	1 499	1 483	1 338	1 401	1 550	1 634	1 592	1 082	899	833
N_2	236	250	268	228	234	217	208	211	145	157	149
N_3	78	82	63	85	70	56	54	56	52	33	40
N_4，N_5	47	49	42	36	40	35	39	25	14	21	25
N_6，N_7，N_8，N_9	21	15	18	83	11	14	9	11	14	11	11
N_{10}	1	4	1	1	0	2	0	1	1	2	0
N_{11}	2	0	0	0	0	0	1	0	0	2	2
N_{12}	1	0	1	0	0	0	0	2	0	1	0
N_{13}	1	1	2	1	0	0	0	1	1	1	0
N_{14}	1	2	0	0	0	0	0	0	0	0	0
N_{15}	0	1	1	0	0	0	0	0	1	0	1
N_{16}	0	1	0	0	0	0	0	0	0	0	0
N_{17}	0	0	1	0	1	0	0	0	0	1	0
N_{18}	0	0	0	0	0	0	1	0	0	0	0
N_{19}	0	1	0	0	1	0	0	0	0	0	0
N_{20}	0	1	0	0	0	1	0	0	0	0	0
N_{21}	0	0	0	0	0	1	0	0	0	1	0
N_{24}	1	2	0	0	0	0	0	0	0	0	0
N_{25}	0	0	0	1	1	0	0	0	0	0	0
N_{26}	0	0	0	0	0	0	0	1	0	0	0
N_{31}	0	0	0	0	0	0	0	0	0	0	0
N_{33}	0	0	0	0	0	1	0	0	0	0	0
N_{37}	0	0	0	0	0	0	0	0	0	1	0
N_{38}	0	0	1	0	0	0	0	0	0	0	0

(续)

年 份	1998年	1999年	2000年	2001年	2002年	2003年	2004年	2005年	2006年	2007年	2008年
N_{40}	0	0	0	0	0	0	1	0	0	0	0
N_{44}	0	0	0	0	0	0	0	0	0	0	1
N_{54}	0	0	0	0	0	0	1	0	0	0	0
N_{74}	0	0	1	0	0	0	0	0	0	0	0
N_{309}	0	0	1	0	0	0	0	0	0	0	0

表 11-4　死亡 N 人及以上的致死概率

年份	1998年	1999年	2000年	2001年	2002年	2003年	2004年	2005年	2006年	2007年	2008年
总人口/10^6人	1 247.61	1 257.86	1 267.43	1 276.27	1 284.53	1 292.27	1 299.88	1 307.56	1 314.48	1 321.29	1 328.02
F_1	1.914 9	2.183 1	2.383 6	2.146 1	1.862 9	1.920 7	1.971 7	1.912 0	1.308 5	1.223 8	1.145 3
F_2	0.919 4	0.991 4	1.213 5	1.097 7	0.772 3	0.721 2	0.714 7	0.694 4	0.485 4	0.543 4	0.518 1
F_3	0.541 0	0.593 9	0.790 6	0.740 4	0.407 9	0.385 4	0.394 7	0.371 7	0.264 7	0.305 8	0.293 7
$F_{4,5}$	0.353 5	0.398 3	0.641 5	0.540 6	0.244 4	0.255 4	0.270 0	0.243 2	0.146 1	0.230 8	0.203 3
$F_{6,7,8,9}$	0.194 8	0.236 1	0.496 3	0.427 8	0.109 8	0.142 4	0.143 1	0.162 9	0.098 1	0.162 7	0.119 7
F_{10}	0.076 1	0.158 2	0.395 3	0.037 6	0.047 5	0.072 7	0.094 6	0.107 8	0.028 9	0.107 5	0.061 0
F_{11}	0.068 1	0.126 4	0.387 4	0.029 8	0.047 5	0.057 3	0.094 6	0.100 2	0.021 3	0.092 3	0.061 0
F_{12}	0.050 5	0.126 4	0.387 4	0.029 8	0.047 5	0.057 3	0.086 2	0.100 2	0.021 3	0.075 7	0.044 4
F_{13}	0.040 9	0.126 4	0.377 9	0.029 8	0.047 5	0.057 3	0.086 2	0.081 8	0.021 3	0.066 6	0.044 4
F_{14}	0.030 5	0.116 1	0.357 4	0.019 6	0.047 5	0.057 3	0.086 2	0.071 9	0.011 4	0.056 8	0.044 4
F_{15}	0.019 2	0.093 8	0.357 4	0.019 6	0.047 5	0.057 3	0.086 2	0.071 9	0.011 4	0.056 8	0.044 4
F_{16}	0.019 2	0.081 9	0.345 6	0.019 6	0.047 5	0.057 3	0.086 2	0.071 9	0.000 0	0.056 8	0.033 1
F_{17}	0.019 2	0.069 2	0.345 6	0.019 6	0.047 5	0.057 3	0.086 2	0.071 9	0.000 0	0.056 8	0.033 1
F_{18}	0.019 2	0.069 2	0.332 2	0.019 6	0.034 3	0.057 3	0.086 2	0.071 9	0.000 0	0.043 9	0.033 1
F_{19}	0.019 2	0.069 2	0.332 2	0.019 6	0.034 3	0.057 3	0.072 3	0.071 9	0.000 0	0.043 9	0.033 1
F_{20}	0.019 2	0.054 1	0.332 2	0.019 6	0.019 5	0.057 3	0.072 3	0.071 9	0.000 0	0.043 9	0.033 1
F_{21}	0.019 2	0.038 2	0.332 2	0.019 6	0.019 5	0.041 8	0.072 3	0.071 9	0.000 0	0.043 9	0.033 1
F_{24}	0.019 2	0.038 2	0.332 2	0.019 6	0.019 5	0.025 5	0.072 3	0.071 9	0.000 0	0.028 0	0.033 1
F_{25}	0.000 0	0.000 0	0.332 2	0.019 6	0.019 5	0.025 5	0.072 3	0.071 9	0.000 0	0.028 0	0.033 1
F_{26}	0.000 0	0.000 0	0.332 2	0.000 0	0.000 0	0.025 5	0.072 3	0.071 9	0.000 0	0.028 0	0.033 1
F_{31}	0.000 0	0.000 0	0.332 2	0.000 0	0.000 0	0.025 5	0.072 3	0.052 0	0.000 0	0.028 0	0.033 1
F_{33}	0.000 0	0.000 0	0.332 2	0.000 0	0.000 0	0.025 5	0.072 3	0.028 3	0.000 0	0.028 0	0.033 1
F_{37}	0.000 0	0.000 0	0.332 2	0.000 0	0.000 0	0.000 0	0.072 3	0.028 3	0.000 0	0.028 0	0.033 1
F_{38}	0.000 0	0.000 0	0.332 2	0.000 0	0.000 0	0.000 0	0.072 3	0.000 0	0.000 0	0.000 0	0.033 1
F_{40}	0.000 0	0.000 0	0.302 2	0.000 0	0.000 0	0.000 0	0.072 3	0.000 0	0.000 0	0.000 0	0.033 1
F_{44}	0.000 0	0.000 0	0.302 2	0.000 0	0.000 0	0.000 0	0.041 5	0.000 0	0.000 0	0.000 0	0.033 1
F_{54}	0.000 0	0.000 0	0.302 2	0.000 0	0.000 0	0.000 0	0.041 5	0.000 0	0.000 0	0.000 0	0.000 0
F_{74}	0.000 0	0.000 0	0.302 2	0.000 0	0.000 0	0.000 0	0.000 0	0.000 0	0.000 0	0.000 0	0.000 0
F_{309}	0.000 0	0.000 0	0.243 8	0.000 0	0.000 0	0.000 0	0.000 0	0.000 0	0.000 0	0.000 0	0.000 0

（1）火灾可容忍风险的确定方法。确立 FN 曲线风险判定标准常采用以下准则：

$$FN^a = r$$

式中，r 为常数；a 为风险规避因子；F 为累积概率。

对该式进行对数变换，得到：$\lg F = -a\lg N + \lg r$。

通过 1998~2008 年我国的火灾统计数据，可以计算得到每年的 $\lg F_N$ 和 $\lg N$，并对多组数据进行线性回归分析。在回归分析前，首先将火灾统计数据进行层次聚类分析，将明显异常年份的数据剔除，使用 SPSS 软件进行层次聚类分析的结果如图 11-3 所示。从该图中可以看出，由于一起特别重大事故的存在，2000 年的数据与其他年份的数据明显不相关，因此对其他十年的数据进行线性回归分析。回归分析的结果如表 11-5 所示。由表中数据可以看出，a 显著不为 0，亦即 $\lg F_N$ 和 $\lg N$ 线性关系显著。另外，分析结果显示，标准差 $\sigma = 0.24195$，相关系数 $|r| = 0.887$。样本决定系数 r^2 是反映回归方程拟合优度的相对指标，此处 r^2 等于 0.786，可认为 $\lg F_N$ 和 $\lg N$ 线性相关。

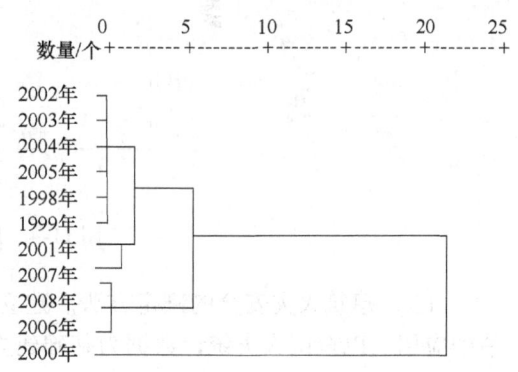

图 11-3　层次聚类分析的树形图

表 11-5　1998~2008 年火灾统计数据回归分析的结果（2000 年除外）

参　数	估　计　值	标　准　误　差	显　著　性
α	1.14566	0.04177	$P(|t| \geq |t\text{值}|) < 0.0001$
$\lg r$	-0.10498	0.04721	—

注：P 是当原假设为真时所得到的样本观察结果或更极端结果出现的概率；t 值是指 T 检验的值。

（2）我国火灾可容忍标准的建立。回归分析的结果可用于预测。根据统计学理论，对于样本容量较大的情况，$\lg F_N$ 有 95% 的概率落入区间（$\lg F_N - 1.6456\sigma$，$\lg F_N + 1.6456\sigma$），其中 $\lg F_N$ 为回归方程的预测值。进一步，根据风险标准的确立原则——ALARP 原则（As Low As Reasonably Practicable，"二拉平"原则，是最低合理可行原则的俗称，是风险可接受水平普遍采用的一种项目风险判断原则），设置信水平 95% 的预测区间为火灾社会风险可容忍区域，可以确定火灾社会风险可容忍区域的上下界限（见表 11-6），并得到火灾社会风险的判定标准曲线图（见图 11-4）。

表 11-6　火灾社会风险的容忍度判定标准

分　类	方　程
ALARP 区域的上限	$\lg F_N = -1.14571\lg N - 5.7070$
平均风险标准线	$\lg F_N = -1.14571\lg N - 6.1050$
风险可忽略区域的上限	$\lg F_N = -1.14571\lg N - 6.5030$

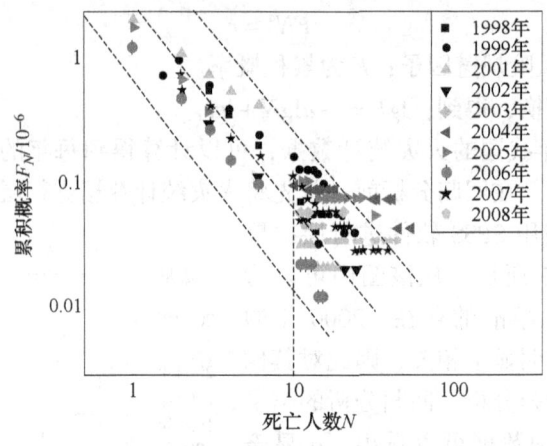

图 11-4　风险判定标准曲线图

（3）建筑火灾安全的判定方法。建立火灾可容忍风险标准的目的是在建筑火灾风险评估中应用。以全国火灾统计数据为基础建立的火灾可容忍标准可以应用于对风险的宏观分析与控制。针对一个具体建筑，可以根据火灾统计数据得到此类建筑的起火概率，并根据事件树等方法分析各火灾场景的出现概率。每个场景导致的后果可以根据火灾动力学模拟和人员疏散模拟估计人员死亡数。分别以每个场景可能造成的人员死亡数目为横坐标，场景出现的概率与受影响人数的比值（累积概率）为纵坐标，构建风险剖面图，并与构建的可容忍标准曲线图进行对比，就可对建筑火灾风险水平进行判定。

第五节　贝叶斯统计及贝叶斯网络

一、理论

（1）概述。贝叶斯统计是由英国学者托马斯·贝叶斯（Thomas Bayes）提出的一种系统的统计推断方法。其前提是任何已知信息（先验）可以与随后的测量数据（后验）相结合，在此基础上去推断事件的概率。贝叶斯统计的基本表达式如下：

$$P(A|B) = \{P(A)P(B|A)\}/\Sigma P(B|E_i)P(E_i)$$

式中，事件 A 的概率表示为 $P(A)$；在事件 B 发生的情况下，A 的条件概率表示为 $P(A|B)$，E_i 为第 i 个事件。

上式的最简化形式为：$P(A/B) = \{P(A)P(B|A)\}/P(B)$。与传统统计理论不同的是，贝叶斯统计并未假定所有的分布参数为固定的，而是设定这些参数是随机变量。如果将贝叶斯概率视为某个人对某个事项的信任程度，那么贝叶斯概率就更易于理解了。相比之下，古典概率取决于客观证据。由于贝叶斯统计是基于对概率的主观解释，因此它为决策思维和建立贝叶斯网络提供了现成的依据。贝叶斯网络是基于概率推理的数学模型，是基于概率推理的图形化网络，使用图形模式来表示一系列变量及其概率关系。网络中的节点表示随机变量，节点间的有向边代表了节点间的互相关系，这里母节点是一个直接影响另一个（子节点）的变量，用条件概率表达关系强度，没有父节点的用先验概率进行信息表达。贝叶斯网络对于解决复杂系统中不确定性和关联性引起的故障有较大优势，因此在多个领域中获得了广泛应用。

(2) 用途。近年来，归功于目前越来越多的现成的软件计算工具，贝叶斯统计及贝叶斯网络的运用非常普及。贝叶斯网络已用于各种领域，如医学诊断、图像仿真、基因学、语音识别、经济学、外层空间探索，以及今天使用的强大的网络搜索引擎，对于任何需要利用结构关系和数据来了解未知变量的领域，它都被证明行之有效。贝叶斯网络可以用来认识因果关系，以便了解问题域并预测干预措施的结果。

(3) 输入。其输入数据接近蒙特卡罗模拟的输入数据。每个贝叶斯网络应采取的步骤如下：①界定系统变量；②界定变量间的因果联系；③确定条件及先验变量；④增加证据；⑤进行信念更新；⑥获取后验信念。

(4) 过程。分析如图 11-5 所示的贝叶斯网络，借助于确定的先验概率，计算节点 C、节点 D 的条件概率（见表 11-7 ~ 表 11-9）。其中 Y 表示正值，N 表示负值。为了确定 $P(A|D=N, C=Y)$ 的后验概率，首先要计算出 $P(A, B|D=N, C=Y)$。使用贝叶斯统计，可以确定 $P(D|A,C)P(C|A,B)P(A)P(B)$，如表 11-10 所示。同时，最后一列表示正态概率，其和为 1（结果四舍五入）。要得出 $P(A|D=N, C=Y)$，B 的所有值必须求和。表 11-11 表明，$P(A=N)$ 的先验概率已由 0.1 增加到后验的 0.12，此变化较小。

图 11-5　贝叶斯网络样图

表 11-7　节点 A 与节点 B 的先验概率

$P(A=Y)$	$P(A=N)$	$P(B=Y)$	$P(B=N)$
0.9	0.1	0.6	0.4

表 11-8　在明确节点 A 与节点 B 的情况下，节点 C 的条件概率

A	B	$P(C=Y)$	$P(C=N)$
Y	Y	0.5	0.5
Y	N	0.9	0.1
N	Y	0.2	0.8
N	N	0.7	0.3

表 11-9　在明确节点 A 与节点 B 的情况下，节点 D 的条件概率

A	B	$P(D=Y)$	$P(D=N)$
Y	Y	0.6	0.4
Y	N	1.0	0.0
N	Y	0.2	0.8
N	N	0.6	0.4

表 11-10　在明确节点 C 与节点 D 的情况下，节点 A 与节点 B 的后验概率

A	B	$P(D|A,C)P(C|A,B)P(A)P(B)$	$P(A,B|D=N,C=Y)$
Y	Y	0.4×0.5×0.9×0.6=0.110	0.4
Y	N	0.4×0.9×0.9×0.4=0.130	0.48
N	Y	0.8×0.2×0.1×0.6=0.010	0.04
N	N	0.8×0.7×0.1×0.4=0.022	0.08

表 11-11　在明确节点 D 与节点 C 的情况下，节点 A 的后验概率

$P(A=Y|D=N,C=Y)$	$P(A=N|D=N,C=Y)$
0.88	0.12

（5）输出。贝叶斯统计与传统统计方法有着相同的应用范围，并会产生大量的输出结果，如得出点估算结果的数据分析以及置信区间。贝叶斯统计近年来颇为流行，而这与可以产生后验分布的贝叶斯网络密不可分。图形结果提供了一种便于理解的模式，可以轻松修正数据来分析参数的相关性及敏感性。

（6）主要优点：①仅需有关先验的知识；②推导式证明易于理解；③提供了一种利用客观信念解决问题的机制。

（7）局限性：①对于复杂系统，确定贝叶斯网络中所有节点之间的相互作用是相当困难的；②贝叶斯统计需要众多的条件概率知识，这通常需要专家来判断提供，软件工具只能基于这些假定来提供答案。

二、操作

本部分利用贝叶斯网络分析 A 公司的应收账款风险水平。

1. 评估事件简介

A 公司为湖北省农业产业化重点龙头企业，产品为湖北省名牌，现有员工 180 人，固定资产 3000 万元。公司销售网络覆盖华南、华东、华中各省市区，产品深受消费者青睐。从往年数据来看，A 公司每年的信用交易额占所有销售额的 95% 以上。也就是说，A 公司的销售方式以信用交易为主。在销售合同签订后，如果符合记账条件，在 A 公司的账面上有很多销售收入是以应收账款的形式存在，而不是以银行存款等货币资金的形式存在。因此，A 公司具有一定的代表性，可以作为研究对象。A 公司与国内某企业商洽一笔信用交易业务，交易额为人民币 75 万元，信用期约定为 1 个月。虽然 A 公司与该公司有 5 年多的业务往来，发生过多笔赊销业务，但汇总看来，仅有 13 个数据，单纯利用信用评分法、违约概率模型等先验概率法无法对这笔业务进行风险评估。因此，本部分将运用贝叶斯网络模型，结合专家判断法中的"5C"法和信用评分法中的 Z 计分模型来对这笔信用交易业务进行事前应收账款风险评估，为 A 公司的风险管理提供依据。选取的辅助软件是 GeNIe2.0。

2. 确定表示应收账款风险各个节点的概率值

要利用贝叶斯网络求出这笔应收账款业务的风险，也就是求在给定节点 X_1，X_2，X_3，X_4，X_5，X_6 状态的情况下表示本笔业务失败的节点 X_7 的概率 $P(X_7|X_1,X_2,X_3,X_4,X_5,X_6)$。首先确定影响赊销公司偿债能力风险的概率 $P(X_1=1)$ 的值。由于 A 公司掌握赊销公司的数据资料比较多，所以将综合 Z 计分模型和"5C"法的结果来求 $P(X_1)$；从 Z 计分模型来看，由于赊销公司为国内一家非上市公司，根据非上市公司的 Z 计分模型（张鸣等，2004）可得到：$Z = 0.717F_1 + 0.847F_2 + 3.107F_3 + 0.420F_4 + 0.998F_5$。其中，$F_1 \sim F_5$ 分别代表运营资本/资产总额、留存收益/资产总额、息税前利润/资产总额、企业的账面价值/负债总额和销售额/资产总额。要确定非上市公司的账面价值，可以采用资产评估方法中的预期收益法，确定企业的价值，并以此来代替企业的账面价值，其他数据主要来自赊销公司的财务报表。Z 值的判断范围的调整是：Z 值大于 2.90，表示企业的财务状况、经营状况良好，发生破产的可能性小；Z 值小于 1.23，表明企业正处于破产的边缘，Z 值在 1.23~2.90 之间，表明企业的财务及经营极不稳定，为"灰色地带"。通过对赊销公司财务报告的整理，得到赊销公司五个变量的具体值分别为 30.12%、23.88%、34.07%、54.71%、1.38。将五个变量的值代入非上市公司的 Z 计分模型，得出 Z 值为 3.08。可见，赊销公司发生破产的可能性不大。

另外，根据"5C"法，分别考察赊销公司的品质、能力、资本、抵押品、(周期的或经济的) 条件，A 公司财务部门、营销部门及相关人员认为赊销公司丧失偿债能力的概率在 20% 左右。综合"5C"法和 Z 计分模型的结果，取 $P(X_1=1)$ 的概率值为 20%。赊销公司的偿债意愿 $P(X_2)$、本公司的管理缺位 $P(X_3)$、本公司的操作失误 $P(X_4)$ 这些概率只能由专家确定；$P(X_5|X_1)$，$P(X_5|X_2)$，$P(X_6|X_3)$，$P(X_6|X_4)$，$P(X_7|X_5)$，$P(X_7|X_6)$ 根据历年的数据计算得出。这样，由 A 公司财务部门、营销部门及相关人员在根据实际情况评估得到的各个参数的节点概率如表 11-12 所示。

表 11-12 确定网络各个节点的概率

节点	P	节点	P	节点	P	节点	P
$X_1=1$	20%	$X_5=0|(X_1=0,X_2=1)$	30%	$X_6=1|(X_3=0,X_4=1)$	50%	$X_7=0|(X_5=0,X_6=0)$	95%
$X_2=1$	10%	$X_5=1|(X_1=1,X_2=0)$	50%	$X_6=0|(X_3=0,X_4=1)$	50%	$X_7=1|(X_5=0,X_6=1)$	50%
$X_3=1$	10%	$X_5=0|(X_1=1,X_2=0)$	50%	$X_6=1|(X_3=1,X_4=0)$	40%	$X_7=0|(X_5=0,X_6=1)$	50%
$X_4=1$	20%	$X_5=1|(X_1=1,X_2=1)$	90%	$X_6=0|(X_3=1,X_4=0)$	60%	$X_7=1|(X_5=1,X_6=0)$	50%
$X_5=1|(X_1=0,X_2=0)$	10%	$X_5=0|(X_1=1,X_2=1)$	10%	$X_6=1|(X_3=1,X_4=1)$	50%	$X_7=0|(X_5=1,X_6=0)$	50%
$X_5=0|(X_1=0,X_2=0)$	90%	$X_6=1|(X_3=0,X_4=0)$	40%	$X_6=0|(X_3=1,X_4=1)$	50%	$X_7=1|(X_5=1,X_6=1)$	90%
$X_5=1|(X_1=0,X_2=1)$	70%	$X_6=0|(X_3=0,X_4=0)$	60%	$X_7=1|(X_5=0,X_6=0)$	5%	$X_7=0|(X_5=1,X_6=1)$	10%

3. 确定本笔应收账款业务失败的概率值

运行 GeNIe2.0 软件，得到如下结果：$P(X_5=0)=76.4\%$，$P(X_6=0)=42.2\%$，$P(X_7=0)=65.9\%$，$P(X_5=1)=23.6\%$，$P(X_6=1)=57.8\%$，$P(X_7=1)=34.1\%$。至此得到，在销售合同成立前，A 公司面临的应收账款风险值为 $P(X_7=1)=34.1\%$。这意味着对 A 公司而言，这笔业务失败的可能性为 34.1%。当然，在销售合同成立后至业务结算的整个过程中，A 公司可以利用这个模型进行后续跟踪。随着条件的变化，A 公司只需更新相关节点的条件概率表，就能及时监控应收账款风险值的变化，并采取相应的风险控制措施。

第六节 熵度量法

一、理论

在物理学上，熵函数就是一个系统所处状态（事件所处条件）的不确定性的科学量度指标。将风险与熵联系在一起，可以充分揭示风险的实质。"风险熵"越大，风险也越大。

熵是法国科学家克劳修斯 (Rudolf Clausius) 提出的。1850 年克劳修斯提出热力学（第二定律）："不可能使热量从低温物体传向高温物体而不引起其他变化"。1865 年他为了完成热力学（第二定律）的量化问题而引进一个状态函数——熵。具体而言，当一个系统从状态 1 经过一个可逆过程变为状态 2，引起系统的熵变 $\Delta s = s_2 - s_1$，可定义为

$$\Delta s = R \int_1^2 \frac{\mathrm{d}Q}{T} \tag{11-1}$$

式中，T 为物质的热力学温度；$\mathrm{d}Q$ 为熵增过程中加入物质的热量。引入熵概念以后，热力学（第二定律）的普遍数学表述为

$$\Delta s \geq \int_1^2 \frac{\mathrm{d}Q}{T} \tag{11-2}$$

式中，等号对应于可逆过程，不等号对应于不可逆过程。在一个不受外界影响的孤立系统中所发生的一切过程都是绝热过程（$dQ=0$）。由于孤立系统中发生的任何过程都是不可逆过程，因此都是熵增加的过程，这就是著名的"熵增原理"，它曾被当代经济学界引用于经济问题的研究。任何经济系统都存在熵，系统发生的一切自发过程（无须依赖外力推动而能自动发生的过程）都是不可逆过程，也都是熵增加的过程，并且这种增加直至到达平衡状态（无宏观变化的相对静止状态）即熵达到极大值才终止。毋庸置疑，熵的概念极为抽象、深奥且难于理解。直到1877年奥地利物理学家路德维希·玻尔兹曼（Ludwig Edward Boltzmann）在研究气体分子运动的过程中，才首先对熵做出统计解释。他从理论上导出了熵 S 与热力学概率 W（与统计概率的含义不同，它指的是原子无序状态的数量）之间的关系：

$$S = k\ln W \tag{11-3}$$

式中，$k=1.38\times 10^{-23}$ J/K 称为玻尔兹曼常数，式（11-3）就是著名的玻尔兹曼定律，根据该定律，系统某一状态熵的大小与该状态所对应的热力学概率有关。一个系统在某一状态的热力学概率越大，该系统的熵就越大，系统就越混乱、越无序，不确定性就越大。因此，熵的本质含义就是：熵是一个系统无序或不确定性的量度。玻尔兹曼对熵做出的这一统计解释为熵概念的泛化奠定了理论基础。凡是所研究的对象（即系统）的组成要素之间的关系具有随机不确定性或表现形式是混乱无序的，都可以用熵理论加以描述和研究，这正是熵概念能被泛化而广泛应用的客观基础。而熵概念的泛化又成为众多学科发展的"关节"和"引线"。据不完全统计，目前至少有70~80种熵分别应用于生命科学、系统科学、经济学、生态学、哲学、文学、艺术、历史学、语言学、宗教学等领域中。熵概念的泛化不仅深化和扩充了熵概念的内涵，产生了新概念，而且产生了许多新的交叉学科。例如，在经济学领域，由于熵增原理为经济增长的自然限度奠定了理论基础，产生了熵经济学、环境经济学和资源物理学三门交叉学科。

在自然科学和社会科学的各个领域中，存在着大量的不同层次、不同类别的随机事件的集合，每一种随机事件的集合都具有相应的不确定性或无序性。这种不确定性可以是所研究的系统组成要素之间的无规则联系与转化的程度，也可以是客观事件之间的不确定性联系与转化的程度，还可以是事件本身的不确定性。例如，税务筹划方案的风险就是这一客观事件本身的一种不确定性。所有这些不确定性或无序性都可以用熵这个统一的概念来描述和研究。既然熵是无序性或不确定性的量度，而不确定性又具有统计特征，那么任何一个随机不确定性的事件既可以用熵概念来描述，也可以用概率统计理论作为研究工具。例如，信息论的创始人、美国贝尔电话公司的申农（C. E. Shannon）在研究通信理论时，就是把信号源看作是一组随机事件的集合，认为其随机不确定性与热力学系统中区大量粒子无规则热运动所造成的微观状态的混乱度或无序性是类同的，从而利用概率统计理论于1948年把信号源发出信息的平均不确定性定义为信息熵。

二、操作

本部分以"风险熵"作为税务筹划方案风险的评价指标，采用同样的思维方法来研究税务筹划方案的风险。由于任何一个税务筹划方案都是一组可节减税额的随机事件的集合。因此，可把筹划方案中可节减税额的平均不确定性定义为税务筹划方案的"风险熵"。假设筹划方案中第1种"可能性"可节减单位税额的概率为 P_1，按照概率统计理论，概率越大

的事件其实现的可能性越大，或者说事件的不确定性越小，事件实现的风险就越小。因此，可以把节减单位税额的不确定性定义为

$$R_i = c\log\frac{1}{P_i} \tag{11-4}$$

式中，c 为正的常数，c 的取值与对数底和 R_i 的单位有关，本处没有打算给"风险熵"命名单位，因此为计算上简便起见，以 e 为对数底并取 c 为 1。显然，对数底和 c 的取值大小属于"水涨船高"的问题，不会影响最终结果的相对大小。将式（11-4）对 i 种情况求和取平均数可得整个方案的平均不确定性，求平均数时可以将各种"可能性"中可节减的税额作为权重进行加权平均。现在假设筹划方案中有 n 种可节减税额的"可能性"，第 i 种"可能性"可节减税额的金额为 h_i。那么，该方案可节减税额的平均不确定性（即"风险熵"S_R）等于以 h_i 为权重的加权平均值，即

$$S_R = \frac{h_1R_1 + h_2R_2 + \cdots + h_nR_n}{h_1 + h_2 + \cdots + h_n} = \frac{\sum_{i=1}^{n}h_iR_i}{H} \tag{11-5}$$

式中，$H = \sum h_i$，即整个筹划方案中各种可能性下可节减税额的总和。把式（11-4）代入式（11-5）可得税务筹划方案"风险熵"与 n 种可节减税额"可能性"的概率分布之间的函数关系式为

$$S_R = \frac{1}{H}\sum_{i=1}^{n}h_i\ln\frac{1}{P_i} \tag{11-6}$$

由式（11-6）可知，只要把某一节税方案中各"可能性"的概率和相应的可节减税额代入式（11-6），便可求出量度该方案风险程度大小的"风险熵"数值。

（1）税务风险程度计算。为了便于比较和分析结果，同时利用"风险熵"和"标准离差率"两种不同方法对表 11-13 中三种不同的税务筹划方案的风险程度大小做了计算。

表 11-13 风险税务筹划方案的风险程度

筹划方案	方案 1		方案 2		方案 3		不同方法计算的风险程度	
	h_1/万元	p_1	h_2/万元	p_2	h_3/万元	p_3	S_R	V
1	400	70%	150	20%	50	10%	0.832	0.420
2	150	70%	400	20%	50	10%	1.354	0.574
3	50	70%	150	20%	400	10%	1.967	1.009

首先，以"风险熵"计算方案 1 的风险程度：$S_R = 0.832$。

然后，以"标准离差率"计算方案 1 的风险程度：第一步，计算该方案的期望值 $E = \sum p_ih_i = 315$ 万元。第二步，计算标准差 $\sigma = 132.382$。第三步，计算标准离差率 $V = \sigma/E = 0.420$。

同理，可分别计算方案 2、方案 3 的风险程度，具体计算结果见表 11-13。

（2）风险程度分析。分析表 11-13 中的计算结果可以看出，用"风险熵"S_R 计算三种方案的风险程度的相对大小依次为 $S_{R1} < S_{R2} < S_{R3}$。为便于比较，在三种方案中各种"可能性"下所设定的最大的可节税金额均为 400 万元，最小的可节税金额均为 50 万元，居中的可节税金额均为 150 万元，各种"可能性"可节税金额的总和均为 600 万元；从各种可能性的概率分布而言，均设定为 70%、20%、10% 的分布。进一步分析可知，同样的最大可

节税金额 400 万元（也即各"可能性"可节税金额总和的 2/3），在方案 1 中的实现概率为 70%，在方案 2 中的实现概率为 20%，在方案 3 中的实现概率为 10%。显然，方案 1 的风险程度最小，方案 3 的风险程度最大，而方案 2 的风险程度居中。以上分析表明，以"风险熵"计算出三种方案风险程度的相对大小与直观分析相吻合，因此计算所得结果可以理解的。用"标准离差率" V 计算三种方案的风险程度的相对大小亦为 $V_1 < V_2 < V_3$，这个相对大小的顺序排列显然与"风险熵"相一致。但是，从单纯的计算层面来看，"标准离差率"的计算程序复杂烦琐，而"风险熵"的计算程序简单明了。"标准离差率"是数理统计上样本值对期望值离散程度的指标，不是严格意义的"不确定性"衡量指标；而熵是物理学上"不确定性"的衡量指标，基于风险就是事件本身的不确定性，把熵与风险联系起来更具有科学性。由此可见，"风险熵"作为衡量税务筹划方案风险程度的指标要比"标准离差率"更具有科学性和适用性。

第七节　投影寻踪法

一、理论

投影寻踪法是统计学中的一种方法，它的根本思想是将维数较高的数值映射到维数较低的子空间上，得到能够说明原高维数据特征或结构的投影，从而达到分析和研究高维数据的目的。

（1）构建综合投影特征值函数。设单位向量 $\alpha = (\alpha_1, \alpha_2, \cdots, \alpha_m)$ 为投影方向上各指标的向量，则线性空间上第 i 个样本的投影特征值 $z(i)$ 为式 (11-7)，式中，a_j 为第 j 项指标在投影方向上的方向向量；μ_{ij} 为第 i 个样本第 j 项指标归一化处理后的指标值。投影特征值的大小反映了风险的高低，投影特征值越大，表明风险越高；反之，则风险越低。

$$z(i) = \sum_{j=1}^{m} \alpha_j \mu_{ij} \quad (i = 1, 2, \cdots, n) \tag{11-7}$$

（2）构建投影指标函数。投影指标函数为式 (11-8)，式中，S_z 为样本投影特征值 $z(i)$ 的标准差；D_z 为投影特征值 $Z(i)$ 的局部密度；$\bar{z}$ 为序列 $\{Z(i)\}$ 的平均值；R 为局部密度的窗口半径，一般 $R = 0.1 S_z$；r_{ik} 为两样本 i 和 k 综合投影特征值 $z(i)$、$z(k)$ 相隔的距离；$f(R - r_{ik})$ 为单位阶跃函数，若 $R \geq r_{ik}$，则函数取 1，其他均取 0。

$$Q(\boldsymbol{\alpha}) = S_z D_z \tag{11-8}$$

其中

$$S_z = \sqrt{\frac{1}{n-1} \sum_{i=1}^{n} (z(i) - \bar{z})^2} \tag{11-9}$$

$$D_z = \sum_{i=1}^{n} \sum_{k=1}^{n} (R - r_{ik}) f(R - r_{ik}) \tag{11-10}$$

$$r_{ik} = |z(i) - z(k)| \quad (i = 1, 2, \cdots, n; k = 1, 2, \cdots, n) \tag{11-11}$$

（3）构建优化投影函数。投影寻踪法中，当选用的样本值给定时，若投影方向 a 发生改变，则投影指标函数 $Q(a)$ 便与其一同改变。数据的结构特征不同，与之对应的投影方向也不同，高维数据的代表性特征结构往往会在投影方向上显现出来，则此投影方向即为最佳投影方向。通常采用将指标函数最大化来获得最佳投影方向，即由式 (11-12) 和式 (11-13) 即可求解最适合的投影方向，是非线性单目标最优化问题，采用遗传算法进行求解。

$$\max Q(\boldsymbol{\alpha}) = S_z D_z \qquad (11\text{-}12)$$

$$\text{s. t.} \begin{cases} \sum_{j=1}^{m} \boldsymbol{\alpha}^2(j) = 1 \\ \partial(j) \geqslant 0 (j = 1, 2, \cdots, m) \end{cases} \qquad (11\text{-}13)$$

二、操作

本部分利用投影寻踪法进行再生水利用风险评价。从西南地区选取重庆市、四川省、贵州省和云南省四个代表省市为例进行再生水利用风险评价,以更好地了解这些地区的再生水利用风险情况,为地区生态环境的可持续发展和再生水的利用提供保障。

以健康风险、经济风险和生态环境风险三个因素为准则层,最终选取了12个相关评价指标。将再生水利用风险划分为Ⅰ、Ⅱ、Ⅲ、Ⅳ四个等级,分别为高、较高、较低、低(见表11-14)。

表11-14 再生水利用风险评价指标体系及等级划分

准则层 L	指标层 T	单位	风险等级			
			Ⅰ级(高)	Ⅱ级(较高)	Ⅲ级(较低)	Ⅳ级(低)
健康风险指标 L_1	常规污染物浓度 T_1	mg/L	≥15	15~10	10~5	≤5
	重金属浓度 T_2	mg/L	≥0.01	0.01~0.005	0.005~0.001	≤0.001
	致癌污染物浓度 T_3	mg/L	≥0.01	0.01~0.005	0.005~0.001	≤0.001
	空气中VOCs(挥发性有机物)浓度 T_4	mg/L	≥0.05	0.05~0.01	0.01~0.005	≤0.005
经济风险指标 L_2	城市平均供水水价 T_5	元	≤4	4~5	5~6	≥6
	投资回收期 T_6	年	≥15	15~10	10~5	≤5
	投资收益率 T_7 (%)		≤10	10~15	15~20	≥20
	净现值 T_8	万元	≤10	10~20	20~30	≥30
生态环境风险指标 L_3	景观水体中总氮含量 T_9	mg/L	≥0.2	0.2~0.05	0.05~0.005	≤0.005
	景观水体中总磷含量 T_{10}	mg/L	≥0.2	0.2~0.05	0.05~0.005	≤0.005
	景观水体中叶绿素含量 T_{11}	mg/L	≥0.06	0.06~0.01	0.01~0.002	≤0.002
	pH值(酸碱度) T_{12}		≤6.5	6.5~7.0	7.0~7.5	≥7.5

基础数据主要来源于各评价省市2012年统计年鉴、水资源公报、污水处理厂再生水水质实测数据等资料。研究区2012年各评价指标数据如表11-15所示。

表11-15 研究区2012年各评价指标数据

准则层 L	指标层 T	单 位	重 庆 市	四 川 省	贵 州 省	云 南 省
L_1	T_1	mg/L	9.67	8.23	6.14	4.77
	T_2	mg/L	0.006 3	0.005 4	0.004 1	0.003 9
	T_3	mg/L	0.005 8	0.005 1	0.003 5	0.002 6
	T_4	mg/L	0.009 2	0.009 6	0.006 8	0.005 1
L_2	T_5	元	4.21	5.61	4.92	6.97
	T_6	年	20	12	15	5
	T_7 (%)		12	15	14	20
	T_8	万元	13	20	17	25

(续)

准则层 L	指标层 T	单 位	重庆市	四川省	贵州省	云南省
L_3	T_9	mg/L	0.14	0.08	0.01	0.009
	T_{10}	mg/L	0.11	0.05	0.008	0.013
	T_{11}	mg/L	0.005 6	0.002 2	0.003 4	0.002 1
	T_{12}		7.13	7.35	7.38	7.74

将原始数据归一化处理后,通过遗传算法[⊖]求解投影寻踪模型得到研究区各指标的最佳投影方向向量为 α,将所求解的最优投影向量代入式 11-7 计算各城市的投影特征值,确定标准等级划分的一维投影特征值,计算及评价结果分别如表 11-16 和表 11-17 所示。

$$\alpha = \begin{pmatrix} 0.349 & 0.332 & 0.338 & 0.305 & 0.242 & 0.187 \\ 0.091 & 0.106 & 0.253 & 0.142 & 0.174 & 0.062 \end{pmatrix}$$

表 11-16 再生水利用风险评价等级投影特征值

等级	$z(i)$	再生水利用风险高低	等级	$z(i)$	再生水利用风险高低
Ⅰ级	≥3.706	高	Ⅲ级	1.519～2.641	较低
Ⅱ级	2.641～3.706	较高	Ⅳ级	0.372～1.519	低

表 11-17 各城市再生水利用风险评价结果

研 究 区	$z(i)$	计 算 等 级	研 究 区	$z(i)$	计 算 等 级
重庆市	3.652	Ⅱ级(较高)	贵州省	1.568	Ⅲ级(较低)
四川省	3.149	Ⅱ级(较高)	云南省	1.246	Ⅳ级(低)

由表 11-17 可看出,重庆市和四川省的再生水利用风险处于Ⅱ级,再生水利用风险较高;贵州省再生水利用风险处于Ⅲ级,再生水利用风险较低;云南省再生水利用风险处于Ⅳ级,再生水利用风险低。可见重庆市和四川省的再生水利用风险较高,其主要原因在于重庆市和四川省对再生水的利用较多,从而使再生水利用的风险变大,部分污水处理厂的设备工艺不够先进,出厂水质较差;而贵州省和云南省对再生水的利用相对较少,较多的污水处理厂是新工艺,出厂水质较好,因此再生水利用风险较低。评价结果与这些省市的实际情况相符,可见投影寻踪法对再生水利用风险评价可行、有效。

补充阅读文献

1. 马尔可夫分析文献

[1] 姬新龙,等. 基于马尔科夫随机波动和极值理论的风险测度 [J]. 中国管理科学, 2014 (10).

[2] 孙叶萌,等. 基于马尔科夫区制转移模型的风险价值度量 [J]. 经济纵横, 2010 (3).

[3] 胡乐江,等. 基于马尔可夫过程的风险资本多阶段投资决策 [J]. 系统工程, 2003 (2).

[4] 杨文华. 马尔科夫过程在优化项目风险管理资源配置中的应用 [J]. 安徽工业大学学报:社会科学版, 2014 (1).

⊖ 具体算法参见:王顺久,等. 关中平原地下水资源承载力综合评价的投影寻踪方法 [J]. 资源科学, 2004 (26).

第十一章 统计类风险评估方法

2. 统计推论法文献

[1] 祁永忠. 贷款利率市场化对我国银行间同业拆借利率分布影响研究——基于统计推论检验的实证分析[J]. 宁夏师范学院学报, 2015 (12).

[2] 朱元兰. 统计推论的使用[J]. 中国统计, 2007 (8).

3. 均值-方差模型文献

[1] 庄德栋. 欧盟碳市场相依结构和风险溢出效应对碳排放权价格波动影响研究[D]. 广州：华南理工大学, 2014.

4. FN曲线文献

[1] 赵新伟, 等. 中国油气管道的可接受风险准则[J]. 油气储运, 2015 (12).

[2] 孙宽, 等. 基于统计分析的我国火灾可容忍风险标准的建立[J]. 消防科学与技术, 2010 (2).

[3] 陈慧阳, 等. 基于FN曲线的交通事故风险可接受水平研究[J]. 综合运输, 2016 (6).

5. 贝叶斯统计及贝叶斯网络文献

[1] 肖奎喜, 等. 供应链模式下的应收账款风险研究——基于贝叶斯网络模型的分析[J]. 会计研究, 2011 (11).

[2] 陆静, 王捷. 基于贝叶斯网络的商业银行全面风险预警系统[J]. 系统工程理论与实践, 2012 (2).

[3] 薄纯林, 王宗军. 基于贝叶斯网络的商业银行操作风险管理[J]. 金融理论与实践, 2008 (1).

[4] 王光伟. 基于贝叶斯理论的高校财务风险评价方法[J]. 信息工程大学学报, 2013 (2).

[5] 钱正培, 贺学强. 公司信用风险研究的贝叶斯方法[J]. 兰州学刊, 2010 (9).

[6] 姚衡, 等. 基于贝叶斯网络的企业财务风险研究[J]. 新会计, 2016 (6).

[7] 李静邓. 基于贝叶斯网络的人力资源管理风险预警模型[J]. 安徽理工大学学报：社会科学版, 2016 (5).

[8] 曾晓宏. 移动互联企业投资风险评估的拓展贝叶斯决策模型[J]. 统计与决策, 2016 (7).

[9] 李敏. 基于贝叶斯网络的高新企业融资风险评估模型[J]. 统计与决策, 2016 (7).

[10] 何清华, 等. 基于贝叶斯网络的大型复杂工程项目群进度风险分析[J]. 软科学, 2016 (4).

6. 熵度量法文献

[1] 崔海波. 一种证券投资风险度量方法的应用研究[J]. 系统工程, 2004 (3).

[2] 杨绮. "风险熵"量度税务筹划风险研究[J]. 财会通讯, 2005 (2).

[3] 姜继娇, 等. 基于管理熵的机构投资者集成风险预警模式研究[J]. 财经研究, 2004 (3).

[4] 万宇洵, 朱斌. 基于信息熵的审计重大错报风险评估研究[J]. 财经理论与实践, 2008 (5).

[5] 何鑫, 等. 基于熵权法与TOPSIS法的房地产项目投资风险评价[J]. 商业研究, 2009 (3).

[6] 陈庭强, 等. 基于熵空间交互理论的CRT网络信用风险传染模型[J]. 中国管理科学, 2016 (7).

[7] 陈庭强, 等. 多因素耦合下CRT市场信用风险传染的熵空间模型[J]. 系统工程理论与实践, 2016 (1).

[8] 任嵘嵘, 等. 考虑风险偏好和属性约简的熵可靠性决策模型[J]. 科技管理研究, 2016 (2).

[9] 刘国城, 等. 基于AHP和熵权的信息系统审计风险评估研究与实证分析[J]. 审计研究, 2016 (1).

7. 投影寻踪法文献

[1] 李岩, 等. 投影寻踪法在再生水利用风险评价中的应用[J]. 水电能源科学, 2015 (3).

[2] 岳荣宾. 模糊层次和投影寻踪法在大坝安全风险评价中的应用[D]. 济南：山东大学, 2009.

[3] 刘合香, 等. 区域洪涝灾害风险的模糊综合评价与预测[J]. 灾害学, 2007 (12).

练 习 题

1. 采用本章第五节的数据和贝叶斯网络进行A公司的应收账款风险分析，考察最终是否得到表11-12的结果。

2. 根据本章第七节表11-14中的原始数据，采用投影寻踪法进行四个省市的再生水利用风险分析，考察最后是否得到表11-17的结果。

第十二章

管工类风险评估方法

本章将介绍6种管工类风险评估方法：方法集、支持向量机、Copula、集对分析、系统动力学、层次分析法。

第一节 方 法 集

一、理论

基于方法集的组合评价模型是指在评价的基本原则指导下，以能独立完成对对象进行综合评价的方法为基础，根据一定的准则和规则从中抽取若干方法，并运用这些方法对评价对象进行综合评价，然后通过合理的组合算法将以上评价结果进行优化组合的评价模型。通过方法的集成去寻求一个更有效的方法组合，以消除单一方法产生的随机误差和系统偏差，进而解决多方法评价结论的非一致性。考虑到高校财务绩效综合评价问题的实际，本书选取因子分析、模糊综合评价和灰色综合评价作为方法集，在使用上述评价模型独立评价后，采用三个组合评价模型，将各种模型评价结果进行综合，得到最优结果。

步骤1：单一评价方法

分别运用几种不同的评价方法对高校财务绩效进行评价，得到在各种方法下的排序结果。针对高校财务绩效评价现状，考虑各种主观和客观评价方法，选取因子分析、灰色综合评价和模糊综合评价作为方法集。假设用m（本处为3）种方法对n（本处为76）个被评对象进行评价，所得评价值的排序情况如表12-1所示（Y_{ij}表示第i个被评对象在第j种评价方法下的排序值）。

表12-1 单个评价方案评价结果排序表

对象	方法1	方法2	…	方法m
对象1	Y_{11}	Y_{12}	…	Y_{1m}
对象2	Y_{21}	Y_{22}	…	Y_{2m}
⋮	⋮	⋮	…	⋮
对象n	Y_{n1}	Y_{n2}	…	Y_{nm}

步骤2：事前一致性检验

利用Kendall-W系数（肯德尔-W系数，对称和谐系数，是一种反映多列等级变量相关程度的方法）对单个排序结果进行一致性检验，一致性检验在组合评价之前进行，因此称为事前检验。若排序结果具有一致性，则说明几种方法结果基本一致，直接进入步骤4；如果在一致性检验中出现不一致性情况，则进入步骤3。该检验是考察 m 个评判方法对 n 个对象的评判结果之间是否一致。通过讨论和谐系数 W，显示出样本数据中的实际符合与最大可能的符合之间的分歧程度。

步骤3：结果不一致的处理

如果步骤2的结果不具有一致性，则将对各种方法进行两两一致性检验，将具有一致性的方法放在一起，然后分析样本资料、评价结果及方法特点，选取既客观、实际又具有一致性的几种方法，返回到步骤2。

步骤4：组合评价模型

将各种方法的最后得分进行标准化，运用各种组合评价方法对独立评价结果进行组合，得到几组组合评价结果。保证各单一评价方法的评价结果通过事前一致性检验的基础上，分别应用算术平均法、Borda（博尔达）法和 Copeland（科普兰）法进行各评价结果的组合评价，得到各组合评价方法下的组合评价结果（见表12-2，X_{ik} 表示第 i 个被评对象在第 k 种组合方法下的排序值，$1 \leqslant X_{ik} \leqslant n (i=1,2,\cdots,n; k=1,2,\cdots,p)$）。

表 12-2　组合评价排序结果

对　　象	组合 1	组合 2	…	组合 p
对象 1	X_{11}	X_{12}	…	X_{1p}
对象 2	X_{21}	X_{22}	…	X_{2p}
⋮	⋮	⋮	⋮	⋮
对象 n	X_{n1}	X_{n2}	…	X_{np}

（1）算术平均法。设 r_{ik} 为 y_i 方案在第 k 种方法下所排的位次，$i=1,2,\cdots,n; j=1,2,\cdots,m$。先用排序打分法将每种方法排序的名次转换成分数，即第 1 名得 n 分，…，第 n 名得 1 分，第 k 名得 $n-k+1$ 分，其中如有相同的名次，则取这几个位置的平均分，然后计算不同得分的平均值。按平均值重新排序，若两个方案 $R_i = R_j$，则计算不同方法下得分的方差，其中方差小者为优。

$$\overline{R}_i = \frac{1}{m}\sum_{k=1}^{m} R_{ik} \tag{12-1}$$

$$\sigma_i = \sqrt{\frac{1}{m}\sum_{k=1}^{m}(R_{ik} - \overline{R}_i)^2} \tag{12-2}$$

（2）Borda 法。这是一种少数服从多数的方法。若评价认为 y_i 优于 y_j 的方法个数大于 y_j 优于 y_i 的方法个数，则记为 $y_i > y_j$。若两者个数相等，则记为 $y_i = y_j$。定义 Borda 矩阵 $B = \{b_{ij}\}_{n \times n}$。方案 y_i 的得分为 $b_i = \sum b_{ij}$，b_i 是方案 y_i 优的次数，按 b_i 的大小给 y_i 排序，若 $b_i = b_j$，则计算在不同方法下的方差，方差小者为优。

$$b_{ij} = \begin{cases} 1, & y_i > y_j \\ 0, & \text{其他} \end{cases} \tag{12-3}$$

（3）Copeland 法。Copeland 法较 Borda 法有所改进，考虑到区分相等和劣，在计算优的次数的同时还计算劣的次数 c_{ij}。令方案 y_i 的得分为 $ci = \sum_{j=1}^{n} c_{ij}$，根据 c_i 的大小再给 y_i 排序，若

有 $c_i = c_j$，也要考虑计算各方案在不同方法下得分的方差，方差小者为优。

$$c_{ij} = \begin{cases} 1, & y_i > y_j \\ 0, & 其他 \\ -1, & y_j > y_i \end{cases} \quad (12-4)$$

步骤5：事后一致性检验

利用 Spearman 等级相关系数，对组合排序结果与原始独立评价结果的密切程度进行检验，此检验在组合评价之后进行，即事后检验，它主要检验各组合方法排序结果与原始方法排序结果之间的密切程度。当有多种组合方法时，还可凭它选出最合理的组合评价法。

（1）将组合评价结果转化为排序值。假设对原 m 种方法进行 p 种组合。

（2）提出假设。假设 H_0：第 k 种组合方法与原 m 种评价方法无关；H_1：第 k 种组合方法与原 m 种评价方法有关。

（3）构造统计量 t_k（t_k 服从自由度为 n-2 的 t 分布）。ρ_{jk} 表示第 k 种组合方法与原第 j 种方法之间的 Spearman 等级相关系数，它反映组合方法 k 与原方法 j 之间的相关程度，ρ_{jk} 越大表示两种方法所得排序结果的相关程度越高。ρ_k 表示组合方法 k 与原 m 种方法之间的平均相关程度。

$$t_k = \rho_k \sqrt{\frac{n-2}{1-\rho_k^2}} (k = 1,2,\cdots,p), \rho_k = \frac{1}{m}\sum_{i=1}^{m} \rho_{jk} \quad (12-5)$$

（4）求得 Spearman 等级相关系数。x_{ik}，x_{ij} 为第 i 对象分别在第 j 种原始方法和第 k 种组合方法下排序结果规范后的取值；n 为对象的个数；m 为原始评价方法数；p 为组合评价方法数；ρ_{jk} 为第 k 种组合评价方法和第 j 种原始评级方法的 Spearman 等级相关系数。

$$\rho_{jk} = 1 - \frac{6\sum_{i=1}^{n}(x_{ik} - x_{ij})^2}{n(n^2-1)} \quad (j = 1,2,\cdots,m; k = 1,2,\cdots,p) \quad (12-6)$$

步骤6：选择最优结果

根据 Spearman 等级相关系数的大小，选择其中最好的组合评价结果作为整个评价的最后结果。组合评价法既要克服单一评价方法的缺点，又要吸收多种评价方法的优点。故组合评价的结果与原始多种方法的结果之间虽不完全相同，但应十分接近。故选择与原始多种方法最接近的组合方法为最佳组合方法，即取 t_k 中的最大者，此为最佳组合法，其结果就是整个评价的最后结果。

二、操作

由于因子分析、灰色综合评价和模糊综合评价对76所高校2009年财务综合风险的排名不尽相同（见表12-3），为了提高这三种评价方法的一致性，首先用 SPSS18.0 软件的相关性分析的 Kendall 进行检验，结果见表12-4，由此可知，在给定显著性水平0.01 的条件下，这三种方法具有一致性。由于三种方法具有一致性，故不需要修正，可直接进行组合评价。

第十二章 管工类风险评估方法

表12-3 三种评价方法的76所高校财务绩效排名顺序

高　　校	因子分析财务绩效排名	灰色综合评价财务绩效排名	模糊综合评价财务绩效排名	高　　校	因子分析财务绩效排名	灰色综合评价财务绩效排名	模糊综合评价财务绩效排名
北京大学	76	75	75	山东大学	70	48	50
北京化工大学	9	3	3	陕西师范大学	23	43	30
北京交通大学	48	68	64	上海财经大学	13	8	8
北京科技大学	31	54	54	上海交通大学	75	74	74
北京林业大学	22	19	26	上海外国语大学	39	66	62
北京师范大学	37	2	1	四川大学	71	39	39
北京外国语大学	5	45	34	天津大学	59	73	73
北京邮电大学	27	40	45	同济大学	56	41	51
北京语言大学	11	21	31	武汉大学	69	49	55
北京中医药大学	4	9	10	武汉理工大学	65	52	58
长安大学	53	72	72	西安电子科技大学	35	55	48
大连理工大学	61	44	53	西安交通大学	54	38	41
电子科技大学	55	67	69	西北农林科技大学	34	16	18
东北大学	14	33	24	西南财经大学	41	4	5
东北林业大学	43	29	29	西南大学	58	34	40
东北师范大学	49	57	60	西南交通大学	63	63	63
东华大学	15	50	47	厦门大学	60	15	21
东南大学	38	59	61	浙江大学	72	61	57
对外经济贸易大学	24	53	49	中国传媒大学	10	71	70
复旦大学	67	62	66	中国地质大学（北京）	25	35	20
合肥工业大学	32	22	33	中国地质大学（武汉）	26	69	68
河海大学	17	64	59	中国海洋大学	12	5	4
湖南大学	46	18	22	中国矿业大学（北京）	2	51	36
华北电力大学	6	27	32	中国矿业大学（徐州）	47	60	65
华北电力大学（保定）	7	10	6	中国农业大学	52	26	28
华东理工大学	51	30	38	中国人民大学	40	7	9
华东师范大学	44	46	46	中国石油大学（北京）	19	11	13
华南理工大学	57	13	14	中国石油大学（华东）	66	76	76
华中科技大学	73	70	71	中国药科大学	16	14	16
华中农业大学	20	6	7	中国政法大学	28	17	19
华中师范大学	45	42	44	中南财经政法大学	30	12	12
吉林大学	64	28	23	中南大学	62	25	37
江南大学	36	47	35	中山大学	50	36	43
兰州大学	29	31	25	中央财经大学	18	58	56
南京大学	42	20	17	中央美术学院	8	24	27
南京农业大学	21	32	42	中央戏剧学院	1	56	52
南开大学	33	1	2	中央音乐学院	3	23	15
清华大学	74	37	11	重庆大学	68	65	67

表 12-4　事前一致性检验结果：相关系数

			因子分析财务绩效排名	灰色综合评价财务绩效排名	模糊综合评价财务绩效排名
Kendall 的 tau_b（肯德尔相关系数）	因子分析财务绩效排名	相关系数 Sig.（显著性水平）（双侧） N（样本数）	1.000 0.0 76	0.265 0.001 76	0.302 0.000 76
	灰色综合评价财务绩效排名	相关系数 Sig.（双侧） N	0.265 0.001 76	1.000 0.0 76	0.851 0.000 76
	模糊综合评价财务绩效排名	相关系数 Sig.（双侧） N	0.302 0.000 76	0.851 0.000 76	1.000 0.0 76

分别应用算术平均法（由于华北电力大学（保定）和北京中医药大学算术平均值相同，北京邮电大学和东华大学算术平均值相同，选取方差小的为最优，见表 12-5）、Borda 法和 Copeland 法进行各评价结果的组合评价，结果见表 12-6。三种组合评价对 76 所高校财务绩效的排序完全一致，提高了单一方法的一致性。

表 12-5　方差分析

高校	因子分析财务绩效排名	灰色综合评价财务绩效排名	模糊综合评价财务绩效排名	算术平均值	方差
北京中医药大学	4	9	10	7.666 667	3.214 55
华北电力大学（保定）	7	10	6	7.666 667	2.081 666
北京邮电大学	27	40	45	37.333 33	9.291 573
东华大学	15	50	47	37.333 33	19.399 31

表 12-6　三种组合评价方法得分及其排名

高校	算术平均值	算术平均值排名	Borda 法总分	Borda 排名	Copeland 法总分	Copeland 排名
北京化工大学	5	1	15	1	9	1
中国海洋大学	7	2	21	2	13	2
北京中医药大学	7.666 667	3	23	3	20.66	3
华北电力大学（保定）	7.666 667	4	23	4	17.66	4
上海财经大学	9.666 667	5	29	5	22.66	5
华中农业大学	11	6	33	6	24	6
南开大学	12	7	36	7	21	7
北京师范大学	13.333 33	8	40	8	22.33	8
中央音乐学院	13.666 67	9	41	9	37.67	9
中国石油大学（北京）	14.333 33	10	43	10	37.33	10
中国药科大学	15.333 33	11	46	11	42.33	11
西南财经大学	16.666 67	12	50	12	33.67	12
中南财经政法大学	18	13	54	13	43	13
中国人民大学	18.666 67	14	56	14	41.67	14
中央美术学院	19.666 67	15	59	15	61.67	15

(续)

高　校	算术平均值	算术平均值排名	Borda法总分	Borda排名	Copeland法总分	Copeland排名
北京语言大学	21	16	63	16	68	16
中国政法大学	21.333 33	17	64	17	57.33	17
华北电力大学	21.666 67	18	65	18	71.67	18
北京林业大学	22.333 33	19	67	19	67.33	19
西北农林科技大学	22.666 67	20	68	20	60.67	20
东北大学	23.666 67	21	71	21	68.67	21
南京大学	26.333 33	22	79	22	65.33	22
中国地质大学（北京）	26.666 67	23	80	23	69.67	23
北京外国语大学	28	24	84	24	86	24
华南理工大学	28	25	84	25	67	25
兰州大学	28.333 33	26	85	26	79.33	26
湖南大学	28.666 67	27	86	27	77.67	27
合肥工业大学	29	28	87	28	90	28
中国矿业大学（北京）	29.666 67	29	89	29	94.67	29
南京农业大学	31.666 67	30	95	30	103.67	30
陕西师范大学	32	31	96	31	93	31
厦门大学	32	32	96	32	85	32
东北林业大学	33.666 67	33	101	33	95.67	33
中国农业大学	35.333 33	34	106	34	97.33	34
中央戏剧学院	36.333 33	35	109	35	123.33	35
东华大学	37.333 33	36	112	36	120.33	36
北京邮电大学	37.333 33	37	112	37	119.33	37
吉林大学	38.333 33	38	115	38	99.333	38
江南大学	39.333 33	39	118	39	113.33	39
华东理工大学	39.666 67	40	119	40	117.67	40
清华大学	40.666 67	41	122	41	92.67	41
中南大学	41.333 33	42	124	42	120.33	42
对外经济贸易大学	42	43	126	43	134	43
中山大学	43	44	129	44	130	44
华中师范大学	43.666 67	45	131	45	132.67	45
西南大学	44	46	132	46	130	46
中央财经大学	44	47	132	47	147	47
西安交通大学	44.333 33	48	133	48	133.33	48
华东师范大学	45.333 33	49	136	49	140.33	49
西安电子科技大学	46	50	138	50	144	50
北京科技大学	46.333 33	51	139	51	151.33	51
河海大学	46.666 67	52	140	52	157.67	52
同济大学	49.333 33	53	148	53	153.33	53
四川大学	49.666 67	54	149	54	142.67	54
中国传媒大学	50.333 33	55	151	55	175.33	55
大连理工大学	52.666 67	56	158	56	161.67	56
东南大学	52.666 67	57	158	57	170.67	57
中国地质大学（武汉）	54.333 33	58	163	58	180.33	58
东北师范大学	55.333 33	59	166	59	174.33	59

(续)

高　　校	算术平均值	算术平均值排名	Borda法总分	Borda排名	Copeland法总分	Copeland排名
上海外国语大学	55.666 67	60	167	60	177.67	60
山东大学	56	61	168	61	167	61
中国矿业大学（徐州）	57.333 33	62	172	62	184.33	62
武汉大学	57.666 67	63	173	63	175.67	63
武汉理工大学	58.333 33	64	175	64	180.33	64
北京交通大学	60	65	180	65	189	65
西南交通大学	63	66	189	66	192	66
浙江大学	63.333 33	67	190	67	187.33	67
电子科技大学	63.666 67	68	191	68	200.67	68
复旦大学	65	69	195	69	200	69
长安大学	65.666 67	70	197	70	207.67	70
重庆大学	66.666 67	71	200	71	204.67	71
天津大学	68.333 33	72	205	72	213.33	72
华中科技大学	71.333 33	73	214	73	215.33	73
中国石油大学（华东）	72.666 67	74	218	74	222.67	74
上海交通大学	74.333 33	75	223	75	223.33	75
北京大学	75.333 33	76	226	76	226.33	76

在获得各单个评价模型评价结果和组合评价模型评价结果后，利用 SPSS18.0 软件相关性分析的 Spearman 进行检验，结果见表 12-7，由于最低的相关系数是 0.991，在置信度为 0.01 时都是显著的，因此三种组合方法与三种单一方法密切相关。由于三种组合评价方法得到的排序结果完全一致，所以三种方法都可以用来进行组合评价。

表 12-7　Spearman 事后一致性检验

			算术平均值排名	Borda排名	Copeland排名
Kendall 的 tau_b	因子分析财务绩效排名	相关系数 Sig.（双侧） N	0.509 0.000 76	0.509 0.000 76	0.509 0.000 76
	灰色综合评价财务绩效排名	相关系数 Sig.（双侧） N	0.747 0.000 76	0.747 0.000 76	0.747 0.000 76
	模糊综合评价财务绩效排名	相关系数 Sig.（双侧） N	0.790 0.000 76	0.790 0.000 76	0.790 0.000 76

本书对教育部直属 76 所高校的财务状况进行综合评价，通过采用基于方法集的综合评价模型，克服了传统单一方法的局限性，通过事前检验和事后检验，使得组合评价结果更具说服力，尤其是本书构建的方法集在分别使用算术平均法、Borda 法和 Copeland 法进行组合评价时，得到了一致的结果，说明整个方法体系具有一致性。如果结果不一致，则可以通过事后检验来选择最优的组合评价模型，使基于方法集的组合评价具有普遍的适用性。

通过综合评价发现，财务综合风险北京大学最小，上海交通大学次之，北京化工大学财务综合风险相对最大，结果与这些高校的实际财务状况基本吻合，验证了方法的有效性。

值得注意的是，高校财务综合风险的改进并非一蹴而就，而是持续不断的改进过程，这需要找出高校财务状况的薄弱环节，以便有针对性地采取措施。利用基于方法集的组合评价方法对高校的财务综合风险进行评价，对学校而言，既可以依此对每一个因素进行单个分析，找出差距；又可以根据评判结果了解学校的整体情况。对主管部门而言，通过制定一整套评估体系和评价标准，有利于其对高校财务综合风险进行标准化管理。尤其是对高校核定编制和规模后，这一工作是必不可少的。主管部门可根据高校财务综合风险排序结果，表彰先进、激励后进。

第二节　支持向量机

一、理论

支持向量机（Support Vector Machines，SVM）是由贝尔实验室研究者瓦普尼克（Vapnik）于20世纪90年代最先提出的一种新的机器学习理论，是建立在统计学习理论的VC维理论和结构风险最小原理基础上的，根据有限的样本信息在模型的复杂性和学习能力之间寻求最佳折中，以期获得最好的推广能力。支持向量机从诞生至今才十多年，发展史虽短，但其理论研究和算法实现方面却都取得了突破性进展，有力地推动了机器学习理论和技术的发展。这一切与支持向量机具有较完备的统计学习理论基础的发展背景密不可分。统计学习理论领域里把学习问题看作是利用有限数量的观测来寻找待求的依赖关系的问题。而基于数据的机器学习问题，则是根据已知样本估计数据之间的依赖关系，从而对未知或无法测量的数据进行预测和判断。支持向量机方法是统计学习理论中最年轻的部分，目前仍处于不断发展的阶段。支持向量机是从线性可分情况下的最优分类面发展而来的。其基本思想可用图12-1的两维情况来说明。

图12-1中，实心点和空心点代表两类样本，H为分类线，H_1、H_2分别为两类中离分类线最近的样本且平行于分类线的直线，它们之间的距离叫作分类间隔。所谓最优分类线就是要求分类线不但能将两类样本正确分开（训练错误率为0），而且使分类间隔最

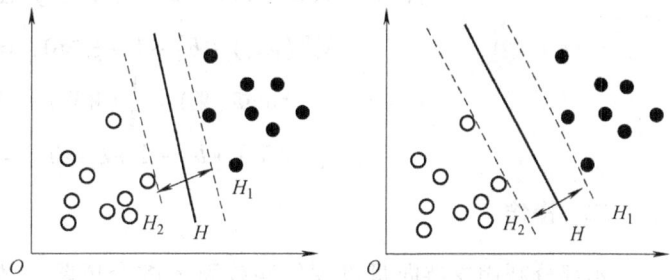

图12-1　支持向量机的分类面

大，右图的H即为最优分类线。分类线方程可以表示为$xw+b=0$，对它进行归一化，使得对线性可分的样本集(x_i,y_i)，$i=1,\cdots,n$，$x\in R_d$，$y_i\in\{+1,-1\}$，满足约束条件式（12-7）。此时分类间隔等于$2/\|w\|$，使间隔最大等价于使$\|w\|^2/2$最小。满足条件式（12-7）且使$\|w\|^2/2$最小的分类面叫作最优分类面，H_1、H_2上的训练样本点称作支持向量。因此，求最优分类面的问题转化为在不等式（12-7）的约束下式（12-8）的优化问题。利用Lagrange（拉格朗日）优化方法可以把上述求最优分类面问题化为其对偶问题，即求式（12-9）的最大值，约束条件为式（12-10），其中α_i为Lagrange乘子。这是一个不等式约束下二次函数寻优的问题，存在唯一解。解上述问题后得到最优分类函数式（12-11）。式（12-11）中的求和实际上只对支持向量进行。α_i^*为α_i的最优解，b^*是分类阈值，可以用任

意一个支持向量（满足式（12-7）的等号）求得，或通过两类中任意一对支持向量取中值求得。上面的最优分类面是在线性可分的前提下讨论的，在线性不可分的情况下，考虑到可能存在一些样本不能被超平面正确分类，因此引入松弛变量 $\xi_i \geq 0$，这样式（12-7）的线性约束条件变为式（12-12）。此时优化问题变为式（12-13）；约束条件为式（12-14）。式（12-13）中的常数 C 起着对错分样本的惩罚作用，实现的是学习机器泛化能力和错分样本数目之间的折中。以上都是在线性分界超平面的基础上进行的讨论，在很多问题中需要将其推广到非线性分类超平面中。支持向量机的非线性特性可以通过如下方式来解决：把输入样本 x 映射到高维特征空间（可能是无穷维）H 中，并在 H 中使用线性分类器来完成分类，即将 x 做变换 $\Phi: R(d) \rightarrow H$，则前面的分析同样适用。当在特征空间 H 中构造最优超平面时，训练算法使用空间中的点积，即仅仅使用 $\Phi(x_i) \cdot \Phi(x_j)$，而没有使用单独的 $\Phi(x_i)$。因此，如果能够找到一个函数 k 使得 $k(x_i, x_j) = \Phi(x_i) \cdot \Phi(x_j)$，那么，在高维空间实际上只需进行内积运算，而这种内积运算是可以用原空间中的函数来实现的，甚至没有必要知道 Φ 的形式。根据泛函的有关理论，只要一种核函数 $k(x_i, x_j)$ 满足 Mercer 条件，它就对应某一变换空间中的内积。选择不同的内积函数 k，就形成不同类型的算法，常用的内核函数有多项式（Polynomial）内核函数、Guass（高斯）内核函数、Sigmoid 内核函数等。

$$y_i[(wx_i) + b] - 1 \geq 0, i = 1, \cdots, n \tag{12-7}$$

$$\min \Phi(W) = \frac{1}{2} \|W\|^2 = \frac{1}{2}(WW) \tag{12-8}$$

$$W(\alpha) = \sum_{i=1}^{n} \alpha_i - \frac{1}{2} \sum_{i,j=1}^{n} \alpha_i \alpha_j y_i y_j (x_i x_j) \tag{12-9}$$

$$\sum_{i=1}^{n} y_i \alpha_i = 0, \alpha_i \geq 0, i = 1, \cdots, n \tag{12-10}$$

$$f(x) = \text{sgn}\{(wx) + b\} = \text{sgn}\left\{\sum_{i=1}^{n} \alpha_i y_i (x_i x) + b^*\right\} \tag{12-11}$$

$$y_i[(wx_i) + b] - 1 + \xi_i \geq 0, i = 1, \cdots, n \tag{12-12}$$

$$\min \Phi(W) = \frac{1}{2}(WW) + C \sum_{i=1}^{n} \xi_i \tag{12-13}$$

$$[(WX_i) + b] - 1 + \xi_i \geq 0, i = 1, \cdots, n \tag{12-14}$$

二、操作

本部分利用支持向量机评估高校财务综合风险。数据来源于教育部直属 76 所高校的 2009 年财务年报数据。自变量为财务综合风险评估的 15 个因子，也是支持向量机的输入变量，因变量为高校财务综合风险。利用因子分析的总分和排名，将财务综合风险离散化。由于财务风险通常采用五级评价（很小、较小、一般、较大、很大），因此，将 76 所高校的 F 得分离散化，转化为 1、2、3、4、5，分别表示财务风险很大、较大、一般、较小和很小：F 值小于 -0.5 表示财务风险很大，用 1 表示；F 值介于 0 ~ -0.5 之间表示财务风险较大，用 2 表示；F 值介于 0 ~ 0.2 之间表示财务风险一般，用 3 表示；F 值介于 0.2 ~ 1 之间表示财务风险较小，用 4 表示；F 值大于 1 表示财务风险很小，用 5 表示。转换后发现，财务风险很大的高校有 11 所，财务风险较大的高校有 31 所，财务风险一般的高校有 12 所，财务风险较小的高校有 17 所，财务风险很小的高校有 5 所（见表 12-8）。从每种财务风险中选取部分高校，合计抽取 70 所高校作为已知样本，剩余 6 所作为检验样本。

表12-8 76高校财务风险的原始数据

高校	F_1	F_2	F_3	F_4	F_5	F_6	F_7	F_8	F_9	F_{10}	F_{11}	F_{12}	F_{13}	F_{14}	F_{15}	离散化F	分区
中央戏剧学院	-1.859 7	0.147 8	-1.76	-0.83	-2.232	-0.825	-2.3	-0.485 9	-3.342 3	1.032 1	-1.461	1.266	-2.83	-2.557	0.564 59	1	0
中国矿业大学（北京）	-1.184 4	-0.407	-1.64	-1.09	-1.399	-0.364	-2.1	-1.552	-2.192 5	-1.192	-1.174	-0.38	-1.8	-0.44	-0.179	1	0
中央音乐学院	-1.783 4	-0.342	-1.75	-0.58	-1.782	0.837 8	-2.3	-0.987 4	-2.271 2	1.003 8	-1.196	-1.13	-2.77	-0.64	0.086 22	1	0
北京中医药大学	-0.901 6	-0.657	-0.98	-1.51	-1.219	0.288 3	-1.2	-0.954 4	-1.137 3	-0.24	-0.791	-0.34	-1.16	-1.205	-0.557 9	1	0
北京外国语大学	-1.098 7	0.145 1	-1.55	-0.14	-1.376	-0.018	-1.9	-0.515 2	-2.138 4	-1.017	-1.063	-0.5	-1.46	-0.251	1.266 55	1	1
华北电力大学	-0.981 4	0.032 7	-1.38	-0.78	-1.319	-0.411	-1.6	-1.102 7	-1.492 5	0.538 3	-0.989	-0.47	-1.33	0.3	-0.413 4	1	1
华北电力大学（保定）	-0.946 1	-0.977	-1.06	-0.54	-1.228	0.198 4	-1.3	-0.220 8	-1.427 2	-0.024	-0.895	-0.79	-1.21	0.225	0.120 49	1	1
中央美术学院	-1.049 3	0.051 4	-1.51	-0.33	-1.335	-0.087	-1.8	-0.991 5	-1.859	0.316 5	-1.021	-0.63	-1.34	-0.295	2.355 23	1	1
北京化工大学	-0.813 2	-1.119	-0.93	-1.24	-1.012	-0.16	-0.8	-0.099 2	-0.838 2	-0.105	-0.585	0.631	-0.8	-0.327	-0.228 2	1	1
中国传媒大学	-0.923 2	1.104 5	-1.05	-1.12	-1.226	0.097 5	-1.2	0.107 57	-1.217 1	-0.482	-0.869	-0.09	-1.2	-0.299	-5.645 2	1	1
北京语言大学	-0.834 4	-0.25	-0.95	0.175	-1.051	0.140 7	-1.1	-0.878 7	-1.069 3	-0.523	-0.75	-0.33	-0.85	0.107 1	-1.028 9	1	1
中国海洋大学	-0.663 6	-1.056	-0.74	-0.68	-0.721	0.158 7	-0.5	-0.091 1	-0.478 8	1.609 4	-0.482	-0.14	-0.49	-0.323	-0.720 6	2	0
上海财经大学	-0.388 7	-0.855	-0.43	-1.35	-0.341	-0.4	-0.3	0.416 05	-0.128 2	-0.051	-0.396	0.139	-0.28	-2.554	0.023 5	2	0
东北大学	-0.548 9	-0.69	-0.74	-1.14	-0.655	-0.438	-0.5	0.065 45	-0.412 7	0.593 9	-0.46	-0.58	-0.47	0.135 2	1.137 32	2	0
东华大学	-0.736 9	-0.143	-0.79	-0.86	-0.794	0.777 9	-0.6	0.285 79	-0.625 4	0.112 2	-0.53	-0.42	-0.66	-0.95	-0.393	2	0
中国药科大学	-0.815 4	-0.566	-0.94	1.544	-1.025	0.722 8	-0.9	-0.421 9	-1.066 2	-2.131	-0.604	0.083	-0.81	0.292 4	1.441 44	2	0
河海大学	-0.795 9	0.176 9	-0.91	0.261	-0.882	-1.077	-0.8	-0.456 2	-0.797 2	0.714 8	-0.562	0.01	-0.74	0.340 6	0.060 54	2	0
中央财经大学	-0.978 1	1.261 6	-1.14	-0.37	-1.295	-0.098	-1.4	-0.587 7	-1.430 2	0.088 6	-0.965	1.401	-1.22	1.350 6	-0.496 1	2	0
中国石油大学（北京）	-0.762 9	-0.281	-0.9	0.072	-0.858	0.229 6	-0.8	-0.056 1	-0.778 4	0.212 2	-0.555	0.418	-0.71	0.630 2	0.669 39	2	0
华中农业大学	-0.693 5	-0.682	-0.75	0.49	-0.743	0.344 7	-0.5	0.062 24	-0.505 4	0.382 5	-0.489	0.211	-0.52	-0.407	-0.350 2	2	0
南京农业大学	-0.744 5	-0.016	-0.86	-0.15	-0.852	0.784 1	-0.8	-0.268 5	-0.739 8	0.725 1	-0.553	0.087	-0.71	0.135	0.973 03	2	0
北京林业大学	-0.742 7	-0.067	-0.83	0.217	-0.795	0.376 4	-0.7	-0.144 8	-0.717 8	1.753 7	-0.551	-0.79	-0.67	-1.091	1.472 55	2	0
陕西师范大学	-0.265	-0.386	-0.09	-0.84	-0.166	0.174 5	0.06	-0.039 1	0.058 83	-1.158	-0.299	-0.01	-0.06	-0.302	-0.722 7	2	0
对外经济贸易大学	-0.526 7	-0.481	-0.68	0.792	-0.631	0.019 2	-0.4	0.103 99	-0.366 3	0.767 1	-0.452	0.919	-0.42	-0.202	-0.025 7	2	0
中国地质大学（北京）	-0.871 1	-0.154	-0.95	1.314	-1.073	0.814	-1.1	2.167 29	-1.127 7	1.203 3	-0.77	0.838	-0.86	-1.54	0.661 11	2	0
中国地质大学（武汉）	-0.517 9	0.259 5	-0.48	0.136	-0.562	-0.403	-0.3	-0.468 7	-0.318 6	0.573 8	-0.429	-0.15	-0.37	0.615 6	-0.267 1	2	0

(续)

高校	F_1	F_2	F_3	F_4	F_5	F_6	F_7	F_8	F_9	F_{10}	F_{11}	F_{12}	F_{13}	F_{14}	F_{15}	离散化F	分区
北京邮电大学	−0.408 2	−0.054	−0.45	−0.24	−0.439	0.051 6	−0.3	−0.812 6	−0.160 5	0.507 6	−0.401	0.732	−0.29	0.122 7	0.365 76	2	0
中国政法大学	−0.339 4	−0.605	−0.32	−1.15	−0.258	0.651 2	−0.2	1.448 85	−0.110 2	0.334 1	−0.363	0.559	−0.23	1.104 6	−0.396 2	2	1
兰州大学	−0.035 7	−0.599	0.312	2.083	0.288 3	−6.772	0.3	1.674	0.527 24	−0.523	0.039 9	−0.61	0.241	−0.666	−0.288	2	1
中南财经政法大学	−0.103 3	−0.596	0.155	−1.32	0.152 3	−0.485	0.24	−0.428 7	0.380 9	1.053 5	−0.072	−0.42	0.17	−0.423	0.637 13	2	1
北京科技大学	−0.268 9	−0.302	−0.17	−0.32	−0.214	−0.435	0.02	1.372 15	0.035 3	0.029 8	−0.314	−0.39	−0.12	0.129 5	−0.509 9	2	1
合肥工业大学	−0.290 4	−0.482	−0.18	0.326	−0.218	−0.055	−0	−0.986 8	−0.081 4	1.092 1	−0.339	0.815	−0.16	−0.736	0.164 81	2	1
南开大学	−0.231 8	−1.108	−0.01	1.604	−0.012	0.601 6	0.12	−2.191 9	0.245 18	−1.036	−0.212	0.914	0.029	−0.645	−0.026 9	2	1
西北农林科技大学	−0.199 5	−0.518	0.006	0.102	0.012 2	−0.182	0.13	−0.443 5	0.309 95	−0.005	−0.183	−0.14	0.033	−0.161	0.499 14	2	1
西安电子科技大学	−0.104 6	−0.583	0.144	−0.29	0.114 6	−0.365	0.22	0.820 17	0.361 95	0.186 6	−0.134	−0.52	0.17	−1.151	−0.043 1	2	1
江南大学	−0.388 6	0.094 1	−0.36	−0.42	−0.325	1.466 3	−0.2	3.272 93	−0.121	0.109 8	−0.365	−2.28	−0.28	−0.957	−0.575 9	2	1
北京师范大学	−0.524	−1.129	−0.58	1.283	−0.593	2.054 3	−0.4	0.770 03	−0.341	1.494 4	−0.44	0.405	−0.39	0.040 5	0.168 16	2	1
东南大学	−0.194 4	0.221 7	0.039	−0.66	0.015 5	0.022 2	0.14	−0.592 6	0.316 36	−0.756	−0.176	−1.81	0.039	1.518 8	1.564 56	2	1
上海外国语大学	−0.723 1	0.932 1	−0.77	0.092	−0.774	0.184 9	−0.6	−0.182 7	−0.591 9	2.150 3	−0.526	0.726	−0.52	1.092 7	1.210 89	2	1
中国人民大学	0.206 75	−0.929	0.361	−0.83	0.474 5	−0.239	0.34	0.182 96	0.621 95	−1.07	0.146 3	0.224	0.339	0.054 8	1.407 11	2	0
西南财经大学	−0.324 5	−0.694	−0.29	2.488	−0.221	1.666 4	−0.2	−0.454	−0.095 5	−1.515	−0.358	0.805	−0.21	−1.026	−1.036 6	3	0
南京大学	0.044 43	−0.659	0.357	0.795	0.378	0.132 5	0.33	−0.456 8	0.594 16	−2.268	0.086 6	−1.26	0.325	1.942 1	−1.195 4	2	0
东北林业大学	−0.497 3	0.272 3	−0.47	0.591	−0.509	0.487 7	−0.3	−0.554 8	−0.226 5	1.412 2	−0.421	0.711	−0.3	2.097 5	−0.231 9	3	0
华东师范大学	−0.050 1	−0.368	0.222	0.092	0.198 6	0.659 1	0.28	1.070 13	0.423 83	−0.434	−0.026	−0.48	0.217	−0.238	−0.304	3	0
华中师范大学	−0.265 1	0.106 4	−0.15	0.937	−0.193	−0.759	0.03	−0.672 9	0.044 76	2.019 7	−0.301	0.278	−0.11	1.287 7	−0.250 2	3	0
湖南大学	−0.015 5	−0.126	0.319	−0.26	0.361 4	−0.023	0.3	−0.437	0.528 59	0.065 2	0.055 1	0.855	0.266	−0.133	0.076 65	3	0
中国矿业大学（徐州）	−0.072 4	0.224 6	0.182	−0.36	0.161 8	−0.145	0.26	−0.406 9	0.415 52	0.495 5	−0.03	0.336	0.187	1.191 8	−0.729 6	3	0
北京交通大学	0.000 77	0.266 4	0.333	−0.68	0.372 3	0.110 9	0.31	0.377 64	0.535 82	−0.048	0.055 2	−0.02	0.316	−0.343	0.172 38	3	0
东北师范大学	−0.241 2	0.199 5	−0.05	1.051	−0.136	0.659 8	0.07	−0.775	0.087 53	0.058 9	−0.23	0.628	−0.05	0.264 2	0.458 52	3	1
中山大学	0.855 63	−0.406	1.025	−1.59	1.103 3	−0.635	0.82	−1.041 3	0.969 87	−1.227	0.618 4	−0.1	0.891	0.244	−1.605 5	3	1

第十二章 管工类风险评估方法

大学																	
华东理工大学	-0.048	-0.332	0.307	1.204	0.239 7	0.015 5	0.29	0.861 95	0.525 29	0.043 6	-0.014	-0.32	0.23	-0.657	-0.402 4	3	1
中国农业大学	0.251 15	-0.601	0.363	0.405	0.476 9	-0.872	0.37	0.355 33	0.638 48	-0.283	0.155 1	0.334	0.36	1.327 6	0.300 03	3	1
长安大学	-0.117 9	1.707 1	0.088	0.28	0.113 6	0.486 2	0.17	-0.156 50	0.346 22	-1.066	-0.142	-1.87	0.046	-0.754	-0.282 8	3	1
西安交通大学	0.322 14	-0.059	0.431	-1.01	0.485	-0.065	0.48	-0.169 40	0.653 49	0.540 1	0.200 7	0.281	0.439	1.979 8	0.279 12	3	0
电子科技大学	0.332 46	0.716	0.447	-0.75	0.492 6	-0.592	0.6	-0.476 20	0.660 64	-0.462	0.217 2	-0.53	0.524	1.585 7	0.497 31	4	0
同济大学	0.896 88	-0.164	1.063	-0.97	1.150 1	0.336 1	1	-0.615	0.980 57	-2.461	0.724 7	-0.43	1.067	-1.392	-0.018 5	4	0
华南理工大学	0.450 98	-0.395	0.475	-0.6	0.789 9	0.197 5	0.69	1.389 44	0.839 06	0.011 9	0.272 2	-0.36	0.595	0.747	0.152 88	4	0
西南大学	0.386 65	0.005 8	0.464	-0.37	0.571 2	-0.371	0.67	0.822 29	0.772 88	-0.661	0.254 1	0.171	0.587	1.966 6	1.646 67	4	0
天津大学	-0.136 4	1.625 9	0.063	0.096	0.030 4	0.944 1	0.17	0.461 73	0.323 2	0.382 2	-0.154	-0.9	0.041	1.377 3	0.627 08	4	0
厦门大学	0.623 78	-0.621	0.703	0.711	0.895	0.528 1	0.71	0.826 98	0.895 35	-0.616	0.328 9	0.747	0.645	0.592 8	0.029 46	4	0
大连理工大学	0.375 87	-0.048	0.462	1.467	0.512 7	0.870 3	0.61	-0.409 40	0.708 15	1.370 3	0.226 1	0.011	0.559	-0.359	0.585 83	4	1
中南大学	0.750 38	-0.477	0.748	-0.63	0.946 8	-0.164	0.8	1.323 35	0.921 06	0.771 5	0.404 9	3.195	0.712	0.885 3	-0.311 3	4	1
西南交通大学	0.465 16	0.134 1	0.528	2.609	0.821 2	0.029 5	0.7	0.082 25	0.872 68	-1.441	0.299 9	-0.24	0.624	-0.446	0.757 19	4	1
吉林大学	1.679 77	-0.856	1.367	-0.33	1.572 4	-0.889	1.41	-0.736 51	1.191 95	0.036 6	1.219 6	-0.23	1.413	-0.018	-0.838 4	4	1
武汉理工大学	1.057 45	-0.261	1.099	0.606	1.175 5	0.270 1	1.14	-1.214 91	1.015 52	0.113 9	0.774 8	0.443	1.143	-0.483	-0.530 9	4	1
中国石油大学（华东）	-0.236 2	4.396 3	-0.03	0.366	-0.078	0.343 5	0.12	0.754 15	0.089 46	-0.024	-0.23	0.078	0.009	0.047 5	-0.665 7	4	0
复旦大学	1.290 3	0.112 8	1.302	-0.27	1.304 6	-0.546	1.2	0.453 9	1.086	1.308 5	1.072 5	-3.25	1.351	1.086 1	-0.113	4	0
重庆大学	0.777 76	0.575 9	0.942	0.897	0.965 7	0.658 5	0.82	0.005 71	0.931 08	2.216	0.552 2	-0.08	0.727	1.918	0.969 34	4	1
武汉大学	1.800 01	-0.308	1.472	-0.73	1.581 8	0.357 6	1.49	-0.829 81	1.231 14	-0.493	1.284 6	-0.01	1.474	-0.81	-1.175 5	4	1
山东大学	1.254 19	-0.193	1.212	0.501	1.252 6	-0.427	1.2	0.463 18	1.041 93	-0.703	0.790 3	1.841	1.157	-0.397	-0.106 1	4	0
四川大学	1.559 8	-0.528	1.338	0.662	1.458 1	1.363 7	1.27	3.421 12	1.100 25	-1.119	1.093 3	0.39	1.41	-0.306	-0.69	4	0
浙江大学	2.248 21	0.386 8	1.659	3.166	1.669 5	-1.019	1.58	-1.209 71	1.275 27	1.183 6	1.331 9	-0.62	1.548	-0.221	0.163 49	5	0
华中科技大学	2.319 9	1.624 5	1.864	-1.23	1.671 5	-1.077	1.63	2.432 59	1.363 62	-0.657	1.831 6	1.333	1.626	0.169 8	0.850 6	5	1
清华大学	2.986 99	-0.749	2.979	-0.28	2.633 6	-0.218	2.75	0.057 58	1.517 4	0.375 3	5.777 9	-0.99	2.371	-0.136	-0.384 1	5	0
上海交通大学	2.677 03	2.886 5	2.898	-1.18	2.054 4	-0.573	1.78	-0.630 51	1.401 12	-1.305	1.366 14	3.439	2.344	-0.923	-1.108 3	5	1
北京大学	2.629 17	4.210 8	1.873	0.62	2.044 4	0.076 5	1.72	-0.701 41	1.366 14	0.538 8	2.202 8	-1.64	2.164	-2.139	0.431 83	5	1

风险评估方法

采用 Clementine 12.0 软件的 SVM 模型进行支持向量机分析,从 70 个已知观测值中随机抽取 10 所高校作为训练样本,将剩余的 60 所高校随机分为 3 组,每组 20 所,这可以通过新增一个分组变量来解决,令这四组取值分别为 0、1、2、3。Clementine 12.0 的 SVM 模型有四种内核类型:RBF(Radial Basis Function,径向基函数)、多项式、Sigmoid、线性。本书将依次采取这四种模式,最后选取一个准确率最高的模式,运行结果见表 12-9。四个模式都计算变量的重要性(见图 12-2)。四个模式都采用专家模式而非简单模式。模型停止的标准是 1.0E-3,规则化参数为 10,回归精确度为 0.1,RBF 伽马为 0.1,伽马为 1.0,偏差为 0.0,度为 3。

表 12-9 支持向量机的分类结果的准确性

		0 区(训练)		1 区(检验1)		2 区(检验2)		3 区(检验3)	
RBF	正确	8	80%	18	90%	19	95%	17	85%
	错误	2	20%	2	10%	1	5%	3	15%
	总计	10		20		20		20	
多项式	正确	6.7	67%	14.8	74%	16.2	81%	16.7	83.5%
	错误	3.3	33%	5.2	26%	3.8	19%	3.3	16.5%
	总计	10		20		20		20	
Sigmoid	正确	7.4	74%	14.4	72%	16.1	80.5%	14.5	72.5%
	错误	2.6	26%	5.6	28%	3.9	19.5%	5.5	27.5%
	总计	10		20		20		20	
线性	正确	7.4	74%	14.5	72.5%	16.1	80.5%	15.2	76%
	错误	2.6	26%	5.5	27.5%	3.9	19.5%	4.8	24%
	总计	10		20		20		20	

由表 12-9 可知,四个模式中,相对而言 RBF 的分类准确性要高一些,训练样本和三组检验样本的准确性分别为 80%、90%、95% 和 85%,可以将该模式继续用于剩余 6 所高校财务绩效假定未知的识别。模型的整体分类准确性还有待提高,这主要是因为本书只考虑了影响财务绩效的 15 个因素,并不全面,而且前面的因子分析有部分信息丢失。

由图 12-2 可知,RBF 模式认为各变量的重要性依次为 F_2、F_1、F_5、F_3、F_{10}、F_7、F_{11}、F_{12}、F_{13}、F_9、F_{15}、F_{14}、F_8、F_4 和 F_6;多项式模式认为各变量的重要性依次为 F_5、F_{11}、F_2、F_7、F_{10}、F_{12}、F_{13}、F_{14}、F_8、F_{15}、F_4、F_9、F_3、F_6 和 F_1;Sigmoid 模式认为各变量的重要性依次为 F_{15}、F_6、F_9、F_4、F_{14}、F_{13}、F_8、F_{10}、F_7、F_5、F_3、F_{11}、F_{12} 和 F_2;线性模式认为各变量的重要性依次为 F_5、F_2、F_7、F_1、F_{10}、F_3、F_{12}、F_{15}、F_{14}、F_9、F_8、F_{11}、F_4、F_6 和 F_{13}。因为相对而言 RBF 模式的准确率最高,所以,F_2 应该是影响高校财务风险大小的首要因素。

高校财务风险评价具有重要意义,而支持向量机的分类方法能在一定程度上帮助高校进行财务风险评价和预测。考虑到支持向量机的优点和高校财务风险评价的数据特点,本书设计了一种基于支持向量机的高校财务风险评价模型。根据 2009 年 76 所高校财务绩效数据,选取 10 所作为训练样本,选取 60 所高校分为 3 组,作为检验样本集。使用训练数据集对支持向量机模型进行训练,并将训练后的模型对测试数据集(剩余 6 所高校)进行测试,取得了较好的实验结果。

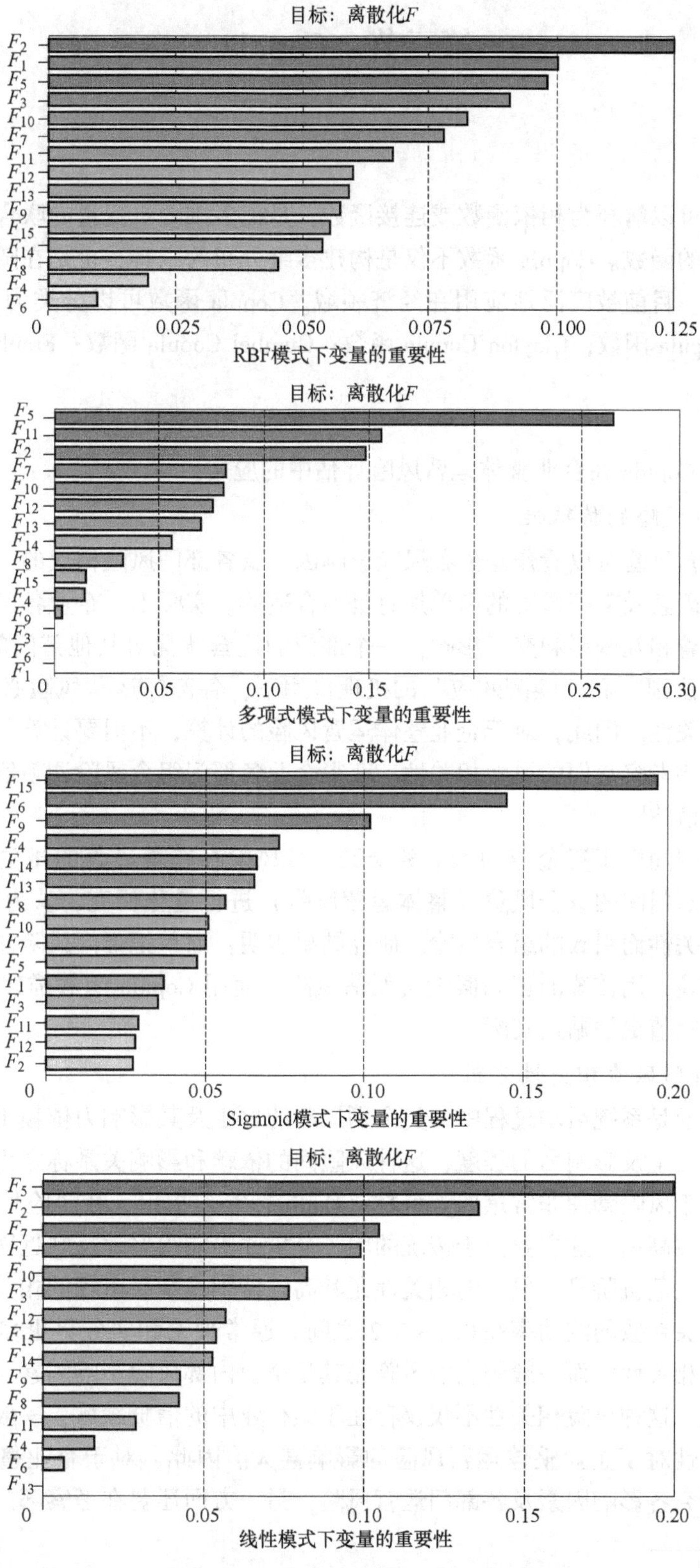

第十二章 管工类风险评估方法

图 12-2 支持向量机分析结果中变量的重要性

第三节 Copula

一、理论

Copula 函数可以解释为相依函数或连接函数，是把多维随机变量的联合分布用其一维边际分布连接起来的函数。Copula 函数不仅是构建多维分布的工具，也是在随机变量之间探索相关关系的工具。目前被广泛地应用在经济领域。Copula 函数可以分类为：正态 Copula 函数；Student-t Copula 函数；Clayton Copula 函数；Gumbel Copula 函数；Frank Copula 函数。

二、操作

本部分介绍 Copula 在企业整体运营风险评估中的应用。

1. 企业整体风险的特殊性

企业整体运营风险可以看作是由各风险影响因素及各部门风险构成的，但将整体运营风险看成是各影响因素及部门风险的简单加总是不合适的。实际上，企业各部门之间在资产和业务等方面存在着相互联系和交互影响，一个部门的运营状况对其他部门的影响是显著的，同时，在"拇指法则"和"唤醒效应"的机理作用下，各部门运营风险必然相互传染而存在较强的风险相关性。因此，对于企业整体运营风险的计算，不但要计算各影响因素及各部门运营风险，还要考察它们的风险相关性，获得企业各部门组合风险调整值，最终得到企业整体运营风险的值。[1]

企业不同部门间由于资金流动和业务交叉，其风险存在着显著的相关性。利用 Copula 函数对企业不同部门间的组合风险（整体运营风险）进行量化研究，认为 Copula 函数适于测度由于风险相关性而引致的组合风险。研究结果表明：简单把部门风险加总，就会高估企业的整体运营风险，用传统的正态假设会低估风险，而用 Copula 函数描述部门间的相关结构，能使组合风险值更加贴近实际。

2. 企业各部门风险相关性分析

风险相关指的是系统活动过程中一类个别风险的发生及其影响力依赖于其他风险的程度和影响其他风险发生及影响力的程度，这种风险间的依赖和影响关系称之为风险相关。风险的相关性特征对于风险管理非常重要。科林（Collin）等人指出，在风险估算中低风险级别的资产通常风险被高估，这主要由于传统的因子分析并不能很好地反映近期危机出现时的大量风险事件；而在危机阶段，风险的相关性尤其高。特别是新兴市场的相关系数具有更高的波动性，一般相关系数的波动率在 0.1～0.2 之间。通常理论和实务界更多关注银行信贷资产间具有的较高相关性，而一般的企业风险尤其是企业内部风险影响因素及各部门间的风险相关性却被忽视。这种风险相关性不仅仅存在于银行业中的信贷领域，一般企业内部不同部门间的风险相关性对于企业整体运营风险的影响甚大。因此，对于企业整体运营风险的考量，一方面要研究各影响因素及各部门运营风险，另一方面还要在考察部门间的风险相关性

---

[1] 丁德臣，鲁昌荣，何建敏. 基于 Copula 函数的企业整体运营风险度量研究 [J]. 山东财政学院学报，2010（1）.

的基础上来计算整体运营风险。在企业运营风险管理过程中，如果只是将影响企业风险的各因素或各部门风险简单加总，而不考虑各风险因素和企业不同部门间由于业务流程和资产联结等而形成的高风险相关性，势必使得企业整体风险与实际风险状况发生偏差。因此，在考察企业整体运营风险时，必须考虑风险相关性的影响，采用适当的方法精确计量风险相关性。

3. 企业整体运营风险的计量

企业整体运营风险是由各风险影响因素及各部门风险构成的，但将整体运营风险看成是各影响因素及部门风险的简单加总是不合适的。企业的运营风险来自不同的部门（如采购、销售、生产以及人力资源部门等），这与金融理论中的投资组合是一致的，投资组合由不同的风险资产构成，每一个风险资产都有自身的风险计量，风险资产之间的相关性对投资组合风险的计量影响显著。因而，企业整体运营风险的计量可以借用金融理论中的投资组合风险计量理论与方法。

（1）实验设计。步骤如下：

第一步，样本选取和预处理，判断样本是否服从正态分布的假设。

第二步，根据公式分别计算出 N 个部门各自的 VaR 值，通过简单相加得到 N 个部门 VaR 值之和。公式为：多维随机变量 $X = (X_1, \cdots, X_d)$ 称为 Comonotonicity（同单调）当且仅当 $X = (F_1^{-1}(U), F_2^{-1}(U), \cdots, F_d^{-1}(U))$。式中，$U$ 为 $(0,1)$ 的均匀分布随机变量；$F_i^{-1}(X_i)$ 为 $F_i(X_i)$ 的广义逆函数。令 VaR_i^a 为部门 i 在置信水平 a 下的风险价值。如果多维随机变量 $X = (X_1, \cdots, X_d)$ 是 Comonotonicity 的，则 a 置信水平下 $X_s = X_1 + X_2 + \cdots + X_d$ 的风险价值计算公式为：$\mathrm{VaR}^a(X_s) = \mathrm{VaR}_i^a$。

第三步，对 N 个部门（相当于组合中有 N 个风险资产）进行 Copula 仿真，计算出整体运营风险的 VaR 值，同时对 Copula 函数进行拟合优度检验。

第四步，对实验得到的结论进行讨论，验证提出模型的有效性。

（2）样本选取和数据处理。选取南京某机床厂为研究样本，选取该企业的采购部门、生产部门、销售部门和人力资源部门等四个主要部门为主要研究对象，四个部门在相同时间段（月）内的运营损失数据作为一组，在不同的时间截面上选取就构成了研究计算企业整体运营风险所需的样本数据。样本选取时间为 2007 年 1 月 ~ 2016 年 12 月，数据来源于该企业内部会计报表、部门记录，共有 120 组记录。

为研究的精确，对数据进行如下处理：$R_t = \log P_t - \log P_{t-1}$。式中，$R$ 为收益；P 为价格；t 为年。为表述方便分别用 BB、PB、SB 和 RB 表示上述企业四部门经过数据处理的收益（风险）。表 12-10 给出了经过数据处理后的该企业 2007 年的 12 个记录。

表 12-10　某企业四部门风险（收益）数据

时间＼部门	BB	PB	SB	RB
01 月	3.560 1	5.283 7	5.583 9	5.938 4
02 月	2.874 6	4.583 7	8.957 3	5.294 8
03 月	4.128 4	3.461 7	5.743 8	9.040 3
04 月	1.129 8	5.236 4	5.219 5	8.489 1
05 月	2.746 3	3.156 3	6.039 8	4.948 7

(续)

时间 \ 部门	BB	PB	SB	RB
06 月	3.127 3	5.347 8	7.037 2	5.903 8
07 月	1.293 2	4.384 7	5.318 5	4.958 3
08 月	2.367 1	4.281 7	4.837 5	3.048 3
09 月	3.293 8	3.983 6	1.038 9	8.018 3
10 月	2.984 7	5.717 3	4.571 0	4.428 1
11 月	3.028 9	4.837 5	5.392 8	3.492 8
12 月	3.198 4	2.073 5	5.295 4	5.398 6

为了对四部门收益（风险）数据有个基本的认识，表 12-11 给出了它们的基本统计量。从表 12-11 可以看出，PB 和 SB 收益率分布具有尖峰右偏特征，再用（夏皮罗-威尔克）Shapiro-Wilk 统计量进行正态性检验（0.05 显著性水平下），发现 P 值远远小于 0.05。可见假设各部门运营损失服从正态分布是不合适的。

表 12-11 各部门风险的基本统计描述

变量	均值	标准差	偏度系数	峰度系数	W 统计量	P 值
BB	$-1.7\exp\{-0.4\}$	0.124 3	0.373 6	7.844 5	0.947 6	$1.2\exp\{-18\}$
PB	$-2.4\exp\{-0.4\}$	0.013 6	0.749 1	6.200 1	0.937 5	$2.2\exp\{-16\}$
SB	$-2.4\exp\{-0.4\}$	0.014 9	0.532 8	5.471 9	0.942 1	$2.0\exp\{-16\}$
RB	$-1.9\exp\{-0.4\}$	0.046 7	0.482 3	6.678 3	0.946 3	$3.0\exp\{-19\}$

显然，表 12-11 的结果表明企业运营损失存在偏峰现象，不服从正态分布。用 GPD 拟合，并选取两尾阈值。阈值的选取结果及 GPD 分布中的参数估计结果如表 12-12 所示。

表 12-12 阈值和 GPD 分布中的参数估计值

变量	u^R	u^L	ξ^R	ξ^L	β^R	β^L
BB	1.78	−1.23	0.234 4	0.125 3	0.475 6	0.710 1
PB	1.54	−1.61	0.145 2	0.018 7	0.623 8	0.525 2
SB	1.58	−1.65	0.192 7	−0.050 9	0.503 1	0.624 0
RB	2.21	−0.24	0.173 8	0.215 2	0.312 1	0.162 3

（3）各部门 VaR 值的计算。由上述公式可计算出不同置信水平下各部门的运营损失的风险价值如表 12-13 所示。

表 12-13 边际（部门）运营风险 VaR

部门 \ 置信水平	90%	95%	97%	99%
BB	0.384 5	0.974 6	1.202 2	1.276 6
PB	0.412 3	1.186 3	1.263 4	1.552 1
SB	0.274 3	0.885 3	1.087 5	1.602 1
RB	0.235 1	0.772 3	1.031 2	1.423 1
上述四部门之和	1.306 2	3.818 5	4.584 3	5.853 9

(4) 整体运营风险 VaR 值的计算。将得到的阈值及估计出的参数值代入到分布函数 GPD 中，再经过概率积分变换得到 [0，1] 上的分布序列 $\{u_i,v_i\}$，用 Box.test 检验后，发现变换后的序列是独立的。这样就可将序列 $\{u_i,v_i\}$ 当作 Copula 的观测值，并对各 Copula 中的参数进行估计，然后用对统计量进行拟合优度检验。表 12-14 给出了各 Copula 中的参数估计值及检验结果。从表 12-14 可知，在 0.05 显著性水平下，不拒绝 Clayton Copula 的假设，t Copula 的对统计量观测值就在临界值的附近，而其余两个均可以表示拒绝原假设，认为序列不服从 Gumbel Copula 和 Frank Copula 分布。

表 12-14　Copula 中的参数估计及检验结果

Copula 类型	t Copula	Cumbel-C	Clayton-C	Frank-C
参数值	$v=2.10, \rho=0.83$	5.07	4.12	18.74
$x^2(n)$	67.31 (48)	68.29 (39)	73.06 (69)	83.37 (42)

(5) 组合风险的蒙特卡罗模拟。在求出了备选 Copula 中的参数以后，接下来就可以运用蒙特卡罗模拟产生服从各 Copula 分布函数的随机数，以估计组合风险值。这里产生 PB 和 SB 的日企业运营损失值（每组 5 000 次，数据处理：$R_t = \log P_t - \log P_{t-1}$），边缘分布仍采用 GPD 模型。具体做法是先产生服从一特定 Copula 函数的一对观测值 $\{u_n,v_n\}$，n 为随机数的个数，再用 GPD 命令求出 GPD 分布的两个参差序列 $\{Z_{i,n}\}$，$i=1,2$，通过 $x_n = u_1 + \sigma_{1,n} Z_{1,n}$，$y_n = u_2 + \sigma_{2,n} Z_{2,n}$（$u_i, \sigma_{1,n}$ 已知）变换，就求出了建立在特定 Copula 函数基础上的一对随机变量 (x_n,y_n)。用经验 α 分位数就得到风险值 VaR。模拟结果如表 12-15 所示。为便于比较，表中还给出了假设运营损失服从正态分布的 VaR 值。

表 12-15　不同 Copula 函数模拟数据的组合 VaR

置信水平	90%	95%	97%	99%
Normal（正常）	1.204 1	1.598 4	1.862 7	2.367 0
t Copula	0.907 7	3.786 2	4.506 3	5.334 5
Gumbel-C	0.802 7	1.605 5	2.341 1	4.245 2
Clayton-C	0.781 6	2.095 3	4.343 0	5.472 9
Frank-C	0.847 1	2.131 1	4.064 7	4.856 2

(6) 讨论。从表 12-15 可以看出，在 95% 置信水平以上，联合正态分布下所得到的整体运营风险 VaR 明显低于各 Copula 所得到的数据，说明正态假设低估了组合风险值，而由各 Copula 所得到的 VaR 值更安全。t Copula 对于 VaR 的估计比较平稳，Clayton Copula 由于对下尾的刻画力较强，所以得到的 99% 置信水平上的 VaR 值较高，而 Gumbel Copula、Frank Copula 则相对较低。从研究结果来说，对于组合风险的相关性，t Copula 刻画得较为全面，如果选择的倾向比较保守，那么 Clayton Copula 是比较合适的。对比改进前后的结果，在所有置信水平上，企业整体运营风险 VaR 值小于各部门运营风险 VaR 值之和。这证明了 Copula 评估企业整体运营风险的合理性。

综上所述，在企业风险管理实践中，使用传统的正态分布假设，就会低估企业面临的整体运营风险，导致企业采取过于激进的策略，增加了企业的整体运营风险，进而会出现经营危机。如果只是简单地把部门风险加总，就会高估企业的整体运营风险，导致企业采取较为保守的策略，降低了企业的盈利能力。

第四节 集对分析

一、理论

集对分析由中国学者赵克勤提出，为处理风险不确定性提供了新的思路。确定性和不确定性是相对的，可以相互转化，确定性寓于不确定性之中。集对分析不但可以同时对确定性和不确定性进行分析，而且可以对随机不确定性、模糊不确定性和中介不确定性进行描述，表现出良好的集成特征，不需要知道不确定性因素服从何种分布，从而避免了其他方法存在的不足。与概率分析方法相比，集对分析采用动态概率表示不确定性因素，更能反映风险的本质。而概率分析方法则是采用静态概率表示不确定性。

集对分析是研究确定性和不确定性问题的方法，而风险分析是关于可能性、偶然性、不确定性的研究，所以用集对分析综合评价模型来分析风险问题时较为客观，运算也较简单。

二、操作

本部分利用集对分析进行境外上市的风险评估。以企业境外上市自身的12个风险分析为例，进行集对分析的介绍。

首先把具有某种联系的两个集合看成一个集对，假设这两个集合共有 N 个特性，其中 S 个特性是两个集合共有的，这两个集合在另外的 P 个特性上相对立，在其余的 $F = N - S - P$ 个特性上既不对立又不同一。则 S/N 为两个集合的同一度，F/N 为差异度，P/N 为对立度。记风险因素集 $F = (F_1, F_2, F_3, \cdots, F_n)$，评语集 $V = (V_1, V_2, V_3, \cdots, V_n)$，并且 V 中的元素按照一定顺序排列，全部元素分为同（影响重大，影响比较大）、异（有一定影响，影响不太大，影响不大）、反（没有影响）。三种类型代表专家对风险发生所持的不同态度，进行定序尺度测量（0-几乎没有风险～5-风险很大）。10名专家的评分结果如表12-16所示，数字代表选择某一选项的人数。

表12-16 专家评分表

	同			异			反
	5-影响重大	4-影响比较大	3-有一定影响	2-影响不太大	1-影响不大		0-没有影响
企业未来发展战略	4	5	1				
企业经营状况	4	4	2				
企业财务状况	3	5	1	1			
上市方案的拟订	4	4	1		1		
中介机构的选择	5	4	2				
技术创新能力	3	5		2			
决策层上市决心	3	5	1		1		

(续)

	同		异		反
	5-影响重大	4-影响比较大	3-有一定影响	2-影响不太大	1-影响不大	0-没有影响
中国证监会及境外证券交易委员会的审核	5	2	1	1	1	
境外上市意向的确立	3	4	2	1		
境外股票发行前的准备	2	5	1	2		
境外上市申请立项	3	2	2	3		
组织制度的适用性	2	3	4	1		

将问卷调查得到的相关数据进行归一化处理，即 $r_{ij}=v_i/\Sigma v_{ij}$。例如，对于企业未来发展战略风险，$a=(4\times5+5\times4)/(4\times5+5\times4+1\times3)=0.93$，$b=(1\times3)/(4\times5+5\times4+1\times3)=0.07$（见表 12-17）。

表 12-17　各项风险指标的同、异、反数值计算

	同一度（a）	差异度（$b=1-a$）	对立度（$c=0$）
企业未来发展战略	0.93	0.07	0
企业经营状况	0.86	0.14	0
企业财务状况	0.88	0.13	0
上市方案的拟订	0.90	0.10	0
中介机构的选择	0.87	0.13	0
技术创新能力	0.90	0.10	0
决策层上市决心	0.90	0.10	0
中国证监会及境外证券交易委员会的审核	0.85	0.15	0
境外上市意向的确立	0.79	0.21	0
境外股票发行前的准备	0.81	0.19	0
境外上市申请立项	0.66	0.34	0
组织制度的适用性	0.61	0.39	0

我们得到风险因素 i 的联系度表达式为

$$u_i = \sum_{j=1}^{i} r_{ij} + \sum_{j=i+1}^{k} r_{ij}i + \sum_{j=k+1}^{n} r_{ij}j = a_{ij} + b_{ij}i + c_{ij}j$$

式中，a 为同一度；b 为差异度；c 为对立度；i、j 为差异度和对立度系数。由于在本次调查中"0-没有影响"一栏为空，所以对立度系数为零，联系度的公式可以化简为 $u=a+bi=a+(1-a)i$，由于本例中各个风险因素的 a 都大于 0.5，所以 $i=b$。

$$i = \begin{cases} -b_{ij}, & \text{当 } a_{ij}<0.5（\text{即同一度小于 } 0.5）\\ 0, & \text{当 } a_{ij}=0.5（\text{即同一度等于 } 0.5）\\ b_{ij}, & \text{当 } a_{ij}>0.5（\text{即同一度大于 } 0.5）\end{cases}$$

各项风险指标联系度计算表如表 12-18 所示。

表 12-18　各项风险指标联系度计算表

	同一度（a）	差异度（$b=1-a$）	i 的取值	联系度 $u=a+(1-a)i$
中介机构的选择	0.93	0.07	0.07	0.935 1
企业财务状况	0.90	0.10	0.10	0.910 0
技术创新能力	0.90	0.10	0.10	0.908 0
决策层上市决心	0.90	0.10	0.10	0.908 0
企业经营状况	0.88	0.13	0.13	0.890 6
上市方案的拟订	0.87	0.13	0.13	0.888 6
企业未来发展战略	0.86	0.14	0.14	0.877 6
中国证监会及境外证券交易委员会的审核	0.85	0.15	0.15	0.869 8
境外股票发行前的准备	0.81	0.19	0.19	0.846 6
境外上市意向的确立	0.79	0.21	0.21	0.836 9
境外上市申请立项	0.66	0.34	0.34	0.774 7
组织制度的适用性	0.61	0.39	0.39	0.762 3

联系度越大的风险指标对境外上市的影响越大，如中介机构的选择、企业财务状况、技术创新能力等与境外上市风险的联系度都在 0.9 以上，说明这些因素对整体的影响重大，要给予特别关注。

第五节　系统动力学

一、理论

系统动力学是一门基于系统论，吸取反馈理论与信息论等，并借助计算机模拟技术的交叉学科。系统动力学能定性与定量地分析研究系统，从系统的微观结构入手建模，构造系统的基本结构，进而模拟与分析系统的动态行为。

系统的行为由其结构和功能所决定。"反馈"就是信息的传输与回授。顾名思义，反馈的重点应在于"回授"即"反"字上。反馈的概念是普遍存在的。例如，空调设备是人们所熟知的，为了维持室内的温度，需要由热敏器件组成的温度继电器与冷却（或加热）系统联合运行。由前者担负室内温度的检测，并与给定的期望室温加以比较，然后把信息馈送至控制器，使冷却（或加热）器的作用在最大与关停之间进行调节，从而实现控制室温的目的。其中温度继电器就是反馈器件，上述的信息馈送过程就是信息反馈作用。

系统是一个由相互区别、相互作用的各部分有机地联结一起，为同一目的而完成某种功能的集合体。系统动力学是认识系统问题和解决系统问题的有效工具之一。系统的结构是指单元的秩序。它包含两层意思：首先是指组成系统的各单元；其次是指诸单元间的作用与关系。系统的结构标志着系统构成的特征。例如，系统建模中对问题的分解（结构建构），系统分析中的共性结构分析，复杂模型的基模研究。

系统动力学包括两个基本原理：①分解原理：目标、边界、框架和结构；确定分析维度和视角（自然科学与社会科学的区分）；由粗到细（自上而下）逐步分解（结构演进）。②综合原理，它是分解的逆过程。

系统动力学的特点有：①其研究的对象主要是社会经济系统。②其分析与解决问题的方法不是建立一组微分方程去求解，而是分析系统的结构：划分子系统；分析变量之间的相互作用：因果关系；区分速率变量、状态变量、辅助变量，研究反馈关系。③通过建立直观的模型，进行计算机模拟，进而解决问题。④事件—行为模式—系统结构：系统结构决定行为模式，行为模式决定具体事件，因此解决问题的根本出发点是系统结构分析。⑤系统动力学能解决微分方程组方法难以解决的复杂非线性系统问题。

系统动力学的学科基础可划分为三个层次：①方法论。系统动力学的方法论是系统方法论，其基本原则是将所研究对象置于系统的形式中加以考察。系统方法论目前还不完善，系统动力学自身的发展也将会丰富、充实系统方法论。②技术科学和基础理论。主要有反馈理论、控制论、信息论、非线性系统理论、大系统理论和正在发展中的系统学。③应用技术——第三层次。为了使系统动力学的理论与方法能真正用于分析研究实际系统，使系统动力学模型成为实际系统的"实验室"，必须借助计算机模拟技术。

系统动力学解决问题的一般过程如下：①提出问题：明确建立模型的目的。即要明确研究和解决什么问题。②参考行为模式分析：分析系统的事件及实际存在的行为模式，提出设想和期望的系统行为模式，作为改善和调整系统结构的目标。③提出假设建立模型：由行为模式提出系统的结构假设。由假设出发，设计系统的因果关系图，并列出方程，定义参数。从而将一系列的系统动力学假设，表示成清晰的数学关系集合。④模型模拟：调整参数，运行模型，产生行为模式。建立好的模型是一个实验室，可以由试验参数和结构的变化理解结构与系统行为模式的关系。

二、操作

本部分利用系统动力学预测企业财务风险。

1. 动态性是现代财务预测研究的一个关键问题[一]

企业财务预测是以销售预测为基础，根据销售预测编制生产预测，进而编制存货、投资、成本费用、利润、现金流量等预测。预计财务报告包括预计资产负债表、预计利润表和预计现金流量表；预计财务指标体系主要包括盈利能力、偿债能力、经营能力和成长能力四个方面。企业财务预测以预计财务报表为基础，以财务指标体系为中心，通过对财务指标的综合分析、预测，及时反映企业财务状况和经营情况的变化，并对企业各环节或可能发生的经营风险发出风险预警信号，为管理层提供决策依据。传统财务预测缺乏动态性，最直接的表现是其静态性。具体包括：①前提的静态性，传统财务计划前提是稳定的环境，这样未来的可预见性大；②执行中的静态性，以计划要求责任单位或责任人，而不是反过来；③对环境的变化及其影响重视不够，传统财务预测虽然在理论上也包含反馈机制，但对如何及时地将实际与预测的差异反映到财务预测中来研究不够。由于对战略决策的动态性反映不足，导致企业资本决策不仅金额巨大，而且具有投入的不可撤销性，对资本投资决策必须非常谨慎。财务预测创新的发展方向就是增强财务预测动态性，财务预测动态性问题成为现代财务

㊀ 林葱，蔡秀珊. 基于系统动力学的企业财务预测模型研究［C］//第三届教育技术与培训国际会议，2010.

预测研究的一个关键问题。事实上，企业战略管理就是一系列的决策过程，形成了一个类似于"流"的过程，将其称为"决策流"，即企业决策并不是一次性的，而是一个根据外界环境的变化和决策实际执行结果不断调整的过程，在企业不断调整决策即"决策流"的过程中形成了信息流，即规划、计划与控制的循环。企业财务预测的动态性是企业决策动态性的需要。

2. 财务预测的特点

在复杂多变的市场环境下，企业进行财务预测经常会遇到复杂的问题，面临顾此失彼的窘境；财务预测系统构成因素众多，其关键因素有资产、负债、所有者权益、收入、费用、利润和现金流量，它们之间相互关联、相互影响，具有复杂的相互依存关系，其中多数呈现为明显的非线性关系，其依存关系也随时间变化而不断变化。财务预测系统的结构以反馈环为基础，而且在财务预测过程中存在多重反馈环，财务预测系统结构相当复杂，其行为表征也往往具有反直观性。例如，企业资金流转的起点和终点都是现金，而其他资产则都是现金在流转中的各种不同的转化形式。企业的固定资产以折旧的形式逐渐回收。此后企业生产经营中的资金主要用于购置各种流动资产而转化为非现金形式，这一过程实现了现金的流转，而现金流转的不断继续就形成了企业的现金循环。财务预测系统的原因和结果在时间上存在着较长的时间延迟。因此，在财务预测中所采用的某些看似合理的策略，结果可能会加剧企业的财务状况、经营成果和现金流量的不稳定性，如现金→材料→在产品→应收账款→现金的各个环节之间的转换需要一段时间，而且在材料、产品库存、应收账款等节点上也客观地需要一定的时间停滞。

3. 企业财务预测问题的方法选择

企业的各项活动属于动态、复杂且非线性关系，需要逻辑判断与大量数学运算。系统动力学采用微分方程的观念建立动态模型，方程中的变量随时间演进而变化，并包含表函数、逻辑函数、特殊函数及时间函数等，正好可以处理财务预测系统的复杂动态问题。

在企业资源有限的情况下，可能发生资源配置与经营效率及盈利能力的冲突，系统动力学以系统思考的观点站在企业全局、整体的角度考察企业管理系统的运行，根据企业内、外的环境和条件，有效地进行资金的平衡、调度，科学确定并保持资金在各有关项目上最优的配置水平，以促进企业"保持良好的偿还能力"与"尽可能提高盈利能力"的协调、统一和企业财务目标的顺利实现。

系统动力学适用于对数据不足的问题进行研究。建模中常常遇到数据难以量化的问题，由于系统动力学模型的结构是以反馈环为基础，多重反馈环的存在使系统行为模式对大多数参数不敏感。即使个别数据缺乏，系统行为也可显示相同的模式。

企业财务政策受企业内、外环境及行业特性的影响，需做敏感性分析，通过系统动态模型的模拟，改变模型的政策变量参数及变量初始值，可进行环境条件的假设、政策设计、情景分析，不同情景下敏感性分析及政策间的相互影响。

4. 动态财务预测模型的构建

（1）模型的基本假设。动态财务预测模型是通过变量将现实中复杂的现象在模型中加以具体描述，为了简化模型，模型的构建基于如下假设条件：

1）企业投资增加是销售增长的主要推动力，投资行为的发生受企业当前的股利分配政策的影响。当现金存量与投资所需资金相当时，基于财务风险的考虑，企业会选择放弃增加投资。

2）企业的筹资额一方面是由企业维持日常经营活动所需现金存量决定的；另一方面，筹资额的上限是由企业的资产及负债额度决定的，在这里不考虑企业筹资能力对可筹集资金数量的影响。

3）企业在既定时期内总是保持比较稳定的销售利润率、投资收益率和应付账款周转率、现销比率及付现成本在成本总额中所占比重。

（2）企业动态财务预测模型的构成。动态财务预测模型以企业现金流量作为系统设计的出发点，综合考虑采购、销售、筹资、投资、分配等行为要素，而将资本市场、原料供应和产品需求等作为系统的外部环境因素。根据所确认变量的性质，企业动态财务预测模型共有现金存量、应收账款、应付账款、未还贷款、应付税金和留存利润等6个水平变量，12个流速变量及52个辅助变量，由四个模块组成，每个模块既可以独立运作，又相互依存，形成一个整体。

在系统的各子模块中，经营活动的现金模块主要有销售额、付现成本、应付账款和应收账款等变量，应付账款受赊购和付款控制；应收账款由赊销和收现控制，同时考虑坏账对应收账款的影响。销售额由销售量和平均单价决定，付现成本由成本率、付现比率和销售额决定。销售额及应收账款的增加将增加经营活动现金流入，因此同经营活动净现金流量是正向变化关系；付现成本及应付账款的增加将增大经营活动现金流出，与经营活动净现金流量是反向变化关系。筹资活动的现金模块主要有筹资、还款、利率、筹资系数等变量，一方面筹资活动增加现金流入，另一方面还款增加现金流出。投资活动的现金模块主要涉及对外投资、对内投资、投资回收、投资收益等变量，投资活动一方面通过资金的使用减少现金存量，另一方面又可通过增加经营活动现金流入来增加现金存量。反过来，充足的现金存量又会促进投资行为的发生。分配活动的现金模块主要有税前利润、所得税、股利分配、留存利润等变量，税前利润和所得税影响净利润，净利润和股利分配决定留存利润。留存利润又通过增加对内投资，增加现金流出。同时所得税和各项税金影响应付税金，增加现金流出。

（3）各模块之间的相互关系。经营活动、投资活动及筹资活动三个模块的连接是以留存利润的分配活动为纽带的。企业投资行为的发生是由留存利润的分配政策决定的，净利润扣除股利分配后的留存利润决定对内投资比例的多少。对内投资的增加通过增强企业生产能力、扩大销售额的形式增加经营活动的现金流入量。将产品需求、原料供应及资本市场等因素作为系统的外界环境因素，将经营活动、投资活动、筹资活动、分配活动四个子系统因果反馈环予以综合，并对每一子系统内部变量关系进行细化，可得到动态财务预测模型的因果反馈图、债务偿还期限、预计的投资规模以及经营活动所能够取得的净现金流量，综合考虑各个现金流量影响因素对现金流入和流出的影响，当模型模拟得出的现金存量指标为负值时，即表明现金周转不畅，而如果这种情况持续得不到改善，企业债务到期时缺少大量资金予以偿还，即可判断企业发生了财务危机。

（4）模型变量关系。根据各变量之间的关系确定模型的关系等式，是建立财务预测模型的重要环节。在各子模块中，对财务预测模型产生影响的因素包括赊购赊销政策、产品的销售额和成本费用支出，现金流入与流出的关系明确，该模块下的变量关系等式容易确定。根据上文分析并按照系统动力学原理，运用系统动力学建模软件 Vensim 建立相应的企业动态财务预测模型如图 12-3 所示。

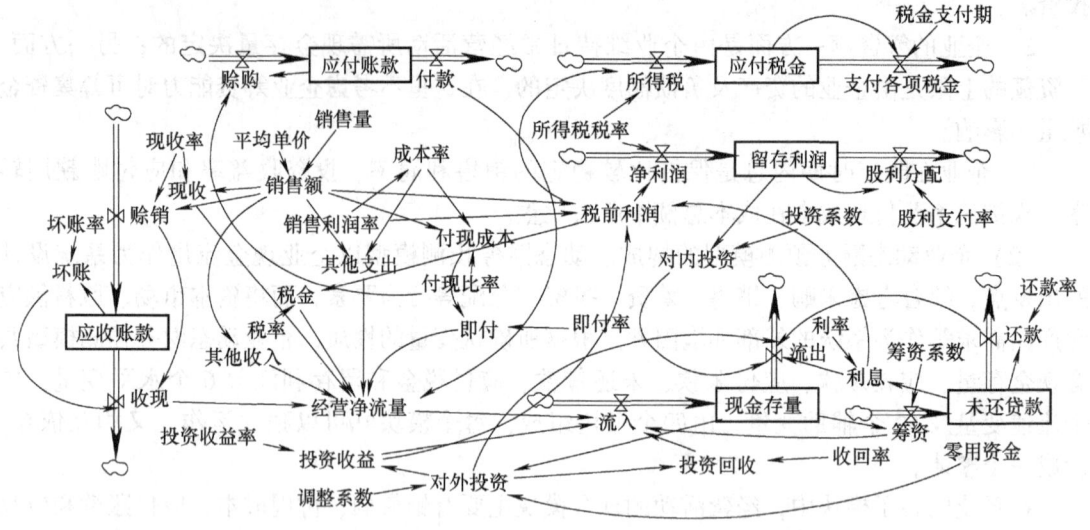

图12-3 企业动态财务预测模型

预测模型变量的主要关系：所得税＝IF THEN ELSE（税前利润＞0，税前利润×所得税税率，0）；支付各项税金＝应付税金/税金支付期；应付税金＝所得税－支付各项税金；应付账款＝赊购－付款；赊购＝应付账款×（1－付现比率）；应收账款＝赊销－收现；赊销＝销售额×（1－现收率）；收现＝赊销－坏账；经营净流量＝收现－即付－税金－付款＋现收＋其他收入－其他支出；现金存量＝流入－流出；流入＝筹资＋经营净流量＋投资回收＋投资收益；流出＝还款＋利息＋对内投资＋对外投资；留存利润＝净利润－股利分配；净利润＝税前利润×（1－所得税税率）；股利分配＝留存利润×股利支付率；未还贷款＝筹资－还款；筹资＝现金存量×筹资系数；还款＝未还贷款×还款率。

（5）模型的实际应用。以上海证券交易所某上市公司的财务数据为依据，运用模型进行实证分析。该上市公司主营业务是水泥和制药。作为一家以建材为主的生产企业，受国家行业政策的影响较大，随着房地产行业发展起伏波动。其近三年的主要财务指标如表12-19所示。

表12-19　某上市公司近三年的主要财务指标　　单位：万元

财务指标	2016年	2015年	2014年	三年平均
资产总额	182 917.91	185 091.87	228 163.9	198 724.6
负债总额	84 682.88	90 739.34	143 977.6	106 466.6
流动负债	71 464.28	77 199.74	108 678.4	85 780.81
长期负债	0	0	0	0
货币资金	12 149.72	14 498.4	19 995.87	15 548
应收账款	12 442.87	16 131.02	15 616.15	14 730.01
股东权益	90 256.18	86 929.4	81 210.26	86 131.95
经营活动净现金	15 159.76	9 899.04	13 628.45	12 895.75
现金净流量	－3 502.48	963.04	－315.98	－951.807
投资活动净流量	－4 996.31	－15 894	－3 868.48	－8 252.93

(续)

财务指标	2016 年	2015 年	2014 年	三年平均
筹资活动净流量	-13 684.89	7 080.92	-10 074	-5 559.32
主营业务收入	119 305.96	142 390.41	139 791.6	133 829.3
利润总额	3 814.3	5 008.95	-7 676.38	382.29
所得税	540.94	659.49	151.78	450.736 7
净利润	3 024.66	4 207.09	-7 227.78	1.323 333

该公司近三年平均总股本为 34 408.38 万股，2014—2015 年未分红，2016 年每 10 股分配股利 0.3 元。将相关的财务数据代入模型，得到如图 12-4 所示的结果。

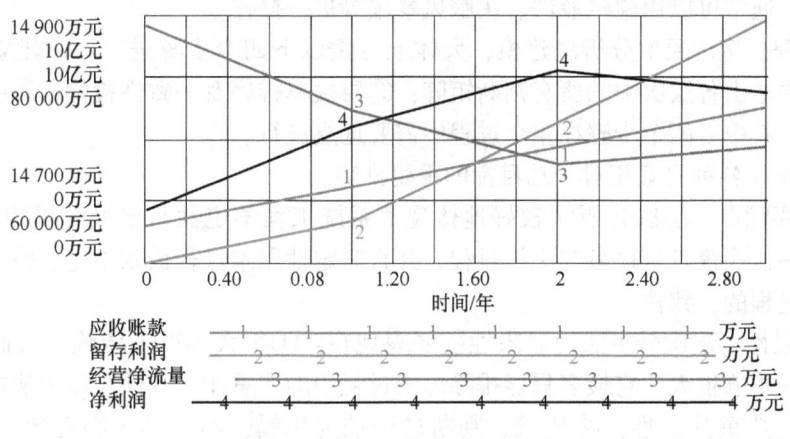

图 12-4　企业动态财务预测分析

从图 12-4 的预测情况可以看出：未来三年该企业的应收账款和留存利润呈直线上升趋势；净利润由前两年的上升转变为下降，与建材行业的生产周期有关；而经营净现金流量今后三年呈下降趋势，应引起企业管理层的高度重视。

第六节　层次分析法

一、理论

层次分析法（Analytic Hierarchy Process，AHP）是美国运筹学家匹兹堡大学的托·沙蒂（T. L. Saaty）于 20 世纪 70 年代中期提出的一种系统分析方法。这是一种将与决策有关的元素分解成目标、准则、方案等一系列层次结构，在此基础上进行定性和定量分析，以确定多目标、多方案优化决策问题中各个指标权重的决策方法。这种方法的特点是在对复杂的决策问题的本质、影响因素及其内在关系等进行深入分析的基础上，利用较少的定量信息使决策的思维过程数学化，从而为多目标、多准则或无结构特性的复杂决策问题提供简便的决策方法，尤其适合对决策结果难以直接计量的场合。

层次分析法的具体步骤如下：①通过对系统的深刻认识，确定该系统的总目标，弄清规划决策所涉及的范围、所要采取的措施方案和政策、实现目标的准则、策略和各种约束条件等，广泛地收集信息。②建立一个多层次的递阶结构，按目标的不同、实现功能的差异，将系统分为几个等级层次。③确定以上递阶结构中相邻层次元素间的相关程度。通过构造两两比较判断矩阵及矩阵运算的数学方法,确定对于上一层次的某个元素而言,本层次中与其相关元素的权重。④计算各层元素对系统目标的综合权重,进行总排序,以确定递阶结构中最底层各个元素在总目标中的重要程度。⑤根据分析计算结果,考虑相应的决策。

（1）用途。层次分析法以其系统性、灵活性、实用性等特点特别适合于多目标、多层次、多因素的复杂系统的决策,在目标因素结构复杂且缺乏必要数据的情况下使用更为方便,同时它也被广泛应用于社会、经济、科技、规划等很多领域的评价、决策、预测、规划等。

（2）输入。对任意两因素的相对重要性进行比较判断,给予量化。为保证输入的比较值真实可信,通常可以用德尔菲法、头脑风暴法等进行操作。

（3）过程。运用层次分析法建模,大体上可按以下四个步骤进行:①建立递阶层次结构模型;②构造出各层次中的所有判断矩阵;③层次单排序及一致性检验;④层次总排序及一致性检验。其中后两个步骤在整个过程中需要逐层进行。

（4）输出。各种方案相对于总目标的重要排序。

（5）主要优点。层次分析法较好地体现了系统工程学定性与定量分析相结合的思想。在决策过程中,决策者直接参与决策过程,并且其定性思维过程被数学化、模型化,还有助于保持思维过程的一致性。

（6）局限性。层次分析法的局限性主要表现在:①很大程度上依赖于人们的经验,因此主观因素的影响很大,它最多只能排除思维过程中的严重非一致性,却无法排除决策者个人可能存在的严重片面性;②比较、判断过程较为粗糙,不能用于精度要求较高的决策问题。

二、操作

本部分利用层次分析法评价工程项目成本风险。

1. 构建工程项目成本风险的递阶层次

第一层次为目标层,第二层次为风险源,即可能导致工程成本超支的风险因素,分别是技术、经济、自然、管理风险四个方面,第三层次为指标层。图12-5即为工程成本风险层次分析结构模型。对于复杂的技术、经济、自然、管理等问题,通过建立层次分析结构模型,构造出判断矩阵,利用特征值方法就可确定技术、经济、自然、管理的重要性排序权值,即判断出对工程项目成本有影响的风险因素。

2. 工程项目成本风险评价计算程序

根据层次分析法可确定各指标的层次分别为:$B_1(B_{11}, B_{12}, B_{13})$;$B_2(B_{21}, B_{22}, B_{23})$;$B_3(B_{31}, B_{32}, B_{33})$;$B_4(B_{41}, B_{42}, B_{43})$;$A(B_1, B_2, B_3, B_4)$。对同一层次风险因素进行两两比较后评分,评分分值如

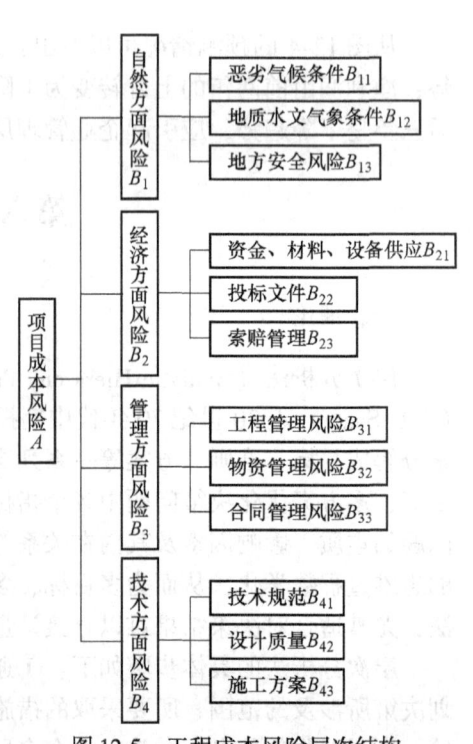

图12-5 工程成本风险层次结构

表12-20所示，得到两两判断矩阵。

表12-20 项目成本风险因素评分

分值/分	定义
1	i因素与j因素同样重要
3	i因素比j因素略重要
5	i因素比j因素稍重要
7	i因素比j因素重要得多
9	i因素比j因素重要得很多
2，4，6，8	i与j两因素重要性比较结果处于以上结果的中间
倒数	j与i两因素重要性比较结果在i与j两因素重要性比较结果的中间

风险评价模型基本假定为：每一风险的分值为 0~9 分，共 10 个等级，其中，0 表示不会发生风险，9 表示发生风险的可能性最大。当矩阵具有完全一致性时，CI = 0，$\lambda_{max} - n$ 越大，CI 越大，矩阵的一致性越差。其中，CI 为判断矩阵的一致性指标；λ 为特征值；n 为矩阵的维数。查表 12-21，并计算 CI/RI，当 CI/RI < 0.1 时，判断矩阵一致性达到要求；否则重新进行判断（RI 为矩阵的平均随机一致性指标）。

表12-21 RI 取值表

n	1	2	3	4	5	6	7	8	9
RI	0	0	0.58	0.90	1.12	1.24	1.32	1.41	1.45

3. 工程项目成本风险 A 的判断矩阵和权重

采用上述方法，对某工程项目成本风险因素进行分析与评价，风险因素是自然方面风险 B_1，经济方面风险 B_2，管理方面风险 B_3，技术方面风险 B_4，分别按层次分析法确定权重（见表 12-22）。

表12-22 项目成本风险 A 的判断矩阵和权重

A	B_1	B_2	B_3	B_4	权重$\overline{\omega}$	一致性检验
B_1	1	1/7	1/3	1/5	0.057	
B_2	7	1	5	3	0.558	0.047 < 0.10
B_3	3	1/5	1	1/3	0.122	
B_4	5	1/3	3	1	0.263	

（1）将矩阵的每一列正规化，得到按列正规化后的判断矩阵为

$$\begin{bmatrix} 0.063 & 0.085 & 0.036 & 0.044 \\ 0.438 & 0.597 & 0.536 & 0.662 \\ 0.188 & 0.119 & 0.107 & 0.073 \\ 0.313 & 0.199 & 0.321 & 0.221 \end{bmatrix}$$

（2）将判断矩阵按行相加得 $(\overline{\omega}_1, \overline{\omega}_2, \overline{\omega}_3, \overline{\omega}_4) = (0.228, 2.233, 0.487, 1.054)$。

（3）将向量 $(0.228, 2.233, 0.487, 1.054)^T$ 正规化得 $\Sigma\overline{\omega} = 4.002$。则所求特征向量 = $(0.057, 0.558, 0.122, 0.263)^T$。

（4）计算判断矩阵的最大特征值 λ_{max}。

$$\begin{bmatrix} 1 & 1/7 & 1/3 & 1/5 \\ 7 & 1 & 5 & 3 \\ 3 & 1/5 & 1 & 1/3 \\ 5 & 1/3 & 3 & 1 \end{bmatrix} \begin{bmatrix} 0.057 \\ 0.558 \\ 0.122 \\ 0.263 \end{bmatrix}$$

$(A\omega)_1 = 0.231$，$(A\omega)_2 = 2.356$，$(A\omega)_3 = 0.493$，$(A\omega)_4 = 1.100$。

$\lambda_{max} = \Sigma [(A\omega)_i / n\omega_i] = 4.125$

$CI = (\lambda_{max} - n)/(n-1) = 0.042$

$RI = 0.9$

$CI/RI = 0.042/0.9 = 0.047 < 0.10$ 达到一致性要求。

4. 自然方面风险 B_1 的判断矩阵和权重

相对于自然方面风险 B_1 而言，各指标之间相对重要性比较如表 12-23 所示。

表 12-23　自然方面风险 B_1 的判断矩阵和权重

B_1	B_{11}	B_{12}	B_{13}	$\overline{\omega}$	一致性检验
B_{11}	1	1/3	1/2	0.172	
B_{12}	3	1	2/3	0.387	0.064 < 0.10
B_{13}	2	3/2	1	0.441	

5. 经济方面风险 B_2 的判断矩阵和权重

相对于经济方面风险 B_2 而言，各指标之间相对重要性比较如表 12-24 所示。

表 12-24　经济方面风险 B_2 的判断矩阵和权重

B_2	B_{21}	B_{22}	B_{23}	$\overline{\omega}$	一致性检验
B_{21}	1	3	5	0.634	
B_{22}	1/3	1	3	0.260	0.032 < 0.10
B_{23}	1/5	1/3	1	0.106	

6. 管理方面风险 B_3 的判断矩阵和权重

相对于管理方面风险 B_3 而言，各指标之间相对重要性比较如表 12-25 所示。

表 12-25　管理方面风险 B_3 的判断矩阵和权重

B_3	B_{31}	B_{32}	B_{33}	$\overline{\omega}$	一致性检验
B_{31}	1	1/3	1/2	0.173	
B_{32}	2	1	1	0.384	0.045 < 0.10
B_{33}	2	3/2	1	0.443	

7. 技术方面风险 B_4 的判断矩阵和权重

相对于技术方面风险 B_4 而言，各指标之间相对重要性比较如表 12-26 所示。

表 12-26　技术方面风险 B_4 的判断矩阵和权重

B_4	B_{41}	B_{42}	B_{43}	$\overline{\omega}$	一致性检验
B_{41}	1	1/3	1/5	0.287	
B_{42}	1/5	1	1/3	0.193	0.003 < 0.10
B_{43}	1/3	3	1	0.521	

8. 综合重要度

综合重要度的计算如表 12-27 所示。

表 12-27 综合重要度

A	B_1	B_2	B_3	B_4	$\Sigma \overline{\omega}$
	0.057	0.558	0.122	0.263	
B_{11}	0.172				0.172
B_{12}	0.387				0.387
B_{13}	0.441				0.441
B_{21}		0.634			0.634
B_{22}		0.260			0.260
B_{23}		0.106			0.106
B_{31}			0.173		0.173
B_{32}			0.384		0.384
B_{33}			0.443		0.443
B_{41}				0.287	0.287
B_{42}				0.193	0.193
B_{43}				0.521	0.521

9. 风险源层次的排序

（1）工程项目成本风险指标层中，经济方面风险中的资金、材料、设备供应导致风险的可能性最大；其次是技术方面风险中的施工方案，另外是管理方面风险中的合同管理风险。而经济方面风险中的索赔管理风险因素发生可能性较小。

（2）在工程项目成本风险源中，经济方面风险发生的概率最大，其次为技术方面风险和管理方面风险，自然方面风险发生的概率最小。

（3）由于采用工程成本风险层次分析模型对风险进行评价和排序，其可靠度很大程度上取决于两两判断矩阵的合理选取程序，与专业风险管理工程师对专业风险的熟悉和掌握程度密切相关。

根据计算各判断矩阵权重和排序的结果，对于反映工程项目成本风险的四个风险源层次进行排序，并做排序的一致性检验，通过计算其满足一致性检验要求。

补充阅读文献

1. 方法集文献

[1] 李柏洲，徐广玉. 基于方法集的合作创新企业知识转移风险评价 [J]. 科技进步与对策，2014（3）.
[2] 杨乃定，等. 基于项目的企业集成风险管理模式研究 [J]. 工业工程与管理，2004（4）.
[3] 孙庆祝，等. 综合集成方法在大型体育赛事风险管理中的应用 [J]. 体育与科学，2010（1）.

2. 支持向量机文献

[1] 李丽，周宗放. 企业集团信用风险评估 SVM 集成分类器的构建与应用 [J]. 技术经济，2013（11）.
[2] 淦艳，魏延，杨有. 结合 PCA 的 SVM 方法在高校财务风险预警中的运用 [J]. 重庆科技学院学报：自然科学版，2014（8）.
[3] 沈沛龙，周浩. 基于支持向量机理论的中小企业信用风险预测研究 [J]. 国际金融研究，2010（8）.

[4] 李毅. 基于 SVM 的房地产投资风险评价及应用 [J]. 统计与决策, 2012 (1).

[5] 陈朝晖, 胡玉芳. 基于 SVM 的我国商业银行风险预警研究 [J]. 武汉理工大学学报: 信息与管理工程版, 2012 (8).

[6] 邬建平. 基于粗糙集和支持向量机的电子商务信用风险分类 [J]. 数学的实践与认识, 2016 (7).

[7] 姜爱克, 等. 基于支持向量机的私募股权投资风险预测 [J]. 北京交通大学学报: 社会科学版, 2016 (6).

3. Copula 文献

[1] 白保中, 宋逢明, 朱世武. Copula 函数度量我国商业银行资产组合信用风险的实证研究 [J]. 金融研究, 2009 (4).

[2] 徐晓肆, 任若恩. Copula 及其在贷款风险管理中的应用 [J]. 管理工程学报, 2006 (1).

[3] 杨湘豫, 赵婷, 卢静. 基于 Copula 理论的商业银行的市场风险研究 [J]. 财经理论与实践, 2010 (9).

[4] 梁仁方, 等. 原油期货与 PTA 期货的风险溢价效应——基于 Copula-CoVaR 模型的研究 [J]. 财经问题研究, 2016 (7).

[5] 欧阳资生, 等. 基于 Copula 方法的信用利差与市场风险相关性度量 [J]. 统计与决策, 2016 (1).

[6] 沈悦, 等. 房价过度波动的系统性风险溢出效应测度——基于 GARCH–Copula–CoVaR 模型 [J]. 中央财经大学学报, 2016 (3).

4. 集对分析文献

[1] 邓庆彪, 蒲子嘉. 基于集对分析法的财产保险公司财务风险评估 [C] //基于互联网的商业管理学术会议, 2010.

[2] 王绵斌, 等. 市场环境下电网投资风险评估的集对分析方法 [J]. 中国电机工程学报, 2010 (7).

[3] 易善勇, 邱志明. 基于集对分析的大型研发项目进度风险评价研究 [J]. 统计与决策, 2009 (1).

[4] 张莉红. 市场环境下电网投资风险评估的集对分析办法 [J]. 中国高新技术企业, 2015 (12).

[5] 邢永健, 等. 集对分析在区域大气环境风险评价中的应用研究 [J]. 中国环境科学, 2016 (2).

[6] 孔令祯, 等. 基于集对分析法的工程项目造价风险评价 [J]. 土木工程与管理学报, 2016 (1).

5. 系统动力学文献

[1] 齐竞. 基于系统动力学的基础设施建设项目融资风险管理研究 [D]. 昆明: 昆明理工大学, 2010.

[2] 李川. 基于系统动力学的中小企业供应链融资风险仿真研究 [D]. 成都: 西南财经大学, 2013.

[3] 任志涛, 等. 基于系统动力学的 PPP 项目失败风险因素动态反馈分析 [J]. 工程管理学报, 2016 (8).

[4] 游达明, 等. 基于系统动力学的企业招聘外包风险仿真研究 [J]. 软科学, 2016 (8).

[5] 蓝莎. 基于系统动力学的企业财务风险预警研究 [J]. 财会通讯, 2015 (4).

[6] 赵园. 我国证券市场风险管理研究——基于系统动力学视角 [D]. 济南: 山东财经大学, 2015.

6. 层次分析法文献

[1] 宋维佳, 许宏伟. 自愿型企业海外并购风险的评价及防范 [J]. 财经问题研究, 2010 (10).

[2] 李晓红. 国有高科技企业并购风险分析及评价体系研究 [J]. 科学管理研究, 2010 (12).

[3] 杨志安, 宁宇之. 中国财政风险预警系统的构建——基于 AHP 评价法的实证研究 [J]. 中国经济问题, 2014 (7).

[4] 梁学杰, 李小娟. 基于 AHP 和模糊综合评价法的政府投资项目审计风险研究 [J]. 河南科技, 2012 (2).

[5] 郑少瑛. AHP 法在工程项目成本风险评价中的应用 [J]. 青岛理工大学学报, 2009 (2).

[6] 李北伟, 等. 基于层次分析法的项目管理风险因素估计与方案优化选择——以汽车零部件项目为例

[J]. 科技管理研究, 2016 (1).

[7] 李艳杰, 等. 基于层次分析法的电力公司财务风险评价 [J]. 商业会计, 2016 (5).

练 习 题

1. 采用表 12-3 中的原始数据, 进行事前一致性检验, 考察是否得到表 12-4 的结果; 进行方差分析, 考察是否得到表 12-5 的结果; 进行方法集评价, 考察是否得到表 12-6 的新排名; 进行 Spearman 事后一致性检验, 考察是否得到表 12-7 的结果。

2. 根据表 12-8 中的原始数据, 采用 SPSS-Clementine 12.0 的 SVM 进行支持向量机分析, 考察是否得到表 12-9 的结果。

3. 以表 12-16 的专家评分表为原始数据, 采用集对分析计算 12 个指标的同、异、反的数值, 考察是否得到表 12-17 的结果, 并最终得到各项指标的联系度计算表 (表 12-18)。

第十三章

模糊数学类风险评估方法

本章将介绍4种模糊数学类风险评估方法：Vague、模糊综合评价方法、灰色关联度、二元语义。

第一节　Vague

一、理论

Vague是一种模糊综合评价法。Vague集是对模糊集的扩展，模糊集把隶属概念扩大到了[0, 1]区间，而Vague集的思想则认为每个元素的隶属都可以分成支持和对立两个方面。

基于Vague集的建设项目综合评标，由于Vague集可以同时表达评标专家支持、反对和弃权的证据，不但对投标人进行正向评价，而且进行反向评价，进而探索建设项目评标的新办法。

Vague集可以运用到风险评估和绩效评估中。运用到风险评估时，设定风险指标，对不同的风险指标进行选择，支持或反对或不确定。运用到绩效评估时，设定绩效衡量指标，对不同的指标进行选择。

二、操作

本部分利用Vague评估建设项目的风险水平。基于Vague集的建设项目综合评标，对参与投标的三个项目使用Vague集进行综合评价。

第一步：确定评价体系和评价指标。采用七个指标对参与投标的项目进行评价。分别是投标报价、工期、质量、资源配置、施工方案、项目班子和资质信用。

第二步：确定评价权重系数。对七个指标赋予不同权重，因为同一个指标对于正向评价和反向评价的影响程度可能不同，所以分开进行赋权，正向评价的各项权重和为1，反向评价的各项权重和为1。结果如下：正向评价的权重$T_i = (0.550, 0.175, 0.050, 0.075, 0.100, 0.025, 0.025)^T$；反向评价的权重$U_i = (0.323, 0.367, 0.062, 0.107, 0.085, 0.028, 0.028)^T$。

第三步：确定正反方向评价值。

（1）评价方法：每个评标专家各自独立地对投标文件的每一个评价指标进行判断，然后做出打钩、打叉和画圈三种评价，认为是正向的（支持）就打钩，认为是反向的（反对）就打叉，对不好确定的画圈。

第十三章 模糊数学类风险评估方法

（2）计算评价值（N 为参与评标的专家总人数）：正向评价值 t_i = 将第 i 个评价指标打钩的专家人数/N；反向评价值 f_i = 将第 i 个评价指标打叉的专家人数/N。

（3）评价结果（见表 13-1）。说明：$t_1 = 0.960$ 表示 96% 的专家支持项目 1 的投标报价，而 $f_1 = 0.021$ 表示 2.1% 的专家反对项目 1 的投标报价。$t_i + f_i \leq 1$。

表 13-1　项目投标文件评价结果

序 号	评价指标	项目1		项目2		项目3	
		t_i	f_i	t_i	f_i	t_i	f_i
1	投标报价	0.960	0.021	0.910	0.035	0.890	0.067
2	工期	0.830	0.132	0.920	0.036	0.850	0.097
3	质量	0.920	0.030	0.920	0.030	0.950	0.030
4	资源配置	0.860	0.116	0.890	0.069	0.870	0.082
5	施工方案	0.900	0.059	0.900	0.031	0.900	0.056
6	项目班子	0.950	0.000	0.950	0.000	0.950	0.000
7	资质信用	0.950	0.000	0.950	0.000	0.950	0.000

第四步：使用加权平均法计算正反评价总分（见表 13-2）。正向评价总分 $T = \Sigma T_i \cdot t_i$。式中，T_i 为正向评价的权重；t_i 为每个指标的正向评价值。反向评价总分 $F = \Sigma U_i \cdot f_i$。式中，U_i 为反向评价的权重；f_i 为每个指标的反向评价值。计算结果说明：项目 1 的正向评价总分 $0.921 = 0.550 \times 0.960 + 0.175 \times 0.830 + 0.050 \times 0.920 + 0.075 \times 0.860 + 0.100 \times 0.900 + 0.025 \times 0.950 + 0.025 \times 0.950$。项目 1 的反向评价总分 $0.075 = 0.323 \times 0.021 + 0.367 \times 0.132 + 0.062 \times 0.030 + 0.107 \times 0.116 + 0.085 \times 0.059 + 0.028 \times 0.000 + 0.028 \times 0.000$。

表 13-2　项目投标文件评价结果

序 号	评价指标	正向权重	反向权重	项目1		项目2		项目3	
		T_i	U_i	t_i	f_i	t_i	f_i	t_i	f_i
1	投标报价	0.550	0.323	0.960	0.021	0.910	0.035	0.890	0.067
2	工期	0.175	0.367	0.830	0.132	0.920	0.036	0.850	0.097
3	质量	0.050	0.062	0.920	0.030	0.920	0.030	0.950	0.030
4	资源配置	0.075	0.107	0.860	0.116	0.890	0.069	0.870	0.082
5	施工方案	0.100	0.085	0.900	0.059	0.900	0.031	0.900	0.056
6	项目班子	0.025	0.028	0.950	0.000	0.950	0.000	0.950	0.000
7	资质信用	0.025	0.028	0.950	0.000	0.950	0.000	0.950	0.000
Σ		1.000	1.000	0.921	0.075	0.912	0.036	0.889	0.073

第五步：计算综合评价值。综合评价值 $Z = k_t \cdot T - k_f \cdot F$。式中，$T$ 为正向评价总分；F 为反向评价总分。①如果决策者是风险中性，则取 $k_t = k_f$，认为正向评价和反向评价同等重要；②如果决策者是风险型的，则取 $k_t > k_f$，认为正向评价比反向评价对本次决策更重要，可以加大 k_t 而减小 k_f；③如果决策者是保守型的，则取 $k_t < k_f$，认为反向评价比正向评价对本次决策更重要，可以减小 k_t 而加大 k_f。计算结果如表 13-3 所示。说明：由第四步可知，项目 1 的正向评价总分 $T = 0.921$，反向评价总分 $F = 0.075$。当 $k_t = 1$，$k_f = 0.5$ 时，项目 1 的综合评价值 $0.884 = 1 \times 0.921 - 0.5 \times 0.0.075$。

表 13-3　综合评价值

	k_i	k_f	项目 1	项目 2	项目 3
Z	1	0	0.921	0.912	0.889
	1	0.5	0.884	0.894	0.852
	1	1	0.847	0.875	0.816
	0.5	1	0.386	0.419	0.372
	0	1	−0.075	−0.036	−0.073

第二节　模糊综合评价方法

一、理论

在实际工作中，对一个事物的评价，常涉及多个因素或指标，这就要求根据这多个因素对事物做出一个总的评价，即综合评价。而人们对一个事物的评价往往不是简单的好与不好，而是采用模糊语言分为不同程度的评语。对于这类模糊评价对象，可采用模糊数学方法进行综合评判。模糊综合评价方法就是以模糊数学为基础，应用模糊关系合成的原理，将一些边界不清、不易定量的因素定量化，从多个因素对被评价事物隶属等级状况进行综合性评价的一种方法。它主要分两步：①按每个因素单独评判；②按所有因素综合评判。具体分七步：

（1）给出备择的对象集：$X=(x_1,x_2,\cdots,x_t)$。

（2）找出因素集（指标集）：$U=\{u_1,u_2,\cdots,u_m\}$。它表明对被评判事物从哪些方面进行评判描述。

（3）找出评语集（等级集）：$V=\{v_1,v_2,\cdots,v_n\}$。这是对被评判事物变化区间的一个划分。

（4）确定评判矩阵：$R=(r_{ij})_{m\times n}$。先确定单因素的评价向量，再由单因素评价向量得到评价模糊矩阵。

（5）确定权数向量：$A=\{a_1,a_2,\cdots,a_m\}$。这指在评判事物时，依次着重于哪些指标。权重可由专家打分或数学方法得到。

（6）选择适当的合成算法，常用的有加权平均型、主因素突出型。

（7）计算评判指标。将综合评判结果 B 转换为综合分值，可依其大小进行排序，挑选最优者。

二、操作

本部分利用模糊综合评价方法评价 A 企业财务综合风险水平。47 个评估人对 A 企业财务综合风险评估的原始数据如表 13-4 所示，由层次分析法得到四个方面的权重分别为 20%、30%、30% 和 20%。由于 A 企业财务综合风险分项评价不是具体分值，而是满意、比较满意、一般、不太满意等模糊评语，故建议采用模糊综合评价方法进行评价。

表 13-4　47 个评估人对 A 企业财务综合风险四个方面评估的原始数据

评 估 人	偿债能力	营运能力	盈利能力	发展能力
评估人 1	一般满意	比较满意	比较满意	一般满意
评估人 2	满意	满意	满意	满意
评估人 3	比较满意	比较满意	比较满意	比较满意
评估人 4	比较满意	满意	满意	满意
评估人 5	一般满意	不太满意	不太满意	一般满意
评估人 6	满意	比较满意	满意	满意
评估人 7	满意	满意	满意	满意
评估人 8	满意	满意	比较满意	满意
评估人 9	比较满意	比较满意	比较满意	一般满意
评估人 10	满意	比较满意	比较满意	满意
评估人 11	满意	满意	满意	满意
评估人 12	比较满意	满意	比较满意	比较满意
评估人 13	一般满意	一般满意	一般满意	一般满意
评估人 14	满意	比较满意	比较满意	比较满意
评估人 15	满意	比较满意	满意	比较满意
评估人 16	满意	满意	满意	满意
评估人 17	满意	比较满意	比较满意	满意
评估人 18	满意	一般满意	一般满意	比较满意
评估人 19	满意	满意	满意	满意
评估人 20	满意	比较满意	满意	满意
评估人 21	比较满意	满意	满意	满意
评估人 22	比较满意	一般满意	一般满意	一般满意
评估人 23	满意	满意	满意	满意
评估人 24	满意	满意	满意	满意
评估人 25	比较满意	比较满意	满意	比较满意
评估人 26	满意	满意	满意	满意
评估人 27	满意	比较满意	比较满意	满意
评估人 28	满意	满意	满意	比较满意
评估人 29	满意	满意	满意	满意
评估人 30	比较满意	比较满意	满意	比较满意
评估人 31	满意	满意	满意	满意
评估人 32	满意	满意	满意	满意
评估人 33	满意	比较满意	满意	满意
评估人 34	满意	比较满意	比较满意	比较满意
评估人 35	满意	比较满意	满意	满意
评估人 36	满意	满意	满意	满意
评估人 37	满意	满意	满意	满意
评估人 38	比较满意	比较满意	比较满意	比较满意
评估人 39	满意	满意	满意	满意
评估人 40	满意	一般满意	一般满意	比较满意
评估人 41	满意	满意	满意	满意

(续)

评 估 人	偿债能力	营运能力	盈利能力	发展能力
评估人42	满意	满意	满意	满意
评估人43	比较满意	比较满意	比较满意	比较满意
评估人44	比较满意	比较满意	比较满意	比较满意
评估人45	满意	比较满意	一般满意	满意
评估人46	满意	比较满意	满意	满意
评估人47	满意	一般满意	一般满意	一般满意

由表13-4可计算出每个指标四个方面的评估情况（见表13-5），例如，47人对A企业的偿债能力评估中，33人满意，11人比较满意，3人一般满意，0人不太满意。由表13-5的评估情况数据得到每个指标四个方面的评估得分比率（见表13-6），例如，47人对A企业的偿债能力评估中，满意占70.2%，比较满意占23.4%，一般满意占6.4%，不太满意占0%。

表13-5　47个评估人对A企业财务综合风险四个方面评估的分项统计　　单位：人

项　　目	满　意	比较满意	一般满意	不太满意	总评估人数
偿债能力	33	11	3	0	47
营运能力	21	20	5	1	47
盈利能力	27	13	6	1	47
发展能力	28	13	6	0	47

表13-6　47个评估人对A企业财务综合风险四个方面评估的分项统计比率

评价指标	权重（已知）	评价等级			
		满　意	比较满意	一般满意	不太满意
偿债能力	20%	0.702	0.234	0.064	0.000
营运能力	30%	0.447	0.426	0.106	0.021
盈利能力	30%	0.574	0.277	0.128	0.021
发展能力	20%	0.596	0.277	0.128	0.000

模糊综合评价的具体步骤如下：

(1) 确定模糊综合评价因素集 $U=\{$偿债能力,营运能力,盈利能力,发展能力$\}$。

(2) 建立综合评判的评价集 $V=\{$满意,比较满意,一般满意,不太满意$\}$。

(3) 进行单因素模糊评价，得到评价矩阵 $R=[R_1,R_2,R_3,R_4]^T$，其中，$R_1=(0.702,0.234,0.064,0.000)$；$R_2=(0.447,0.426,0.106,0.021)$；$R_3=(0.574,0.277,0.128,0.021)$；$R_4=(0.596,0.277,0.128,0.000)$。

(4) 建立评判模型，进行综合评判。已知权重 $A=(0.2,0.3,0.3,0.2)$。于是评价模型为 $B=AR=(0.2,0.3,0.3,0.2)\times[R_1,R_2,R_3,R_4]^T=(0.561,0.037,0.102,0.012)$。

(5) 评价指标处理。采用模糊分步法，将上述评价指标归一化得：$B'=(0.571,0.313,0.104,0.012)$。该评价结果表明47位评估人对A企业的财务综合风险评价中，57.1%的评估人满意，31.3%的评估人比较满意，10.4%的评估人一般满意，1.2%的评估人不太满意。根据最大隶属度原则，说明A企业财务综合风险评价属于满意水平。模糊综合评价的结果是被评价事物对各等级模糊子集的隶属度，它通常为一个模糊向量，而不是一个点值，因而它能提供的信息比其他方法更加丰富。

第三节 灰色关联度

一、理论

灰色系统是按颜色来命名的，用黑表示信息未知，用白表示信息完全明确，用灰表示部分信息明确、部分信息不明确。故信息未知的系统统称黑色系统，信息完全明确的系统称为白色系统，信息不完全明确的系统称为灰色系统。灰色系统是贫信息的系统，统计方法难以奏效。灰色系统理论能处理贫信息系统，适用于只有少量观测数据的项目。它由邓聚龙教授于1982年提出，其研究对象是部分信息已知、部分信息未知的贫信息不确定性系统，它通过对部分已知信息的生成、开发实现对现实世界的确切描述和认识。即它利用已知信息来确定系统的未知信息，使系统由灰变白。其最大的特点是对样本量没有严格要求，不要求服从任何分布。社会、经济等系统具有明显的层次复杂性、结构关系的模糊性、动态变化的随机性、指标数据的不完全性和不确定性。例如，由于技术方法、人为因素等，造成各种数据误差、短缺甚至虚假现象即灰色性。由于贫信息不确定性系统普遍存在，故该理论前景广阔。灰色系统理论包括灰色因素的关联分析、灰色建模、灰色决策、灰色系统分析、灰色系统控制、灰色系统优化等。本处讨论基于灰色关联度的灰色综合评价。

社会、经济系统包含多种因素，这些因素之间哪些是主要的，哪些是次要的，哪些影响大，哪些影响小，哪些需要发展，哪些需要抑制，这都是因素分析的内容，为了提高绩效，有必要做因素的关联分析。关联度分析是按发展趋势做分析，对样本量多少没有要求，也无须典型的分布规律，计算量小。进行关联度分析，首先要找准数据序列，即用什么数据才能反映系统的行为特征，然后根据关联度计算公式计算关联程度。关联度反映各评价对象对理想对象的接近次序，即评价对象的优劣次序，其中灰色关联度最大的评价对象为最佳。基于灰色关联度的灰色综合评价的具体步骤如下：

第一步：确定最优指标集。设系统有 m 个待优选的对象组成备选对象集，有 n 个评价因素组成系统的评价指标集，每个评价指标对每个备选对象的评判用指标特征值表示，则系统有 $n \times m$ 阶指标特征值矩阵：$X = (X_{ij})_{n \times m}$，$X_{ij}(i=1,2,\cdots,n; j=1,2,\cdots,m)$ 为第 j 个备选对象在第 i 个评价因素下的指标特征值。

第二步：指标值的规范化处理。通过规格化使指标无量纲化，将指标值张弛成 $[0,1]$ 之间的数，增加离散性。由于本处涉及的都是正向指标（越大越好），故采用效益型指标规格化矩阵，计算公式为：$r_{ij} = x_{ij}/\max x_{ij}(i=1,2,\cdots,n; j=1,2,\cdots,m)$，得到规格化矩阵：$R = (r_{ij})_{n \times m}$，显然，$0 \leq r_{ij} \leq 1$，其值越大表示第 j 个备选对象的第 i 个因素评价越优。

第三步：计算综合评判结果。①确定参考序列。从诸被评估对象的指标数据列中选取最佳值，组成最优参考向量 G：$G = (g_1, g_2, \cdots, g_n) = (r_{11} \vee r_{12} \vee \cdots \vee r_{1m}, \cdots, r_{n1} \vee r_{n2} \cdots \vee r_{nm})$。式中，$\vee$ 为取大运算符，记第 j 个待评对象组成的向量为 $R = (r_{1j}, r_{2j}, \cdots, r_{nj}), j=1,2,\cdots,m$。②求序列差、最大差和最小差。序列差：$\Delta ij = |x_{i0} - x_{ij}|(i=1,2,\cdots,n; j=1,2,\cdots,m)$。最大差：$\Delta(\max) = \max \max \{\Delta ij\}$，是指绝对差值阵中的最大值。最小差：$\Delta(\min) = \min \min \{\Delta ij\}$，是

指绝对差值阵中的最小值。③确定关系系数。利用灰色关联度公式求得第 j 个待评价对象 R_j 与最优向量 G 的关联系数 $\xi_i(R_j,G)$：$\xi_i(R_j,G) = \{\Delta(\min) + \rho\Delta(\max)\}/\{\Delta ij + \rho\Delta(\max)\}$。式中，$\rho$ 为分辨系数，在 (0,1) 内取值，一般情况下根据数据情况在 0.1~0.5 之间取值，其值越小越能提高关联系数之间的差异，本处取 0.5。④计算关联度。$D(R_j,G) = \Sigma\omega_i \times \xi_i(R_j,G)$。式中，$\omega_i$ 为第 j 个待评估对象的第 i 个评价因素的权重系数，可由专家评分得到。根据关联度值的大小即可描述被评估因素的强弱。

二、操作

本部分基于灰色关联度方法评价高校财务综合风险。数据来源于教育部直属76所高校财务综合风险因子分析的15个因子。作为财务综合风险的评价指标，由于很多 F 值存在负数，所以首先将所有因子转换为正数：方法是每个因子都加上该因子最小的负数。每个指标数值越大，说明该项财务综合风险越小，由此得到财务综合风险的参考序列：$G_0 = \{1,1,1,1,1,1,1,1,1,1,1,1,1,1,1\}$。对76所高校的财务绩效指标序列及参考序列（见表13-7）做归一化处理，方法是用参考序列中的最大值1除以表13-7中的所有分值，处理结果如表13-8所示。根据公式求出序列差对象空间，如表13-9所示。由此获得两级最大差=1，两级最小差=0。

表13-7　正数转换后的高校财务综合风险数据

高校	F_1 新	F_2 新	F_3 新	F_4 新	F_5 新	F_6 新	F_7 新	F_8 新	F_9 新	F_{10} 新	F_{11} 新	F_{12} 新	F_{13} 新	F_{14} 新	F_{15} 新
L1	4.49	5.34	3.63	0.41	4.28	6.20	4.11	1.56	4.74	1.16	3.77	6.69	5.17	1.64	4.54
L2	1.05	0.01	0.83	1.01	0.45	7.61	0.03	1.20	1.07	3.46	0.26	2.12	0.06	1.92	5.74
L3	1.86	1.40	2.09	2.49	3.20	7.43	3.15	2.20	4.27	0.24	2.01	3.17	3.56	4.48	6.62
L4	1.59	0.83	1.59	2.53	2.04	6.01	2.36	1.52	3.38	4.48	1.16	3.53	2.72	3.85	5.40
L5	1.12	1.06	0.93	1.30	2.34	6.41	2.55	3.01	3.70	2.65	1.33	2.73	3.00	1.41	5.61
L6	1.34	0.00	1.18	0.76	0.00	5.95	0.00	1.70	0.00	3.49	0.00	4.52	0.00	0.00	6.21
L7	0.76	1.28	0.21	0.84	2.72	6.18	2.93	1.71	4.00	2.00	1.68	2.72	3.35	4.15	6.15
L8	1.45	1.08	1.31	1.23	2.39	6.62	2.59	1.78	3.76	2.96	1.43	3.59	3.02	3.75	4.92
L9	1.03	0.88	0.81	1.96	2.15	7.11	2.45	2.94	3.43	2.44	1.23	3.33	2.84	2.61	4.98
L10	0.96	0.47	0.78	0.35	1.22	6.61	1.51	2.09	2.50	2.35	0.87	3.88	2.03	2.23	5.42
L11	1.74	2.84	1.85	0.36	3.90	5.69	3.96	4.62	4.70	1.80	3.29	4.58	4.46	2.73	6.50
L12	2.24	1.08	2.22	1.68	2.43	7.43	2.54	2.26	2.03	1.43	2.77	3.05	2.32	5.35	
L13	2.19	1.85	2.21	2.09	3.48	6.34	3.53	2.65	4.38	1.76	2.25	5.09	3.99	2.16	5.54
L14	1.31	0.44	1.02	2.90	1.16	7.58	1.25	4.36	2.21	3.66	0.69	4.09	1.97	1.02	6.31
L15	1.36	1.40	1.29	0.00	3.33	6.13	3.15	1.15	4.31	1.23	2.08	3.15	3.72	2.80	4.04
L16	1.62	1.33	1.71	0.99	3.02	6.97	3.02	3.58	4.18	2.47	1.73	2.89	3.42	3.31	5.80
L17	1.12	0.99	0.97	1.69	2.26	7.71	2.50	2.65	3.66	2.84	1.31	2.35	2.87	3.94	6.28
L18	1.67	1.35	1.80	4.20	3.05	6.80	3.03	2.27	4.21	1.02	1.76	3.01	3.45	2.11	6.41
L19	1.33	0.65	1.08	2.87	1.64	8.82	1.94	2.96	3.95	1.02	3.65	2.44	2.60	5.82	
L20	3.15	1.24	3.06	2.00	2.71	5.90	2.70	2.55	3.98	2.18	1.62	3.58	3.19	3.89	5.95
L21	1.57	0.65	1.58	2.38	1.60	6.79	1.90	2.29	2.97	3.23	1.01	4.17	2.41	2.36	5.62

(续)

高校	F_1 新	F_2 新	F_3 新	F_4 新	F_5 新	F_6 新	F_7 新	F_8 新	F_9 新	F_{10} 新	F_{11} 新	F_{12} 新	F_{13} 新	F_{14} 新	F_{15} 新
L22	1.06	1.31	0.85	1.22	2.80	6.40	3.00	3.01	4.11	1.80	1.71	3.42	3.42	4.53	7.30
L23	1.84	1.00	2.08	1.87	2.34	7.26	2.50	2.03	3.69	1.39	1.32	1.38	2.88	1.81	5.37
L24	0.88	1.16	0.38	1.33	2.59	6.75	2.63	1.75	3.87	2.53	1.52	4.10	3.10	2.43	5.73
L25	0.91	0.15	0.70	1.26	0.90	6.68	0.58	1.20	1.48	2.78	0.44	2.62	1.49	2.27	8.01
L26	1.81	0.80	2.07	1.92	2.01	6.72	2.30	1.20	3.26	3.55	1.12	4.06	2.67	1.82	5.81
L27	1.81	0.76	1.98	0.44	1.97	7.42	2.17	3.64	3.23	2.79	1.10	3.81	2.60	3.66	5.25
L28	2.31	0.74	2.23	0.24	1.89	6.37	2.06	2.61	3.21	2.41	1.06	3.39	2.55	0.01	5.67
L29	4.18	2.75	3.62	0.86	3.81	7.13	3.82	1.36	4.57	1.97	2.74	3.24	4.30	1.75	4.47
L30	1.17	0.45	1.01	1.76	1.18	6.91	1.26	1.31	2.27	1.94	0.71	2.92	1.98	2.67	4.62
L31	1.59	1.24	1.61	0.76	2.70	6.53	2.67	2.37	3.96	1.39	1.61	3.47	3.17	2.61	7.06
L32	3.54	0.27	3.13	1.22	0.94	6.67	0.96	1.60	1.91	2.55	0.50	4.65	1.61	3.91	5.15
L33	1.47	1.22	1.40	2.38	2.61	6.90	2.66	1.73	3.93	0.19	1.55	1.99	3.16	4.50	4.45
L34	1.82	0.53	2.07	1.81	1.44	7.15	1.60	2.05	2.62	4.21	0.91	2.46	2.16	1.47	7.12
L35	1.90	0.47	2.12	3.13	1.21	7.49	1.41	1.77	2.27	0.33	0.86	3.33	2.02	2.85	7.09
L36	1.12	1.11	0.90	2.79	2.47	6.79	2.62	3.05	3.87	2.50	1.45	2.93	3.06	1.90	5.25
L37	1.63	0.02	1.75	0.50	0.83	6.41	0.24	0.64	1.15	1.27	0.29	2.87	1.03	2.12	5.47
L38	4.85	0.38	4.74	0.47	1.00	6.87	1.15	2.30	2.12	1.98	0.59	3.16	1.63	2.26	0.00
L39	3.11	0.94	2.97	3.19	2.22	7.37	2.45	0.00	3.59	1.42	1.25	4.16	2.86	1.91	5.62
L40	1.59	0.74	1.67	1.17	1.90	8.24	2.11	5.46	3.22	2.57	1.09	0.97	2.55	1.60	5.07
L41	1.47	0.27	1.33	1.05	1.00	6.97	0.99	1.97	1.91	2.44	0.57	2.47	1.62	2.78	5.77
L42	4.54	4.02	4.66	2.21	4.27	6.85	4.05	1.49	4.71	3.00	3.66	1.61	4.99	0.42	6.08
L43	1.14	2.06	0.99	1.32	3.53	6.22	3.53	2.64	4.43	3.77	2.53	0.00	4.18	3.65	5.54
L44	3.42	0.60	3.10	0.91	1.51	6.93	1.79	2.10	2.86	4.07	0.98	3.11	2.34	2.24	4.93
L45	1.72	2.76	1.82	4.76	3.90	5.75	3.91	0.98	4.62	3.64	2.79	2.63	4.38	2.34	5.81
L46	2.76	0.97	2.82	1.69	2.24	6.59	2.46	1.75	3.65	2.46	1.28	3.11	2.86	2.40	6.15
L47	3.66	0.82	3.23	1.27	2.02	6.33	2.35	3.56	3.38	2.49	1.15	2.86	2.71	2.69	5.14
L48	2.92	0.87	2.86	2.64	2.09	7.43	2.40	1.42	3.43	2.52	1.23	3.88	2.78	2.82	6.11
L49	1.76	0.55	1.90	1.68	1.46	6.95	1.72	2.01	2.75	4.61	0.93	3.98	2.31	3.65	6.86
L50	2.18	1.07	2.19	0.27	2.38	6.29	2.57	1.76	3.72	3.51	1.39	2.83	3.00	2.14	6.29
L51	1.66	0.61	1.77	0.45	1.58	6.33	1.79	2.26	2.93	3.05	1.00	2.67	2.36	2.70	6.79
L52	1.54	0.44	1.47	0.08	1.01	7.06	1.17	1.24	2.20	2.22	0.67	2.91	1.67	1.35	5.09
L53	2.25	1.14	2.22	3.67	2.52	0.00	2.63	3.86	3.87	1.94	1.50	2.64	3.07	1.89	5.36
L54	2.33	1.26	2.29	0.58	2.72	6.70	2.81	2.02	3.99	3.00	1.66	3.53	3.27	4.54	5.93
L55	2.48	0.51	2.46	1.85	1.35	5.69	1.53	1.73	2.54	3.17	0.90	3.26	2.09	2.90	5.71
L56	4.11	1.52	3.42	0.62	3.38	7.11	3.33	1.58	4.32	0.00	2.18	2.82	3.90	1.17	5.63
L57	0.94	2.23	0.71	2.25	3.69	8.13	3.60	5.61	4.44	1.34	2.55	3.64	4.24	2.25	4.96
L58	0.99	0.98	0.81	0.93	2.25	6.79	2.47	1.60	3.66	1.70	1.44	2.87	4.08	7.21	
L59	1.34	1.39	1.28	0.96	3.18	6.61	3.13	3.51	4.26	3.23	1.86	6.44	3.54	3.45	5.34
L60	1.20	0.07	1.02	1.45	0.85	6.75	0.42	1.67	1.20	1.44	0.40	2.75	1.37	2.31	6.92
L61	0.68	0.72	0.12	2.18	1.72	7.26	2.04	1.64	3.11	3.87	1.04	3.96	2.53	4.66	5.42

(续)

高校	F_1新	F_2新	F_3新	F_4新	F_5新	F_6新	F_7新	F_8新	F_9新	F_{10}新	F_{11}新	F_{12}新	F_{13}新	F_{14}新	F_{15}新
L62	1.79	1.35	1.94	2.30	3.13	7.30	3.04	3.02	4.24	1.84	1.79	4.00	3.47	3.15	5.68
L63	2.11	0.53	2.12	1.44	1.38	7.55	1.58	1.92	2.60	3.19	0.91	3.34	2.12	2.70	6.62
L64	2.07	0.20	2.12	0.81	0.91	6.36	0.76	1.09	1.85	3.00	0.47	2.78	1.50	2.86	5.24
L65	1.10	0.85	0.86	0.75	2.06	6.94	2.39	2.15	3.40	1.30	1.16	3.24	2.77	2.26	4.93
L66	1.62	5.53	1.73	1.31	4.86	6.55	5.08	2.25	4.86	2.84	7.24	2.26	5.20	2.42	5.27
L67	1.04	0.56	0.82	2.08	1.49	7.11	1.78	2.25	2.83	2.84	0.97	3.46	2.31	2.15	5.30
L68	1.52	0.53	1.44	1.66	1.37	7.00	1.53	2.13	2.56	2.67	0.90	3.67	2.12	3.19	6.32
L69	1.76	0.53	1.91	0.73	1.44	7.55	1.71	2.48	2.71	2.57	0.93	2.83	2.17	1.61	5.26
L70	2.61	0.65	2.51	1.73	1.67	6.37	2.04	1.72	3.02	3.03	1.03	3.10	2.46	3.18	5.38
L71	2.72	0.72	2.79	1.35	1.79	6.82	2.05	1.38	3.18	2.97	1.06	3.98	2.54	2.68	6.02
L72	0.88	2.39	0.62	1.26	3.80	5.88	3.74	1.45	4.53	2.50	2.68	3.02	4.24	2.54	4.81
L73	0.81	1.18	0.25	0.91	2.60	6.88	2.64	2.57	3.88	2.41	1.52	3.23	3.15	2.22	5.82
L74	0.00	1.28	0.00	3.06	2.74	7.64	2.94	1.78	4.05	3.83	1.69	3.26	3.39	2.20	6.24
L75	0.08	0.79	0.01	4.08	2.01	8.44	2.17	1.74	3.24	0.95	1.10	4.06	2.62	1.53	4.61
L76	2.64	1.71	2.70	2.20	3.41	7.04	3.47	0.98	4.36	2.57	2.23	3.69	3.97	2.08	5.12

表 13-8 归一化后各高校及参考高校的财务综合风险

高校	F_1标	F_2标	F_3标	F_4标	F_5标	F_6标	F_7标	F_8标	F_9标	F_{10}标	F_{11}标	F_{12}标	F_{13}标	F_{14}标	F_{15}标
L1	0.93	0.97	0.77	0.09	0.88	0.70	0.81	0.28	0.98	0.25	0.52	1.00	1.00	0.35	0.57
L2	0.22	0.00	0.17	0.21	0.09	0.86	0.01	0.21	0.22	0.75	0.04	0.32	0.01	0.41	0.72
L3	0.38	0.25	0.44	0.52	0.66	0.84	0.62	0.39	0.88	0.05	0.28	0.47	0.68	0.96	0.83
L4	0.33	0.15	0.34	0.53	0.42	0.68	0.46	0.27	0.70	0.97	0.16	0.53	0.52	0.83	0.67
L5	0.23	0.19	0.20	0.27	0.48	0.73	0.50	0.54	0.76	0.57	0.18	0.41	0.58	0.30	0.70
L6	0.28	0.00	0.25	0.16	0.00	0.67	0.00	0.30	0.00	0.76	0.00	0.00	0.00	0.00	0.78
L7	0.16	0.23	0.04	0.18	0.56	0.70	0.58	0.31	0.82	0.43	0.23	0.41	0.65	0.89	0.77
L8	0.30	0.19	0.28	0.26	0.49	0.75	0.51	0.32	0.77	0.64	0.20	0.54	0.58	0.81	0.61
L9	0.21	0.16	0.17	0.41	0.44	0.81	0.48	0.52	0.71	0.53	0.17	0.50	0.55	0.56	0.62
L10	0.20	0.09	0.16	0.07	0.25	0.75	0.30	0.37	0.51	0.51	0.12	0.58	0.39	0.48	0.68
L11	0.36	0.51	0.39	0.07	0.80	0.65	0.78	0.82	0.97	0.39	0.45	0.69	0.86	0.59	0.81
L12	0.46	0.20	0.47	0.35	0.50	0.84	0.51	0.58	0.77	0.44	0.20	0.41	0.59	0.50	0.67
L13	0.45	0.33	0.47	0.44	0.72	0.72	0.69	0.47	0.90	0.38	0.31	0.76	0.77	0.46	0.69
L14	0.27	0.08	0.22	0.61	0.24	0.86	0.25	0.78	0.46	0.79	0.10	0.61	0.38	0.22	0.79
L15	0.28	0.25	0.27	0.00	0.69	0.70	0.62	0.20	0.89	0.27	0.29	0.47	0.72	0.60	0.50
L16	0.33	0.24	0.36	0.21	0.62	0.79	0.60	0.64	0.86	0.54	0.24	0.43	0.66	0.71	0.72
L17	0.23	0.18	0.21	0.35	0.47	0.87	0.49	0.47	0.75	0.62	0.18	0.35	0.55	0.84	0.78
L18	0.34	0.24	0.38	0.88	0.63	0.77	0.60	0.41	0.87	0.22	0.24	0.45	0.66	0.45	0.80
L19	0.27	0.12	0.23	0.60	0.34	1.00	0.38	0.53	0.62	0.86	0.14	0.55	0.47	0.56	0.73
L20	0.65	0.22	0.65	0.42	0.56	0.67	0.53	0.45	0.82	0.47	0.22	0.54	0.61	0.83	0.74

（续）

高校	F_1标	F_2标	F_3标	F_4标	F_5标	F_6标	F_7标	F_8标	F_9标	F_{10}标	F_{11}标	F_{12}标	F_{13}标	F_{14}标	F_{15}标
L21	0.32	0.12	0.33	0.50	0.33	0.77	0.37	0.41	0.61	0.70	0.14	0.62	0.46	0.51	0.70
L22	0.22	0.24	0.18	0.26	0.58	0.73	0.59	0.54	0.85	0.39	0.24	0.51	0.66	0.97	0.91
L23	0.38	0.18	0.44	0.39	0.48	0.82	0.49	0.36	0.76	0.30	0.18	0.21	0.55	0.39	0.67
L24	0.18	0.21	0.08	0.28	0.53	0.76	0.52	0.31	0.80	0.55	0.21	0.61	0.60	0.52	0.71
L25	0.19	0.03	0.15	0.26	0.18	0.76	0.11	0.21	0.30	0.60	0.06	0.39	0.29	0.49	1.00
L26	0.37	0.14	0.44	0.40	0.41	0.76	0.45	0.21	0.67	0.77	0.15	0.61	0.51	0.39	0.73
L27	0.37	0.14	0.42	0.09	0.41	0.84	0.43	0.65	0.66	0.61	0.15	0.57	0.50	0.79	0.66
L28	0.48	0.13	0.47	0.05	0.39	0.72	0.40	0.46	0.66	0.52	0.15	0.51	0.49	0.00	0.71
L29	0.86	0.50	0.76	0.18	0.78	0.81	0.75	0.24	0.94	0.43	0.38	0.48	0.83	0.38	0.56
L30	0.24	0.08	0.21	0.37	0.24	0.78	0.25	0.23	0.47	0.42	0.10	0.44	0.38	0.57	0.58
L31	0.33	0.22	0.34	0.16	0.56	0.74	0.53	0.42	0.82	0.30	0.22	0.52	0.61	0.56	0.88
L32	0.73	0.05	0.66	0.26	0.19	0.76	0.19	0.29	0.39	0.55	0.07	0.70	0.31	0.84	0.64
L33	0.30	0.22	0.30	0.50	0.54	0.78	0.52	0.31	0.81	0.04	0.21	0.30	0.61	0.97	0.56
L34	0.38	0.10	0.44	0.38	0.30	0.81	0.32	0.36	0.54	0.91	0.10	0.37	0.42	0.32	0.89
L35	0.39	0.09	0.45	0.66	0.25	0.85	0.28	0.32	0.47	0.07	0.12	0.50	0.39	0.61	0.89
L36	0.23	0.20	0.19	0.59	0.51	0.77	0.51	0.54	0.80	0.54	0.20	0.44	0.59	0.41	0.66
L37	0.34	0.00	0.37	0.11	0.17	0.73	0.05	0.11	0.24	0.27	0.04	0.43	0.20	0.46	0.68
L38	1.00	0.07	1.00	0.10	0.21	0.78	0.23	0.41	0.44	0.43	0.08	0.47	0.31	0.49	0.00
L39	0.64	0.17	0.63	0.67	0.46	0.84	0.48	0.00	0.74	0.31	0.17	0.62	0.55	0.41	0.70
L40	0.33	0.13	0.35	0.25	0.39	0.93	0.42	0.97	0.66	0.56	0.15	0.15	0.49	0.34	0.63
L41	0.30	0.05	0.28	0.22	0.21	0.79	0.20	0.35	0.39	0.53	0.08	0.37	0.31	0.60	0.72
L42	0.94	0.73	0.98	0.46	0.88	0.78	0.80	0.27	0.97	0.65	0.51	0.24	0.96	0.09	0.76
L43	0.23	0.37	0.21	0.28	0.73	0.71	0.70	0.47	0.91	0.82	0.35	0.00	0.80	0.78	0.69
L44	0.71	0.11	0.65	0.19	0.31	0.79	0.35	0.37	0.59	0.88	0.14	0.46	0.45	0.48	0.62
L45	0.36	0.50	0.38	1.00	0.80	0.65	0.77	0.17	0.95	0.79	0.39	0.39	0.84	0.50	0.73
L46	0.57	0.17	0.60	0.36	0.46	0.75	0.48	0.31	0.75	0.53	0.18	0.46	0.55	0.51	0.77
L47	0.75	0.15	0.68	0.27	0.41	0.72	0.46	0.63	0.69	0.54	0.16	0.43	0.52	0.58	0.64
L48	0.60	0.16	0.60	0.55	0.43	0.84	0.47	0.25	0.71	0.55	0.17	0.58	0.54	0.61	0.76
L49	0.36	0.10	0.40	0.35	0.30	0.79	0.34	0.36	0.57	1.00	0.13	0.59	0.44	0.78	0.86
L50	0.45	0.19	0.46	0.06	0.49	0.71	0.51	0.31	0.77	0.76	0.19	0.42	0.58	0.46	0.78
L51	0.34	0.11	0.37	0.09	0.32	0.72	0.35	0.40	0.60	0.66	0.14	0.40	0.45	0.58	0.85
L52	0.32	0.08	0.31	0.02	0.21	0.80	0.23	0.22	0.45	0.48	0.09	0.43	0.32	0.29	0.64
L53	0.46	0.21	0.47	0.77	0.52	0.00	0.52	0.69	0.80	0.42	0.21	0.39	0.59	0.41	0.67
L54	0.48	0.23	0.48	0.12	0.56	0.76	0.55	0.36	0.82	0.65	0.23	0.53	0.63	0.97	0.74
L55	0.51	0.09	0.52	0.39	0.28	0.65	0.30	0.31	0.52	0.69	0.12	0.49	0.40	0.62	0.71
L56	0.85	0.27	0.72	0.13	0.70	0.81	0.66	0.28	0.89	0.00	0.30	0.42	0.75	0.25	0.70
L57	0.19	0.40	0.15	0.47	0.76	0.92	0.71	1.00	0.91	0.29	0.35	0.54	0.82	0.48	0.62
L58	0.20	0.18	0.17	0.20	0.46	0.77	0.49	0.28	0.75	0.37	0.18	0.22	0.55	0.88	0.90
L59	0.28	0.25	0.27	0.20	0.65	0.75	0.62	0.63	0.88	0.70	0.26	0.96	0.68	0.74	0.67
L60	0.25	0.01	0.21	0.31	0.18	0.77	0.08	0.30	0.25	0.31	0.05	0.41	0.26	0.50	0.86

(续)

高校	F_1 标	F_2 标	F_3 标	F_4 标	F_5 标	F_6 标	F_7 标	F_8 标	F_9 标	F_{10} 标	F_{11} 标	F_{12} 标	F_{13} 标	F_{14} 标	F_{15} 标
L61	0.14	0.13	0.03	0.46	0.35	0.82	0.40	0.29	0.64	0.84	0.14	0.59	0.49	1.00	0.68
L62	0.37	0.24	0.41	0.48	0.64	0.83	0.60	0.54	0.87	0.40	0.25	0.60	0.67	0.68	0.71
L63	0.44	0.10	0.45	0.30	0.28	0.86	0.31	0.34	0.54	0.69	0.13	0.50	0.41	0.58	0.83
L64	0.43	0.04	0.45	0.17	0.19	0.72	0.15	0.19	0.38	0.65	0.07	0.42	0.29	0.61	0.65
L65	0.23	0.15	0.18	0.16	0.42	0.79	0.47	0.38	0.70	0.28	0.16	0.48	0.53	0.48	0.62
L66	0.33	1.00	0.37	0.28	1.00	0.74	1.00	0.40	1.00	0.62	1.00	0.34	1.00	0.52	0.66
L67	0.22	0.10	0.17	0.44	0.31	0.81	0.35	0.40	0.58	0.62	0.13	0.52	0.44	0.46	0.66
L68	0.31	0.09	0.30	0.35	0.28	0.79	0.30	0.38	0.53	0.58	0.12	0.55	0.41	0.68	0.79
L69	0.36	0.10	0.40	0.15	0.30	0.86	0.34	0.44	0.56	0.56	0.13	0.42	0.42	0.35	0.66
L70	0.54	0.12	0.53	0.36	0.34	0.72	0.40	0.31	0.62	0.66	0.14	0.46	0.47	0.68	0.67
L71	0.56	0.13	0.59	0.28	0.37	0.77	0.40	0.25	0.65	0.64	0.15	0.60	0.49	0.58	0.75
L72	0.18	0.43	0.13	0.27	0.78	0.67	0.74	0.26	0.93	0.54	0.37	0.45	0.82	0.55	0.60
L73	0.17	0.21	0.05	0.19	0.54	0.78	0.52	0.46	0.80	0.52	0.21	0.48	0.60	0.48	0.73
L74	0.00	0.23	0.00	0.64	0.56	0.87	0.58	0.32	0.83	0.83	0.23	0.49	0.65	0.47	0.78
L75	0.02	0.14	0.00	0.86	0.41	0.96	0.43	0.31	0.67	0.21	0.15	0.61	0.50	0.33	0.58
L76	0.54	0.31	0.57	0.46	0.70	0.80	0.68	0.17	0.90	0.56	0.31	0.55	0.76	0.45	0.64

表 13-9　序列差

高校	ΔF_1	ΔF_2	ΔF_3	ΔF_4	ΔF_5	ΔF_6	ΔF_7	ΔF_8	ΔF_9	ΔF_{10}	ΔF_{11}	ΔF_{12}	ΔF_{13}	ΔF_{14}	ΔF_{15}
L1	0.07	0.03	0.23	0.91	0.12	0.30	0.19	0.72	0.02	0.75	0.48	0.00	0.00	0.65	0.43
L2	0.78	1.00	0.83	0.79	0.91	0.14	0.99	0.79	0.78	0.25	0.96	0.68	0.99	0.59	0.28
L3	0.62	0.75	0.56	0.48	0.34	0.16	0.38	0.61	0.12	0.95	0.72	0.53	0.32	0.04	0.17
L4	0.67	0.85	0.66	0.47	0.58	0.32	0.54	0.73	0.30	0.03	0.84	0.47	0.48	0.17	0.33
L5	0.77	0.81	0.80	0.73	0.52	0.27	0.50	0.46	0.24	0.43	0.82	0.59	0.42	0.70	0.30
L6	0.72	1.00	0.75	0.84	1.00	0.33	1.00	0.70	1.00	0.24	1.00	0.32	1.00	1.00	0.22
L7	0.84	0.77	0.96	0.82	0.44	0.30	0.42	0.69	0.18	0.57	0.77	0.59	0.35	0.11	0.23
L8	0.70	0.81	0.72	0.74	0.51	0.25	0.49	0.68	0.23	0.36	0.80	0.46	0.42	0.19	0.39
L9	0.79	0.84	0.83	0.59	0.56	0.19	0.52	0.48	0.29	0.47	0.83	0.50	0.45	0.44	0.38
L10	0.80	0.91	0.84	0.93	0.75	0.25	0.70	0.63	0.49	0.49	0.88	0.42	0.61	0.52	0.32
L11	0.64	0.49	0.61	0.93	0.20	0.35	0.22	0.18	0.03	0.61	0.55	0.31	0.14	0.41	0.19
L12	0.54	0.80	0.53	0.65	0.50	0.16	0.49	0.42	0.23	0.56	0.80	0.59	0.41	0.50	0.33
L13	0.55	0.67	0.53	0.56	0.28	0.28	0.31	0.53	0.10	0.62	0.69	0.24	0.23	0.54	0.31
L14	0.73	0.92	0.78	0.39	0.76	0.14	0.75	0.22	0.54	0.21	0.90	0.39	0.62	0.78	0.21
L15	0.72	0.75	0.73	1.00	0.31	0.30	0.38	0.80	0.11	0.73	0.71	0.53	0.28	0.40	0.50
L16	0.67	0.76	0.64	0.79	0.38	0.21	0.40	0.36	0.14	0.46	0.76	0.57	0.34	0.29	0.28
L17	0.77	0.82	0.79	0.65	0.53	0.13	0.51	0.53	0.25	0.38	0.82	0.65	0.45	0.16	0.22
L18	0.66	0.76	0.62	0.12	0.37	0.23	0.40	0.59	0.13	0.78	0.76	0.55	0.34	0.55	0.20
L19	0.73	0.88	0.77	0.40	0.66	0.00	0.62	0.47	0.38	0.14	0.86	0.45	0.53	0.44	0.27
L20	0.35	0.78	0.35	0.58	0.44	0.33	0.47	0.55	0.18	0.53	0.78	0.46	0.39	0.17	0.26
L21	0.68	0.88	0.67	0.50	0.67	0.23	0.63	0.59	0.39	0.30	0.86	0.38	0.54	0.49	0.30

（续）

高校	ΔF_1	ΔF_2	ΔF_3	ΔF_4	ΔF_5	ΔF_6	ΔF_7	ΔF_8	ΔF_9	ΔF_{10}	ΔF_{11}	ΔF_{12}	ΔF_{13}	ΔF_{14}	ΔF_{15}
L22	0.78	0.76	0.82	0.74	0.42	0.27	0.41	0.46	0.15	0.61	0.76	0.49	0.34	0.03	0.09
L23	0.62	0.82	0.56	0.61	0.52	0.18	0.51	0.64	0.24	0.70	0.82	0.79	0.45	0.61	0.33
L24	0.82	0.79	0.92	0.72	0.47	0.24	0.48	0.69	0.20	0.45	0.79	0.39	0.40	0.48	0.29
L25	0.81	0.97	0.85	0.74	0.82	0.24	0.89	0.79	0.70	0.40	0.94	0.61	0.71	0.51	0.00
L26	0.63	0.86	0.56	0.60	0.59	0.24	0.55	0.79	0.33	0.23	0.85	0.39	0.49	0.61	0.27
L27	0.63	0.86	0.58	0.91	0.59	0.16	0.57	0.35	0.34	0.39	0.85	0.43	0.50	0.21	0.34
L28	0.52	0.87	0.53	0.95	0.61	0.28	0.60	0.54	0.34	0.48	0.85	0.49	0.51	1.00	0.29
L29	0.14	0.50	0.24	0.82	0.22	0.19	0.25	0.76	0.06	0.57	0.62	0.52	0.17	0.62	0.44
L30	0.76	0.92	0.79	0.63	0.76	0.22	0.75	0.77	0.53	0.58	0.90	0.56	0.62	0.43	0.42
L31	0.67	0.78	0.66	0.84	0.44	0.26	0.47	0.58	0.18	0.70	0.78	0.48	0.39	0.44	0.12
L32	0.27	0.95	0.34	0.74	0.81	0.24	0.81	0.71	0.61	0.45	0.93	0.30	0.69	0.16	0.36
L33	0.70	0.78	0.70	0.50	0.46	0.22	0.48	0.69	0.19	0.96	0.79	0.70	0.39	0.03	0.44
L34	0.62	0.90	0.56	0.62	0.70	0.19	0.68	0.64	0.46	0.09	0.87	0.63	0.58	0.68	0.11
L35	0.61	0.91	0.55	0.34	0.75	0.15	0.72	0.68	0.53	0.93	0.88	0.50	0.61	0.39	0.11
L36	0.77	0.80	0.81	0.41	0.49	0.23	0.49	0.46	0.20	0.46	0.80	0.56	0.41	0.59	0.34
L37	0.66	1.00	0.63	0.89	0.83	0.27	0.95	0.89	0.76	0.73	0.96	0.57	0.80	0.54	0.32
L38	0.00	0.93	0.00	0.90	0.79	0.22	0.77	0.59	0.56	0.57	0.92	0.53	0.69	0.51	1.00
L39	0.36	0.83	0.37	0.33	0.54	0.16	0.52	1.00	0.26	0.69	0.83	0.38	0.45	0.59	0.30
L40	0.67	0.87	0.65	0.75	0.61	0.07	0.58	0.03	0.34	0.44	0.85	0.85	0.51	0.66	0.37
L41	0.70	0.95	0.72	0.78	0.79	0.21	0.80	0.65	0.61	0.47	0.92	0.63	0.69	0.40	0.28
L42	0.06	0.27	0.02	0.54	0.12	0.22	0.20	0.73	0.03	0.35	0.49	0.76	0.04	0.91	0.24
L43	0.77	0.63	0.79	0.72	0.27	0.29	0.30	0.53	0.09	0.18	0.65	1.00	0.20	0.22	0.31
L44	0.29	0.89	0.35	0.81	0.69	0.21	0.65	0.63	0.41	0.12	0.86	0.54	0.55	0.52	0.38
L45	0.64	0.50	0.62	0.00	0.20	0.35	0.23	0.83	0.05	0.21	0.61	0.61	0.16	0.50	0.27
L46	0.43	0.83	0.40	0.64	0.54	0.25	0.52	0.69	0.25	0.47	0.82	0.54	0.45	0.49	0.23
L47	0.25	0.85	0.32	0.73	0.59	0.28	0.54	0.37	0.31	0.46	0.84	0.57	0.48	0.42	0.36
L48	0.40	0.84	0.40	0.45	0.57	0.16	0.53	0.75	0.29	0.45	0.83	0.42	0.46	0.39	0.24
L49	0.64	0.90	0.60	0.65	0.70	0.21	0.66	0.64	0.43	0.00	0.87	0.41	0.56	0.22	0.14
L50	0.55	0.81	0.54	0.94	0.51	0.29	0.49	0.69	0.23	0.24	0.81	0.58	0.42	0.54	0.22
L51	0.66	0.89	0.63	0.91	0.68	0.28	0.65	0.60	0.40	0.34	0.86	0.60	0.55	0.42	0.15
L52	0.68	0.92	0.69	0.98	0.79	0.20	0.77	0.78	0.55	0.52	0.91	0.57	0.68	0.71	0.36
L53	0.54	0.79	0.53	0.23	0.48	1.00	0.48	0.31	0.20	0.58	0.79	0.61	0.41	0.59	0.33
L54	0.52	0.77	0.52	0.88	0.44	0.24	0.45	0.64	0.18	0.35	0.77	0.47	0.37	0.03	0.26
L55	0.49	0.91	0.48	0.61	0.72	0.35	0.70	0.69	0.48	0.31	0.88	0.51	0.57	0.38	0.29
L56	0.15	0.73	0.28	0.87	0.30	0.19	0.34	0.72	0.11	1.00	0.70	0.58	0.25	0.75	0.30
L57	0.81	0.60	0.85	0.53	0.24	0.08	0.29	0.00	0.09	0.71	0.65	0.46	0.18	0.52	0.38
L58	0.80	0.82	0.83	0.80	0.54	0.23	0.51	0.72	0.25	0.63	0.82	0.78	0.45	0.12	0.10
L59	0.72	0.75	0.73	0.80	0.35	0.25	0.38	0.37	0.12	0.30	0.74	0.04	0.32	0.26	0.33
L60	0.75	0.99	0.79	0.69	0.82	0.23	0.92	0.70	0.75	0.69	0.95	0.59	0.74	0.50	0.14
L61	0.86	0.87	0.97	0.54	0.65	0.18	0.60	0.71	0.36	0.16	0.86	0.41	0.51	0.00	0.32
L62	0.63	0.76	0.59	0.52	0.36	0.17	0.40	0.46	0.13	0.60	0.75	0.40	0.33	0.32	0.29

(续)

高校	ΔF_1	ΔF_2	ΔF_3	ΔF_4	ΔF_5	ΔF_6	ΔF_7	ΔF_8	ΔF_9	ΔF_{10}	ΔF_{11}	ΔF_{12}	ΔF_{13}	ΔF_{14}	ΔF_{15}
L63	0.56	0.90	0.55	0.70	0.72	0.14	0.69	0.66	0.46	0.31	0.87	0.50	0.59	0.42	0.17
L64	0.57	0.96	0.55	0.83	0.81	0.28	0.85	0.81	0.62	0.35	0.93	0.58	0.71	0.39	0.35
L65	0.77	0.85	0.82	0.84	0.58	0.21	0.53	0.62	0.30	0.72	0.84	0.52	0.47	0.52	0.38
L66	0.67	0.00	0.63	0.72	0.00	0.26	0.00	0.60	0.00	0.38	0.00	0.66	0.00	0.48	0.34
L67	0.78	0.90	0.83	0.56	0.69	0.19	0.65	0.60	0.42	0.38	0.87	0.48	0.56	0.54	0.34
L68	0.69	0.91	0.70	0.65	0.72	0.21	0.70	0.62	0.47	0.42	0.88	0.45	0.59	0.32	0.21
L69	0.64	0.90	0.60	0.85	0.70	0.14	0.66	0.56	0.44	0.44	0.87	0.58	0.58	0.65	0.34
L70	0.46	0.88	0.47	0.64	0.66	0.28	0.60	0.69	0.38	0.34	0.86	0.54	0.53	0.32	0.33
L71	0.44	0.87	0.41	0.72	0.63	0.23	0.75	0.35	0.36	0.85	0.40	0.51	0.42	0.25	
L72	0.82	0.57	0.87	0.73	0.22	0.33	0.26	0.74	0.07	0.46	0.63	0.55	0.18	0.45	0.40
L73	0.83	0.79	0.95	0.81	0.46	0.22	0.48	0.54	0.20	0.48	0.79	0.52	0.40	0.52	0.27
L74	1.00	0.77	1.00	0.36	0.44	0.13	0.42	0.68	0.17	0.17	0.77	0.51	0.35	0.53	0.22
L75	0.98	0.86	1.00	0.14	0.59	0.04	0.57	0.69	0.33	0.79	0.85	0.39	0.50	0.67	0.42
L76	0.46	0.69	0.43	0.54	0.30	0.20	0.32	0.83	0.10	0.44	0.69	0.45	0.24	0.55	0.36

计算 76 个向量（高校）的关联系数：$\xi_i(R_j, G) = \{\Delta(\min) + \rho\Delta(\max)\}/\{\Delta ij + \rho\Delta(\max)\} = (0 + 0.5 \times 1)/(\Delta ij + 0.5 \times 1) = 0.5/(\Delta ij + 0.5)$（见表 13-10 的第 2~16 列）。这样可求出 76 所高校的灰色关联度 $D(R_j, G) = \Sigma \omega_i \times \xi_i(R_j, G)$（见表 13-10 的第 17 列），灰色关联度的排序见表 13-10 的第 18 列。

表 13-10 各高校财务综合风险的关联系数、灰色关联度及排名

高校	ξ_{F_1}	ξ_{F_2}	ξ_{F_3}	ξ_{F_4}	ξ_{F_5}	ξ_{F_6}	ξ_{F_7}	ξ_{F_8}	ξ_{F_9}	$\xi_{F_{10}}$	$\xi_{F_{11}}$	$\xi_{F_{12}}$	$\xi_{F_{13}}$	$\xi_{F_{14}}$	$\xi_{F_{15}}$	D	排名
L1	0.87	0.94	0.68	0.35	0.81	0.63	0.72	0.41	0.95	0.40	0.51	1.00	0.99	0.44	0.54	0.68	75
L2	0.39	0.33	0.38	0.39	0.36	0.78	0.33	0.39	0.39	0.67	0.34	0.42	0.34	0.46	0.64	0.44	3
L3	0.45	0.40	0.47	0.51	0.59	0.76	0.57	0.45	0.80	0.35	0.41	0.49	0.61	0.93	0.74	0.57	68
L4	0.43	0.37	0.43	0.52	0.46	0.61	0.48	0.41	0.62	0.95	0.37	0.51	0.51	0.74	0.61	0.53	54
L5	0.39	0.38	0.38	0.41	0.49	0.65	0.50	0.52	0.68	0.54	0.38	0.46	0.54	0.42	0.62	0.49	19
L6	0.41	0.33	0.40	0.37	0.33	0.61	0.33	0.42	0.33	0.67	0.33	0.61	0.33	0.33	0.69	0.43	2
L7	0.37	0.39	0.34	0.38	0.53	0.63	0.54	0.42	0.74	0.47	0.39	0.46	0.58	0.82	0.68	0.52	45
L8	0.42	0.38	0.41	0.40	0.50	0.67	0.50	0.42	0.69	0.58	0.38	0.52	0.54	0.72	0.56	0.51	40
L9	0.39	0.37	0.38	0.46	0.47	0.72	0.49	0.51	0.63	0.51	0.38	0.50	0.52	0.53	0.57	0.50	21
L10	0.38	0.35	0.37	0.35	0.40	0.67	0.42	0.44	0.51	0.51	0.36	0.54	0.45	0.49	0.61	0.46	9
L11	0.44	0.51	0.45	0.35	0.72	0.59	0.69	0.74	0.94	0.45	0.48	0.61	0.78	0.55	0.73	0.60	72
L12	0.48	0.38	0.48	0.44	0.50	0.76	0.51	0.54	0.69	0.47	0.38	0.46	0.55	0.50	0.60	0.52	44
L13	0.48	0.40	0.48	0.48	0.47	0.64	0.64	0.62	0.49	0.84	0.45	0.47	0.68	0.68	0.48	0.56	67
L14	0.41	0.35	0.39	0.56	0.40	0.78	0.40	0.69	0.48	0.71	0.36	0.56	0.45	0.39	0.70	0.51	33
L15	0.41	0.40	0.41	0.33	0.61	0.62	0.57	0.39	0.82	0.41	0.41	0.49	0.64	0.56	0.50	0.50	29
L16	0.43	0.40	0.44	0.39	0.57	0.70	0.55	0.58	0.78	0.52	0.40	0.47	0.59	0.63	0.64	0.54	57
L17	0.39	0.38	0.39	0.44	0.48	0.80	0.50	0.49	0.67	0.57	0.38	0.44	0.53	0.76	0.70	0.53	50
L18	0.43	0.40	0.45	0.81	0.57	0.69	0.55	0.46	0.79	0.39	0.40	0.48	0.60	0.48	0.71	0.55	59
L19	0.41	0.36	0.39	0.56	0.43	1.00	0.45	0.51	0.57	0.78	0.37	0.52	0.48	0.53	0.65	0.53	53

(续)

高校	ξ_{F_1}	ξ_{F_2}	ξ_{F_3}	ξ_{F_4}	ξ_{F_5}	ξ_{F_6}	ξ_{F_7}	ξ_{F_8}	ξ_{F_9}	$\xi_{F_{10}}$	$\xi_{F_{11}}$	$\xi_{F_{12}}$	$\xi_{F_{13}}$	$\xi_{F_{14}}$	$\xi_{F_{15}}$	D	排名
L20	0.59	0.39	0.59	0.46	0.53	0.60	0.52	0.48	0.73	0.49	0.39	0.52	0.56	0.75	0.66	0.55	62
L21	0.43	0.36	0.43	0.50	0.43	0.68	0.44	0.46	0.56	0.63	0.37	0.57	0.48	0.50	0.63	0.50	22
L22	0.39	0.40	0.38	0.40	0.54	0.65	0.55	0.52	0.76	0.45	0.40	0.51	0.59	0.95	0.85	0.56	64
L23	0.45	0.38	0.47	0.45	0.49	0.74	0.50	0.44	0.67	0.42	0.38	0.39	0.53	0.45	0.60	0.49	18
L24	0.38	0.39	0.35	0.41	0.52	0.68	0.51	0.42	0.71	0.53	0.39	0.56	0.55	0.51	0.64	0.50	27
L25	0.38	0.34	0.37	0.40	0.38	0.67	0.36	0.39	0.42	0.56	0.35	0.45	0.41	0.49	1.00	0.47	10
L26	0.44	0.37	0.47	0.46	0.46	0.68	0.48	0.39	0.60	0.69	0.37	0.56	0.51	0.45	0.65	0.50	30
L27	0.44	0.37	0.46	0.36	0.46	0.76	0.47	0.59	0.60	0.56	0.37	0.54	0.50	0.70	0.59	0.52	46
L28	0.49	0.37	0.49	0.34	0.45	0.64	0.46	0.48	0.60	0.51	0.37	0.50	0.50	0.33	0.63	0.48	13
L29	0.78	0.50	0.68	0.38	0.70	0.72	0.67	0.40	0.89	0.47	0.45	0.49	0.74	0.44	0.53	0.59	70
L30	0.40	0.35	0.39	0.44	0.40	0.70	0.40	0.39	0.48	0.46	0.36	0.47	0.45	0.54	0.54	0.45	6
L31	0.43	0.39	0.43	0.37	0.53	0.66	0.51	0.46	0.73	0.42	0.39	0.51	0.56	0.53	0.81	0.52	42
L32	0.65	0.34	0.59	0.40	0.38	0.67	0.38	0.41	0.45	0.53	0.35	0.62	0.42	0.76	0.58	0.50	28
L33	0.42	0.39	0.42	0.50	0.52	0.70	0.51	0.42	0.72	0.34	0.39	0.42	0.56	0.94	0.53	0.52	47
L34	0.44	0.36	0.47	0.45	0.42	0.72	0.42	0.44	0.52	0.85	0.36	0.44	0.42	0.82	0.51	31	
L35	0.45	0.35	0.47	0.59	0.40	0.77	0.41	0.42	0.48	0.35	0.36	0.50	0.45	0.56	0.81	0.49	20
L36	0.39	0.39	0.38	0.55	0.50	0.68	0.51	0.52	0.71	0.52	0.38	0.47	0.55	0.46	0.59	0.51	32
L37	0.43	0.33	0.44	0.36	0.38	0.65	0.34	0.36	0.40	0.41	0.34	0.47	0.38	0.48	0.61	0.43	1
L38	1.00	0.35	1.00	0.36	0.39	0.69	0.39	0.46	0.47	0.47	0.35	0.49	0.42	0.49	0.33	0.51	37
L39	0.58	0.38	0.57	0.60	0.48	0.75	0.49	0.33	0.66	0.42	0.38	0.57	0.53	0.46	0.63	0.52	48
L40	0.43	0.37	0.44	0.40	0.45	0.88	0.46	0.95	0.60	0.53	0.37	0.37	0.50	0.43	0.58	0.52	43
L41	0.42	0.34	0.41	0.39	0.39	0.70	0.38	0.44	0.45	0.51	0.35	0.44	0.42	0.55	0.64	0.46	8
L42	0.89	0.65	0.97	0.48	0.81	0.69	0.71	0.40	0.94	0.59	0.50	0.40	0.93	0.35	0.68	0.67	74
L43	0.40	0.44	0.39	0.41	0.65	0.63	0.62	0.49	0.85	0.73	0.43	0.33	0.72	0.70	0.62	0.56	66
L44	0.63	0.36	0.59	0.38	0.42	0.70	0.44	0.44	0.55	0.81	0.37	0.48	0.48	0.49	0.57	0.51	39
L45	0.44	0.50	0.45	1.00	0.72	0.59	0.68	0.38	0.91	0.70	0.45	0.76	0.50	0.65	0.61	0.73	
L46	0.54	0.38	0.55	0.44	0.48	0.66	0.49	0.42	0.67	0.52	0.38	0.46	0.53	0.51	0.68	0.51	41
L47	0.67	0.37	0.61	0.41	0.46	0.64	0.48	0.58	0.62	0.52	0.37	0.51	0.54	0.58	0.52	49	
L48	0.56	0.37	0.56	0.53	0.47	0.76	0.49	0.40	0.63	0.52	0.38	0.54	0.52	0.56	0.68	0.53	52
L49	0.44	0.36	0.46	0.44	0.42	0.70	0.43	0.44	0.54	1.00	0.36	0.55	0.47	0.70	0.78	0.54	55
L50	0.48	0.38	0.48	0.35	0.50	0.64	0.50	0.42	0.68	0.68	0.38	0.46	0.54	0.48	0.70	0.51	38
L51	0.43	0.36	0.44	0.36	0.43	0.64	0.44	0.46	0.56	0.60	0.37	0.45	0.48	0.54	0.77	0.49	16
L52	0.42	0.35	0.42	0.34	0.39	0.71	0.39	0.39	0.48	0.49	0.36	0.47	0.42	0.41	0.58	0.44	4
L53	0.48	0.39	0.49	0.69	0.51	0.33	0.51	0.62	0.71	0.50	0.55	0.46	0.60	0.51	34		
L54	0.49	0.39	0.49	0.36	0.53	0.68	0.53	0.44	0.74	0.59	0.39	0.51	0.57	0.95	0.66	0.56	63
L55	0.51	0.36	0.51	0.45	0.41	0.59	0.42	0.42	0.51	0.62	0.36	0.49	0.46	0.57	0.64	0.49	15
L56	0.77	0.41	0.64	0.37	0.62	0.72	0.59	0.41	0.82	0.33	0.42	0.46	0.67	0.40	0.63	0.55	61
L57	0.38	0.46	0.37	0.49	0.67	0.87	0.63	1.00	0.85	0.41	0.44	0.52	0.73	0.49	0.57	0.59	71
L58	0.39	0.38	0.38	0.38	0.48	0.69	0.49	0.41	0.67	0.44	0.39	0.53	0.80	0.83	0.51	35	
L59	0.41	0.40	0.41	0.39	0.59	0.67	0.57	0.57	0.80	0.63	0.40	0.93	0.61	0.66	0.60	0.58	69
L60	0.40	0.34	0.39	0.42	0.38	0.68	0.35	0.42	0.40	0.42	0.35	0.46	0.40	0.50	0.79	0.45	5

(续)

高校	ξ_{F_1}	ξ_{F_2}	ξ_{F_3}	ξ_{F_4}	ξ_{F_5}	ξ_{F_6}	ξ_{F_7}	ξ_{F_8}	ξ_{F_9}	$\xi_{F_{10}}$	$\xi_{F_{11}}$	$\xi_{F_{12}}$	$\xi_{F_{13}}$	$\xi_{F_{14}}$	$\xi_{F_{15}}$	D	排名
L61	0.37	0.37	0.34	0.48	0.44	0.74	0.46	0.41	0.58	0.76	0.37	0.55	0.49	1.00	0.61	0.53	51
L62	0.44	0.40	0.46	0.49	0.58	0.74	0.55	0.52	0.80	0.45	0.40	0.55	0.60	0.61	0.63	0.55	60
L63	0.47	0.36	0.48	0.42	0.41	0.78	0.42	0.43	0.52	0.62	0.36	0.50	0.46	0.54	0.74	0.50	26
L64	0.47	0.34	0.48	0.38	0.38	0.64	0.37	0.38	0.45	0.59	0.35	0.46	0.41	0.56	0.59	0.46	7
L65	0.39	0.37	0.38	0.37	0.46	0.70	0.49	0.45	0.62	0.41	0.37	0.49	0.52	0.49	0.57	0.47	11
L66	0.43	1.00	0.44	0.41	1.00	0.66	1.00	0.45	1.00	0.56	1.00	0.43	1.00	0.51	0.59	0.70	76
L67	0.39	0.36	0.38	0.47	0.42	0.72	0.44	0.46	0.55	0.57	0.37	0.51	0.47	0.48	0.60	0.48	14
L68	0.42	0.36	0.42	0.43	0.41	0.71	0.46	0.51	0.54	0.36	0.53	0.46	0.61	0.70	0.49	17
L69	0.44	0.36	0.46	0.37	0.42	0.78	0.43	0.47	0.53	0.36	0.46	0.46	0.43	0.59	0.47	12
L70	0.52	0.36	0.52	0.44	0.43	0.64	0.45	0.42	0.57	0.59	0.37	0.48	0.49	0.61	0.60	0.50	25
L71	0.53	0.37	0.55	0.41	0.44	0.69	0.40	0.59	0.58	0.37	0.55	0.49	0.54	0.67	0.51	36
L72	0.38	0.47	0.37	0.40	0.70	0.60	0.66	0.40	0.88	0.52	0.44	0.48	0.73	0.52	0.56	0.54	58
L73	0.38	0.39	0.35	0.38	0.52	0.69	0.51	0.48	0.71	0.51	0.39	0.49	0.56	0.49	0.65	0.50	24
L74	0.33	0.39	0.33	0.58	0.53	0.79	0.54	0.75	0.75	0.39	0.59	0.49	0.69	0.54	0.56	56
L75	0.34	0.37	0.33	0.78	0.46	0.92	0.47	2.00	0.39	0.56	0.50	0.43	0.54	0.50	0.23	
L76	0.52	0.42	0.54	0.48	0.63	0.71	0.61	0.38	0.83	0.53	0.42	0.53	0.68	0.47	0.58	0.56	65

L66 与财务综合风险的关联度最大，达到 0.7，说明其财务综合风险最小，从其 15 个指标的关联系数可以看出，该校财务综合风险的各个方面都较好；而 L37 与财务综合风险的关联度最小，仅为 0.43，说明其财务综合风险较大，从其 15 个指标可以看出，其财务综合风险各个方面都较弱。76 所高校的财务综合风险指标中，有的高校各个方面都很好、很差或一般，导致整个高校的财务综合风险很小、很大或一般，也有的高校某些方面比较强，另一些方面比较弱。这说明高校要降低自身财务风险，需从各方面提高自己的财务水平。通过关联系数，可以发现高校的财务强项与薄弱之处，以采取有针对性的措施。

第四节 二元语义

一、理论

西班牙的著名学者赫雷拉（Herrera）教授在 2000 年首次提出了二元语义，将语言信息转化成模糊数，然后对模糊数进行计算，能够保证信息在处理过程中的完整和真实。评价结果由二元组 (S_k, a_k) 来表示。其中，一些定义如下：

（1）语言评价集 S：$S = \{S_0 = FC(非常差), S_1 = C(差), S_2 = YB(一般), S_3 = Z(重要), S_4 = FZ(非常重要)\}$。

（2）a_k 为符号转移值，满足 $a_k \in [-0.5, 0.5)$，表示得到的语言信息集与语言信息集 S 中 S_k 之间的偏差。

二、操作

本部分利用二元语义进行商业银行的风险评估。

(1) 商业银行风险指标体系的建立。风险评级指标体系的设计决定了风险评价系统的质量。在骆驼信用评级指标的框架基础之上，选取了 14 个定量指标、24 个定性指标建立指标体系。定量指标比较全面地勾勒出了商业银行风险的整体面貌。定性指标很好地补充了定量方面的不足，将动态因素考虑进去，使得指标不再仅仅是截面时点数据，更重要的是反映了风险变化的趋势。

(2) 商业银行风险评价指标权重的确定。基于层次分析法的主观权重确定。

(3) 基于二元语义的语言评价值计算。在商业银行风险评价指标体系中，定性指标的数据是通过决策专家群体运用语言形式给出的。其计算方法如下：

1) 设语言评价集 $S = \{S_0 = \text{FC}(非常差), S_1 = \text{C}(差), S_2 = \text{YB}(一般), S_3 = \text{Z}(重要), S_4 = \text{FZ}(非常重要)\}$。设评价者集 $E_i = (e_1, e_2, \cdots, e_m)$，$i = 1, 2, \cdots, m$，评价者的权重集 $W_i = (w_1, w_2, \cdots, w_m)$，评价指标集 $A_j = (a_1, a_2, \cdots, a_j)$，$j = 1, 2, \cdots, n$，评价者 E_i 对评价指标 A_j 做出的语言评价为 y_{ij}，从而形成评价矩阵 R。

2) 对评价值进行集结，处理如下（其中，$\bar{s} \in S$，$\bar{\alpha} \in [-0.5, 0.5]$，$q$ 为个数，w 为权重。指标权重向量 $v = (v_1, v_2, \cdots, v_m)$ 已由层次分析法给出）：

$$(\bar{s}, \bar{\alpha}) = \Phi((s_1, \alpha_1), (s_2, \alpha_2), \cdots, (s_q, \alpha_q)) = \Delta(\sum_{i=1}^{q} \omega_i \Delta^{-1}(s_i, \alpha_i))$$

(4) 风险的综合评价——定性与定量指标的集结。P_1 与 P_2 分别表明了从定量指标与定性指标评估该银行风险较低的可能性。把这两个概率值加权相加可以得到整体评估结果。此次设定两方面权重各为 0.5。P_1 与 P_2 加权相加得到最后的 P 值：$P_j = 0.5P_{1j} + 0.5P_{2j}$，$j = 1, 2, \cdots, n$。由于定性指标集结后为二元语义形式，需将二元语义转化为数字形式，具体公式如下：$P_{2j} = \beta/S$。式中，$\beta \in [0, g]$ 为语言评价集经集结方法得到的实数；S 为语言评价集元素的个数。

(5) 实证分析。本文选取了三家商业银行：A 银行、B 银行、C 银行。定量数据来源于其年度审计报告数据。将搜集到的数据进行归一化处理，并进行加权集结得到三家银行综合评分为 92.35 分、90.82 分、84.05 分。聘请三位专家对这三家银行进行评审。为方便起见，各评价指标采用相同的粒度，语言评价集及含义为：$S = (s_0 = \text{HC}(很差), s_1 = \text{C}(差), s_2 = \text{YB}(一般), s_3 = \text{H}(好), s_4 = \text{HH}(很好))$；专家给出的评价信息运用二元语义集结算子进行计算，得出三家公司的风险评价结果的二元语义组为 $(s_3, -0.3697)$，$(s_3, -0.4765)$，$(s_2, 0.4967)$。相应 P 值为 52.62、50.49、49.97。经计算三家银行的综合风险评价得分分别为 A 银行 72.48 分，B 银行 70.65 分，C 银行 67.01 分，由此可见，三家商业银行风险水平从低到高顺序依次为：A 银行、B 银行、C 银行。

补充阅读文献

1. Vague 文献

[1] 易欣. 基于 ANP 与 vague 集的工程项目风险评价方法改进 [J]. 华东交通大学学报，2013 (4).

[2] 舒欢，马玉国. 基于 Vague 集的工程项目采购风险评价 [J]. 项目管理技术，2013 (1).

[3] 刘静. 基于 Vague 集的 X 房地产项目投资风险评价研究 [D]. 秦皇岛：燕山大学，2015.

[4] 王爱领. 基于改进的 Vague 群决策的工程绿色施工风险评价研究 [J]. 郑州大学学报：理学版，2014 (12).

2. 模糊综合评价方法文献

［1］陆桂贤，等．企业并购风险的度量方法：模糊综合分析法［J］．统计与决策，2007（9）．
［2］聂名华，颜晓晖．境外直接投资风险识别及其模糊综合评价［J］．中南财经政法大学学报，2007（2）．
［3］梁莱歆，马如飞，王文芝．基于模糊综合评价的 R&D 项目财务风险计量［J］．山西财经大学学报，2008（5）．
［4］蒋云贵．基于 Delphi 法的企业税务筹划风险模糊综合评价［J］．湖南社会科学，2011（3）．
［5］李煌华，郎宏文．高新技术项目投资风险的模糊综合评价模型［J］．哈尔滨理工大学学报，2004（2）．
［6］李丽君，等．基于多级模糊综合评价法的制造企业财务风险评估［J］．财会通讯，2016（3）．
［7］宁靓，等．基于模糊综合评价法的公共服务外包风险因素研究［J］．行政论坛，2016（7）．

3. 灰色关联度文献

［1］蔡建春，等．风险投资中投资风险的灰色多层次评价［J］．管理工程学报，2003（12）．
［2］张振辉，达庆利．灰色系统理论在企业并购风险识别中的应用［J］．科研管理，2003（11）．
［3］章志平．中国地方政府债务风险灰色评估和预警［J］．统计与决策，2011（15）．
［4］朱佳翔，谭清美，荆象源．基于灰色关联度的两阶段上市公司财务风险灰色预警［J］．软科学，2008（4）．
［5］王雪青，喻刚，王佳冰．高速公路项目融资风险的动态灰色模糊评价［J］．重庆建筑大学学报，2008（10）．
［6］郝清民，等．绿色信贷的创新与风险——灰色关联度分析［J］．金融理论与实践，2016（7）．
［7］胡慧慧，等．基于改进灰色关联度方法的互联网供应链金融风险评价［J］．武汉金融，2016（3）．

4. 二元语义文献

［1］李登峰，等．供应商风险等级评估的二元语义模型与方法［J］．福州大学学报：哲学社会科学版，2013（5）．
［2］冒小芬．基于比例二元语义的城市综合体风险评价［J］．重庆理工大学学报：自然科学版，2014（12）．
［3］张连营，等．基于二元语义变量的项目团队风险认知偏差分析［J］．项目管理技术，2013（10）．
［4］郭凯．基于二元语义的煤矿安全生产风险评价研究［J］．中国矿业，2012（9）．
［5］吴楠，等．基于二元语义的商业银行综合风险评价［J］．经济研究导刊，2013（4）．
［6］谷云东，等．基于二元语义前景关联分析的风险型多准则决策方法［J］．控制与决策，2014（9）．
［7］王丽娜，等．商业银行风险信息披露评价［J］．合肥工业大学学报：自然科学版，2011（7）．
［8］蔡强，等．项目视角下的国际工程项目政治风险评价——基于灰色关联分析和二元语义评价组合模型［J］．项目管理技术，2013（11）．

练 习 题

1．采用表 13-4、表 13-5 和表 13-6 中的数据，利用模糊综合评价方法，重新计算 A 企业的财务综合风险。

2．采用表 13-7 中的数据，利用灰色关联度方法，重新计算高校的财务综合风险。

第十四章

分类类风险评估方法

本章将介绍4种分类类风险评估方法：关联规则、聚类分析、粗糙集、定量决策树。

第一节 关联规则

一、理论

关联规则是要找出在某一时间或数据中会同时出现的东西：如果项目 A 是某一事件的一部分，则项目 B 也出现在该事件中的概率为 $X\%$。关联规则将特定的结论与一系列条件联系在一起。关联规则算法自动寻找那些可通过可视化技术手段找到的关联。它运用一种生成—检验的方法去寻找规则——最初生成简单的规则，并被数据集证明是有效的。好的规则被存储，所有的规则都受到不同的制约，然后被专门化。专门化是一个将条件加入规则的过程。这些新规则接着被数据证实是有效的，而后这个过程反复地存储寻找到的最佳或最有意义的规则。用户常对规则中可能的前提数目提出一些限制。基于信息论或有效索引机制基础上的各种技术，常被用于压缩存在众多规则的搜索空间。该过程生成的最佳规则由图展示出来，但这套规则不能直接用于预测，这是因为规则中有许多不同的结论。由关联算法得到的关联规则称为未精炼的模型。

关联规则是帮助发现大量数据库中项集之间的关联关系的。设 $I = \{i_1, i_2, \cdots, i_m\}$ 为所有项目的集合，D 为事务数据库，事务 T 是一个项目子集（$T \subseteq I$）。每一个事务都具有唯一的事务标识 T_{id}。设 A 是一个由项目构成的集合，称为项集。事务 T 包含项集 A，当且仅当 $A \subseteq T$。最小支持度 minsup，即用户规定的关联规则必须满足的最小支持度，它表示一组物品集在统计意义上需要满足的最低程度。最小置信度 minconf，即用户规定的关联规则必须满足的最小置信度，它反映关联规则的最低可靠度。

关联规则的分类如下：

（1）基于规则中处理的变量的类别，可以分为布尔型和数值型关联规则。布尔型关联规则处理的值都是离散的、种类化的，它显示了这些变量之间的关系。数值型关联规则处理的是定量数据项（或属性）之间的关系。

（2）基于规则中数据的抽象层次，可以分为单层关联规则和多层关联规则。

（3）基于规则中涉及的数据维数，可以分为单维关联规则和多维关联规则。

关联规则是在事务数据库 D 中找出具有用户给定的最小支持度 minsup 和最小置信度 minconf 的关联规则。如果项集的支持度超过用户给定的最小支持度阈值（minsup），则称该项集是频繁项集或大项集。步骤如下：①根据最小支持度阈值找出数据集 D 中所有频繁项集；②根据频繁项集和最小置信度阈值产生所有关联规则。

关联规则的算法原理如下：

（1）搜索算法。该类算法只适合于项集数量相对较小的数据集中的关联规则挖掘。

（2）分层算法（宽度优先算法）。Apriori 算法是这类算法的典型代表，该算法需扫描数据集的次数等于最大频繁项集的项目数。

（3）深度优先算法。此类算法中最新、最高效的是吉·韩（J. Han）等人提出的 FP-growth（Frequent-pattern Growth，频繁模式增长）算法。

（4）划分算法。其基本思想是将整个数据集划分成可以存放在内存中进行处理的数据块，以节省访问外存的 I/O（输入/输出）开销。

（5）抽样算法。如何计算负边界以找回部分遗漏的频繁项集是抽样算法的关键。

（6）复杂关联规则算法。多层次关联规则挖掘一般有两种途径：一种是把单层次关联规则挖掘算法直接应用于多层次；另一种是在不同的层次应用不同的支持度阈值和置信度阈值。

关联规则的基本模型如图 14-1 所示。

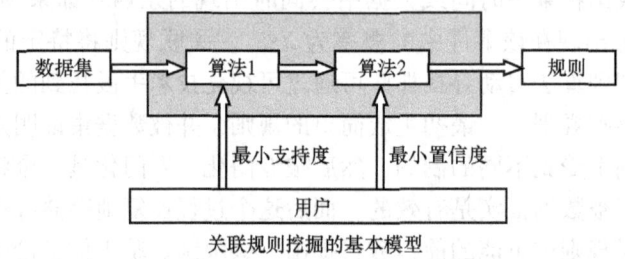

图 14-1　关联规则的基本模型

Apriori 算法的基本步骤如下：

（1）频繁项集的产生。Apriori 算法使用层次顺序搜索的循环方法（逐层搜索的迭代方法）产生频繁项集，即用频繁 k - 项集探索产生 $(k+1)$ - 项集。首先，找出长度为 1 的频繁项集，记为 L_1，L_1 用于产生频繁 2 - 项集 L_2 的集合，L_2 用于产生频繁 3 - 项集 L_3 的集合，如此循环下去，直到不能找到新的频繁 k - 项集。找每一个 L_k 需要扫描数据库一次。

（2）产生关联规则。利用公式来计算所获关联规则的置信度。其中，support_count $(A \cup B)$ 是包含项集 $A \cup B$ 的交易记录数目，support_count(A) 是包含项集 A 的交易记录数目。

$$\text{confidence}(A \rightarrow B) = P(A|B) = \frac{\text{support\_count}(A \cup B)}{\text{support\_count}(A)}$$

二、操作

本部分利用关联规则评估 A 企业的风险水平。

47 个评估人对 A 企业财务综合风险评估的原始数据如表 14-1 所示，由层次分析法得到四个方面的权重分别为 20%、30%、30% 和 20%。由于分项评价只需在满意、比较满意、一般满意、不太满意中选一个画钩，没有具体分项分数，为便于计算，令满意为 95 分，比较满意为 85 分，一般满意为 75 分，不太满意为 65 分。则单一评估人的总体评价得分 =

20%×偿债能力评价得分+30%×营运能力评价得分+30%×盈利能力评价得分+20%×发展能力评价得分。令总体评价得分在90～100分为满意，在80～89分为比较满意，在70～79分为一般满意，在50～69分为不太满意，转化结果见表14-1的第六列。

表14-1　47个评估人对A企业财务综合风险四个方面评估的原始数据

评 估 人	偿债能力	营运能力	盈利能力	发展能力	财务综合风险
评估人1	一般满意	比较满意	比较满意	一般满意	比较满意
评估人2	满意	满意	满意	满意	满意
评估人3	比较满意	比较满意	比较满意	比较满意	比较满意
评估人4	比较满意	满意	满意	满意	满意
评估人5	一般满意	不太满意	不太满意	一般满意	不太满意
评估人6	满意	比较满意	满意	满意	满意
评估人7	满意	满意	满意	满意	满意
评估人8	满意	满意	比较满意	满意	满意
评估人9	比较满意	比较满意	比较满意	一般满意	比较满意
评估人10	满意	比较满意	比较满意	满意	比较满意
评估人11	满意	满意	满意	满意	满意
评估人12	比较满意	满意	比较满意	比较满意	比较满意
评估人13	一般满意	一般满意	一般满意	一般满意	一般满意
评估人14	满意	比较满意	比较满意	比较满意	比较满意
评估人15	满意	比较满意	满意	比较满意	满意
评估人16	满意	满意	满意	满意	满意
评估人17	满意	比较满意	比较满意	满意	比较满意
评估人18	满意	一般满意	一般满意	比较满意	比较满意
评估人19	满意	满意	满意	满意	满意
评估人20	满意	比较满意	满意	满意	满意
评估人21	比较满意	满意	满意	满意	满意
评估人22	比较满意	一般满意	一般满意	一般满意	一般满意
评估人23	满意	满意	满意	满意	满意
评估人24	满意	满意	满意	满意	满意
评估人25	比较满意	比较满意	满意	比较满意	比较满意
评估人26	满意	满意	满意	满意	满意
评估人27	满意	比较满意	比较满意	满意	比较满意
评估人28	满意	满意	满意	比较满意	满意
评估人29	满意	满意	满意	满意	满意
评估人30	比较满意	比较满意	满意	比较满意	比较满意
评估人31	满意	满意	满意	满意	满意
评估人32	满意	满意	满意	满意	满意
评估人33	满意	比较满意	满意	满意	满意
评估人34	满意	比较满意	比较满意	比较满意	比较满意
评估人35	满意	比较满意	满意	满意	满意
评估人36	满意	满意	满意	满意	满意
评估人37	满意	满意	满意	满意	满意

(续)

评估人	偿债能力	营运能力	盈利能力	发展能力	财务综合风险
评估人38	比较满意	比较满意	比较满意	比较满意	比较满意
评估人39	满意	满意	满意	满意	满意
评估人40	满意	一般满意	一般满意	比较满意	比较满意
评估人41	满意	满意	满意	满意	满意
评估人42	满意	满意	满意	满意	满意
评估人43	比较满意	比较满意	比较满意	比较满意	比较满意
评估人44	比较满意	比较满意	比较满意	比较满意	比较满意
评估人45	满意	比较满意	一般满意	满意	比较满意
评估人46	满意	比较满意	满意	满意	满意
评估人47	满意	一般满意	一般满意	一般满意	一般满意

以表14-1的数据为基础，令四个分项评价为自变量（前项），财务综合风险为因变量（后项），对47条记录利用SPSS Clementine12.0的Apriori算法提取关联规则，当最低支持度为10%，最低置信度为80%，最大前项数为2，最大规则数为20时，提取了11条有用的规则（见表14-2）。由规则1可知，当A企业的盈利能力满意且发展能力满意时，有100%的置信度相信A企业财务综合风险很小。由规则2可知，当偿债能力满意且盈利能力满意时，有100%的置信度相信A企业财务综合风险很小。由其他规则也可得到有益的结论，为今后A企业财务综合风险评价和财务风险管理提供了依据。

表14-2 A企业财务综合风险评估产生的关联规则

规则	后项	前项	支持度（%）	置信度（%）
规则1	总体评价等级=满意	项目3=满意和项目4=满意	48.94	100.0
规则2	总体评价等级=满意	项目1=满意和项目3=满意	48.94	100.0
规则3	总体评价等级=满意	项目2=满意和项目4=满意	40.43	100.0
规则4	总体评价等级=满意	项目2=满意和项目3=满意	40.43	100.0
规则5	总体评价等级=比较满意	项目2=比较满意和项目3=比较满意	23.4	100.0
规则6	总体评价等级=满意	项目1=满意和项目2=满意	38.3	100.0
规则7	总体评价等级=满意	项目3=满意	57.45	92.59
规则8	总体评价等级=比较满意	项目3=比较满意	27.66	92.31
规则9	总体评价等级=满意	项目2=满意	44.68	95.24
规则10	总体评价等级=比较满意	项目1=满意和项目3=比较满意	12.77	83.33

第二节 聚类分析

一、理论

聚类是将数据分类到不同的类或者簇的过程，同一个簇中的对象有很大的相似性，不同簇间的对象有很大的相异性。聚类算法有分割聚类、层次聚类、基于密度的聚类、基于网络的聚类等。本书主要运用分割聚类中的K-means聚类。K-means聚类的基本原理是：假设有

n 个对象需要分成 k 类，在该算法中，先随机选择 k 个对象代表 k 个类，每个对象作为一个类的原型，根据距离原型最近的原则将其他对象分配到各个类中。在完成首次对象的分配后，以每类所有对象的平均值作为该类的新原型，迭代进行对象的再分配，直到没有变化为止，从而得到最终的 k 个类。聚类分析可以采用 SPSS 软件分析。

二、操作

本部分利用聚类分析高校筹资风险水平。对因子分析得到的筹资风险 5 个因子（原始数据见表 14-3）进行聚类分析，利用 SPSS17.0 软件的分析→分类→K 值聚类，设定分为 5 类，将高校筹资风险分为很小、较小、一般、较大、很大，结果如表 14-4 所示。每一类中的高校在 5 个因子上的取值接近，而各类之间的高校取值相差较大，即同类中高校筹资能力相似，可以结合每一因子分析某类高校的具体筹资风险，根据不同类的筹资能力及所反映的问题进行分类指导。

表 14-3 教育部直属 76 所高校 2009 年筹资风险 5 个指标数据

高校	F_1	F_2	F_3	F_4	F_5	聚 类 结 果	风 险 等 级
L3	0.307 733	0.161 718	0.129 217	-0.401 36	-0.205 93	1	一般
L8	0.249 507	0.232 536	0.311 339	-0.272 49	-0.170 47	1	一般
L13	0.448 611	0.164 556	0.259 999	-0.265 52	-0.198 25	1	一般
L16	0.315 564	0.101 493	0.193 774	-0.389 31	-0.337 55	1	一般
L22	0.148 32	0.304 783	0.353 578	-0.431 44	-0.429 66	1	一般
L23	0.342 73	0.160 534	0.157 361	-0.535 13	-0.273 41	1	一般
L34	0.278 146	0.276 331	0.290 304	-0.616 21	-0.549 12	1	一般
L35	0.312 995	0.280 242	0.348 954	-0.460 51	-0.184 77	1	一般
L37	0.331 029	0.259 627	0.276 266	-0.191 42	-0.358 01	1	一般
L51	0.314 109	0.271 955	0.332 675	-0.253 19	-0.633 24	1	一般
L62	0.341 876	0.222 547	0.300 868	-0.215 86	-0.456 91	1	一般
L69	0.335 955	0.060 592	0.206 649	-0.356 72	-0.226 51	1	一般
L71	0.492 675	0.194 504	0.317 581	-0.240 94	-0.272 61	1	一般
L72	0.150 01	0.077 164	0.193 311	-0.344 19	-0.335 16	1	一般
L6	0.224 828	0.175 893	0.603 021	-0.309 69	-0.526 04	2	很大
L10	0.106 157	-0.158 83	0.361 776	-0.385 84	-0.441 89	2	很大
L24	0.103 66	0.236 214	0.248 635	-0.583 08	-0.286 79	2	很大
L49	0.203 661	0.385 008	0.330 248	-0.506 37	-0.113 68	2	很大
L58	0.141 588	0.191 118	0.441 599	-0.491 76	-0.422 72	2	很大
L61	0.079 938	0.227 186	0.268 56	-0.533 56	-0.346 81	2	很大
L73	0.079 564	0.253 386	0.575 931	-0.444 15	-0.037 31	2	很大
L74	-0.009 6	0.301 378	0.883 641	-0.348 78	-0.234 71	2	很大
L75	-0.007 34	0.089 027	0.726 954	-0.320 49	0.285 507	2	很大
L29	0.749 478	-0.018 11	0.348 443	0.123 13	-0.598 65	3	很小
L32	0.698 788	0.162 682	0.254 369	0.144 254	-0.154 61	3	很小
L42	0.936 36	0.138 012	0.351 821	0.038 051	-0.129 4	3	很小
L44	0.679 597	0.046 81	0.305 87	-0.172 25	-0.162 35	3	很小

(续)

高校	F_1	F_2	F_3	F_4	F_5	聚类结果	风险等级
L46	0.573 504	0.276 184	0.316 467	-0.194 68	-0.259 86	3	很小
L47	0.799 475	0.223 972	0.484 471	-0.387 89	-0.305 94	3	很小
L53	0.459 266	0.176 572	0.254 058	0.047 751	-0.270 64	3	很小
L55	0.472 643	0.250 129	0.272 066	-0.114 7	-0.055 05	3	很小
L66	0.306 549	0.005 311	0.231 619	-0.013 53	-0.314 69	3	很小
L70	0.519 049	0.282 825	0.304 954	-0.046 17	-0.017 79	3	很小
L76	0.559 594	0.098 267	0.220 291	0.002 548	-0.143 86	3	很小
L2	0.181 106	0.015 105	0.289 379	-0.275 57	-0.100 33	4	较大
L4	0.325 2	0.086 397	0.270 716	-0.065 56	0.081 17	4	较大
L5	0.209 265	0.175 106	0.323 507	-0.222 34	-0.115 87	4	较大
L7	0.107 775	-0.108 99	0.457 083	-0.315 03	0.249 308	4	较大
L9	0.129 815	0.350 625	0.254 998	-0.451 57	0.028 094	4	较大
L11	0.266 642	-0.029 14	0.186 676	-0.217 58	-0.071 96	4	较大
L14	0.180 108	0.331 107	0.213 424	-0.430 96	0.258 666	4	较大
L15	0.294 638	0.096 345	0.141 905	-0.007 01	0.083 54	4	较大
L17	0.242 54	0.005 467	0.116 292	-0.167 15	0.076 63	4	较大
L18	0.258 71	0.286 799	0.143 442	-0.583 97	-0.047 48	4	较大
L19	0.213 062	-0.118 92	0.277 562	-0.298 36	-0.177 43	4	较大
L21	0.292 296	0.183 802	0.255 133	-0.307 26	0.164 666	4	较大
L25	0.192 908	0.133 469	0.158 513	-0.513 34	0.009 414	4	较大
L26	0.427 996	0.145 449	0.292 451	-0.350 98	-0.072 44	4	较大
L27	0.312 192	0.176 672	0.126 83	-0.326 12	0.046 679	4	较大
L30	0.295 729	0.096 524	0.239 758	-0.252 78	0.072 314	4	较大
L31	0.284 218	0.079 565	0.155 321	-0.057 9	-0.122 06	4	较大
L33	0.260 541	0.335 359	0.320 119	-0.350 07	0.024 804	4	较大
L36	0.232 011	0.171 366	0.139 856	-0.473 85	0.003 982	4	较大
L40	0.271 401	0.099 604	0.286 669	-0.210 55	0.007 249	4	较大
L41	0.290 625	0.241 684	0.215 615	-0.306 79	0.026 829	4	较大
L43	0.213 507	0.023 566	0.236 496	-0.211 18	0.219 31	4	较大
L45	0.260 14	0.104 661	0.288 838	-0.260 87	-0.104 19	4	较大
L50	0.347 133	0.263 007	0.258 825	-0.154 72	0.102 113	4	较大
L52	0.301 507	0.121 69	0.229 035	-0.139 03	-0.037 09	4	较大
L54	0.445 602	0.138 67	0.125 469	-0.464 61	0.035 011	4	较大
L57	0.151 12	-0.255 68	0.431 221	-0.387 02	0.300 655	4	较大
L59	0.209 508	0.287 469	0.221 691	-0.392 69	-0.095 9	4	较大
L60	0.221 405	0.149 287	0.197 761	-0.400 3	-0.012 65	4	较大
L65	0.161 254	0.320 053	0.271 691	-0.523 37	0.178 201	4	较大
L67	0.136 082	0.078 537	0.273 618	-0.305 96	-0.080 56	4	较大
L68	0.213 531	0.232 609	0.220 219	-0.258 77	-0.070 41	4	较大
L1	0.737 598	-0.177 37	0.280 794	-0.130 46	0.308 131	5	较小
L12	0.450 537	0.364 601	0.297 852	-0.311 5	0.214 559	5	较小

（续）

高校	F_1	F_2	F_3	F_4	F_5	聚类结果	风险等级
L20	0.601 07	0.297 088	0.252 024	-0.276 07	0.164 235	5	较小
L28	0.479 911	0.227 926	0.204 896	-0.197 24	0.293 451	5	较小
L38	0.953 031	0.001 911	0.850 6	-0.087 88	0.165 46	5	较小
L39	0.587 598	0.031 931	0.274 885	-0.006 36	0.176 921	5	较小
L48	0.653 668	-0.034 36	0.369 518	-0.301 5	0.144 797	5	较小
L56	0.804 703	0.176 101	0.356 187	-0.228 72	0.249 52	5	较小
L63	0.456 408	0.124 552	0.224 263	-0.124 17	0.034 953	5	较小
L64	0.354 698	-0.098 69	0.207 242	-0.193 39	0.301 782	5	较小

表 14-4　76 所高校收入管理与筹资能力聚类分析的分类

类别	高校数/所	筹资风险	高　校
类1	14	一般	L3；L8；L13；L16；L22；L23；L34；L35；L37；L51；L62；L69；L71；L72
类2	9	很大	L6；L10；L24；L49；L58；L61；L73；L74；L75
类3	11	很小	L29；L32；L42；L44；L47；L53；L55；L56；L66；L70；L76
类4	32	较大	其他 32 所高校
类5	10	较小	L1；L12；L20；L28；L38；L39；L48；L56；L63；L64

针对上述聚类结果，将每类内高校的 5 个公共因子进行均值处理，分别利用这 5 个指标的均值来近似代表每类，绘制成图（见图 14-2），可直观地展现 5 类高校在这 5 个因子方面的具体体现。由图 14-2 可知，各类有所交叉，主要是类 2 导致。总体而言，类 3 各因子得分均值均较高，其筹资能力应该最强；其次是类 5，其 F_1 和 F_5 很高；相对最差的是类 2，该类除了 F_3 较高外，F_1 和 F_4 都最低。

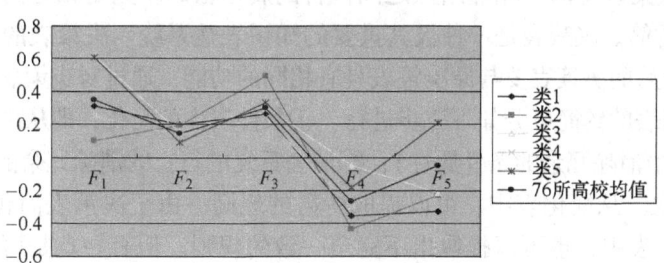

图 14-2　基于聚类结果 5 类的因子得分均值

值得注意的是，因子分析与聚类分析对 76 所高校 2009 年筹资能力的评价并不完全一致，对一些重要项目的综合类评价后面将考虑使用方法集，消除单一统计方法导致的差异。

第三节　粗　糙　集

一、理论

粗糙集（Rough Sets，RS）理论是波兰数学家帕拉克（Z. Pawlak）于1982年提出的一个处理具有信息不确定、不精确、不完善系统的新数学工具,是目前使用较多的一种归纳学习方法。它不仅能对知识系统进行数据约简,从决策表中导出决策规则,而且能分析属性间的依赖关系,并可对导出的规则进行评价,是处理不确定、不精确、不完善系统的一种有效方法。该方法已被广泛地应用于专家系统、决策支持系统、机器学习、归纳推理、模式识别等领域。[⊖]

(1) 粗糙集的基本知识。粗糙集理论认为,知识是基于对对象分类的能力。对于任一信息系统 $K=(U,R)$,U 为所讨论对象的全体,称为论域,$U=\{x_1,x_2,\cdots,x_n\}$。R 为属性集,$R=\{r_1,r_2,\cdots,r_n\}$。任一 $P \subseteq R$,$P \neq f$(P 可为单属性集,如 $P=\{r_i\}$,也可为多属性的组合,如 $P=\{r_{i1},r_{i2},\cdots,r_{ik}\}$),则全集 U 上的元素关于 P 的等价类构成一种不可分辨关系,记为 $\text{ind}(P)$。以 $f(x,a)$ 表示元素 x 关于属性 a 的取值,若 x_{i1} 和 x_{i2} 关于 P 不可分辨,则对任一 $r_i \in P$,满足 $f(x_{i1},r_i)=f(x_{i2},r_i)$。不可分辨关系也表明知识是有粒度的。存在不可分辨关系 P,由 P 形成的等价类可表示为 $U|\text{ind}(P)=\{X_1,X_2,\cdots,X_n\}$。对于集合 X 属于 U,当 X 能表示成这些等价类的并集时,则称集合 X 相对于关系 P 可精确定义,否则只能通过上下近似来刻画。集合 X 关于 P 的下近似和上近似分别用 $P_-(X)$ 和 $P^-(X)$ 来表示,满足:$P_-(X)=U\{X_i|X\}$ 和 $P^-(X)=U\{X_i|X_i \cap X \neq f\}$。下近似 $P_-(X)$ 又可称为 X 的 P 正域,记为 $\text{pos}_P(X)$。设 P,S 为 U 中的两个等价关系,$U|S=\{X_1,X_2,\cdots,X_n\}$,$S$ 的 P 正域记为 $\text{pos}_P(S)$。

(2) 数据离散化。运用粗糙集理论处理决策表时,要求表中数据为离散型,具体的形式可以为字符型、整型、枚举型等。然而实际研究对象的某些条件属性的值域为连续型,如设备运行监测中,通过各种传感器采集到的信号等。因此,首先要将其离散化。本处应用等频率划分算法对数据进行离散化。等频率划分算法是根据用户给定的参数 k 把 m 个对象分成段,每段中有 m/k 个对象。假设某个属性的最大属性值为 $x_{\max}$,最小属性值为 $x_{\min}$,用户给定的参数为 k,则需要将这个属性在所有实例上的取值从小到大进行排列,然后平均划分为 k 段即得到断点集。每两个相邻断点之间包含的属性值的个数是相等的。

(3) 决策表约简。决策表是一种极其重要的知识表达系统。决策表的约简就是要简化表中的内容,但简化后的决策表要与原决策表具有相同的功能,通过对决策表的约简,可以获得直观的知识。决策表的约简可分如下三步进行:①条件属性的简化,即从决策表中消去某一列(等价于从决策表中消除冗余的条件属性);②消去重复的行;③消除冗余的属性值。

(4) 规则提取。从简化表中,可以提取所需的规则,由于决策表简化往往不是唯一的,即便从同样的决策表中,也可以提取出不完全一致的规则。但有一点是可以肯定的,即提取出的规则必须与简化前的决策表数据相吻合。

二、操作

本部分利用粗糙集评估商业银行的信贷风险。

1. 商业银行信贷风险评价指标体系的构建与信贷数据的获取

(1) 指标体系的构建。综合考虑信贷风险的各影响要素,确定以下 16 项指标用作商业银行信贷风险评估:流动比率、速动比率、超速动比率、营运资金/总资产、资产负债率、净资产收益率、资产收益率、销售净利率、销售收入/总资产、成本费用利润率、存货周转

⊖ 汤俊,肖健华,吴今培. 商业银行信贷风险管理的粗糙集方法 [J]. 商业研究,2006 (20).

率、应收账款周转率、总资产周转率、流动资产周转率、固定资产周转率、贷款方式。信贷风险评估指标体系如图 14-3 所示。

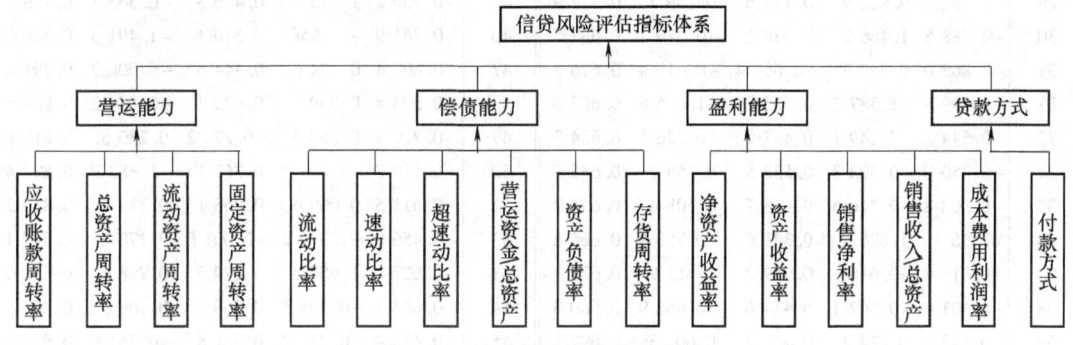

图 14-3　信贷风险评估指标体系

（2）信贷数据的获取。来源于中国工商银行总行信贷部以及中国工商银行某地级市的一个支行。在采集数据时，注重样本自身的行业特征，不同行业的企业经营环境和业务范围不同，企业的各项财务指标和非财务指标也不具有可比性。因此，实例分析中选用同一行业、短期贷款的样本数据。

2. 商业银行信贷风险管理的粗糙集方法

（1）数据预处理。首先对样本数据进行稳健性处理。由于样本数据容量较大，各指标取值范围较广，数据具有一定的平滑性，因此，先进行异常数据剔除，最终获得 60 个样本数据。其次用统计软件对数据进行因子分析，求解释因子。求解释因子的主要目的是确定能够解释观测变量之间相关关系的最小因子个数。依据特征值准则，当前样本数据条件下的解释因子数确定为 4。而且从因子负荷矩阵中可以看出，各因子的经济含义较为明显，16 项指标的样本数据被分为四个解释因子：A_1，A_2，A_3，A_4。经过上面介绍的数据处理后，最终得到表 14-5，表中各大项值为归一化数据，A_1，A_2，A_3，A_4 为条件属性，分别代表营运能力因子、偿债能力因子、盈利能力因子和贷款方式因子；D 为决策属性，代表贷款损失与贷款总额的比值。

表 14-5　标准化后的数据

样本	A_1	A_2	A_3	A_4	D	样本	A_1	A_2	A_3	A_4	D
1	-0.472 5	-0.230 9	0.605 4	0.815 4	0.023 8	15	-0.476 0	-0.802 1	0.734 0	-0.812 4	0.354 0
2	-0.632 5	-0.042 1	0.495 4	0.284 3	0.036 3	16	-0.672 6	0.752 0	0.570 8	-0.007 6	0.380 0
3	-0.423 7	-0.536 4	0.360 8	-0.528 6	0.109 4	17	-0.676 7	1.288 8	0.497 3	1.245 8	0.391 5
4	-0.589 8	0.911 3	0.324 0	-1.112 3	0.175 4	18	-0.042 2	-1.003 1	0.307 7	-0.974 2	0.403 2
5	-0.506 8	0.927 9	0.547 8	-1.004 3	0.200 0	19	-1.022 7	0.842 3	-1.506 2	-0.372 4	0.418 5
6	-0.583 7	0.654 2	0.463 8	-0.176 9	0.212 7	20	-0.474 6	-0.465 3	0.454 6	-0.465 1	0.437 1
7	-0.574 1	-0.293 2	0.603 0	-0.470 4	0.240 0	21	-0.416 4	-0.097 0	0.565 6	1.330 7	0.452 0
8	-0.567 9	-0.380 1	0.502 6	-0.417 4	0.250 0	22	-0.264 2	-0.733 6	0.705 3	-0.805 9	0.473 5
9	-0.321 7	-0.039 9	1.011 9	-0.520 8	0.278 4	23	-0.699 7	0.771 5	0.504 8	1.338 8	0.494 9
10	-0.675 0	0.790 8	0.614 3	-0.050 9	0.290 6	24	-0.072 8	-0.197 5	0.313 0	-0.679 6	0.504 5
11	-0.426 1	-0.550 2	0.451 3	-0.533 8	0.308 2	25	-0.126 9	0.368 4	0.467 9	-0.381 3	0.510 3
12	-0.426 0	0.724 1	0.530 2	-0.505 5	0.320 5	26	-0.286 0	-0.700 7	0.391 6	-0.790 0	0.530 9
13	-0.683 2	0.635 8	0.546 5	0.807 2	0.333 3	27	-0.660 8	1.008 4	0.412 4	-0.197 6	0.550 0
14	-0.261 1	-0.944 4	0.422 2	-0.910 3	0.349 5	28	-0.726 9	0.861 3	0.128 2	0.050 5	0.566 7

(续)

样本	A_1	A_2	A_3	A_4	D	样本	A_1	A_2	A_3	A_4	D
29	-0.7326	0.9229	0.1726	0.1595	0.5779	45	-0.7362	1.5754	0.4263	-0.3051	0.7791
30	-0.5885	1.4662	0.4481	-0.2291	0.5875	46	-0.2619	-1.558	0.3701	-1.4913	0.7860
31	-0.8680	0.8372	-0.6514	-0.6104	0.6163	47	-0.6074	0.7246	0.4446	-0.0067	0.7916
32	-0.3995	-1.5873	0.3757	-1.4966	0.6276	48	-0.5934	0.0397	0.4253	-0.5712	0.8065
33	-0.5742	-0.1491	0.4175	-0.7205	0.6343	49	-0.7701	0.2502	-0.2752	0.2306	0.8108
34	-0.3500	-0.5933	0.5385	0.3587	0.6455	50	-0.1198	-0.4492	0.3671	-1.6839	0.8276
35	-0.5088	-0.7166	0.4687	0.5084	0.6542	51	-0.6115	0.0696	0.2651	0.3715	0.8333
36	0.5564	1.0763	0.3416	-0.7538	0.6668	52	-0.4560	-1.3743	-0.0016	0.1702	0.8491
37	-0.3195	-0.6184	0.9892	1.6119	0.6771	53	-0.6224	1.6573	0.2795	0.7986	0.8500
38	-0.4816	-0.3621	0.4346	-0.4629	0.6800	54	-0.0847	-0.5953	0.3683	0.1069	0.8643
39	-0.5478	0.2244	0.4842	0.6023	0.6971	55	-0.4354	-0.2202	0.5218	-0.7618	0.8750
40	-0.4724	0.5847	0.3900	-1.3156	0.7000	56	-0.6336	0.0556	0.3979	0.3696	0.9000
41	-0.8172	-1.1117	-1.4171	0.2431	0.7111	57	-0.7283	0.3576	-0.2524	0.4557	0.9167
42	-0.6511	0.9778	0.5427	-0.3215	0.7367	58	-0.4977	-0.1040	0.4547	-0.2730	0.9200
43	-0.5423	-0.0017	0.3325	-0.7248	0.7459	59	-0.5301	-1.0643	0.4709	0.3479	0.9361
44	-0.4888	-0.7028	0.985	1.6617	0.7683	60	-0.4428	-0.7885	0.4487	0.3218	0.9488

（2）数据离散化。表 14-5 中的数据基本上为连续值，即各属性可视为连续属性，为了使用粗糙集理论，必须将其量化，现将每个条件属性取 3 个离散值 1、2、3，对 A_1、A_4 可以理解为好、一般、差；对 A_2、A_3 可以理解为差、一般、好。决策属性也取 3 个离散值，其含义分别为小、适中和大。采用等频率间隔划分算法对表 14-5 中的数据进行离散化，得到表 14-6。

表 14-6 各属性离散化后的数据

样本	A_1	A_2	A_3	A_4	D	样本	A_1	A_2	A_3	A_4	D	样本	A_1	A_2	A_3	A_4	D
01	2	2	3	3	1	21	3	2	2	3	2	41	1	1	1	3	3
02	1	2	3	3	1	22	3	1	3	1	2	42	1	3	3	2	3
03	3	1	1	1	1	23	1	3	3	3	2	43	2	2	1	1	3
04	2	3	2	1	1	24	3	2	2	2	2	44	2	1	3	3	3
05	2	3	3	1	1	25	3	2	2	2	2	45	1	3	2	2	3
06	2	3	2	2	1	26	3	2	2	1	2	46	3	1	1	1	3
07	2	2	3	2	1	27	1	2	2	3	2	47	1	2	2	2	3
08	2	2	3	2	1	28	1	2	2	2	2	48	2	2	2	2	3
09	3	2	3	2	1	29	1	3	2	3	2	49	1	2	1	3	3
10	1	3	2	2	1	30	2	3	2	2	2	50	3	1	2	1	3
11	3	1	2	1	1	31	1	3	1	2	2	51	1	2	1	3	3
12	3	3	2	1	1	32	2	1	2	1	2	52	2	1	1	3	3
13	1	3	3	1	1	33	2	2	2	2	2	53	1	3	2	3	3
14	2	3	1	1	1	34	2	2	3	3	2	54	3	2	2	1	3
15	2	3	1	1	1	35	2	2	2	3	2	55	3	1	3	1	3
16	1	2	2	2	1	36	3	3	1	1	2	56	1	1	2	2	3
17	1	2	3	3	1	37	3	1	3	3	2	57	1	2	1	3	3
18	3	1	1	1	2	38	2	2	2	2	2	58	2	2	2	2	3
19	1	3	1	1	2	39	1	1	2	2	2	59	2	1	2	3	3
20	2	1	2	2	2	40	2	2	2	1	2	60	3	1	2	3	3

(3) 决策表约简。由于表 14-6 中有重复的行或相互矛盾的行，在约简过程中首先将其剔除。消除表中的冗余或矛盾对象后，得到表 14-7。从表 14-8 中可看出属性 A_1 已被约简掉，进一步简化表 14-8 得到表 14-9。表 14-9 中的"—"表示在 1、2、3 中任意取值。

表 14-7 消除冗余或矛盾对象后的数据

样本	A_1	A_2	A_3	A_4	D	样本	A_1	A_2	A_3	A_4	D	样本	A_1	A_2	A_3	A_4	D
01	2	2	3	3	1	21	3	2	2	3	2	44	2	1	3	3	3
02	1	2	3	3	1	22	1	1	3	1	2	49	1	2	1	3	3
04	2	3	2	1	1	24	3	2	2	2	2	52	2	1	1	3	3
05	2	3	3	1	1	25	3	2	2	1	2	53	1	3	1	1	3
07	2	2	3	2	1	31	1	3	1	2	2	54	3	2	2	1	3
09	3	2	3	1	1	34	3	1	3	2	2	55	3	2	1	1	3
12	3	3	3	2	1	36	1	2	1	2	2	56	1	1	2	3	3
15	2	2	3	1	1	39	2	2	2	3	2	60	3	1	3	3	3
19	1	3	1	2	2	41	1	1	3	3	3						
20	2	1	2	2	2	43	2	2	1	3	3						

表 14-8 约简属性后的决策表

样本	A_2	A_3	A_4	D	样本	A_2	A_3	A_4	D	样本	A_2	A_3	A_4	D
01	2	3	3	1	20	1	2	2	2	41	1	3	3	3
04	3	2	1	1	21	2	2	3	2	43	2	1	3	3
05	3	3	1	1	22	1	3	1	2	44	1	3	3	3
07	2	3	2	1	24	2	2	2	2	49	2	1	3	3
12	3	3	2	1	25	2	2	1	2	53	3	1	1	3
15	2	3	1	1	31	3	1	2	2	54	2	2	1	3
19	3	1	2	2	34	1	3	2	2	56	1	2	3	3

表 14-9 简化后的决策表

规 则 编 号	A_2	A_3	A_4	D
01	2	3	—	1
02	3	3	—	1
03	3	—	1	1
04	2	—	—	2
05	—	2	2	2
06	1	1	—	3
07	1	—	3	3
08	—	1	3	3

(4) 规则提取。由表 14-9 可以提取如下几条规则：rule（规则）01：if（如果）（偿债能力一般）and（并且）（盈利能力好），then（那么）贷款损失与贷款总额的比值小；rule 02：if（偿债能力好）and（盈利能力好），then 贷款损失与贷款总额的比值小；rule 03：if（偿债能力好）and（贷款方式好），then 贷款损失与贷款总额的比值小；rule 04：if（偿债能力一般）and（盈利能力一般），then 贷款损失与贷款总额的比值适中；rule 05：if（盈利能力一般）and（贷款方式一般），then 贷款损失与贷款总额的比值适中；rule；06：if（偿债能力差）and（盈利能力差），then 贷款损失与贷款总额的比值大；rule 07：if（偿债能

差）and（贷款方式差），then 贷款损失与贷款总额的比值大；rule 08：if（盈利能力差）and（贷款方式差），then 贷款损失与贷款总额的比值大。

从简化决策表和上面提取的规则，可以得出几个结论：①偿债能力和盈利能力基本上成了决定贷款风险大小的重要指标；②贷款方式也是起一定作用的指标；③在最终的规则中，营运能力因子被忽略，究其原因主要是该因子与盈利能力因子存在较大的相关性。

第四节 定量决策树

一、理论

决策树分类算法起源于概念学习系统（Concept Learning System，CLS），然后发展到 ID3 方法，最后又演化为能处理连续属性的 C4.5，有名的决策树方法还有 CART 和 Assistant、CHAID、Sliq、Sprint 等。最初利用信息论中信息增益方法寻找数据库中具有最大信息量的字段，做决策树的一个节点字段的某些值做门限建立树的分支；在分支下建立下层节点和子分支，生成一棵决策树。再剪枝，优化，然后把决策树转化为规则，利用这些规则可以对新事例进行分类。决策树是一颗有向无环树。根节点没有父节点，所有其他节点都有且只有一个父节点，一个节点可以包含若干个子节点。若节点没有子节点，则称其为叶节点，否则称为内部节点。树的每个非叶节点包含一个分割点，由它决定数据如何划分。每个叶节点都对应一个类别标识 C 值；每个内部节点都对应一个用于分割数据集的属性 X_i，称为分割属性。

树的生长算法有以下四步：①对于训练集 T，若 T 是纯的，类别属性值为 C_1，则选择 C_1 为叶节点，结束；否则把 T 作为当前数据集。②对于当前数据集，选择最佳测试属性作为节点，根据最佳测试属性的取值进行分枝，并把数据集划分为不同的子数据集。③逐个处理子数据集，若子数据集是纯的，类别属性值为 C_2，则选择 C_2 作为叶节点，jump（跳转至）4；否则，把该子数据集作为当前数据集，jump2。④若子数据集处理完，结束；否则 jump3。

决策树有 ID3、C4.5 等算法，其中 CHAID 算法运用较多。CHAID 又称卡方自动交叉检验，由卡斯（Kass）于 20 世纪 80 年代提出，适用于分类和序次等级数据的分析，是一种以目标最优为依据，具有目标选择、变量筛选和聚类功能的分析方法。当预测变量是分类变量时，CHAID 方法最适宜。对于连续型变量，CHAID 在缺省状态下将连续型变量自动分为 10 段处理，但是可能有遗漏。CHAID 以原始数据处理为出发点，首先选定分类的目标变量，然后选定分类解释变量与分类目标变量进行交叉分类，产生一系列二维表。然后分别计算所生成二维表的卡方统计量或似然估计统计量，比较统计量 P 值的大小，以统计量 P 值最小的二维表作为最佳初始分类表。在最佳二维分类表的基础上继续使用分类解释变量对目标变量进行分类，重复上述过程直到分类条件满足 P 值大于拆分水准 α 为止。

具体步骤如下：

（1）建立交叉分类表。对每个解释变量 X_j（$1 \leq j \leq m$）与目标变量 Y 进行交叉分类，由此可产生 m 交叉分类表。

（2）计算 χ^2 统计量或者似然估计量。

（3）选择分类变量。比较 m 个交叉的卡方统计量或者似然统计量的大小，假定 Y 与 X_i

交叉分类的统计值最大，则选定 X_i 为最佳交叉分类方法，即 Y 与 X_i 交叉分类最能体现 Y 的分布差异。

（4）分类方向的确定。对已经分好的最优二维表，继续根据 X_i 对 Y 进行交叉分类（此时已经使用过的最优变量除外）形成三维交叉表。重复以上三个步骤就能得到对 Y 的最优分类。

（5）确定停止条件。设计统计量阈值，如果统计量小于设定的有统计意义的最小统计值，则分类停止；设置交叉分类维数，如果交叉分类维数大于预先设置的维数，则迭代停止；设置每组的最少样本数，如果继续进行交叉分类的组内样本数小于设定的样本数，则迭代停止。

二、操作

1. 引言

随着我国经济的快速发展，金融市场的日趋完善和成熟，个人作为融资人参与到金融市场中的现象已经越来越普遍。从商业银行的经验来看，如果能够妥善解决对信用风险的管理和控制，个人贷款将是一块回报丰厚的业务。对个人贷款风险管理主要包括三个方面：风险评估（即评估贷款申请人的还款能力和还款意愿，从而决定是否给予贷款）、还款跟踪和违约处理。其中，风险评估至关重要。目前主要是根据申请人的相关信息进行打分，同时还需要根据相关的规则来决定是否给予贷款。本书利用个人贷款信用状况的历史数据，采用决策树的 CHAID 算法对个人贷款信用风险进行分类。

对于信贷风险预警模型的构建，目前得到广泛应用的方法有多元判别分析方法（MDA）、Logistic 回归判别分析、神经网络分析法等方法。阿特曼（Altman，1968）开发了多变量信贷风险判别 Z-score 模型。马丁（Martin，1977）用 Logistic 和 MDA 方法对银行破产进行了预测研究，奥尔森（Ohlson，1980）用 Logistic 分析公司破产两类判别错误和分割点的关系，取得了一定效果。特班（Turban，1996）探讨了神经网络在银行贷款信用风险管理的应用。以王春锋为代表的国内学者也应用线性判别法、Logistic 回归判别分析和神经网络模型等方法对我国商业银行信贷风险评估模型做了研究。然而有些模型（多元线性回归、逻辑回顾、因子分析等）无法处理具有共线性的数据以及缺省值的数据，对多水平变量之间的复杂交互作用分析困难，而且以上研究主要针对企业贷款，不能满足我国商业银行个人贷款信用状况评价的需要。

基于以上考虑，采用决策树 CHAID 算法对商业银行个人贷款信用风险进行分析。CHAID 算法最初用于市场细分研究，将其引入到信用风险评价领域，以探寻对商业银行个人贷款影响最为显著的因素，分析各因素之间相互作用的关系。

2. 商业银行个人贷款信用风险评价指标体系的构建

商业银行个人贷款信用风险评价模型是分析贷款个人的特征对违约可能性的影响。因变量为信用状况，1 表示信用差，0 表示信用好。信用差是指个人不能到期偿还贷款本息，包括次级贷款、可疑贷款和损失贷款。次级贷款是借款人的还款能力出现明显问题，完全依靠其正常收入无法保证足额偿还贷款本息，即使执行担保，也可能会造成一定损失；可疑贷款是借款人无法足额偿还贷款本息，即使执行抵押或担保，也肯定要造成较大损失；损失贷款是在采取所有可能的措施和一切必要的法律程序之后，贷款本息依然无法收回，或只能收回极少部分。信用好是指个人能到期还本付息，包括正常贷款和关注贷款。正常贷款是借款人能够履行合同，没有足够理由怀疑贷款本息不能按时足额偿还；关注贷款是尽管借款人目前有能力偿还贷款本息，但存在一些可能对偿还产生不利影响的因素。在理解信用标准时，关键是把握可能性这个核心。贷款的内在风险程度不同，还款可能性也就不同。贷款风险分类正是从还款可能性出发分为信用好和信用差，并以此来揭示贷款的真实价值。

个人贷款信用风险包括：①借款人主体资格不合格。②借款人提供的申请资料虚假或不合规、不完整。目前个人信用制度尚不完善，银行无法全面评估借款人的资信和偿债能力，借款人可能故意欺诈，通过伪造的个人信用资料骗取银行的贷款，使银行遭受资金损失。③借款人还款能力降低造成的风险。个人贷款有很多属于中长期贷款，借款人还款能力下降的情况很容易发生，有可能转化为银行的贷款风险。个人贷款信用状况的影响因素是贷款个人的相关特征，包括教育水平（X_1）、年龄（X_2）、工龄（X_3）、居住年限（X_4）、家庭收入（X_5）、贷款收入比（X_6）、信用卡欠款（X_7）、其他债务（X_8）。通常教育水平、年龄、工龄和家庭收入都与个人贷款信用成正比；而居住年限、贷款收入比、信用卡欠款和其他债务则与个人信用成反比。

3. 实证分析

数据来源于某商业银行致力于减少放款利率预设值的资料，包含850位以前的客户和现在的准客户的财务和人口资料。前700个观测值为以前有借贷的客户，后150个观测值为银行需要做信用风险评估的准客户。将个人贷款信用状况作为目标变量，将$X_1 \sim X_8$作为解释变量，运用SPSS18.0软件对其进行CHAID分析得到决策树（见图14-4）。

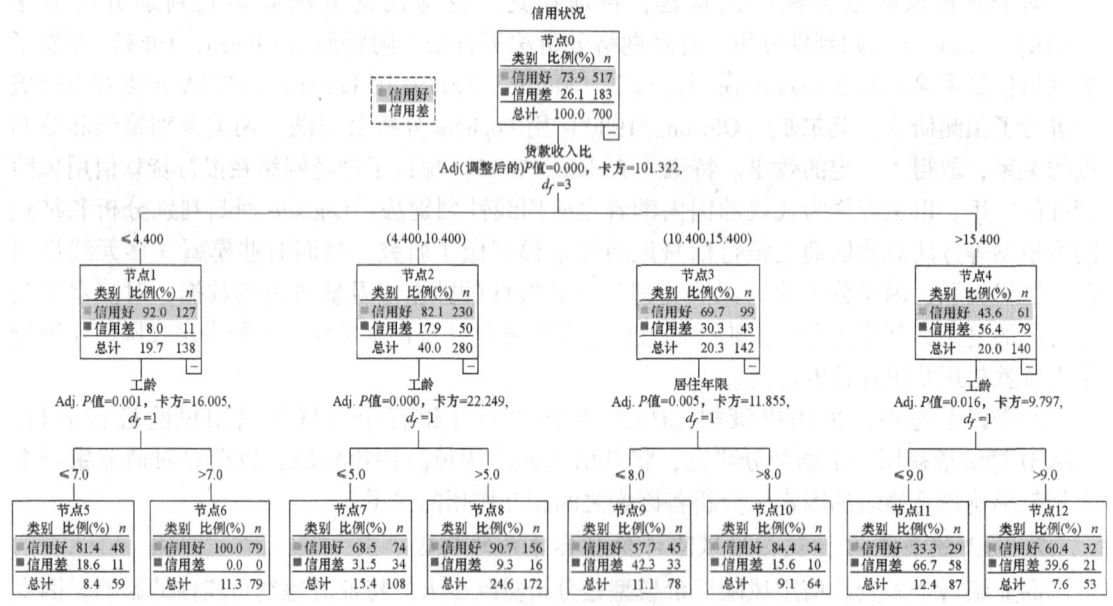

图14-4 商业银行个人贷款信用风险评估形成的决策树

注：d_f为决策树的层级。

从图14-4中可以看出，个人贷款信用好的占73.9%（517人），信用差的占28.1%（183人）。这与我国商业银行个人贷款信用状况基本一致，在个人贷款中有相当一部分人是有信用的，没有拖欠现象；同时由于我国个人信用体系还不完善，个人贷款中也存在一些拖欠现象。在该图中，第一层为贷款收入比（$P=0.000$，卡方 $=101.322$），它对个人贷款的信用状况影响最大，且将目标客户分为四个层面。在贷款收入比小于 4.4 的节点 1 的层面中，工龄（$P=0.001$，卡方 $=16.005$）将其又划分为两个部分。在节点 1 中，个人贷款信用好的个人占 92%，即贷款收入比小于 4.4 的个人大部分信用好，信用差的仅占 8%，个人贷款信用好的主要集中在节点 1 这个层面。在贷款收入比为 4.4~10.4 的节点 2 中，信用好的个人贷款占 82.1%，信用差的占 17.9%，在这个层面上个人贷款的信用好的占绝大部分。在贷款收入比在 10.4~15.4 的节点 3 中，信用好的个人占 69.7%，信用差的占 30.3%。在贷款收入比大于 15.4 的节点 4 中，信用好的个人占 43.6%，信用差的个人占 56.4%。CHAID 个人信用状况决策树详细情况如表 14-10 所示。在贷款收入比小于 4.4，工龄小于 7 年的节点 5 中，信用好的占 81.4%，信用差的占 18.6%。在贷款收入比小于 4.4，工龄大于 7 的节点 6 中，信用好的占 100%，这说明贷款相对少、工龄长的个人信用状况通常较好。

表 14-10 CHAID 个人信用状况决策树信息表

节点	信用好		信用差		总 计		预测类别	父节点	主自变量				
	N	百分比	N	百分比	N	百分比			变量	显著性水平	卡方	d_f	拆分值
0	517	73.9%	183	26.1%	700	100.0%	信用好						
1	127	92.0%	11	8.0%	138	19.7%	信用好	0	贷款收入比	0.000	101.322	3	≤4.400
2	230	82.1%	50	17.9%	280	40.0%	信用好	0	贷款收入比	0.000	101.322	3	(4.400, 10.400]
3	99	69.7%	43	30.3%	142	20.3%	信用好	0	贷款收入比	0.000	101.322	3	(10.400, 15.400]
4	61	43.6%	79	56.4%	140	20.0%	信用差	0	贷款收入比	0.000	101.322	3	>15.400
5	48	81.4%	11	18.6%	59	8.4%	信用好	1	工龄	0.001	16.005	1	≤7.0
6	79	100.0%	0	0.0%	79	11.3%	信用好	1	工龄	0.001	16.005	1	>7.0
7	74	68.5%	34	31.5%	108	15.4%	信用好	2	工龄	0.000	22.249	1	≤5.0
8	156	90.7%	16	9.3%	172	24.6%	信用好	2	工龄	0.000	22.249	1	>5.0
9	45	57.7%	33	42.3%	78	11.1%	信用好	3	居住年限	0.005	11.855	1	≤8.0
10	54	84.4%	10	15.6%	64	9.1%	信用好	3	居住年限	0.005	11.855	1	>8.0
11	29	33.3%	58	66.7%	87	12.4%	信用差	4	工龄	0.016	9.797	1	≤9.0
12	32	60.4%	21	39.6%	53	7.6%	信用好	4	工龄	0.016	9.797	1	>9.0

在四个层面中，层面 1 的个人信用状况最好，层面 2、3 次之，层面 4 最差。各层面的均值和方差如表 14-11 所示。在层面 1 中，大多数信用状况表现良好的个人，其平均年龄在 35 岁以上，相对较大；平均教育程度为 1.76，相对较高；平均工龄为 9.38 年，在四个层面中最高，说明随着工龄的增长，收入也随之增长；平均居住年限为 8.08 年，在四个层面中最低，这说明居住年限短的个人信用状况相对更好；平均家庭收入为 48.79 万元，在四个层面中收入最高，说明通常收入越高，个人信用状况越好；平均贷款收入比为 2.78，在四个层面中最低，该指标是决定个人信用状况最重要的指标，说明贷款占收入比重越小，个人信用状况越好；平均信用卡贷款为 471 元，在四个层面中最低，说明信用卡贷款越少，通常个人信用状况越好；平均其他债务为 902.7 元，在四个层面中最低，说明其他债务越少，个人信用状况越好。这说明年龄越大、教育水平越高、工龄越长、居住年限越短、家庭收入越多、贷款收入比越低、信用卡欠款越少、其他债务越少的个人，信用状况越好，这为银行选

择优质客户提供了参考标准。

表 14-11 各层面的均值和方差

自变量	层面一		层面二		层面三		层面四	
	均值	方差	均值	方差	均值	方差	均值	方差
Age（年龄）	35.04	7.107	34.47	8.264	35.95	8.164	34.36	8.085
Ed（教育水平）	1.76	0.917	1.69	0.947	1.73	0.900	1.76	0.936
employ（工龄）	9.38	6.465	8.21	6.438	8.19	7.120	7.97	6.771
address（居住年限）	8.08	6.954	8.11	6.907	8.90	7.100	8.19	6.260
income（家庭收入）	48.79	36.509	44.95	41.818	45.13	30.208	44.25	32.448
debt inc（贷款收入比）	2.780	1.082 8	7.195	1.712 9	12.847	1.446 1	21.141	4.967 0
cred debt（信用卡欠款）	0.471	0.520 5	1.073 44	1.512 788	1.919 867	1.659 169	3.209 201 73	3.219 156 714
oth debt（其他债务）	0.902 7	0.892 421	2.164 11	1.897 49	3.877 653	3.035 437 2	6.139 933 99	4.529 729 675

CHAID 决策树模型的错分矩阵和风险统计量如表 14-12 所示。分析所得的结果的风险统计量为 0.220，表示使用该模型对个人贷款信用状况分析预测的正确率为 78%，预测分类的结果与真实分类基本一致，模型的拟合效果较好。

表 14-12 CHAID 决策树模型错分矩阵和风险统计量

已观测	分类			风险	
	已预测			估计	标准误差
	信用好	信用差	正确百分比		
信用好	488	29	94.4%	0.220	0.016
信用差	125	58	31.7%		
总计百分比	87.6%	12.4%	78.0%		

4. 结论

研究结果表明，贷款收入比和工龄对个人贷款信用状况有着显著的影响。其中贷款收入比对个人信用状况影响最大，这与国内外的研究结果基本一致。对于变量较多、分类较复杂的分类或等级数据，CHAID 决策树模型方法比一般的交叉列联表分析更有效。相对传统的回归等参数检验方法以及主成分分析等而言，CHAID 决策树模型方法不仅可以揭示出具有哪些特征的个人贷款信用表现差，有利于及早建立个人贷款信用预警机制，而且可以显示出变量之间相互作用的方式，形成层次结构。CHAID 决策树模型方法还可以处理非线性及变量之间高度相关的数据，不会因解释变量之间的共性而遗漏有意义的变量，也不受解释变量的类型及其分布状况的限制，而传统的分析方法一般都要求解释变量为连续型变量且服从正态分布。CHAID 决策树模型方法以树形图的方式清楚直观地显示出分析过程及结果，而且其准确性也较高。同时应该看到，限于贷款指标体系及样本数据的缺乏，本处仅考虑了影响个人贷款违约的主要因素。在现实中，银行进行个人贷款信用评价时还需要考虑一些其他因素，如贷款用途等，才能得到较为客观的结果。商业银行应该根据自身情况，如市场定位、风险承受能力等因素建立符合自身情况的风险预警模型，及时更新样本库，一方面可以较为准确地评估借款人的信用风险，另一方面也可以综合掌握本银行的经营状况，为银行后续发展、整体的谋划和布局提供信息支持。

银行为了防范个人贷款违约风险，需要做足"三查"工作，着力降低信息不对称造成的损失。信息不对称容易导致逆向选择和道德风险，因此，应做好"贷前、贷中、贷后"三查工作，切实有效地降低由于信息不对称造成的信用风险。在贷款调查阶段，要加强对借款人的资格审查，确保借款人主体资格符合商业银行规定；同时，要根据借款人提交的收入证明、存折、纳税单等材料，结合其从事的职业、担保职务等信息对借款人收入水平和偿债能力进行综合分析，并借助个人信用信息数据库准确地对借款人的整体信用进行评估。加强动态监测，提前预警。客户的信用等级是随各种因素动态变化的，对这些因素进行动态监测，不仅能提前预警，更重要的是有足够的时间寻求应对之策。

补充阅读文献

1. 关联规则文献

[1] 熊正德，冷梅. KMV 和 Apriori 算法在上市公司信用风险传染中的应用 [J]. 湖南大学学报：社会科学版，2010（5）.

[2] 李莎，顾巧论，周莹莹. 基于改进的 Apriori 算法的 R/M 集成供应链风险预测 [J]. 计算机科学，2012（6）.

[3] 田金兰，张素琴，黄刚. 用关联规则挖掘保险业务数据中的投资风险规则 [J]. 清华大学学报：自然科学版，2001（1）.

[4] 陈福集，蒋芳. 团队风险偏好的 ERP 风险关联规则的获取 [J]. 工业工程，2013（10）.

[5] 郑涛. 金融期货与现货市场价格浮动关联规则挖掘研究 [J]. 企业经济，2011（1）.

[6] 李自胜. 基于动态 KMV 模型和时序关联规则的商业银行信用风险研究 [D]. 杭州：浙江财经大学，2015.

[7] 单汩源，等. 基于 KMV 和关联规则算法的行业供应链信用风险传染研究 [J]. 科技管理研究，2015（7）.

2. 聚类分析文献

[1] 朱若男，殷欢欢. 基于灰色聚类的上市公司财务风险评价 [J]. 科技与管理，2014（1）.

[2] 田方军，董静. 企业技术创新风险的聚类分析：一项实证研究 [J]. 科技进步与对策，2007（1）.

[3] 王瑞红，王筱萍，薛耀文. 我国生物制药上市公司投资风险评价——基于主成分-聚类分析法 [J]. 技术经济，2011（10）.

[4] 王平，赵人可，彭朝晖. 运用聚类分析法对我国企业信贷风险的评估与预测 [J]. 数学理论与应用，2010（3）.

[5] 李梦雨. 中国金融风险预警系统的构建研究——基于 K-均值聚类算法和 BP 神经网络 [J]. 中央财经大学学报，2012（10）.

[6] 路枝芳，等. 基于因子聚类分析的舆情风险研究 [J]. 情报科学，2016（7）.

[7] 张娟，等. 基于灰色聚类分析的风险评价方法研究——以江苏民间资本进入金融领域风险评价为例 [J]. 数学的实践与认识，2016（4）.

[8] 赵剑锋. 省级地方政府性债务风险测度、分解与归因——基于 2014 年省级地方债审计的因子-聚类分析 [J]. 经济经纬，2016（5）.

3. 粗糙集文献

[1] 刘菁菁，田银华. 基于主成分-粗糙集的企业信贷风险预警研究 [J]. 哈尔滨商业大学学报：社会科学版，2009（2）.

[2] 汤俊,肖健华,吴今培. 商业银行信贷风险管理的粗糙集方法 [J]. 商业研究, 2006 (20).
[3] 吴郎. 运用粗糙集理论进行乡镇企业财务风险评价 [J]. 财会月刊, 2009 (8).
[4] 汤楠等. 浅析基于粗糙集神经网络的企业财务风险 [J]. 商业会计, 2013 (6).
[5] 邱建平. 基于粗糙集和支持向量机的电子商务信用风险分类 [J]. 数学的实践与认识, 2016 (7).
[6] 张清华, 等. 基于属性重要度的风险决策粗糙集属性约简 [J]. 控制与决策, 2016 (4).

4. 定量决策树文献

[1] 汪灿星,王俊文. 基于决策树的工程项目风险管理方法 [J]. 四川建筑, 2008 (8).
[2] 王琦. 基于决策树的供应链金融模式信用风险评估 [J]. 新金融, 2010 (4).
[3] 徐晓霞,李金林. 基于决策树法的我国商业银行信用风险评估模型研究 [J]. 北京理工大学学报:社会科学版, 2006 (6).
[4] 杨华. 决策树分析法在企业投资决策风险分析中的运用 [J]. 福建教育学院学报, 2009 (5).
[5] 薛晔, 等. 我国通货膨胀风险的预测模型——基于决策树-BP神经网络 [J]. 经济问题, 2016 (1).
[6] 唐剑琴. 基于决策树算法的P2P网贷借款人违约风险度量研究 [D]. 长沙:湖南师范大学, 2016.

练 习 题

1. 根据表14-1中的数据,采用SPSS Clementine12.0的Apriori算法提取关联规则,验证能否得到表14-2。

2. 采用表14-3中的数据,利用SPSS17.0软件的分析→分类→K值聚类进行分析,设定K值为5,验证能否得到表14-4中的风险分类。

3. 采用表14-5中的数据,利用粗糙集分析软件,或者按照粗糙集的步骤直接计算,验证是否能最终得到表14-9。

4. 采用表14-13中的数据,利用SPSS软件的分析→分类→决策树进行分析。其中:$X_1 \sim X_9$分别表示:资产负债率、收入负债率、总支出与总收入比、一般基金占事业基金的比重、借入款项与净资产的比率、银行贷款占负债总额的比重、累计欠款占总收入的比率、垫付资金总额占经费支出总额的比重、自有资金余额占年末货币资金的比重。

表14-13 教育部直属76所高校2009年财务风险指标数据

高校	X_1	X_2	X_3	X_4	X_5	X_6	X_7	X_8	X_9
C1	0.166 683	0.450 89	1.081 437	0.919 208	0.141 82	0.709 016	0.024 324	0	1.194 016
C2	0.451 622	2.027 29	1.206 272	0.757 793	0.447 008	0.429 536	0.015 048	0	0.938 896
C3	0.412 258	1.692 711	0.973 138	0.860 016	0.558 771	0.796 622	0.051 641	0.708 602	0.453 184
C4	0.212 174	0.682 499	0.893 888	0.883 104	0.232 292	0.862 529	0.024 076	0	0.702 506
C5	0.305 665	1.498 836	0.928 249	0.604 554	0.391 831	0.779 087	0.050 652	0	0.722 925
C6	0.111 417	0.217 64	1.086 886	0.971 673	0	0.015 69	0	0	0.494 038
H1	0.023 599	0.060 477	0.963 046	0.983 36	0	0	0.016 18	0	0.631 18
L1	0.087 748	0.202 335	0.934 043	0.869 041	0.063 946	0.664 794	0.014 685	0.016 893	0.357 703
L10	0.148 863	0.369 394	0.939 26	0.446 025	0.042 48	0.242 885	0	0	0.546 051
L11	0.532 112	1.978 031	0.977 259	0.845 329	0.967 542	0.846 992	0.033 619	0	0.414 059
L12	0.086 678	0.309 481	0.970 64	0.511 277	0.005 128	0	0.017 28	0	0.721 169
L13	0.143 145	0.431 805	1.012 637	0.632 258	0.063 524	0.379 814	0.043 814	0.155 127	0.833 77
L14	0.199 206	0.707 295	0.996 27	0.961 211	0.163 172	0.655 941	0.018 652	0	1.010 721
L15	0.156 158	0.443 314	0.914 93	0.916 911	0.162 937	0.877 272	0.016 698	0	0.890 489
L16	0.257 678	0.655 448	1.092 103	0.116 548	0.252 861	0.696 602	0.013 599	0.017 564	0.135 599

（续）

高校	X_1	X_2	X_3	X_4	X_5	X_6	X_7	X_8	X_9
L17	0.402 012	1.437 306	0.968 133	0.231 109	0.603 377	0.870 358	0.015 413	0	0.213 402
L18	0.216 675	0.706 595	1.054 514	0.672 044	0.191 43	0.692 059	0.034 271	0.036 928	1.684 729
L19	0.258 756	0.910 199	0.917 026	0.823 508	0.324 98	0.930 954	0.014 507	0	0.717 682
L2	0.244 885	0.927 666	0.918 131	0.915 877	0.251 089	0.772 642	0.005 848	0.012 597	0.517 123
L20	0.178 996	0.486 914	0.838 508	0.118 668	0.130 937	0.558 57	0.003 842	0.675 211	0.324 52
L21	0.029 387	0.092 04	0.909 254	0.612 426	0.001 281	0.042 302	0.006 853	0	0.612 186
L22	0.194 731	0.585 37	0.975 805	0.450 622	0.158 595	0.638 965	0.006 861	0.399 686	0.421 006
L23	0.459 266	1.831 567	0.987 624	0.022 474	0.777 645	0.909 432	0.035 461	1.618 189	0.210 066
L24	0.439 488	1.822 477	1.128 837	0.748 453	0.672 507	0.857 7	0.087 58	0	0.967 847
L25	0.070 289	0.226 259	0.851 617	0.596 865	0	0	0.012 562	0	0.512 295
L26	0.301 865	1.213 304	0.956 645	0.893 048	0.375 67	0.603 124	0.041 913	0	0.923 614
L27	0.363 326	1.528 392	1.141 643	0.899 517	0.483 446	0.847 165	0.047 385	0	0.363 912
L28	0.356 593	1.103 653	0.933 478	0.710 902	0.362 11	0.653 362	0.040 933	0	0.320 683
L29	0.222 033	0.587 608	0.969 744	0.342 193	0.191 673	0.671 126	0.066 388	0.058 017	0.166 865
L3	0.203 689	0.664 349	0.895 817	0.876 146	0.228 212	0.892 183	0.014 231	0	0.392 332
L30	0.310 661	0.953 138	0.786 847	0.997 798	0.341 851	0.758 548	0.045 439	0	0.283 234
L31	0.270 78	0.725 792	0.745 974	0.929 26	0.323 45	0.853 349	0.052 89	0.001 088	2.891 845
L32	0.128 766	0.474 552	0.953 523	0.154 038	0	0	0.007 184	0	0.060 498
L33	0.370 734	1.262 169	0.917 696	0.852 19	0.542 322	0.920 511	0.006 218	0	0.438 437
L34	0.393 252	1.861 949	0.986 135	0.972 774	0.604 727	0.933 033	0.019 974	0.024 603	0.906 374
L35	0.219 348	0.619 967	1.001 685	−0.026 86	0.189 414	0.671 974	0.043 779	0.038 143	0.198 986
L36	0.246 618	0.600 808	0.913 875	0.819 602	0.267 373	0.815 483	0.018 033	0	0.740 49
L4	0.161 578	0.513 029	0.852 941	0.734 076	0.157 003	0.812 692	0.031 05	0	1.164 51
L5	0.156 575	0.434 753	0.901 022	0.575 869	0.144 638	0.779 122	0.003 184	0	0.695 943
L6	0.254 084	1.271 968	0.831 462	0.946 295	0.234 968	0.685 672	0.031 324	1.388 193	0.941 171
L7	0.064 874	0.167 186	0.930 926	0.864 095	0.014 787	0.207 698	0.033 133	0	0.549 533
L8	0.069 117	0.230 328	1.048 231	0.600 331	0.054 01	0.727 421	0.010 047	0.042 81	1.436 207
L9	0.126 08	0.353 517	1.284 054	0.027 454	0.038 311	0.263 029	0.023 899	0.021 664	0.086 501
N1	0.197 179	0.822 403	0.989 907	0.848 893	0.234 671	0.955 471	0.012 925	0	1.639 906
N2	0.138 34	0.297 968	1.210 827	0.081 599	0.079 824	0.497 19	0.030 52	0	0.153 181
N3	0.279 405	1.148 268	1.070 158	0.998 142	0.363 842	0.938 36	0.019 485	0	0.938 467
N4	0.136 035	0.430 16	0.889 246	0.565 592	0.061 91	0.393 19	0.027 768	0	0.626 771
N5	0.278 739	0.714 588	0.901 784	0.829 754	0.282 461	0.616 648	0.018 241	0	0.422 537
N6	0.266 802	0.633 089	0.877 556	0.724 156	0.306 817	0.843 16	0.005 714	0	0.515 608
S1	0.086 448	0.229 573	0.818 94	0.906 327	0.026 55	0.280 564	0.004 332	0	0.564 613
S2	0.388 491	0.998 187	1.086 19	1.001 815	0.568 66	0.895 106	0.052 818	0	−8.163 9
S3	0.252 323	0.742 483	0.935 255	0.325 203	0.271 349	0.647 824	0.008 462	0.000 512	0.205 497
S4	0.135 264	0.306 038	1.033 324	−0.563 45	0.081 724	0.522 46	0.069 347	0	0.013 559
S5	0.309 503	0.947 534	0.980 146	0.724 408	0.352 015	0.782 025	0.017 924	0	0.315 09
S6	0.136 216	0.332 988	0.919 485	0.922 916	0.053 355	0.319 002	0.078 666	0.891 437	3.924 555
W1	0.021 117	0.070 068	0.993 191	0.893 652	0	0	0.007 499	0	2.401 697

(续)

高校	X_1	X_2	X_3	X_4	X_5	X_6	X_7	X_8	X_9
W2	0.086 169	0.195 663	0.851 533	0.973 436	0.009 428	0.099 982	0.001 718	0	0.689 812
W3	0.118 257	0.230 618	0.948 226	0.865 642	0	0	0.009 309	0	0.780 008
Y1	0.221 976	0.443 49	0.802 03	1	0.194 96	0.683 334	0.005 893	0	0.948 69
Y2	0.030 707	0.049 251	0.900 341	1	0	0	0.005 701	0	1.599 692
Y3	0.107 046	0.286 255	1.087 258	0.978 303	0.002 978	0	0.009 207	0	0.617 463
Y4	0.325 664	1.540 258	1.075 363	0.997 693	0.424 77	0.879 55	0.017 163	0	1.342 265
Z1	0.048 277	0.157 031	0.797 545	0.368 727	−0.02		0.000 764		0.751 707
Z10	0.071 521	0.210 842	0.895 459	0.947 73	0.028 073	0.364 444	0.002 078	0	1.566 605
Z11	0.218 708	0.621 003	0.731 916	0.881 66	0.075 975	0.271 407	0.001 509	0.001 612	0.614 819
Z12	0.317 068	1.125 929	1.024 027	0.091 589	0.371 8	0.789 061	0.006 018	0	0.103 65
Z13	0.323 442	1.041 916	0.875 397	0.885 558	0.397 699	0.830 743	0.008 846	0	0.561 384
Z14	0.518 725	2.192 849	1.034 053	0.299 988	0.993 185	0.907 615	0.003 429	2.205 527	0.589 134
Z2	0.162 426	0.463 585	0.923 474	0.502 359	0.143 722	0.736 665	0.000 971	0	0.550 523
Z3	0.551 23	1.928 851	1.024 595	1.045 384	0.973 035	0.787 439	0.050 515	0.321 326	−4.415 74
Z4	0.129 48	0.486 015	0.827 354	0.852 024	0.119 169	0.789 355	0.026 764	1.335 887	4.951 836
Z5	0.188 811	0.719 734	0.869 645	1.199 944	0.206 026	0.884 752	0.058 122	0	−0.065 57
Z6	0.060 537	0.167 262	0.949 657	0.037 149	0.014 96	0.232 166	0.008 433	0.103 807	0.074 841
Z7	0.274 821	1.085 563	1.079 033	1.461 456	0.328 386	0.866 525	0.032 229	0.000 588	−0.639 49
Z8	0.333 802	1.377 582	0.890 636	0.791 225	0.265 083	0.527 083	0.071 709	0	0.694 695
Z9	0.321 097	0.980 633	0.946 533	0.685 29	0.338 868	0.694 607	0.014 327	0.741 432	0.159 431

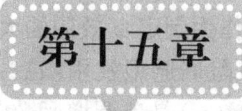

定量评价类风险评估方法

本章将介绍5种定量评价类风险评估方法：效用函数、数据包络分析、突变级数评价法、功效系数法、因子分析。

第一节 效用函数

一、理论

1. 效用函数风险评估法原理

效用函数风险评估法的原理是：首先对指标进行量化，转化为对风险评估问题进行测量的一个"量化值"，即效用函数值；再依据合成模型加权合成得到总的效用函数值；最后根据评估标准确定风险大小。由于评估内容具有多样性和复杂性的特点，故效用函数风险评估法的运用需要其他方法的辅助。

（1）构建指标体系。首先根据相关理论和资料，构建风险评估指标体系。

（2）确定各指标权重。指标权重的确定采取定性与定量相结合的方法。首先运用层次分析法对各指标的权重进行初步分析，然后采用专家咨询法对初步结果进行调整，最后确定各指标的权重。

（3）指标标准化。一般有两种方法，分别为非线性对数效用函数和直线形效用函数。

（4）风险评估。评估最终结果的计算选用协调度模型，其表达式如下（其中：F为风险的总评估值；μ_i为指标的权重值；k_i为指标的标准化值。F值的高低与风险大小成正向关系）：

$$F = \sqrt{\sum_{i=1}^{n} \mu_i k_i^2}, \sum_{i=1}^{n} \mu_i = 1$$

（5）确定风险评估标准（见表15-1）。对风险大小进行评估，得出综合评估值后，还需要建立评估标准体系，为确定风险评估等级提供依据。

表15-1 风险评估标准

F值范围	风险评估大小	风险等级
$F \geq 90$	风险大	1
$75 \leq F < 90$	风险较大	2
$60 \leq F < 75$	风险一般	3
$45 \leq F < 60$	风险较小	4
$F < 45$	风险小	5

2. 效用函数用数学语言描述

设 ω 为财产数额，$u(.)$ 为一函数，对每一个 ω，都有一个数 $u(\omega)$ 作为判定 ω 效用的大小，则 $u(\omega)$ 称为效用函数。效用函数从理论上可以分为三种类型：风险回避型效用函数；中间型效用函数；风险追求型效用函数。这三类曲线的共同特点有：①$u(\omega)$ 是单调增函数，即效用值随货币值 ω 的增加而增加；②同样的财产损失 $\Delta\omega$，在 ω 小时比 ω 大时造成的心理影响大，即 $\Delta\omega$ 是减函数，它们也有自己的特点。

(1) 风险回避型效用函数。期望效用小于或等于期望收益的效用，即 $E[u(x)] \leq u[E(x)]$（Jensen（詹森）不等式）。此类型效用函数满足 $u'>0$，$u''<0$。这里 u' 单调递减，亦即边际效用递减。$u(x)$ 为单调递增的上凸函数。

(2) 中间型效用函数。期望效用等于期望收益的效用，即 $E[u(x)] = u[E(x)]$。此类型效用函数满足 $u'>0$，$u''=0$。这里 u' 不变，亦即边际效用不变。$u(x)$ 为单调递增的线性函数。

(3) 风险追求型效用函数。期望效用大于或等于期望收益的效用，即 $E[u(x)] \geq u[E(x)]$。此类型效用函数满足 $u'>0$，$u''>0$。这里 u' 单调递增，亦即边际效用递增，$u(x)$ 为单调递增的下凹函数。

具有中间型效用曲线的决策者对待风险的态度因其收益或损失的效用值是与收益或损失的大小成正比的，对待风险的态度是中庸性的，决策者的这种态度仅在一定的金额范围内才成立。具有风险回避型效用曲线的决策者对待风险的态度为：其对损失的效用值特别敏感，也就是说，损失稍微增加一点，效用值就下降很多；相反，收益的效用值比较迟钝，收益增加较多时，效用值增加较少。风险回避型决策者难以接受风险的不利后果，对追求高的收益兴趣不大。具有风险追求型效用曲线的决策者对待风险损失的效用值比较迟钝，即损失尽管已增加较多，但效用值却减少不多；相反，对待收益的效用值特别敏感，当收益仅仅增加一点时，效用值就增加较多。风险追求型决策者宁愿以接受风险的不利后果来追求高的收益。效用曲线如图 15-1 所示。

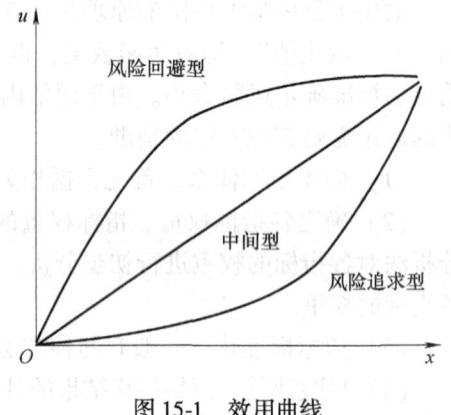

图 15-1　效用曲线

在实务中，效用函数的具体形式很多，常见的形式有指数函数、分数幂函数、二次函数、对数函数。但是，效用函数中的参数是很难确定的，可以利用计量经济模型进行参数估计。由于效用函数的形式能够确定下来，如果能够收集到足够的数据就可以估计参数。

二、操作

本部分利用效用函数进行风险管理决策。通过调查询问某公司的管理人员，了解到其对拥有或失去不同价值的财产的效用值如表 15-2 所示。该公司有一新建筑物面临火灾风险，有关损失如表 15-3 所示。如不购买保险，当较大的火灾发生时会导致信贷成本上升。这种由于未投保造成的间接损失与火灾造成的直接损失在数量上的关系如表 15-4 所示。

表 15-2　某公司拥有或失去不同价值的财产的效用值

损失额/万元	损失的效用
200	100
170	90
120	70
100	59
75	45
50	30
30	20
20	15
15	10
10	7
6	4
2	1
0	0

表 15-3　某公司新建筑物面临火灾风险的损失额及概率

损失额/万元	概　率
0	0.75
0.1	0.2
1	0.04
5	0.004
10	0.002
20	0.001

表 15-4　由于未投保造成的间接损失与火灾造成的直接损失

火灾的直接损失/万元	火灾的间接损失/万元
5	0.2
10	0.4
15	0.6
20	0.8

管理人员有以下选择方案：方案 1，完全自留风险；方案 2，购买全额保险，保费 2 200 元；方案 3，购买 5 万元的保险，保费 1 500 元；方案 4，购买带有 1 000 元免赔额、保额 20 万元的保险，保费 1 650 元；方案 5，自留 5 万元及以下的损失风险，将 10 万元及 20 万元的损失风险转移给保险人，保费 600 元。

对不同方案的效用损失逐一分析。首先确定效用函数。通过对表 15-2 中的损失额和损失效用值做散点图（见图 15-2），根据其变化趋势判断损失额与损失效用值之

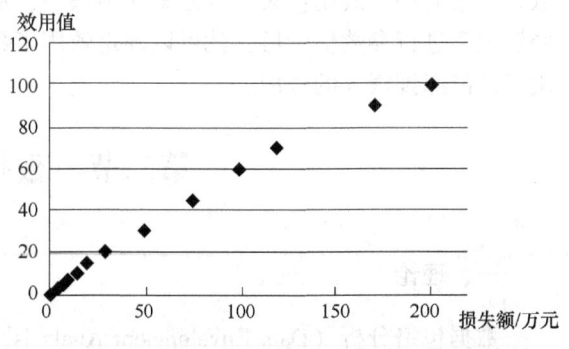

图 15-2　损失额和损失效用值的散点图

间存在分数幂函数的关系，其形式为 $u(\omega) = A\omega^b$，$0 < b < 1$。基于此，可以模拟一个线性回归模型并对其进行统计检验。建立一个能准确反映风险观的效用函数，解决了因效用函数偏差对结果的影响，将该效用函数应用于不同方案具有很高的准确性。

设模型为 $Y = \beta_0 + \beta_1 X + u$，$Y = \ln u(\omega)$ 是损失效用的对数，其中，ω 为损失价值，$X = \ln\omega$，u 为随机扰动项，根据表 15-2 可以计算出 $\ln u(\omega)$、$\ln\omega$ 的值，如表 15-5 所示。利用 Eviews3.1 软件估计参数 β_0、β_1，模型估计结果为

$Y = -0.3983 + 0.9716X$

(0.1026)　(0.0273)

(-3.882)　(35.579)

$R^2 = 0.9922$　$F = 1265.87$　$d_f = 12$

表 15-5　回归模型结果　　　　　　　　　　　　　　　　　单位：万元

Y	X
4.605 17	5.298 317
4.499 81	5.135 798
4.248 495	4.787 492
4.077 537	4.605 17
3.806 662	4.317 488
3.401 197	3.912 023
2.995 732	3.401 197
2.708 50	2.995 732
2.302 585	2.708 05
1.945 91	2.302 585
1.386 294	1.791 759
0	0.693 147

模型检验：可决系数为 0.9922，说明所建模型整体上对样本数据拟合较好，根据回归系数的 t 检验，说明损失额对此人的效用有显著性影响。根据 F 检验，回归方程显著。即效用函数可以表示为 $u(\omega) = \omega^{0.9716}/e^{0.3983}$。

下面对各方案进行实证分析，即对不同方案的效用损失逐一分析。方案 1 的期望效用损失为 0.1769；方案 2 的全额保险保费 0.22 万元，效用损失为 0.1542；方案 3 的期望效用损失为 1.004；方案 4 的期望效用损失为 0.134；方案 5 的期望效用损失为 0.104。通过比较五种方案的期望效用损失，以方案 5 为最小，从而方案 5 在此衡量标准下为最优。通过计量经济模型进行参数估计后，就可以确定效用函数的表达式，效用函数确定下来后，对风险的决策就能起到很大的作用。

第二节　数据包络分析

一、理论

数据包络分析（Data Envelopment Analysis，DEA）是由美国运筹学家查恩斯（Charnes）和库珀（Cooper）等学者于 1978 年发展起来的。它以相对效率概念为基础，是用于评价具

有相同类型的多投入、多产出的决策单元是否技术有效和规模有效的一种非参数统计方法。它把单输入、单输出的工程效率概念推广到了多输入,特别是多输出的同类型决策单元(Decision-Making Units, DMU)的有效性评价中。DEA 是应用数学规划模型来评价具有多个输入和多个输出"部门"的相对有效性的。根据各 DMU 的观测数据判断其是否有效,本质上是判断 DMU 是否位于生产可能集的"前沿面"上。应用 DEA 方法和模型可以确定生产前沿面的结构,因此又可以将 DEA 看作是一种非参数的统计估计方法。特别是当 DEA 被用来研究多输入、多输出的生产函数理论时,由于不需要预先估计参数,因而在避免主观因素和简化算法、减少误差等方面有着巨大的优越性。

1. 不变规模报酬的 CCR 模型

在现在各种 DEA 模型中,应用最普遍的模型是 CCR 模型。该模型是用来评价具有多输入、多产出的 DMU 总体有效性的十分理想和卓有成效的办法。

假设有 n 个 DMU,DMU_1,DMU_2,…,DMU_n,每个 DMU 有 m 种输入和 s 种输出,DMU_j 的输入和输出向量分别为 $x_j = (x_{1j}, x_{2j}, \cdots, x_{mj})^T$,$y_j = (y_{1j}, y_{2j}, \cdots, y_{sj})^T$,$j = 1, 2, \cdots, n$。设 DMU_{j0} 的输入、输出为 (x_{j0}, y_{j0}),简记为 (x_0, y_0),评价 DMU_{j0} 相对有效性的 CCR 模型为

$$\min \theta_c$$
$$\text{s.t.} \begin{cases} \sum_{j=1}^{n} x_j \lambda_j + s^- = \theta_c x_0 \\ \sum_{j=1}^{n} y_j \lambda_j - s^+ = y_0 \\ \lambda_j \geq 0 (j = 1, 2, \cdots, n) \theta_c \in E_1^+ \end{cases} \tag{15-1}$$

对于此模型,为了讨论和应用方便,查恩斯和库珀给出了相应的具有非阿基米德无穷小量 ε 的模型:

$$\min [\theta_c - \varepsilon(\hat{e}^T s^- + e^T s^+)]$$
$$\text{s.t.} \begin{cases} \sum_{j=1}^{n} x_j \lambda_j + s^- = \theta_c x_0 \\ \sum_{j=1}^{n} y_j \lambda_j - s^+ = y_0 \\ \lambda_j \geq 0 (j = 1, 2, \cdots, n) \theta_c \in E_1^+, s^+ \geq 0, s^- \geq 0 \end{cases} \tag{15-2}$$

其中 $\hat{e} = (1, 1, \cdots, 1)^T \in E_m^+$,$e = (1, 1, \cdots 1)^T \in E_s^+$。该模型中,设 θ_c 为决策单元的技术效率,有以下结论:

(1)当 $\theta_c = 1$,且 $s^+ = s^- = 0$ 时,则称 DMU 为 DEA 总体有效,即 DMU 在原投入 x 的基础上所获得产出 y 上达到最优,决策单元的经济活动为技术有效。

(2)当 $\theta_c = 1$,且 $s^+ \neq 0$ 或 $s^- \neq 0$ 时,则称 DMU 为 DEA 弱有效,即对于 DMU 投入 x 可减少 s^- 而保持原产出 y 不变,或在投入 x 不变的基础上可将产出提高 s^+。

(3)当 $\theta_c < 1$,或 $s^+ \neq 0$,$s^- \neq 0$ 时,则称 DMU 为 DEA 无效,所进行的经济活动或技术无效,或者是规模无效。

在经济学生产理论中,经常采用生产前沿面描述企业的技术情况。生产前沿面是在既定的技术水平下有效率的投入产出向量的集合,即投入一定下的产出最大值或产出一定下的投

入最小值的集合。技术效率是用来衡量在现有的技术水平下，生产者获得最大产出或投入最小成本的能力，表示生产者的实际生产活动接近生产前沿面的程度，即反映了现有生产技术的发挥程度。在现实中，当不增加投入就无法增加产量时，所用的生产方式就实现了技术效率。

2. 可变规模报酬的 BCC 模型

考虑到 DMU 可能处于规模报酬递增或规模报酬递减的状态，因此 DMU 无效率除了来自于本身的投入—产出配置不合理外，还可能缘于自身规模因素。若能了解各 DMU 所处的规模报酬情况，将有助于决策者做规模上的调整，进而达到有效率的经营。

由 CCR 模型在规模报酬不变的情况下，得出 θ_c 为技术效率，它可以分解为纯技术效率和规模效率。通过在 CCR 模型中加入约束条件 $\sum_{j=1}^{n} \lambda_j = 1$ 就可以得到 BCC 模型。该模型的最优解即为纯技术效率 θ_v。

用 BCC 模型求解所得的 θ_v 即为纯技术效率值，它剔除了 DMU 自身规模对技术效率的影响。而 DMU 的规模效率值 θ_s 可以通过技术效率值 θ_c 和纯技术效率值 θ_v 求得，即 $\theta_s = \dfrac{\theta_c}{\theta_v}$。纯技术效率测量的是当规模报酬可变时，被考察企业与生产前沿面之间的距离，因此也被称为可变规模报酬技术效率。而规模效率衡量的则是规模报酬不变的生产前沿面与规模报酬可变的生产前沿面之间的距离，它说明了由于不能在不变规模报酬下生产而造成的无效程度。

$$\min \theta_v$$
$$s.t. \begin{cases} \sum_{j=1}^{n} x_j \lambda_j + s^- = \theta_v x_0 \\ \sum_{j=1}^{n} y_j \lambda_j - s^+ = y_0 \\ \sum_{j=1}^{n} \lambda_j = 1 \\ \lambda_j \geq 0 (j=1,2,\cdots,n) s^+ \geq 0, s^- \geq 0 \end{cases} \quad (15-3)$$

3. 非增规模报酬的 NIRS 模型

由 CCR 和 BCC 模型可以分别得到决策单元的技术效率与纯技术效率，进而得到其规模效率。但是，我们仅能知道规模效率值，却不了解决策单元到底是处于规模报酬递增区间还是递减区间。这时，通过另外求解一个非增规模报酬 NIRS 模型，并对比测算结果可得到规模区间。将 BCC 模型中的约束条件 $\sum_{j=1}^{n} \lambda_j = 1$ 改为 $\sum_{j=1}^{n} \lambda_j \leq 1$，即得到 NIRS 模型：

$$\min \theta_n$$
$$s.t. \begin{cases} \sum_{j=1}^{n} x_j \lambda_j + s^- = \theta_n x_0 \\ \sum_{j=1}^{n} y_j \lambda_j - s^+ = y_0 \\ \sum_{j=1}^{n} \lambda_j \leq 1 \\ \lambda_j \geq 0 (j=1,2,\cdots,n) s^+ \geq 0, s^- \geq 0 \end{cases} \quad (15-4)$$

根据以上三个 DEA 模型，我们定义的规模效率值 $\theta_s = \dfrac{\theta_c}{\theta_v}$，有以下的结论：

(1) 当 $\theta_s = 1$ 时，DMU 为规模报酬不变。

(2) 当决策单元处于规模无效 $\theta_s < 1$ 时，若 $\theta_c = \theta_n$，则表明 DMU 为规模报酬递增。此时规模无效是由于规模过小引起的，可以通过扩大规模来提高效率。

(3) 当决策单元处于规模无效 $\theta_s < 1$ 时，若 $\theta_v = \theta_n$，则说明 DMU 为规模报酬递减。

二、操作

本部分介绍 DEA 在高校规模报酬风险评估中的应用。随着高校扩招，高等教育取得了巨大成就。各高校通过合并其他院校、建立新校区，以及大规模增加高校的资产和师资，以求在竞争日益激烈的高等教育市场处于有利地位。但高校跟企业一样，也存在规模报酬问题，并不是投入越多越好，所以有必要分析各高校所处的规模报酬阶段，以便有针对性地采取措施。

在评价规模报酬时，通常选取生产函数作为评价工具。随着 DEA 的发展和使用，人们渐渐认识到这种方法具有多输入、多输出，而且不需要预先估计参数的优点，同时也可以用来分析规模报酬。因此，用 DEA 分析各高校的规模报酬，能找出各高校存在的不足，从而找出应对策略。

教育部直属 76 所高校应该能代表我国高等教育发展的支柱力量。本处选取这 76 所高校的 2006 年财务年报数据，分高校类型讨论。高校可以分为综合类（14 所）、理工类（36 所）、师范类（6 所）、语言类（3 所）、农林类（6 所）、财经政法类（6 所）、艺术类（4 所）、医药类（1 所）这八类。由于医药类只有一所大学，而 DEA 要求有多个 DMU，所以本文没有对医药类进行分析，实际为 75 所高校，每个高校作为一个 DMU。当某类高校中，大多数高校处于哪种规模报酬状态，笔者即认为这类高校处于这种状态。若同类高校中递增、递减或不变的高校数大致相当，则这类高校的规模报酬不确定。为了更深入地分析高校的规模效益情况，考察高校在近年来合并、新校区建设等规模扩张活动的效益情况，随后对这 75 所高校进行 DEA，以考察部属高校现有规模是否合适。

高校的规模报酬普遍受资金、技术、管理水平等多因素的影响。根据选取指标的适用性、简便性、可比性和可获得性，从而确定输入、输出指标。要素输入数据要求比较全面地体现高校的实际运营情况。但考虑到数据的适用性和简便性，选取总资产和在职教师人数作为输入指标。总资产数据来源于资产负债表，在职教师人数数据来源于基本数字表（一）。输出上，采用了总收入和约当学生数两项指标。这是因为总收入可反映高校的筹资能力，约当学生数可反映高校运营的最终结果。总收入数据来源于收入明细表。约当学生数来源于各基本数字表（一）。采用约当学生数是因为不同层次的学生的培养成本不同，约当学生数 = 2×博士生数 +1.5×硕士生数 +本科生数 +0.8×专科生数。

应用 Excel 软件进行 CCR 和 BCC 分析，可得每个高校的规模报酬状况（见表 15-6），进而知道该类高校的情况（见表 15-7）。

表 15-6 高校 DEA 的结果

高校	θ_c	θ_v	θ_s	高校	θ_c	θ_v	θ_s
L1	1	1	1	Z1	0.868 477 1	1	0.868 477
L2	0.749 709	0.892 010 6	0.840 471	Z2	0.987 852 5	0.992 833 4	0.994 983
L3	0.849 334	0.941 157	0.902 437	Z3	1	1	1

(续)

高校	θ_c	θ_v	θ_s	高校	θ_c	θ_v	θ_s
L4	0.899 012	1	0.899 012	Z4	0.951 719 4	0.959 563 1	0.991 826
L5	0.925 916	1	0.925 916	Z5	1	1	1
L6	0.635 870	0.824 197	0.771 502	Z6	1	1	1
L7	1	1	1	Z7	0.861 641 6	0.882 389 2	0.976 487
L8	0.729 487	0.743 105	0.981 675	Z8	0.960 297 5	1	0.960 298
L9	0.822 372	0.870 737	0.944 455	Z9	1	1	1
L10	1	1	1	Z10	0.978 459	1	0.978 459
L11	0.829 749	0.910 521	0.911 291	Z11	1	1	1
L12	0.873 360	0.957 416 0	0.912 201	Z12	1	1	1
L13	0.875 040	0.880 015	0.994 347	Z13	1	1	1
L14	1	1	1	Z14	0.921 353 2	1	0.921 353
L15	0.937 850	0.943 744	0.993 755	W1	0.792 977 5	0.879 887 9	0.901 226
L16	0.906 506	0.937 024	0.967 431	W2	0.913 127	0.927 006 5	0.985 028
L17	0.840 615	0.996 186	0.843 833	W3	1	1	1
L18	0.803 754	1	0.803 754	C1	1	1	1
L19	0.770 827	0.850 694	0.906 116	C2	0.805 880 1	0.815 494	0.988 211
L20	0.946 215	1	0.946 215	C3	0.857 903 1	1	0.857 903
L21	0.771 930	0.847 575	0.910 751	C4	0.842 561 1	1	0.842 561
L22	0.791 677	0.881 631	0.897 969	C5	1	1	1
L23	0.686 794	0.849 630	0.808 345	C6	1	1	1
L24	0.853 499	1	0.853 499	N1	1	1	1
L25	0.732 788	0.849 925	0.862 18	N2	1	1	1
L26	0.742 657	0.944 926	0.785 942	N3	0.785 825 5	0.874 080 9	0.899 031
L27	0.700 065	0.791 652	0.884 309	N4	1	1	1
L28	0.989 908	1	0.989 908	N5	0.840 162 9	1	0.840 163
L29	0.945 714	0.955 275	0.989 991	N6	1	1	1
L30	1	1	1	S1	1	1	1
L31	0.930 971	1	0.930 971	S2	0.968 744 6	0.998 167 9	0.970 523
L32	0.988 851	0.992 032	0.996 794	S3	0.874 666 2	1	0.874 666
L33	0.757 283	0.801 928	0.944 328	S4	1	1	1
L34	0.640 740	0.668 340	0.958 704	S5	0.805 138 8	0.810 074 5	0.993 907
L35	0.978 390	1	0.978 39	S6	1	1	1
L36	0.981 329	1	0.981 329	Y3	0.691 597 5	0.709 633 9	0.974 584
Y1	1	1	1	Y4	0.887 945	1	0.887 945
Y2	1	1	1				

由表 15-6 可知，75 所高校中，规模报酬递增的高校 6 所，规模报酬不变的高校 31 所，规模报酬递减的高校 38 所。由表 15-7 可知，75 所高校中，技术效率和纯技术效率都有效的占 33.33%，都无效的占 42.67%；其余 18 所是技术效率无效，但纯技术效率有效，占 24%。这说明部属高校整体上投入产出效率较低，现有的技术水平发挥程度不高。

表 15-7　技术效率和纯技术效率分布表

技术效率程度	纯技术效率程度	高校数/所	比例
$\theta_c = 1$	$\theta_v = 1$	25	33.33%
$\theta_c < 1$	$\theta_v = 1$	18	24%
$\theta_c < 1$	$\theta_v < 1$	32	42.67%

1. $\theta_c = \theta_v = 1$ 高校分析

L1 等 25 所高校处于 DEA 有效状态。这说明对这些高校来说，既是技术有效又是规模有效，即除非增长一种或多种新的投入，否则仅靠改变运营方式是无法再增加任何现有的产出量的。而且，当增加投入时，它们的投入产出的规模报酬也是不变的，即每增加一单位投入，产出的增加也是一单位。通过分析这 25 所高校的数据，发现这些高校的总资产、总收入和约当学生数的排名都比较靠前。这说明在高等教育产业中，DEA 有效的高校通常是投入水平较高，产出水平同样很高的高校。这些高校办学规模有效，处于相对理想的效率状态，不仅规模投入适当，而且发挥了资源的利用价值，管理得当，应总结经验，巩固成绩，保持这种势头。

2. $\theta_c < 1$，$\theta_v = 1$ 高校分析

Z1 等 18 所高校处于 DEA 无效但纯技术效率有效状态。这些高校的资源配置合理，管理水平较高，达到了纯技术有效，其 DEA 无效的原因主要在于它们的规模效率较低。从规模报酬角度来看，这 18 所高校中 3 所处于规模报酬递增状态，应适当增加投入以提高规模效率。其他 15 所处于规模报酬递减状态，需要进行控制，缩减投入，同时加强管理，提高资源利用率，充分发挥各种投入的效用。

3. $\theta_c < 1$，$\theta_v < 1$ 高校分析

剩下的 32 所高校都处于 DEA 无效、纯技术效率也无效的状态。这些高校 DEA 无效的原因，既是由于这些高校的运营能力和管理水平有待提高（技术效率低）导致，也是由于投入的规模不适当造成的。其中，3 所处于规模报酬递增状态，应适当增加投入以提高规模效率，同时通过技术引进和人才引进来提高运营能力和管理水平。6 所处于规模报酬不变阶段。剩下 23 所处于规模报酬递减阶段，这些高校既要控制规模，又要提高资源使用效率。

由表 15-8 可知每类高校的规模报酬情况，发现理工类属于规模报酬递减类；师范类、外语类、农林类和艺术类属于规模报酬不变类；综合类和财经政法类的规模报酬属性难以确定。

表 15-8　各类高校的规模报酬情况比较

	递增	不变	递减	总数	类型
综合类	5	7	2	14	不确定
理工类	0	6	30	36	规模报酬递减
师范类	0	5	1	6	规模报酬不变
外语类	0	3	0	3	规模报酬不变
农林类	0	4	2	6	规模报酬不变
财经政法类	1	3	2	6	不确定
艺术类	0	3	1	4	规模报酬不变
合计	6	31	38	75	

规模报酬递增高校类型。75所高校中，只有6所处于规模报酬递增阶段，其中综合类5所，财经政法类1所，但都没占到该类的一半以上，所以该类没有。

规模报酬递减高校类型。36所理工类高校中，6所不变，30所递减，该类高校应为规模报酬递减类型。

规模报酬不变高校类型。6所师范类高校中，5所不变，1所递减，该类高校为规模报酬不变类型；3所外语类高校全是规模报酬不变高校，也属于规模报酬不变类型；6所农林类高校中，4所不变，2所递减，基本属于规模报酬不变类型；4所艺术类高校中，3所不变，1所递减，故该类高校为规模报酬不变类型。

规模报酬不确定高校类型。在14所综合类高校中，5所递增、7所不变、2所递减，故该类高校规模报酬不确定。在6所财经政法类高校中，1所递增，3所不变，2所递减，整体类型难以判定。

第三节　突变级数评价法

一、理论

突变级数评价法是一种重要的综合评价方法，特别适用于风险事件的发生具有突变性特征的对象系统的综合评价问题。突变级数评价法是以突变理论为主要理论基础，通过对对象系统的多层次矛盾分解，并根据具体指标的突变类型和适用的归一化方法形成对象系统综合评价值，并以此为基础进行排序和决策的方法。具体而言，突变级数评价法是一种对评价目标进行多层分解，建立多层目标体系，根据突变模型，利用归一公式进行指标合成，最后求得总隶属函数即规划评估值的计算方法。

1. 构建指标体系

突变级数评价法首先需要构建指标体系。根据指标个数的不同，突变模型分为四种，分别为折叠模型（1个指标）、尖点模型（2个指标）、燕尾模型（3个指标）和蝴蝶模型（4个指标）。若利用突变模型进行评价，则每个指标下辖的指标数最多不超过4个。为确保评估全面准确，可根据需要制定多层目标体系，例如，目标层、准则层、因素层和指标层。

2. 指标重要性排序

突变级数评价法不需要知道指标的权重，但是需要对指标的重要性进行排序，这是整个评价过程中的关键步骤，不同的指标排序会有不同的评估结果。可借助SPSS数据分析软件，运用主成分分析法对指标进行重要性排序。因素层所含指标的重要性排序是根据各指标所包含的下层所有指标系数之和决定的。同理，准则层所含指标重要性排序则根据因素层指标系数之和决定。

3. 指标标准化

为避免由于原始数据大小不一、单位不一而导致指标间无法直接进行比较的问题，将控制变量的原始数据转化到[0,1]之间。计算公式为：正向指标 = $(x_i - x_{min})/(x_{max} - x_{min})$；负向指标 = $(x_{max} - x_i)/(x_{max} - x_{min})$。式中，$x_i$为各指标在评估年份的值；$x_{max}$为各年中各指标的最大值；$x_{min}$为各年中各指标的最小值。

4. 成效评估

根据指标下层所含指标数确定突变模型（见表 15-9），对照模型的相应归一公式对各指标的标准化值进行计算，在向上一层次归一时，要将各指标的归一值进行合成。合成方法主要有两种，分别为取最小值和平均值。若各指标不存在明显的相互关联作用，则称该变量下辖的指标为非互补性，合成值取最小值，反之则为互补性，合成值取平均值。按照此计算方法，逐步向上归一合成，直至目标层，最终得到的总突变隶属度值即为规划实施评估值。评估值越大说明规划实施成效越好。

表 15-9 突变模型归一公式

指标个数	突变模型	归一公式
1	折叠模型	$x_{u_1} = \sqrt{u_1}$
2	尖点模型	$x_{u_1} = \sqrt{u_1},\ x_{u_2} = \sqrt[3]{u_2}$
3	燕尾模型	$x_{u_1} = \sqrt{u_1},\ x_{u_2} = \sqrt[3]{u_2},\ x_{u_3} = \sqrt[4]{u_3}$
4	蝴蝶模型	$x_{u_1} = \sqrt{u_1},\ x_{u_2} = \sqrt[3]{u_2},\ x_{u_3} = \sqrt[4]{u_3},\ x_{u_4} = \sqrt[5]{u_4}$

5. 评估等级划分

为了了解评估情况，将评估成效分成不同等级，故使各指标的标准化值分别取 0.2、0.4、0.6、0.8，逐步归一。最终得到的 4 个总突变隶属度值，将评估成效分成了 5 个等级。

二、操作

本部分利用突变级数评价法评估企业跨国并购的风险。

1. 案例背景

汽车产业因其产业链长、辐射面宽、科技含量高、产业带动能力显著等特点，成为世界各国家和地区发展的重点产业。我国汽车产业呈持续发展态势，汽车生产总量由 1999 年的 183.2 万辆增长到 2011 年的 1 841.64 万辆。为了获取国外汽车产业先进技术，国内涌现出吉利集团收购沃尔沃、腾中集团收购悍马、上汽集团收购韩国双龙等跨国汽车并购案例。国内某具有整车生产资质企业拟对国外汽车企业进行跨国战略并购，共有 4 家候选企业作为并购的目标企业，现需通过跨国战略并购风险评估的方式确定最优并购对象。

2. 评价指标体系

从财务风险、政治风险、文化风险和知识产权风险四个方面建立目标企业的并购风险评估体系，指标体系如表 15-10 所示，并根据评价结果遴选最优并购对象。

表 15-10 跨国战略并购风险评价指标体系

序号	指标类型	指标编码	指标名称	指标编码
1	财务风险	A	并购对价财务杠杆倍数能力	X_1
2			目标企业或有负债情况	X_2
3			并购方融资偿债能力	X_3
4	政治风险	B	并购目标企业所在国政治稳定性	X_4
5			并购目标企业所在国自然环境状况	X_5
6			并购目标企业所在国产业保护强度	X_6

风险评估方法

（续）

序号	指标类型	指标编码	指标名称	指标编码
7	文化风险	C	并购双方文化异质性	X_7
8			跨文化并购整合可操作性	X_8
9	知识产权风险	D	知识产权剩余保护年限	X_9
10			知识产权地域保护性	X_{10}
11			知识产权技术先进性	X_{11}

3. 案例应用

（1）原始数据。为了增强数据的可比性，对原始数据进行归一化处理，原始数据及进行归一化后的数据如表15-11所示。

表15-11 跨国战略并购风险评价目标企业原始数据

指标	原始数据				归一化数据			
	企业1	企业2	企业3	企业4	企业1	企业2	企业3	企业4
X_1	0.5	0.48	0.2	0.34	1	0.93	0	0.47
X_2	0	0	0	0	0	0	0	0
X_3	8	8	5	2	1	1	0.5	0
X_4	8	7	7	9	0.5	0	0	1
X_5	9	8	7	8	1	0.5	0	0.5
X_6	6	6	6	8	0	0	0	1
X_7	4	5	3	5	0.5	1	0	1
X_8	7	8	8	6	0.5	1	1	0
X_9	6	5	2	3	1	0.75	0	0.25
X_{10}	1	1	1	1	1	1	1	1
X_{11}	8	7	9	8	0.5	0	1	0.5

（2）计算突变级数综合评价值。以企业1为例，根据突变级数评价法的算法步骤，评价过程如下：

1）指标 X_1，X_2，X_3 构成燕尾模型，$A_{x1}=1$，$A_{x2}=0$，$A_{x3}=1$，则一级指标 A 的综合得分 $=(1+0+1)/3=0.6667$。

2）指标 X_4，X_5，X_6 构成燕尾模型，$A_{x4}=0.707$，$A_{x5}=1$，$A_{x6}=0$，则一级指标 B 的综合得分 $=(0.707+1+0)/3=0.569$。

3）指标 X_7，X_8 构成尖点模型，$A_{x7}=0.707$，$A_{x8}=0.794$，则一级指标 C 的综合得分 $=(0.707+0.794)/2=0.7504$。

4）指标 X_9，X_{10}，X_{11} 构成燕尾模型，$A_{x9}=1$，$A_{x10}=1$，$A_{x11}=0.841$，则一级指标 D 的综合得分 $=(1+1+0.841)/3=0.947$。

5）一级指标 A，B，C，D 构成蝴蝶模型，$X_A=0.817$，$X_B=0.829$，$X_C=0.931$，$X_D=0.989$。则企业1的综合得分 $=(0.817+0.829+0.931+0.989)/4=0.8913$。重复上述步骤，算得其他企业突变级数综合评价值如表15-12所示。

表 15-12　目标企业并购风险综合评价结果

指　标	企业 1	企业 2	企业 3	企业 4
A	0.666 7	0.654 8	0.280 3	0.228 5
B	0.569 0	0.264 6	0.000 0	0.931 2
C	0.750 4	1.000 0	0.500 0	0.500 0
D	0.947 0	0.622 0	0.666 7	0.780 3
综合评分	0.891 3	0.840 1	0.573 1	0.811 8

综合评估结果显示，目标企业 1 跨国并购风险最低，因此，从并购风险规避的角度来看，应选择该企业作为并购的目标企业。

第四节　功效系数法

一、理论

功效系数法是基于多目标规划的原理，将需要评价的各项指标对应各自的标准，按照各项指标的权重，利用功效函数将指标转化为能够度量的评分，各项指标的评分的和，就是功效系数法的综合评价分数。

功效系数法是把财务指标用线性关系结合起来，通过计算结果来评估企业的财务状况，容易理解、操作简便，不需要使用者具备很强的理论基础，适合中小企业财务统计工作不足、信息不全的特点，是一种非常适用于中小企业的风险评估方法。

功效系数法的实质就是要计算出各评估指标实际值在该指标上下限区间内所处位置的比率。其计算公式为：功效系数 =（指标实际值 − 指标最小值）/（指标最大值 − 指标最小值）× 40 + 60。功效系数法的步骤如下：

第一步，将所选用的财务指标按其所表达的内容分为极大型变量、极小型变量、稳定型变量与区间型变量。其中，极大型变量是指财务指标的值越大越好的变量；极小型变量是指财务指标的值越小越好的变量；稳定型变量是指财务指标的值在某一点时为最好的变量；区间型变量是指财务指标的值在某一区间时为最好的变量。

第二步，对所选用的各个指标设定两个标准值：一个是满意值，另一个是不允许值。详细设置为：极大型指标和极小型指标分别设定一个满意值和一个不允许值；稳定型指标设定一个满意值和两个不允许值（上限不允许值、下限不允许值）；区间型指标规定两个满意值（上限值、下限值）和两个不允许值（上限不允许值、下限不允许值）。

第三步，设计并计算每个财务指标的单项功效系数，根据评价指标的重要性，采用德尔菲法（专家意见法）等方法确定权重，用加权平均法计算出的数值，就是企业的综合功效系数，通过综合功效系数值即可进行风险评估。

二、操作

本部分利用功效系数评估 A 公司的债务筹资风险水平。

A 公司是一家处于发展成熟期的中小型高新技术企业，根据企业成熟期的融资评估指标，同时借鉴国内已成形的相关评估体系的权重系数，本处所构建的债务筹资风险评估指标体系及其权重系数如表 15-13 所示。

表 15-13　A 公司债务筹资风险评估指标体系及权重

一级指标	权重（%）	二级指标	权重（%）
资金偿还能力	60	销售净利率＝净利润/销售收入（主营业务收入）	24
		净资产收益率＝净利润/资产总额	36
		流动比率＝流动资产/流动负债	10
		已获利息倍数＝息税前利润/利息费用	15
		现金流动负债比＝经营活动现金净流入/流动负债	15
资金利用能力	25	总资产周转率＝销售收入/平均资产总额	37.5
		流动资产周转率＝销售收入/流动资产平均占用	37.5
		存货周转率＝销货成本/存货平均占用	25
财务结构	15	资产负债率＝负债总额/资产总额	40
		资本化比率＝长期负债合计/（长期负债合计＋所有者权益）	20
		固定资产净值率＝固定资产净值/固定资产原值	20
		资本固定化比率＝（资产总额－流动资产）/所有者权益	20

1. 划分指标类型

在表 15-13 中，根据各个财务指标所表达的内容，并结合极大型变量、极小型变量、稳定型变量与区间型变量的含义，将它们进行分类（见表 15-14）。

表 15-14　指标的类型

极大型变量	总资产周转率
	流动资产周转率
	存货周转率
	销售净利率
	净资产收益率
	已获利息倍数
	固定资产净值率
极小型变量	资本化比率
区间型变量	现金流动负债比
	资产负债率
	资本固定化比率
稳定型变量	流动比率

2. 设置标准值及指标权重

风险评估体系中对指标满意值和不允许值的选择是一个难点，在设置民营中小企业的标准值时，应该遵循以下两方面的要求：一方面，对企业财务状况的评价必须结合企业所处行业的平均值作为设定评分依据的基础。这是因为不同的行业具有不同的生产经营特点，各项财务指标都会有较大的差异。另一方面，民营中小企业的产业规模、融资渠道、抗风险能力等方面都比大型企业弱，因此在一些财务指标标准值的设置上相对要比行业平均值保守一些。鉴于民营中小企业的财务统计数据不够全面和规范，我们在参照行业平均值、目前的市场平均值或者该企业的历史数据等来确定满意值和不允许值时，可以通过查阅统计资料或者

第十五章 定量评价类风险评估方法

从一些网站上获得。本处所选用的财务指标，其标准值设定如下：

（1）极大型变量。极大型变量的满意值选择该行业的平均值。也就是说只要财务指标达到了行业平均水平，可认为风险很小。而不允许值的设定分为以下几种：①反映财务业绩的净资产收益率、销售净利率，其不允许值选为0；②反映资金清偿能力的已获利息倍数，其不允许值选为1；③反映资金利用能力的总资产周转率、流动资产周转率、存货周转率，其不允许值选择为满意值的一半。如果指标没有达到不允许值，则表示企业的处境很糟糕。

（2）极小型变量。评估指标中极小型变量只有资本化比率，其标准值设定与极大型变量正好相反，即满意值选择0，不允许值选择0.35。

（3）稳定型变量。评估指标中稳定型变量只有反映企业资产变现能力的流动比率，它代表了企业的短期债务风险，考虑到民营中小企业时常有较大的短期债务风险，因此对流动比率的满意值的选择比行业平均值高10个百分点。不允许值的上限为满意值的两倍，不允许值的下限为满意值的一半。

（4）区间型变量。针对民营中小企业抗风险能力较弱的特点，本处在确定标准值时缩小了满意范围，满意值的上限选择在行业平均值的基础上增加10个百分点（一般为20个百分点），满意值的下限选择在行业平均值的基础上减少10个百分点（一般为20个百分点）。不允许值的上限为行业平均值的两倍，不允许值的下限为行业平均值的一半。

（5）权重。权重是指各指标对评估目标重要程度的体现，权重的确定是风险评估中的重要步骤。对权重的确定有主观赋权法和客观赋权法两种方法。主观赋权法常用的是专家意见法。通过广泛地调查和征求专家意见，并在实践中反复验证。

3. 设计并计算每个财务指标的单项功效系数

（1）评估指标功效系数的计算公式。根据财务指标的实际值大小，单项功效系数所对应的计算如表15-15所示。根据所得的各个单项功效系数值计算综合功效系数，计算公式如下：综合功效系数 = Σ(单项功效系数 × 该指标的权重系数) ÷ 权重。

表15-15 单项功效系数

变量	判断条件	计算公式
极大型变量	实际值＜满意值	[（实际值 − 不允许值）/（满意值 − 不允许值）] × 40 + 60
	实际值≥满意值	100
极小型变量	实际值＞满意值	[（不允许值 − 实际值）/（不允许值 − 不满意值）] × 40 + 60
	实际值≤满意值	100
区间型变量	实际值＞满意值	[（不允许值 − 实际值）/（不允许值 − 不满意值）] × 40 + 60
	实际值≤满意值	[（实际值 − 不允许值）/（满意值 − 不允许值）] × 40 + 60
稳定型变量	实际值＞上限值	[（上限不允许值 − 实际值）/（下限不允许值 − 上限值）] × 40 + 60
	下限值≤实际值≤上限值	100
	实际值＜下限值	[（实际值 − 下限不允许值）/（下限值 − 下限不允许值）] × 40 + 60

（2）融资风险区间的设置（见表15-16）。根据综合功效系数值所处的区间范围，评估民营中小企业的债务融资风险程度和资产状况。根据各个评估指标应设定的满意值和不允许值，从相关统计资料和网站中获得它们的行业平均值（见表15-17）。从A公司的2010年度财务报表中获得相关数据并计算出各个财务指标的实际值（见表15-18）。

风险评估方法

表15-16 融资风险区间的设置

综合功效系数	风险情况
≥90	企业融资风险极小,融资需求基本满足,资产状况很好
80～90	企业融资风险极小,融资需求部分满足,资产状况良好
70～80	企业融资风险较高,短期小额融资可以满足,资产状况一般
60～70	企业融资风险很高,融资需求不能满足,资产状况较差
≤60	企业出现财务危机,融资需求不能满足,现有债务无法偿还

表15-17 同行业财务指标平均值

变量类型	财务指标	满意值	满意值上限	满意值下限	不允许值	不允许值上限	不允许值下限
极大型变量	销售净利率	0.090 9	—	—	0	—	—
	净资产收益率	0.074 8	—	—	0	—	—
	已获利息倍数	40.226 9	—	—	1	—	—
	总资产周转率	0.058 26	—	—	0.029 13	—	—
	流动资产周转率	0.117 3	—	—	0.005 865	—	—
	存货周转率	34.25	—	—	17.125	—	—
	固定资产净值率	0.900 52	—	—	0.450 26	—	—
极小型变量	资本化比率	0	—	—	0.3	—	—
稳定型变量	流动比率	2.101 4	—	—	—	4.202 8	1.050 7
区间型变量	现金流动负债比	—	0.164 928	0.134 941	—	0.299 87	0.074 967
	资产负债率	—	0.046 464	0.380 16	—	0.844 8	0.211 2
	资本固定化比率	—	1.269 95	1.039 5	—	2.309	0.277 25

表15-18 财务指标的实际值

变量类型	财务指标	实际值
极大型变量	销售净利率	0.123 266
	净资产收益率	0.191 1
	已获利息倍数	17.024 9
	总资产周转率	0.755 2
	流动资产周转率	1.578 3
	存货周转率	2.63
	固定资产净值率	0.931 851
极小型变量	资本化比率	0.271 973
稳定型变量	流动比率	1.35
区间型变量	现金流动负债比	0.247 004
	资产负债率	0.499 523
	资本固定化比率	1.236 1

(3) 单项功效系数的计算。根据财务指标的实际值求出它们的单项功效系数(见表15-19)。

表15-19 单项功效系数

一级指标	二级指标	单项功效系数
资金偿还能力	销售净利率	100
	净资产收益率	100
	流动比率	71.404 1
	已获利息倍数	76.343 6
	现金流动负债比	75.670 7
资金利用能力	总资产周转率	100
	流动资产周转率	100
	存货周转率	26.143 1
财务结构	资产负债率	96.329 7
	资本化比率	63.736 9
	固定资产净值率	100
	资本固定化比率	100

（4）计算出综合功效系数。综合功效系数 = Σ（单项功效系数 × 该指标的权重系数）÷ 权重 = (100 × 0.24 + 100 × 0.36 + 71.404 1 × 0.1 + 76.343 6 × 0.15 + 75.670 7 × 0.15) × 0.6 + (100 × 0.375 + 100 × 0.375 + 26.143 1 × 0.25) × 0.25 + (96.329 7 × 0.4 + 100 × 0.2 + 63.736 9 × 0.2 + 100 × 0.2) × 0.15 = 88.041 3。

4. 评估 A 公司债务筹资风险

由前面确定的风险区间范围（80〈88.041 3〈90），可知此时企业融资风险较小，企业的融资需求可以部分满足，部分资产管理欠佳，但总体来说资产状况合理，仍存在着一定的融资风险但不是很大。而实际中，该企业最近几年的总体发展比较稳健，市场份额也比较稳定。由此可见，针对 A 公司 2010 年度的融资风险评估是比较合理的。

资料中显示，2012 年该公司完善市场覆盖，基本形成了以云南为中心、覆盖周边省份的销售网络，完善公司内部管理，当年完成产值 8 000 万元。2013 年，经过十年的努力，公司取得全面发展，销售网络国内扩至广西、贵州、四川、内蒙古等地，国外扩展至老挝、越南；完善产品种类，加大与施耐德等大企业的合作；通过高新技术企业认证，不断提升企业实力；业务范围进一步拓展至机电安装领域，行业涉及糖业、钢铁制造等。产值突破 10 000 万元。总的来说，A 公司的融资风险比较合理，这也能较好地促进公司自身的发展和进步。

第五节 因子分析

一、理论

因子分析是用少数几个因子去描述许多指标或因素之间的联系，即将相关比较密切的几个变量归在同一类中，每一类变量就成为一个因子，以较少的几个因子反映原资料的大部分信息。因子分析主要有六步：①确定原有变量是否适合进行因子分析，即原有变量之间应具有较强的相关关系；②对原始变量进行标准化处理，把性质、量纲各异的指标转化为可以进行综合的一个相对数,以此消除量纲的影响,并使其保持方向上的一致性;③求相关系数矩阵 R 的特征值和特征向量;④确定因子贡献率和累计贡献率;⑤建立因子载荷并对因子进行命名解释;⑥计算各因子得分即综合得分。因子分析可以通过 SPSS 软件实现。

二、操作

本部分利用因子分析评价高校的筹资风险。

针对收入管理与筹资能力的 26 个指标,应用因子分析建立新的指标体系(见表 15-20)。

表 15-20 收入管理与筹资能力的指标

收入总量及增长率指标	收入构成指标	收入水平指标
1. 总收入 2. 总收入增长额 3. 总收入增长率 4. 拨款收入 5. 中央拨款收入 6. 地方拨款收入 7. 自筹收入 8. 事业收入 9. 教育事业收入 10. 科研事业收入 11. 专项经费收入 12. 捐赠收入	1. 总收入中拨款收入比重 2. 总收入中自筹收入比重 3. 总收入中教育经费收入比重 4. 总收入中科研经费收入比重 5. 教育经费收入中拨款收入比重 6. 拨款收入中专项经费比重 7. 教育经费收入中自筹收入比重 8. 科研经费收入中拨款收入比重 9. 科研经费收入中自筹收入比重	1. 生均总收入 2. 生均拨款收入 3. 生均自筹收入 4. 生均教育经费收入 5. 生均科研经费收入

1. 公共因子的选定

由相关系数矩阵可知,相关系数较高,适合做因子分析。本书取特征值大于 1 的因子作为公共因子,共有 5 个。这 5 个因子的累积方差贡献率为 87.767%,旋转后的方差贡献率表明这 5 个因子解释原始信息的能力分别为 41.324%、20.428%、12.805%、7.951% 和 5.26%(见表 15-21)。

表 15-21 解释的总方差

成分	初始特征值			未经旋转提取因子的载荷平方和 (Extraction Sums of Squared Loadings)		
	合计	方差贡献率(%)	累积方差率(%)	合计	方差贡献率(%)	累积方差贡献率(%)
1	10.744	41.324	41.324	10.744	41.324	41.324
2	5.311	20.428	61.752	5.311	20.428	61.752
3	3.329	12.805	74.556	3.329	12.805	74.556
4	2.067	7.951	82.507	2.067	7.951	82.507
5	1.368	5.260	87.767	1.368	5.260	87.767
6	0.872	3.354	91.121			
7	0.584	2.246	93.367			
8	0.481	1.850	95.217			
9	0.393	1.510	96.727			
10	0.271	1.044	97.771			

（续）

成分	初始特征值			未经旋转提取因子的载荷平方和 (Extraction Sums of Squared Loadings)		
	合计	方差贡献率（%）	累积方差率（%）	合计	方差贡献率（%）	累积方差贡献率（%）
11	0.173	0.666	98.438			
12	0.123	0.471	98.909			
13	0.096	0.369	99.278			
14	0.087	0.336	99.614			
15	0.050	0.194	99.808			
16	0.026	0.098	99.907			
17	0.012	0.044	99.951			
18	0.008	0.030	99.982			
19	0.003	0.010	99.992			
20	0.002	0.008	100.000			
21	2.716E-16	1.045E-15	100.000			
22	2.345E-16	9.021E-16	100.000			
23	-1.114E-16	-4.285E-16	100.000			
24	-1.693E-16	-6.511E-16	100.000			
25	-2.901E-16	-1.116E-15	100.000			
26	-4.282E-16	-1.647E-15	100.000			

提取方法：主成分分析法。

2. 公共因子的命名

由旋转成分矩阵（见表15-22）可知，总收入、拨款收入、中央拨款收入、自筹收入、事业收入、教育事业收入、专项经费收入在第1个因子上有较高的载荷，第1个因子主要解释了这几个变量，可解释为收入总量因子；总收入中拨款收入比重、总收入中自筹收入比重、教育经费收入中拨款收入比重、教育经费收入中自筹收入比重在第2个因子上有较高的载荷，第2个因子可解释为收入构成因子；生均总收入、生均拨款收入、生均自筹收入和生均教育经费收入在第3个因子上有较高的载荷，第3个因子可解释为收入水平因子；总收入增长率、总收入中教育经费收入比重和总收入中科研经费收入比重在第4个因子上有较高的载荷，第4个因子可解释为收入的核心构成因子；科研经费收入中拨款收入比重和科研经费收入中自筹收入比重在第5个因子上有较高的载荷，第5个因子可解释为科研经费因子。

表15-22 旋转成分矩阵

	成分				
	1	2	3	4	5
总收入标准化	0.964	0.056	-0.127	0.181	-0.060
总收入增长额标准化	0.362	0.460	-0.137	0.620	0.126
总收入增长率标准化	-0.190	0.619	0.095	0.527	0.229
拨款收入标准化	0.941	0.218	-0.116	0.159	-0.069
中央拨款收入标准化	0.853	0.289	-0.201	0.235	-0.133

（续）

	成 分				
	1	2	3	4	5
地方拨款收入标准化	0.828	-0.036	0.136	-0.087	0.115
自筹收入标准化	0.927	-0.196	-0.134	0.202	-0.041
事业收入标准化	0.898	-0.204	-0.221	0.250	-0.035
教育事业收入标准化	0.868	-0.147	-0.051	0.355	-0.234
科研事业收入标准化	0.689	-0.241	-0.439	0.003	0.306
专项经费收入标准化	0.964	0.184	-0.046	0.101	-0.024
捐赠收入标准化	0.742	-0.112	0.129	-0.144	-0.116
总收入中拨款收入比重标准化	0.052	0.967	0.024	-0.090	-0.014
总收入中自筹收入比重标准化	-0.052	-0.967	-0.024	0.090	0.014
总收入中教育经费收入比重标准化	-0.633	0.150	0.348	0.500	-0.101
总收入中科研经费收入比重标准化	0.548	-0.125	-0.487	-0.572	0.107
教育经费收入中拨款收入比重标准化	-0.124	0.805	-0.250	-0.172	0.354
拨款收入中专项经费比重标准化	0.655	0.330	0.009	-0.067	0.040
教育经费收入中自筹收入比重标准化	0.124	-0.805	0.250	0.172	-0.354
科研经费收入中拨款收入比重标准化	0.323	0.536	0.260	-0.273	-0.599
科研经费收入中自筹收入比重标准化	-0.281	-0.569	-0.447	0.294	0.454
生均总收入标准化	0.610	-0.080	0.727	-0.112	0.266
生均拨款收入标准化	0.582	0.296	0.672	-0.150	0.270
生均自筹收入标准化	0.470	-0.587	0.591	-0.025	0.183
生均教育经费收入标准化	0.116	-0.015	0.921	0.119	0.226
生均科研经费收入标准化	0.824	-0.112	-0.042	-0.394	0.169

提取了5个公因子。

3. 公共因子的得分函数

5个公共因子均由原始指标体系中各个指标线性组合而成。采用回归法估计因子得分系数，并输出因子得分系数，得到因子得分函数（见表15-23）：

$F_1 = 0.127X_1 + 0.159X_2 + 0.076X_3 + 0.123X_4 + 0.141X_5 + 0.034X_6 + 0.124X_7 + 0.137X_8 + 0.156X_9 + 0.064X_{10} + 0.106X_{11} + 0.029X_{12} - 0.001X_{13} + 0.001X_{14} + 0.031X_{15} - 0.043X_{16} - 0.038X_{17} + 0.042X_{18} + 0.038X_{19} + 0X_{20} + 0.029X_{21} - 0.038X_{22} - 0.039X_{23} - 0.025X_{24} - 0.042X_{25} - 0.019X_{26}$

$F_2 = -0.013X_1 + 0.094X_2 + 0.145X_3 + 0.011X_4 + 0.005X_5 + 0.023X_6 - 0.05X_7 - 0.046X_8 - 0.112X_9 + 0.077X_{10} + 0.018X_{11} - 0.058X_{12} + 0.158X_{13} - 0.158X_{14} - 0.046X_{15} + 0.064X_{16} + 0.265X_{17} + 0.067X_{18} - 0.265X_{19} - 0.1X_{20} + 0.06X_{21} + 0.03X_{22} + 0.099X_{23} - 0.075X_{24} + 0.009X_{25} + 0.051X_{26}$

$F_3 = -0.034X_1 - 0.02X_2 + 0.06X_3 - 0.035X_4 - 0.084X_5 + 0.1X_6 - 0.03X_7 - 0.054X_8 - 0.082X_9 + 0.01X_{10} + 0.02X_{11} + 0.025X_{12} + 0.002X_{13} - 0.002X_{14} + 0.008X_{15} - 0.039X_{16} + 0.053X_{17} + 0.036X_{18} - 0.053X_{19} - 0.107X_{20} + 0.014X_{21} + 0.292X_{22} + 0.279X_{23} + 0.226X_{24} + 0.301X_{25} + 0.09X_{26}$

$F_4 = -0.04X_1 - 0.232X_2 - 0.23X_3 - 0.04X_4 - 0.076X_5 + 0.062X_6 - 0.036X_7 - 0.047X_8 -$

$0.132X_9 + 0.108X_{10} - 0.016X_{11} + 0.061X_{12} - 0.005X_{13} + 0.005X_{14} - 0.275X_{15} + 0.315X_{16} + 0.097X_{17} + 0.038X_{18} - 0.097X_{19} + 0.006X_{20} - 0.01X_{21} + 0.026X_{22} + 0.031X_{23} + 0.011X_{24} - 0.11X_{25} + 0.214X_{26}$

$F_5 = 0.008X_1 - 0.143X_2 - 0.157X_3 + 0.03X_4 + 0.05X_5 - 0.031X_6 - 0.027X_7 - 0.047X_8 + 0.069X_9 - 0.227X_{10} + 0.019X_{11} + 0.101X_{12} + 0.1X_{13} - 0.1X_{14} + 0.017X_{15} - 0.022X_{16} - 0.136X_{17} + 0.023X_{18} + 0.136X_{19} + 0.453X_{20} - 0.395X_{21} - 0.059X_{22} - 0.031X_{23} - 0.08X_{24} - 0.054X_{25} - 0.036X_{26}$

表15-23 成分得分系数矩阵

	成分				
	1	2	3	4	5
总收入标准化	0.090	0.011	-0.038	0.088	-0.044
总收入增长额标准化	0.034	0.087	-0.041	0.300	0.092
总收入增长率标准化	-0.018	0.117	0.029	0.255	0.167
拨款收入标准化	0.088	0.041	-0.035	0.077	-0.051
中央拨款收入标准化	0.079	0.054	-0.060	0.114	-0.097
地方拨款收入标准化	0.077	-0.007	0.041	-0.042	0.084
自筹收入标准化	0.086	-0.037	-0.040	0.098	-0.030
事业收入标准化	0.084	-0.038	-0.066	0.121	-0.025
教育事业收入标准化	0.081	-0.028	-0.015	0.172	-0.171
科研事业收入标准化	0.064	-0.045	-0.132	0.001	0.223
专项经费收入标准化	0.090	0.035	-0.014	0.049	-0.017
捐赠收入标准化	0.069	-0.021	0.039	-0.070	-0.085
总收入中拨款收入比重标准化	0.005	0.182	0.007	-0.044	-0.010
总收入中自筹收入比重标准化	-0.005	-0.182	-0.007	0.044	0.010
总收入中教育经费收入比重标准化	-0.059	0.028	0.105	0.242	-0.074
总收入中科研经费收入比重标准化	0.051	-0.024	-0.146	-0.277	0.078
教育经费收入中拨款收入比重标准化	-0.012	0.152	-0.075	-0.083	0.259
拨款收入中专项经费比重标准化	0.061	0.062	0.003	-0.032	0.029
教育经费收入中自筹收入比重标准化	0.012	-0.152	0.075	0.083	-0.259
科研经费收入中拨款收入比重标准化	0.030	0.101	0.078	-0.132	-0.438
科研经费收入中自筹收入比重标准化	-0.026	-0.107	-0.134	0.142	0.332
生均总收入标准化	0.057	-0.015	0.218	-0.054	0.194
生均拨款收入标准化	0.054	0.056	0.202	-0.073	0.197
生均自筹收入标准化	0.044	-0.111	0.178	-0.012	0.134
生均教育经费收入标准化	0.011	-0.003	0.277	0.058	0.165
生均科研经费收入标准化	0.077	-0.021	-0.013	-0.191	0.123

4. 整体综合得分函数

以旋转后各因子的方差贡献率占5个公共因子的累计方差贡献率的比值作为权重进行线性加权汇总,得到收入管理与筹资能力的综合评价模型:

$$F = 0.34071F_1 + 0.1736F_2 + 0.13968F_3 + 0.12803F_4 + 0.09565F_5$$

5. 具体排名

根据各因子得分函数和该综合评价模型，可计算出各高校的因子得分和筹资能力的综合得分，并依据筹资能力的综合得分进行排名（见表15-24）。

表15-24　76所高校收入管理与筹资能力评价的因子得分与排序

高校	F_1	F_1排序	F_2	F_2排序	F_3	F_3排序	F_4	F_4排序	F_5	F_5排序	F	F排序
L10	0.106	6	-0.159	3	0.362	66	-0.386	23	-0.442	6	0.004	1
L72	0.150	12	0.077	18	0.193	12	-0.344	28	-0.335	12	0.030	2
L66	0.307	41	0.005	11	0.232	25	-0.014	69	-0.315	13	0.037	3
L57	0.151	13	-0.256	1	0.431	68	-0.387	22	0.301	74	0.039	4
L2	0.181	16	0.015	13	0.289	47	-0.276	40	-0.100	35	0.049	5
L6	0.225	25	0.176	42	0.603	73	-0.310	33	-0.526	4	0.052	6
L67	0.136	9	0.079	19	0.274	40	-0.306	36	-0.081	37	0.056	7
L29	0.749	72	-0.018	9	0.348	61	0.123	75	-0.599	2	0.059	8
L7	0.108	7	-0.109	5	0.457	70	-0.315	31	0.249	69	0.065	9
L43	0.214	22	0.024	14	0.236	26	-0.211	52	0.219	68	0.067	10
L11	0.267	32	-0.029	8	0.187	11	-0.218	50	-0.072	39	0.071	11
L17	0.243	27	0.005	12	0.116	1	-0.167	59	0.077	57	0.073	12
L53	0.459	59	0.177	44	0.254	30	0.048	74	-0.271	18	0.074	13
L31	0.284	35	0.080	20	0.155	8	-0.058	67	-0.122	31	0.078	14
L61	0.080	4	0.227	51	0.269	36	-0.534	5	-0.347	10	0.078	15
L22	0.148	11	0.305	70	0.354	64	-0.431	15	-0.430	7	0.079	16
L5	0.209	19	0.175	41	0.324	58	-0.222	49	-0.116	32	0.082	17
L19	0.213	21	-0.119	4	0.278	43	-0.298	38	-0.177	25	0.084	18
L24	0.104	5	0.236	55	0.249	28	-0.583	3	-0.287	15	0.088	19
L58	0.142	10	0.191	47	0.442	69	-0.492	9	-0.423	8	0.090	20
L15	0.295	38	0.096	23	0.142	6	-0.007	70	0.084	59	0.094	21
L75	-0.007	2	0.089	22	0.727	74	-0.320	30	0.286	72	0.101	22
L52	0.302	40	0.122	29	0.229	24	-0.139	61	-0.037	44	0.103	23
L45	0.260	30	0.105	28	0.289	46	-0.261	43	-0.104	34	0.104	24
L51	0.314	45	0.272	61	0.333	60	-0.253	45	-0.633	1	0.105	25
L74	-0.010	1	0.301	69	0.884	76	-0.349	27	-0.235	20	0.105	26
L8	0.250	28	0.233	53	0.311	54	-0.272	41	-0.170	26	0.115	27
L37	0.331	48	0.260	59	0.276	42	-0.191	57	-0.358	9	0.116	28
L59	0.210	20	0.287	67	0.222	22	-0.393	19	-0.096	36	0.121	29
L76	0.560	64	0.098	25	0.220	21	0.003	72	-0.144	29	0.123	30
L55	0.473	60	0.250	57	0.272	39	-0.115	64	-0.055	41	0.123	31
L69	0.336	49	0.061	17	0.207	16	-0.357	24	-0.227	21	0.125	32
L62	0.342	50	0.223	49	0.301	51	-0.216	51	-0.457	5	0.126	33
L68	0.214	23	0.233	54	0.220	20	-0.259	44	-0.070	40	0.126	34
L4	0.325	47	0.086	21	0.271	37	-0.066	66	0.081	58	0.129	35
L30	0.296	39	0.097	24	0.240	27	-0.253	46	0.072	56	0.130	36

第十五章 定量评价类风险评估方法

(续)

高校	F_1	F_1排序	F_2	F_2排序	F_3	F_3排序	F_4	F_4排序	F_5	F_5排序	F	F排序
L33	0.261	31	0.335	73	0.320	57	−0.350	26	0.025	50	0.132	37
L70	0.519	63	0.283	65	0.305	52	−0.046	68	−0.018	45	0.132	38
L9	0.130	8	0.351	74	0.255	32	−0.452	13	0.028	52	0.134	39
L73	0.080	3	0.253	58	0.576	72	−0.444	14	−0.037	43	0.137	40
L25	0.193	17	0.133	31	0.159	10	−0.513	7	0.009	49	0.137	41
L40	0.271	33	0.100	26	0.287	45	−0.211	53	0.007	48	0.137	42
L49	0.204	18	0.385	76	0.330	59	−0.506	8	−0.114	33	0.138	43
L50	0.347	52	0.263	60	0.259	34	−0.155	60	0.102	60	0.147	44
L28	0.480	61	0.228	52	0.205	15	−0.197	54	0.293	73	0.150	45
L65	0.161	14	0.320	71	0.272	38	−0.523	6	0.178	66	0.151	46
L41	0.291	36	0.242	56	0.216	19	−0.307	35	0.027	51	0.152	47
L60	0.221	24	0.149	35	0.198	14	−0.400	18	−0.013	46	0.153	48
L46	0.574	65	0.276	62	0.316	55	−0.195	55	−0.260	19	0.153	49
L16	0.316	46	0.101	27	0.194	13	−0.389	20	−0.338	11	0.153	50
L14	0.180	15	0.331	72	0.213	18	−0.431	16	0.259	71	0.154	51
L32	0.699	70	0.163	38	0.254	31	0.144	76	−0.155	28	0.156	52
L21	0.292	37	0.184	46	0.255	33	−0.307	34	0.165	63	0.157	53
L63	0.456	58	0.125	30	0.224	23	−0.124	63	0.035	53	0.159	54
L13	0.449	56	0.165	39	0.260	35	−0.266	42	−0.198	23	0.165	55
L35	0.313	44	0.280	64	0.349	62	−0.461	12	−0.185	24	0.167	56
L39	0.588	66	0.032	15	0.275	41	−0.006	71	0.177	65	0.167	57
L20	0.601	67	0.297	68	0.252	29	−0.276	39	0.164	62	0.168	58
L26	0.428	54	0.145	34	0.292	49	−0.351	25	−0.072	38	0.175	59
L34	0.278	34	0.276	63	0.290	48	−0.616	1	−0.549	3	0.180	60
L64	0.355	53	−0.099	6	0.207	17	−0.193	56	0.302	75	0.184	61
L71	0.493	62	0.195	48	0.318	56	−0.241	47	−0.273	17	0.185	62
L27	0.312	43	0.177	45	0.127	3	−0.326	29	0.047	55	0.188	63
L36	0.232	26	0.171	40	0.140	5	−0.474	10	0.004	47	0.189	64
L12	0.451	57	0.365	75	0.298	50	−0.312	32	0.215	67	0.193	65
L3	0.308	42	0.162	37	0.129	4	−0.401	17	−0.206	22	0.207	66
L44	0.680	69	0.047	16	0.306	53	−0.172	58	−0.162	27	0.209	67
L48	0.654	68	−0.034	7	0.370	67	−0.301	37	0.145	61	0.226	68
L23	0.343	51	0.161	36	0.157	9	−0.535	4	−0.273	16	0.228	69
L18	0.259	29	0.287	66	0.143	7	−0.584	2	−0.047	42	0.229	70
L56	0.805	74	0.176	43	0.356	65	−0.229	48	0.250	70	0.230	71
L54	0.446	55	0.139	33	0.125	2	−0.465	11	0.035	54	0.241	72
L1	0.738	71	−0.177	2	0.281	44	−0.130	62	0.308	76	0.273	73
L42	0.936	75	0.138	32	0.352	63	0.038	73	−0.129	30	0.340	74
L47	0.799	73	0.224	50	0.484	71	−0.388	21	−0.306	14	0.347	75
L38	0.953	76	0.002	10	0.851	75	−0.088	65	0.165	64	0.448	76

高校收入管理与筹资能力给出了各高校的综合评价得分与排名，L38 筹资能力最强，L10 筹资能力最弱。但由于比较抽象，需要进一步分析综合排名好的高校好在哪些方面，弱的高校弱在什么地方，即需要将综合评价与单因子评价结合起来。将综合类排名最高和最低的高校分别列出，对比这 10 所高校五个筹资能力因子的得分与排名。由表 15-25 可知，综合排名高的，其 5 个因子排名得分均较高；综合排名弱的，其 5 个因子得分和排序均较弱。这说明分项评价与综合评价结果具有一致性，而分项评价能找出具体原因。

表 15-25　76 所高校收入管理与筹资能力因子得分前 5 名与后 5 名

高校	F_1	F_1排序	F_2	F_2排序	F_3	F_3排序	F_4	F_4排序	F_5	F_5排序	F	F排序
L10	0.106	6	−0.159	3	0.362	66	−0.386	23	−0.442	6	0.004	1
L72	0.150	12	0.077	18	0.193	12	−0.344	28	−0.335	12	0.030	2
L66	0.307	41	0.005	11	0.232	25	−0.014	69	−0.315	13	0.037	3
L57	0.151	13	−0.256	1	0.431	68	−0.387	22	0.301	74	0.039	4
L2	0.181	16	0.015	13	0.289	47	−0.276	40	−0.100	35	0.049	5
L54	0.446	55	0.139	33	0.125	2	−0.465	11	0.035	54	0.241	72
L1	0.738	71	−0.177	2	0.281	44	−0.130	62	0.308	76	0.273	73
L42	0.936	75	0.138	32	0.352	63	0.038	73	−0.129	30	0.340	74
L47	0.799	73	0.224	50	0.484	71	−0.388	21	−0.306	14	0.347	75
L38	0.953	76	0.002	10	0.851	75	−0.088	65	0.165	64	0.448	76

L38 筹资能力最强是因为其收入总量高、收入构成合理、收入水平高、收入的核心构成合理和科研经费收入高，其 F_1 排第 76，F_2 排第 10，F_3 排第 75，F_4 排第 65，F_5 排第 64。

L10 筹资能力最弱是因为其收入总量低、收入构成不合理、收入水平低、收入的核心构成不合理和科研经费收入很低，其 F_1 排第 6，F_2 排第 3，F_3 排第 66，F_4 排第 23，F_5 排第 6。

总之，从收入总量、收入构成和生均收入三方面构建高校收入管理和筹资能力评价的 26 个指标，采用因子分析和聚类分析发现 76 所高校的筹资能力差异较大，筹资能力较弱的高校应找出收入管理的薄弱环节，全方面提升自身的筹资能力。

补充阅读文献

1. 效用函数文献

[1] 冯琳，等．效用函数及突变级数评价法评估生态建设规划实施效果的比较研究 [J]．湖南文理学院学报，2015 (4)．

[2] 郭晨，等．基于效用函数的火电厂投资风险决策 [J]．电力系统自动化，2006 (4)．

[3] 李辰颖，等．CEO 效用函数的构建及其声誉风险管理研究 [J]．中央财经大学学报，2011 (1)．

[4] 李国晖．效用函数在企业风险管理决策中的应用 [J]．经济论坛，2011 (6)．

[5] 黄显贵．效用函数在工程成本风险预测中的构建 [J]．重庆交通大学学报：自然科学版，2007 (5)．

2. 数据包络分析文献

[1] 卢刚．基于 DEA-TOBIT 的大型工程项目风险管控效率研究 [J]．云南财经大学学报，2014 (6)．

[2] 杨晓明，等．评价风险评估方法有效性的 DEA 模型 [J]．电子科技大学学报，2014 (7)．

[3] 熊正德，孙柏．基于 DEA 的上市公司信用风险评估理论与实证研究 [J]．当代财经，2006 (11)．

[4] 张渝. 基于 DEA 的典型相关分析在商业银行信用风险评估中的应用 [J]. 数学的实践与认识, 2007 (12).

[5] 蒋丹, 肖东生. 基于二阶 DEA 模型的金融风险承受能力评价研究 [J]. 中国管理信息化, 2014 (9).

[6] 刘心, 等. 风险因素对我国商业银行效率影响的实证研究——基于模糊 DEA 模型 [J]. 河北科技大学学报: 社会科学版, 2016 (6).

[7] 任碧云, 等. 基于 AHP - DEA 的中国金融系统性风险预警指标体系研究 [J]. 经济问题, 2015 (1).

3. 突变级数评价法文献

[1] 位春苗. 企业跨国并购战略风险评估及风险规避 [J]. 统计与决策, 2015 (10).

[2] 冯琳, 等. 效用函数及突变级数评价法评估生态建设规划实施效果的比较研究 [J]. 湖南文理学院学报, 2015 (4).

[3] 孙波, 等. 突变级数评价法在南水北调工程施工方案优选中的应用 [J]. 水力发电, 2011 (7).

[4] 魏婷, 等. 基于突变级数法的厦门城市生态系统健康评价 [J]. 生态学报, 2008 (12).

[5] 刘冰, 等. 基于突变级数法的国际工程环境影响风险评估 [J]. 工程管理学报, 2016 (3).

[6] 杨太华, 等. 新能源项目投资风险评估研究——基于突变级数法 [J]. 建筑经济, 2016 (5).

4. 功效系数法文献

[1] 黄海波, 刘飞虎. 基于功效系数法的高校财务风险警情测度模型研究 [J]. 哈尔滨商业大学学报: 社会科学版, 2011 (2).

[2] 郭浩, 董亚洁. 基于功效系数法的企业融资风险案例研究 [J]. 会计之友, 2009 (10).

[3] 罗晓光, 刘飞虎. 基于功效系数法的商业银行财务风险评价研究 [J]. 科技与管理, 2012 (9).

[4] 王颖, 许成磊. 企业投资项目风险预警综合评价——基于改进的功效系数法和灰色关联分析法 [J]. 技术经济, 2012 (11).

[5] 李霞, 等. 基于功效系数法的非营利组织财务风险评价 [J]. 财经问题研究, 2016 (4).

[6] 齐媛, 等. 电力企业增值税纳税风险评估——基于综合功效系数法 [J]. 财会月刊, 2016 (5).

5. 因子分析文献

[1] 潘杰义, 詹美求. 高新技术企业海外上市风险影响因素实证研究 [J]. 科技管理研究, 2007 (6).

[2] 张曾莲, 吴雪琴. 高校财务风险综合评价与预警研究 [J]. 高等财经教育研究, 2011 (3).

[3] 欧阳轶翔, 雷井生. 基于因子分析的企业研发项目风险评估模型及实证研究 [J]. 科技管理研究, 2010 (1).

[4] 杨继伟, 肖永慧. 云南省高校财务风险因子分析 [J]. 财会通讯, 2011 (11).

[5] 赵相忠, 等. 基于因子分析法的广西上市公司财务风险综合评价 [J]. 财会通讯, 2016 (5).

[6] 文唯, 等. 基于因子分析的我国钢铁上市公司财务评价与风险管控研究 [J]. 江西理工大学学报, 2015 (10).

练 习 题

1. 表 15-26 为 2008 年 12 月 ~ 2015 年 9 月华侨城集团的资产结构总体情况。采用流动比率、速动比率、现金流量比率、经营现金流量对负债比率以及应收账款周转率 5 个指标综合评价华侨城集团的营运资金风险水平。现金周转率可以清楚地反映出企业获取现金和营运能力,因此选择现金周转率作为确定阈值的变量。设 X_1、X_2、X_3、X_4、X_5 分别表示流动比率、速动比率、现金流量比率、经营现金流量对负债比率及应收账款周转率。已知 5 个指标的判断矩阵以及权重如表 15-27 所示。利用华侨城集团各项财务指标数值(见表 15-28)计算各指标单项功效系数 q_i,当实际值 < 满意值时,q_i = (实际值 - 不允许值)/(满意值 - 不允许值) × 3 + 7; 当实际值 ≥ 满意值时,q_i = 10。已知各指标满意值和不允许值如表 15-29 所示。计算综合功效系数 $X = \sum$ (各指标单项功效系数 q_i × 该指标权重 W_i),全体计算结果填入表 15-30。

表15-26 2008～2015年华侨城集团资产负债概况 单位：万元

	2008-12-31	2009-12-31	2010-12-31	2011-12-31	2012-12-31	2013-12-31	2014-12-31	2015-09-30
货币资金	931 251 746	2 999 254 441	5 453 245 935	6 139 604 314	9 180 337 870	9 408 856 530	14 313 647 449	17 609 801 352
应收账款	378 028 873	178 872 177	189 236 795	257 869 622	376 831 808	388 369 988	524 247 100	562 606 833
存货	116 937 204	9 099 335 892	19 574 717 212	31 737 601 499	35 135 575 744	1 981 984 528	44 767 777 613	50 769 671 653
流动资产	3 139 366 827	14 610 195 189	28 835 713 386	40 163 992 276	46 303 770 905	58 584 811 103	65 229 105 772	73 044 630 273
非流动资产	10 807 561 538	16 134 606 600	19 702 520 017	22 597 827 208	26 694 454 530	29 293 953 387	29 646 262 154	30 100 007 689
资产总计	13 946 928 365	30 744 801 789	48 538 233 403	62 761 819 483	72 998 225 435	87 878 764 490	94 875 367 925	103 144 637 962
短期借款	4 200 000 000	3 757 292 923	4 439 387 758	6 380 220 325	6 264 949 571	3 401 932 912	3 496 594 748	1 765 554 748
应付账款	1 202 350 454	2 611 670 161	3 829 748 539	4 860 589 779	5 835 342 346	11 915 991 355	8 420 090 674	7 226 409 301
流动负债	6 964 778 537	16 333 013 217	19 924 633 436	24 744 946 166	32 156 340 925	43 828 350 895	40 977 776 380	45 899 826 187
非流动负债	70 909 092	2 962 072 948	13 903 318 215	19 922 545 497	18 907 953 898	16 394 704 339	21 649 890 889	23 349 781 682
负债总计	7 035 687 629	19 295 086 165	33 827 951 651	44 667 491 663	51 064 294 823	60 223 055 233	62 627 667 269	69 249 607 869
流动负债比率	0.99	0.85	0.59	0.55	0.63	0.73	0.65	0.66

表15-27 营运资金风险综合评价的指标权重

	X_1	X_2	X_3	X_4	X_5	W_i	位次
X_1	1	1/2	1/2	3	1	0.164 5	3
X_2	2	1	1	4	2	0.303 1	1
X_3	2	1	1	4	2	0.303 1	2
X_4	1/3	1/4	1/4	1	1/3	0.064 9	5
X_5	1	1/2	1/2	3	1	0.164 5	4

$\lambda_{max} = 5.026\ 4$ $CI = 0.006\ 608$ $RI = 1.12$ $CR = 0.005\ 9$

表15-28 华侨城集团营运资金的指标计算

指标\时间	2008/12/31	2009/12/31	2010/12/31	2011/12/31	2012/12/31	2013/12/31	2014/12/31	2015/9/30
流动比率	0.450 7	0.894 5	1.447 2	1.623 1	1.44	1.336 7	1.591 3	1.591 4
速动比率	0.209 8	0.337 4	0.464 8	0.340 5	0.347 3	0.285	0.499 3	0.485 3
现金流量比率	16.158	44.427 3	−26.909 2	−7.036 4	22.228 8	16.423 1	−6.316 7	18.591 8
经营现金流量对负债比率	0.16	0.376 1	−0.158 5	−0.039	0.14	0.119 5	−0.041 3	0.123 2
应收账款周转率	121.192 1	102.473 9	94.089 9	77.494 6	70.220 2	73.592	67.318 9	32.086 4

表15-29 指标度量参照表

指标	流动比率	速动比率	现金流量比率	经营现金流量对负债比率	应收账款周转率
满意值	1.55	0.6	5	0.1	55
不允许值	0.45	0.2	−30	−0.4	30

表15-30 单指标功效系数与综合功效系数

指标	2008/12/31	2009/12/31	2010/12/31	2011/12/31	2012/12/31	2013/12/31	2014/12/31	2015/12/31
流动比率								
速动比率								

（续）

指标	2008/12/31	2009/12/31	2010/12/31	2011/12/31	2012/12/31	2013/12/31	2014/12/31	2015/12/31
现金流量比率								
经营现金流量对负债比率								
应收账款周转率								
营运资金风险值								

2. 利用表 15-31 中的原始数据，评估某政府部门内部控制的控制环境风险。说明：表 15-31 中：7 表示很好、5 表示好、3 表示一般、1 表示差；$T_1 \sim T_{15}$ 分别为政府部门内部控制的控制环境的评价指标：道德政策的制定情况、决策机构运行的规范性、领导层职责分配情况、领导层的胜任能力、领导的决策风格与单位特点匹配度、领导对内部控制的认可和支持程度、组织架构设置情况、治理结构制衡情况、职责分工合理性、各部门分工的明确程度、各部门合作和沟通的顺畅与高效、单位中层的胜任能力、职能部门内部的岗位设置是否合理、部门内部岗位职责的明确程度、员工对内控体系建设的认知。

表 15-31　39 人对某政府部门内部控制的控制环境风险评估的打分

被调查人	T_1	T_2	T_3	T_4	T_5	T_6	T_7	T_8	T_9	T_{10}	T_{11}	T_{12}	T_{13}	T_{14}	T_{15}
R1	5	5	7	7	7	3	5	5	1	1	3	5	5	5	5
R2	7	5	7	7	7	3	7	7	7	5	5	7	7	7	7
R3	7	7	7	5	5	5	7	7	7	5	5	5	5	5	7
R4	5	7	5	3	3	3	1	7	3	1	1	3	3	3	7
R5	7	7	7	7	7	7	5	5	5	5	5	5	5	5	7
R6	7	7	3	3	7	7	7	7	7	7	5	7	7	7	7
R7	7	7	7	7	7	7	7	7	5	7	7	7	7	7	7
R8	7	7	5	7	5	5	5	5	5	5	3	3	3	1	5
R9	7	7	5	7	7	7	5	5	5	5	5	5	5	5	5
R10	7	7	7	7	7	7	7	7	7	7	7	7	7	7	7
R11	5	5	7	5	5	5	5	5	5	5	5	5	5	5	5
R12	5	7	7	5	5	3	7	7	5	3	3	5	5	5	5
R13	7	7	7	7	7	7	7	7	7	5	7	7	7	7	7
R14	7	7	7	7	5	5	5	7	7	5	5	7	5	5	7
R15	7	7	7	7	7	7	7	7	5	5	5	3	5	5	7
R16	5	7	7	7	7	5	5	3	5	5	3	3	5	3	3
R17	7	7	7	7	7	7	3	5	5	5	5	5	5	5	5
R18	7	5	5	5	5	3	5	5	5	5	3	5	3	5	7
R19	7	7	7	7	7	5	5	5	7	5	7	7	3	7	7
R20	5	7	7	7	5	5	7	7	7	5	5	7	5	5	5
R21	7	7	7	7	7	5	5	5	7	5	3	3	5	3	7
R22	7	7	7	7	7	5	5	3	3	5	3	3	3	1	7
R23	7	5	5	7	5	5	5	5	5	5	5	5	5	5	5
R24	5	7	5	7	5	7	7	7	7	7	5	5	5	3	5
R25	5	7	5	5	5	5	5	5	5	5	5	5	5	5	5
R26	7	7	7	5	7	5	3	5	3	5	3	3	3	7	7

（续）

被调查人	T_1	T_2	T_3	T_4	T_5	T_6	T_7	T_8	T_9	T_{10}	T_{11}	T_{12}	T_{13}	T_{14}	T_{15}
R27	7	7	7	7	5	7	7	7	7	7	7	3	7	3	7
R28	7	7	7	7	7	5	5	5	5	5	3	3	3	3	5
R29	7	5	5	7	7	7	7	5	7	7	7	7	3	5	7
R30	7	7	7	7	7	7	5	5	5	5	5	3	3	5	7
R31	3	3	3	3	3	3	1	1	1	3	3	3	1	3	7
R32	7	7	7	5	7	7	7	3	7	7	7	7	7	7	7
R33	7	5	7	7	7	5	5	7	7	7	7	3	3	7	7
R34	5	7	7	5	5	3	5	3	5	5	5	7	7	5	5
R35	5	5	3	5	5	7	1	3	3	3	3	3	1	3	7
R36	7	7	7	7	7	7	7	7	7	5	5	7	7	7	7
R37	5	3	7	5	3	7	5	3	7	7	7	5	3	7	7
R38	3	3	3	5	3	3	3	3	3	3	3	3	3	3	3
R39	7	7	7	7	7	7	7	7	5	7	5	7	7	5	7

第十六章

文本分析类风险评估方法

本章将介绍2种文本分析类风险评估方法：内容分析法、扎根理论。

第一节 内容分析法

一、理论

内容分析法是一种对传播信息内容进行系统、客观和量化描述的研究方法。它适合于对一切可以记录与保存并且有价值的文献做定量研究，如今被广泛运用到新闻传播、图书情报、政治军事、社会学、心理学等社会科学各领域中。它要求研究者在运用这一方法时遵循客观性、系统性和定量分析的原则。所谓客观性，主要是指研究者采用的类目标准应该最大限度地减少主观因素的影响。系统性是指研究者在决定内容类目的取舍时应遵循始终一致的原则。定量分析是指研究中运用统计学方法对类目和分析单元出现的频数进行计量，用数字或图表的方式表述内容分析的结果。但内容分析法又不是一种纯粹的定量分析，它是通过对传播信息内容的量的变化分析来推论其质的变化的方法。

邱均平等具体介绍了三种内容分析法的应用模型：系统分析模型、指标分析模型以及语言分析模型。其中，对于指标分析模型，内容分析法常用的指标有以下几种：①频度指标，计算字符、概念、主题等在文献中出现的次数，以衡量其重要性和受重视的程度；②倾向指标，计算对一定的字符、概念及主题等有利或不利的信息数目，以衡量两方面的力量比和倾向；③强度指标，计算对字符、概念或主题等的认识和反映程度，以衡量决心、信念或动机的强度。

内容分析法基于大量文献，通过对这些文献进行分析、编码，来提取风险评价指标。首先，要求研究者搜集大量的专业的文献，并科学地对其抽样，尽量做到有代表性，尤其是专业性。其次，可以使用内容分析法常用指标模型的频度指标，即通过计算关键词在文献中出现的次数以衡量其重要性和受重视的程度。基于这些文献，结合语义分析，提取所需要的关键词即编码。由于最后得到的编码数量大且悬殊，因此在进行具体评价时，需要考虑结合其他的方法来筛选主要指标，如 G1 法，最后确定主要的评价指标。

内容分析法应用范围广泛，而且伴随着近年来计算机技术的发展，各种关于内容分析法的计算机辅助软件也纷纷出炉，如 ATLAS.TI，可以借助于这些成熟的软件来对文献分析、编码，达到规范化、准确度高的目的。

得到评价指标及其重要性程度之后，研究者便可结合现代综合评价方法，如层次分析法、模糊综合评价方法、投影寻踪法等，利用内容分析法得到的指标权重，对企业风险因素进行评价，以确定各个风险因素的安全等级。

二、操作

本部分利用内容分析法分析火电企业的运营风险。为了有效控制火电企业的运营风险，以某电力集团下属华东区域的电厂为应用案例，通过内容分析法对54篇风险勘查报告进行内容分析。在文献内容分析过程中，以段落为内容分析粒度，通过计算分析文献中的概念以及概念之间的关联关系，获取一些重要的概念作为评价指标，确定风险评价指标和它们之间的关联权重，然后结合层次分析法对火电企业的运营风险因素和状况进行评估。

不同地区主要发生的地质灾害是不同的，为了指标权重的可信度，需要选取具有近似自然地质环境的区域的电厂，选取某电力集团下属华东地区的火电厂作为风险分析对象。在风险指标的确定上，采用了内容分析法，使用 ATLAS.TI 文本分析工具对48家火电厂的风险查勘报告进行了阅读、编码与分析，最终得到了所有编码的报告从而确定各项指标。

1. 一级指标的确定

在一级指标（B_i）的确定上，借助 ATLAS.TI 文本分析工具，采用内容分析法，通过指标的标识和指标的筛选两个步骤来确定。

（1）指标的标识以段落为粒度，对每一篇报告中的段落进行编码标识，使得一级指标的名称 B_i 对应于相关段落，从而获取包含多个一级指标 B_i 的概念集合 $B = \{B_i, 0 \leq i \leq n\}$ 为有标识的段落数。

（2）指标的筛选。在上一步获取的指标概念中，采用公式 $B_i / \Sigma B_i$ 计算文本中一级指标出现的频度，保留出现频率较高的指标，剔除对于华东地区的火电厂来说几乎不会出现的风险，最后选取的指标有自然灾害风险、意外事故、管理风险、设备故障或损坏风险、责任风险及其他风险。

2. 二级指标的确定

在二级指标（C_i）的确定上，仍然借助 ATLAS.TI 文本分析工具，采用内容分析法，通过指标的标识和指标的确定两个步骤来获取。

（1）指标的标识分析报告全文的文本内容，编码标识文本中出现的风险概念，这些风险概念即是需要的二级风险指标（C_i）。

（2）指标的确定。在上一步获取的指标概念中，采用公式1、2、3对二级指标进行归类和筛选。公式1：$d_i = \log d_i \cdot t_i$；公式2：$d_{i,j} = \log d_{ij} \cdot t_{ij}$；公式3：$\text{Rel}(i,j) = d_{i,j}/d_i$。式中，$d_i$ 和 d_{ij} 为文本频数，d_i 为在 n 个文本组成的集合中，有一级指标概念 i 出现的文本数量，d_{ij} 为在 n 个文本组成的集合中，有一级指标概念 i 和二级指标概念 j 同时出现的文本数量；t_i 和 t_{ij} 为概念频数，t_i 为一级指标概念 i 在文本中出现的次数，t_{ij} 为概念 i 和概念 j 在文本中同时出现的次数；Rel 为二级指标概念 j 相对于一级指标概念 i 的重要程度。

公式3计算二级指标概念 j 到一级指标概念 i 的关联，使用阈值确保只有最相关的概念被保留。在参考了专家的意见后，以50%为标准，选取 $\text{Rel}(i,j) \geq 0.5$ 的概念 j 作为一级指标概念 i 的二级指标。以上面确定的一级指标设备故障或损坏为例，对其进行内容概念检索，通过上述计算公式，计算概念的关联（由于其程序自动运算过程简单，这里省略其算法）。部分概念之间的近似关联度如表 16-1 所示。最后得到了风险评价的指标体系。

表 16-1 指标概念的近似关联度

二级指标 j	一级指标 i	关联度 Rel
人为误操作	设备故障或损坏	0.745 9
设计、安装错误	设备故障或损坏	0.721 9
设备本身缺陷	设备故障或损坏	0.570 0
外力破坏	设备故障或损坏	0.312 0
爆炸	设备故障或损坏	0.303 1
⋮	⋮	⋮

第二节 扎根理论

一、理论

扎根理论方法产生于 20 世纪 60 年代后期，是由社会学家巴尼·格拉泽（Barney Glaser）与斯特劳斯（Anseml Strauss）创立的一种质性分析方法。在扎根理论被提出之前，社会科学研究普遍存在理论性研究与经验性研究严重脱节的现象。这种两极化（即宏观理论与贴近现实的经验性研究）加剧了理论与资料间的裂隙。格拉泽和斯特劳斯声称其主张是为了填平理论研究与经验研究之间尴尬的鸿沟（格拉泽，1992）。事实上，扎根理论正是弥补了质性研究过去只偏重经验的传授与技巧的训练，提供了一套明确有系统的策略，以帮助研究者思考、分析整理资料，挖掘并建立理论。扎根理论的主要目的在于在理论研究与经验之间架起一道桥梁，其严格的科学逻辑原则、开放的理论思考、研究多组多变量复杂关系的视野，以及在实际工作中开展研究过程，都为定性研究的理论建构提供了一个发展的空间。扎根理论的基本研究步骤为搜集原始材料，并带着研究问题，通过编码分析直接从原始材料中归纳出概念和命题，然后构建出相关理论。

扎根理论是指在没有研究假设的情况下，从大量翔实的资料中从下往上建立实质理论的研究方法。其精髓在于通过科学的逻辑，归纳、演绎、对比、分析，螺旋式循环地逐渐提升概念及其关系的抽象层次，最终形成新的概念或理论。扎根理论主要包括五个操作程序：①从资料中产生概念并逐级登录；②不断地比较资料和概念，系统地询问与概念有关的生成性理论问题；③发展理论性概念，建立概念和概念之间的联系；④理论性抽样，系统地对资料进行译码；⑤建构理论，力求获得理论概念的密度、变异度和高度的整合性。译码是扎根理论中最重要的一环，包括三个级别：开放性译码、主轴性译码和选择性译码。其中，开放性译码是将资料分解、检验、比较、概念化和范畴化的过程；主轴性译码是通过运用因果条件→现象→脉络→中介条件→行动/互动策略→结果这一译码典范模型将开放性译码中所得出的各项范畴联结在一起的过程；选择性译码则是选择核心范畴，把它系统地和其他范畴予以联系，验证其之间的关系，并把概念化尚未发展完备的范畴补充整齐的过程。扎根理论的研究流程如图 16-1 所示。

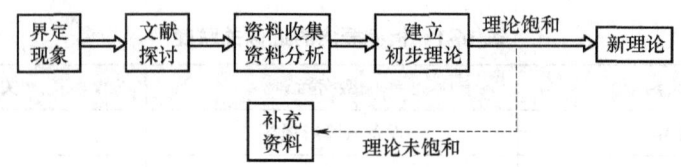

图 16-1　扎根理论的研究流程

采用扎根理论来研究风险问题，是出于三方面的考虑：①有些财务数据属于敏感和保密数据，一般很难获得，这也是目前相关量化研究较少的重要原因。②国内外在某些风险的纵深程度、复杂性和文化特征等方面有很大的差异。因此，对于某些风险的研究也难以照搬国外的经验。③扎根理论舍弃了假设-演绎方式，而是通过归纳的方法从现象中提炼该领域的基本问题，逐渐创建和完善相应的理论体系。因此，选择扎根理论研究方法作为资料分析的主要方法，通过对资料的挖掘，期望能够有所突破或创新，弥补定量研究不宜深入挖掘现象信息、相关数据难以获得的缺陷。

在数据分析上，采用 NVivo10 软件，根据探索研究的模式，通过分析访谈笔记、录音数据，协助建立、处理、修改和分析质性数据的内在语言信息，帮助找出隐藏在数据中的复杂现象，从而达到建构理论的目的。

二、操作

本部分介绍扎根理论在海外并购关键风险评估中的应用。

1. 案例的选择与资料的收集

狭义上讲，并购风险主要是指企业在并购前后遭受损失的可能性。失败的并购必然带来损失，也更会聚焦和凸显风险的来源和作用。按照布鲁纳（Bruner）的观点，失败的并购既包括没有完成交易、中途退出的并购，也包括交易完成后未达到预期目标，甚至破产的并购活动。遵循上述界定原则，研究主要依据以下四条标准选择案例：

（1）损失规模。重大失败交易往往会唤起人们的关注，增强研究的有效性。有些海外并购造成了高达上百亿美元的亏损，还导致了裁员、撤换首席执行官，玷污了公司声誉，甚至引发破产。

（2）主并公司性质和所属行业。国有企业的海外并购活动具有中国本土特色，可能会面临其他企业没有遇到过的障碍和风险，因此有必要考虑不同公司性质和行业对关键风险识别的影响。

（3）信息的可获得性。选取关注度比较高、信息比较公开的案例，有利于数据的获得，保证研究的有效进行。

（4）案例的代表性。案例的选择以比较能够集中反映中国企业海外并购风险的代表性案例为原则，以提高案例研究的效果。

据此，从近年来我国进行的众多海外并购的失败交易中，选取了 11 个典型案例，如表 16-2 所示。

第十六章 文本分析类风险评估方法

表16-2 用于扎根理论研究的海外并购典型案例

编号	主并公司	目标公司	公司性质	公司行业	亏损金额/亿美元	失败阶段	案例用途
1	中海油	美国尤尼科	国有	能源	195	交易完成前	建模
2	五矿集团	澳大利亚诺兰达	国有	能源	13.86	交易完成前	检验
3	上汽	韩国双龙汽车	国有	汽车制造	5	整合	建模
4	TCL	汤姆逊	股份制	家电制造	4.3	整合	检验
5	明基	德国西门子手机业务	股份制	IT	4.29	整合	建模
6	华为技术	美国3com	民营	电子	8.8	交易完成前	建模
7	中石化	韩国仁川炼油公司	国有	能源	5.6	交易完成前	检验
8	平安保险	比利时富通保险	国有	金融	18.1	整合	检验
9	中铝	澳大利亚力拓	国有	能源	90	交易完成前	建模
10	中石油	俄罗斯尤甘斯克石油天然气公司	国有	能源	20	交易完成前	检验
11	联想	IBM PC	股份制	IT	并购后连续11个月亏损	整合	建模

在这11个案例中，从企业性质来看，涵盖了国有企业、股份制企业以及民营企业；从行业分布来看，涵盖了制造业、能源业及金融业等；从失败阶段来看，既有在交易完成前失败的，也有在交易完成后因整合不力而失败的；同时，参照以上四条标准将案例随机分成两组，其中一组作为构建模型使用，另一组作为模型检验使用，以保证研究的可信度。在数据收集方面，由于在扎根理论的研究方法中，一切皆为数据。也就是说，数据包含一切，可以是现有的中国企业海外并购关键风险开放性译码分析举例文献、研究者本身及其研究对象观点，也可以是历史信息或感人经历。由于大多数所涉企业高管都不愿意谈自己的并购失败经历，因此，案例数据主要来源于包括金融界、新浪财经、网易财经等各大网站、网络视频、中央电视台财经频道等电视媒体和《中国经营报》《中国证券报》等报纸媒体的调查性新闻报道、专家分析和公开评论，以及企业内部一些有价值的档案材料等。例如，有关中海油、中铝、五矿集团等的并购案例主要来自新浪财经的海外并购专题，有关上汽、TCL、明基、华为技术、平安保险、联想等的案例主要来自金融界、网易财经等网站。在此基础上，对数据进行整理，形成研究的译码摘记。

2. 译码过程

译码是扎根理论最为核心和关键的过程，包括三个级别：开放性译码、主轴性译码和选择性译码。

（1）开放性译码。开放性译码是译码过程的第一步，目的是从资料中发现概念类属，确定类属的属性和维度，然后对研究的现象加以命名及范畴化。在登录资料时秉承"既什么都相信，又什么都不信"的原则，尽量保留资料中能够作为码号的原话，不断比较。通过对数据的收集和整理，总共有356条信息。其中，用于建模的有253条信息，用于理论饱和度检验的有103条信息。从中提炼出了国家利益、国家安全、强制征收、汇率波动、工会关系、民族主义情绪、法律制度、客户偏好等47个概念与主权风险、政府政策风险、宏观经济风险、法律风险、商业惯例风险、社会责任风险、人力资源风险、东道国市场竞争风险、交易风险和决策经营风险等10个范畴（$A_1 \sim A_{10}$）。考虑篇幅有限，本文只对部分开放性译码进行举例，如表16-3所示。

表 16-3　中国企业海外并购关键风险开放性译码分析举例

中国企业海外并购资料记录	开放性译码	
	概念化	范畴化
美国政府以威胁国家利益为由否决中海油并购案	国家利益(a_1)	A_1 主权风险(a_1、a_2)
澳大利亚政府以威胁国家安全为由否决了五矿集团并购诺兰达	国家安全(a_2)	A_2 政府政策风险(a_3)
平安保险并购富通保险后,由于遭遇比利时政府强制征收而失败	强制征收(a_3)	A_3 宏观经济风险(a_4、a_5)
力拓对中铝的毁约原因之一是金融危机引发的汇率波动带来过高溢价	汇率波动(a_4)	A_4 社会责任风险(a_6、a_7、a_8)
	金融危机(a_5)	A_5 法律风险(a_9)
上海和双龙汽车的工会关系没处理好	工会关系(a_6)	A_6 人力资源风险(a_{10}、a_{11}、a_{12})
韩国产业银行、双龙汽车工会等机构,都觉得上汽是偷窃双龙汽车的技术	民族主义情绪(a_7)	⋮
上汽、TCL 都在解决劳资纠纷上浪费大量人力物力	劳资纠纷(a_8)	(共计 10 个范畴)
中石化并购韩国仁川炼油公司时,对东道国复杂的法律环境估计不足	法律制度(a_9)	
没意识到法律附加条款,无法承受高额要价而放弃		
部分海外并购的大型国有企业对自身管理能力过于自信	管理者盲目自信(a_{10})	
明基并购西门子手机业务,德国工程师高傲,无法指挥其工作	人员不合作(a_{11})	
联想并购 IBM PC,戴尔管理团队空降,导致联想管理团队不合	管理团队不合(a_{12})	
⋮	⋮	
	(共计 47 个概念)	

(2) 主轴性译码。完成了开放性译码之后,将借助一种译码典范,即借助所分析现象的条件(因果条件和中介条件)、脉络(也就是该范畴性质的具体纬度指标)以及在事件中行动者采取的行动/互动的策略和结果。这一典范模型,把各范畴联系起来,并将与研究问题最相关的范畴挑选出来形成主范畴,以分析主范畴与副范畴之间的关系。如图 16-2 所示,在主轴性译码过程中,借助典范模型开发出了两个主范畴(现象是主范畴),即政治风险(A_{11})和文化风险(A_{12})。其中,主范畴之一的"政治风险"是由范畴主权风险(A_1)、政府政策风险(A_2)、宏观经济风险(A_3)、社会责任风险(A_4)、法律风险(A_5)、交易风险(A_9)以及概念国家利益(a_1)、民族主义情绪(a_7)、价值观(a_{25})、加强沟通(a_{37})等组成的。通过典范模型的分析,可以看到在我国企业海外并购交易中,由于其国有身份和不同国家、不同民族、不同文化之间的差异和冲突,带来东道国在国家利益、商业惯例、法律制度和政府政策上的倾斜,带来汇率变动、交易否决等风险,并通过主并公司的社会责任等中介条件发挥作用。这就要求中国企业加强与东道国和目标公司的沟通,尽量得到东道国政府和民众的信任,营造良好的海外并购及经营环境,从而规避政治风险。另一主范畴"文化风险"的典范模型分析如图 16-3 所示。它是由范畴政府政策风险(A_2)、社会责任风险(A_4)、法律风险(A_5)、人力资源风险(A_6)、商业惯例风险(A_7)、决策经营风险(A_{10})和概念价值观(a_{25})、文化冲突(a_{27})、文化协同(a_{32})等构成的。对文化风险进行典范分析后发现,由于我国与东道国之间的文化差异,经常会给并购双方带来文化冲突,并借助东道国政府的政策制度、法律规章,如贸易保护等政策发挥作用。文化风险主要表现在主并公司在并购后整合的过程中,东道国的社会责任风险、企业内部的人力资源整合风险等方

面，主并公司应该在正确认识并购双方不同文化的基础上，充分尊重东道国及目标公司的本土文化，找到各自文化的优势，兼收并蓄，达到文化协同的效果，从而规避文化风险。通过典范模型分析，识别出了"政治风险"和"文化风险"这两个主范畴，建构起了范畴/概念间的紧密关系，对主范畴以及相应的副范畴的关系有了更为全面和准确的认知。

因果条件： 国家利益（a_1） 民族主义情绪（a_7） 价值观（a_{25}）	现象： 政治风险（A_{11}）
脉络： 主权风险（A_1） 政府政策风险（A_2） 法律风险（A_5）	中介条件： 宏观经济风险（A_3） 社会责任风险（A_4） 交易风险（A_9）
行动/互动策略： 加强沟通（a_{37}），淡化国有身份，得到东道国政府和民众的信任	
结果：规避政治风险	

图 16-2　主范畴"政治风险"与副范畴的典范模型

因果条件： 价值观（a_{25}） 文化冲突（a_{27}）	现象： 文化风险（A_{12}）
脉络： 社会责任风险（A_4） 人力资源风险（A_6） 商业惯例风险（A_7）	中价条件： 政府政策风险（A_2） 法律风险（A_5） 决策经营风险（A_{10}）
行动/互动策略： 正确了解、认识、尊重我国与东道国之间的文化差异，兼收并蓄，达到文化协同（a_{32}）	
结果：规避文化风险	

图 16-3　主范畴"文化风险"与副范畴的典范模型

（3）选择性译码。经历了长时间的资料搜集与分析之后，综合所有范畴，尝试建构一个扎根理论模型。通过与其他范畴的再次比较，选择能够将最大多数的研究成果囊括在一个比较宽泛的理论范围之内的核心范畴。核心范畴好比渔网的拉线，能够把所有其他的范畴串成一个整体拎起来，起到"提纲挈领"的作用。首先可以从资料中摘出这样一个故事线：近年来，随着我国企业国际化程度加深，与各国经济主体间的关联性增强，增加了投资环境的不确定性和复杂性。加上跨国家、跨企业的信息不对称，给中国企业的海外并购活动带来了诸多风险。不同地域、不同语言、不同信仰、不同思维习惯、不同生活方式所带来的文化冲突，体现在并购活动的各个方面。从国家政治制度、政府政策法规的制定，到东道国商业惯例、顾客偏好的差异，从东道国社会责任的认知到双层同化的威胁，从价值观、冷战思维的固有模式到目标企业高管及员工的不合作、工会的抵制，无不影响着我国企业海外并购目标的实现。追本溯源，上述风险都来源于我国与东道国之间由于文化差异所引发的并购双方的跨文化管理问题。本着识别当前中国企业海外并购关键风险的目的，综合概念、主范畴和副范畴彼此间的关系，"跨文化风险"比较能够容下上述故事线。因此，"跨文化风险"可以成为代表全部现象的核心范畴。

3. 以"跨文化风险"为核心的我国企业海外并购关键风险体系

"跨文化风险"是运用扎根理论，从跨国并购风险角度提炼出的概念，主要是指企业在跨国并购活动中，由于不同国家、不同企业间的双重文化差异以及文化融合过程中各种不确定性因素而导致企业并购后的实际收益与预期收益目标发生背离，甚至导致企业跨国并购活动失败的可能性。根据跨文化管理理论和国际风险理论，结合跨国并购自身的双重文化特点，"跨文化风险"主要涵盖两个层次，即跨国家文化风险和跨组织文化风险，构建了以"跨文化风险"为核心的中国企业海外并购关键风险体系（见图16-4）。

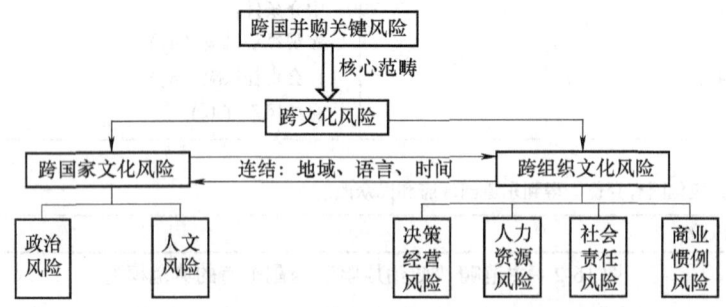

图16-4　中国企业海外并购关键风险体系

（1）跨国家文化风险。一国企业海外并购的跨国家文化风险主要来自两方面的不确定性：东道国政府和东道国民众。把目标国政府的不确定性称为政治风险，主要表现为东道国政府的政局风险、政策风险和法律风险。政局风险主要是指受恐怖主义威胁或政变、战争等原因，东道国社会动荡、恐怖袭击和第三国干预等风险；政策风险主要体现在东道国对财政货币改革、国有化、价格管控、贸易剥削、汇率变动等政策的波动性和信息不对称风险；法律风险主要是指由于我国企业对东道国法律制度不了解而带来的风险。除政府之外，东道国民众对我国企业海外并购案的态度和行为也深深影响着并购目标的实现。把民众的不确定性称为人文风险，主要表现在民族主义情绪、罢工游行、舆论抵制以及客户偏好等方面。

（2）跨组织文化风险。"跨文化风险"的另一个层次为跨组织文化风险。由于跨国并购涉及两个彼此独立的企业，目标公司长期形成的固有的组织文化深埋于生产、销售、运营等各个环节。在这种情况下，即使一种在特定文化环境中被证明行之有效的管理方法，也可能在另一种文化环境下产生截然相反的结果，使跨国并购后的企业管理远远复杂于主并公司过去的企业内部管理，导致跨组织文化风险。跨组织文化风险主要通过企业决策、沟通及企业伦理显现出来，包括决策经营风险、人力资源风险、商业惯例风险以及社会责任风险四方面。

首先，由组织文化差异带来的决策经营风险有两种可能：①由于决策者的盲目自信，往往依据自身文化和价值标准对目标公司做出判断，缺乏科学分析和预测，而带来决策失误；②并购完成后，决策群体的构成较主并公司有很大不同，使得新公司的决策模式有所改变。可以预见，由不同文化背景的人持不同观点而发生决策冲突的可能性会大大提高。

其次，组织文化差异会通过人的行为影响组织效能，给并购后新组织的高管团队之间、高管团队与下属之间的沟通和合作带来障碍，继而影响并购目标的实现。人力资源风险表现在并购后新组织员工低承诺、不合作、离职率上升等问题。例如，明基并购德国西门子手机业务后，德国工程师态度高傲，中方管理者无法指挥其工作；联想并购 IBM PC 业务后，曾聘请戴尔管理团队空降联想，但彼此管理风格的巨大差异，导致与中方高管之间不团结，造成联想连续 11 个月利润下降。

再次，由于并购双方组织文化差异，我国企业在海外并购后，常常要面临着在产品质量、环境污染、人身安全、劳资关系等方面不同于国内标准的社会责任风险。尤其是社会责任标准 SA 8000 的推出，欧美发达国家企图通过此条款与国际贸易挂钩，以削弱发展中国家的相对优势，实行贸易保护和非关税壁垒，这就更加大了我国企业海外并购的难度。

最后，组织文化差异也会带来商业惯例方面的风险，这往往发生在并购谈判阶段。例如，在很多西方国家，在打高尔夫球时谈论业务是可以接受的，因为谈业务往往是打高尔夫球的真正原因；但是在日本，人们却从不在高尔夫球场上谈生意。了解这些商业惯例，会有助于提高并购交易的成功率。

4. 理论饱和度检验

为保证研究的可信度，有必要对模型进行理论饱和度检验。理论饱和度是指不能得到可以进一步发展某一范畴的特征的数据时，理论趋于饱和。

将其中的 5 个案例作为理论饱和度检验的数据，对其依次做了开放性译码、主轴性译码和选择性译码，相关风险仍符合"跨文化风险"的脉络和因果关系。举例如下：

（1）中石化收购韩国仁川炼油公司。在签署的排他性谅解备忘录中，中方以大局为重，没有意识到应该增加附加条款，以便用法律手段限制对方再提价，结果该公司的最大债权人美国花旗银行在债权人会议上提出要抬价至 8.5 亿美元，超出了中石化的承受能力，最终导致了并购失败（法律制度（a_9）——法律风险（A_5）——政治风险（A_{11}）；并购经验（a_{16}）——决策经营风险（A_{10}）——文化风险（A_{12}））。

（2）TCL 并购汤姆逊。TCL 在并购之后才开始全球招聘，并购完成较长一段时间之后，其总裁李东升仍然表示，他还没找到一个合适的国际化的助手，这就为其并购失败埋下了伏笔（专业人才缺乏（a_{13}）——人力资源风险（A_6）——文化风险（A_{12}））。

按照以上方法，逐一完成 5 个案例的检验，检验过程中没有发现频繁出现的新概念类属，类属之间也没有产生新关系，因此可以认为，上述理论模型是饱和的。

补充阅读文献

1. 内容分析法文献

[1] 颜士梅. 创业型并购不同阶段的知识员工整合风险及其成因——基于 ASA 模型的多案例分析 [J]. 管理世界, 2012 (7).

[2] 张丽琴, 宗婷婷. 内容分析法在风险评价中的应用 [J]. 东方企业文化, 2010 (11).

[3] 金鑫, 张丽琴. 基于文献内容分析和 AHP 的火电企业运营风险评价 [J]. 图书情报工作, 2011 (7).

2. 扎根理论文献

[1] 朱荣. 基于扎根理论的产业集群风险问题研究 [J]. 会计研究, 2010 (3).

[2] 杜晓君, 刘赫. 基于扎根理论的中国企业海外并购关键风险的识别研究 [J]. 管理评论, 2012 (4).

[3] 冉文生. 基于扎根理论的特种设备安全风险因子识别研究 [J]. 新疆社会科学, 2014 (3).

[4] 李柏洲. 基于扎根理论的企业知识转移风险识别研究 [J]. 科学学与科学技术管理, 2014 (4).

[5] 沈丹. 财务风险预警的内部报告体系研究——基于扎根理论的案例分析 [D]. 厦门: 厦门大学, 2014.

[6] 王刚. 海洋环境风险的特性及形成机理: 基于扎根理论分析 [J]. 中国人口·资源与环境, 2016 (4).

练 习 题

1. 借鉴"金鑫, 张丽琴. 基于文献内容分析和 AHP 的火电企业运营风险评价 [J]. 图书情报工作, 2011 (7)."一文的做法, 采用内容分析法, 构建企业股权筹资的指标体系, 确定内容分析的关键词, 分析多家企业的招股说明书, 分析企业股权筹资面临的风险。

2. 借鉴"杜晓君, 刘赫. 基于扎根理论的中国企业海外并购关键风险的识别研究 [J]. 管理评论, 2012 (4)."一文的做法, 采用扎根理论, 分析某家企业存货管理存在的风险。

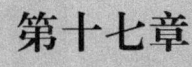

第十七章

其他风险评估方法

本章将介绍 6 种其他风险评估方法：事件研究法、期权、逻辑框架法、博弈论、综合指数法、等级全息建模。

第一节 事件研究法

一、理论

事件研究法是测度某个事件对某种金融资产价格的影响的一系列方法的统称。该方法通常分为以下七步：

1. 定义事件和事件日

本文定义的并购为交易规模为公司总资产的 30% 以上且并购金额达 5 000 万元以上的兼并重组事件，事件日为并购重组事件首次公告日。

2. 确定收益率间隔区间和事件窗口

事件窗口就是检验所研究事件对样本股价的影响程度所覆盖的期间，或者说样本股价变动的观察期间。考虑到公司并购整合的效果需要一定的时间来发挥，本文选取的事件窗口为并购前 30 周到并购后 60 周的非对称区间。自然收益率间隔区间定为一周，即使用周收益率。

3. 筛选样本

本文的样本筛选规则如下：

(1) 上市公司的并购数据摘自国泰君安数据库中公司并购研究数据库。其中，选取 2005~2009 年的数据。数据按照支付方式分为现金支付和股票支付，统称为权益融资；而承担债务的支付方式和可转换债券方式，统称为负债融资。

(2) 考虑到微小的并购甚至可能不如年报披露或是行业竞争加剧对公司业绩的影响大，因此本文选取并购的交易规模要求占到上市公司总资产的 30% 以上且交易总价达 1 000 万元以上的企业并购。因为负债融资的样本量比较小，因此，负债融资方式的并购中适当放宽了交易规模达到目标公司总资产 30% 的要求。

(3) 剔除到目前为止已经退市的公司的并购和数据库中数据残缺的上市公司。

(4) 为了避免和减少上市公司其他事件对绩效的影响，样本选取并购前两年和后两年内没有发生并购重组等重大事件的样本资料。

(5) 由于金融企业财务结构的特殊性，其融资方式对并购绩效的影响机制可能和一般的企业并购不太一样,因此,剔除金融企业的并购数据。

并购事件日为首次公告日。依照以上原则,共遴选出 65 起权益融资方式的并购事件以及 41 起负债融资方式的并购事件。

4. 确定正常收益的计量模型

事件研究法的逻辑是:即使没有发生所定义的事件,公司股价也会有所波动。此时股价的收益被称为正常收益或预期收益。发生所定义事件时的股价收益并不全部代表所定义事件的影响,它还包括正常收益。因此将实际收益减去正常收益后的"异常收益"就是事件收益。实际股价收益率为:$r_{it} = p_{it}/p_{i,t-1}$。式中,$r_{it}$ 为个股 i 在 t 期的实际股价收益率;p_{it} 为个股 i 在 t 期的价格;$p_{i,t-1}$ 为个股 i 在 $t-1$ 期的价格。因此,关键在于正常收益的计量。正常收益率的计量多采用市场模型,通常所说的市场模型是假定个股 i 在事件窗口内每期的正常收益与市场组合的收益之间存在线性关系:$E(r_{it}) = \alpha_i + \beta_i r_{mt}$。式中,$r_{mt}$ 为市场组合在 t 期的收益率,通常以某种综合性的股价指数(本文以沪深指数为研究对象)来计算;系数 α_i 和 β_i 为利用估计窗口的 r_{it} 和 r_{mt} 数据进行回归而得出的最小二乘估计(本文估计窗口为($-80 \sim -31$),即并购前第 80 周到并购前第 31 周,共 50 周)。则异常收益率(R_{it})的计量模型为 $R_{it} = r_{it} - E(r_{it})$。

5. 计算异常收益率

根据异常收益率模型,计算出相应的每只个股的异常收益率。对 t 期 N(样本容量)只个股的异常收益率进行加权平均(以交易规模为权数),得到 t 期的平均异常收益率,记为 AR_t。其中 N 为所研究的上市公司并购的个数。可以考察在事件窗口(起始期 T_1,结束期 T_2)内任何一段时间(起始期 t_1,结束期 t_2,$T_1 \leq t_1 \leq t_2 \leq T_2$)的异常收益率,只要把 $t_1 \sim t_2$ 各期的 AR_t 累计起来。最常用的累计方法是累积法,得出反映事件影响程度的指标为累积平均异常收益率(Cumulative Abnormal Return,CAR)。

6. 检验异常收益率

样本 CAR 的统计检验主要是检验 CAR 与 0 之间有无统计上的显著差别,若 CAR 与 0 之间无显著差别,那么不论这个 CAR 的绝对值看起来有多大,它都很可能源于所选 CAR 样本对总体的偏离。样本 CAR 的统计检验是在计算出样本 CAR 值以后所有后续研究的基础。统计检验的前提是个股的异常收益率在 i 方向上或在 t 方向上独立正态同分布。前者要求异常收益在个股之间不相关,后者要求每一只个股的异常收益无序列相关。检验的零假设是事件对股价收益的大小无影响,也就是说累积平均异常收益率为零,即 $H_0: \text{CAR}(t_1, t_2) = 0$。该检验方法要以异常收益的独立同分布为前提。然而,在经验研究中,这一前提往往得不到满足。但大多数研究表明,即使有关异常收益分布的前提并不成立,参数检验的功效也不错。

7. 得出结果

最后,得出实证结果并解释实证结果。

二、操作

本部分利用事件研究法分析企业并购融资的绩效。本文的数据处理采用 Eviews 6.0、Excel 2003 和 SPSS 16.0 软件。累计超额收益率(即 CAR)的计算结果如表 17-1 所示,不同并购融资方式对公司的并购绩效影响如图 17-1 所示,超额收益率假设检验结果如表 17-2 所示。通过对上市公司超额收益率的计算、画图，可得出以下结论：

首先，负债融资方式的超额收益率在并购后不断上升，这种趋势在长期来看具有较好的持续性。而权益融资方式并购的超额收益率在并购后急剧下降，且长期来看没有能够缓解这种持续走弱的趋势，且两种融资方式的超额收益率都在1%的显著性水平下显著。说明并购融资方式确实对公司的绩效产生了影响，但这种影响的程度可能是因为并购事件本身，也有可能是样本数据所在的年份和经济周期导致的公司绩效的上涨。

其次，公司并购前10周左右，负债融资方式进行并购的超额收益率已经有所上升（权益融资并购的超额收益率已经有所下降）。说明，股票市场存在一定程度的信息泄露或是内幕交易现象。内幕交易的存在是一部分人知道了并购的相关信息，提前做出了决策，这损害了不知情的那一部分股东的利益（特别是中小股东），进而可以推测，以权益融资方式并购容易导致上市公司的利益输送，即大股东掏空上市公司的优良资产。但是，这只是根据样本结果的一个推测，具体掏空机制有待进一步研究。

最后，两种融资方式产生的结果截然不同也说明融资方式对并购后的绩效确实存在一定的影响。但是，这种影响也不能过于高估，限于研究样本、研究方法的限制以及影响公司绩效的因素众多，不必过于高估其影响。该结果符合修正的 MM 理论所认为的在存在所得税等各种税收的情况下，负债可以起到"税盾作用"从而提高上市公司价值的理论，与西方的一些观点不谋而合。这表明我国的资本市场在 2005 年之后确实取得了一定的实质性的成果，这些成果主要在于机构投资者规模的扩大和中小投资者变得更加理性。该结果与之前翟进步、王玉涛等的研究呈现出了相反的结果。一方面，研究数据上，翟进步等的研究数据为 2002～2006 年的上市公司并购事件，本文的数据则是 2005～2009 年的并购数据。两个研究所用的样本数据相差 3 年，而这三年，正是我国证券市场获得巨大发展的三年。由于翟进步等的研究结果建立在我国资本市场上"功能锁定"的理论基础上，两种结论的差异正说明了我国资本市场上"功能锁定"效应的弱化。

表 17-1　不同期数下不同并购融资方式的累计超额收益率

期数/周	-30	-29	-28	-27	-26
负债融资方式累计超额收益率	-0.000 49	-0.009 6	-0.014 02	-0.014 5	-0.007 05
权益融资方式累计超额收益率	-0.020 22	-0.035 99	-0.039 61	-0.038 4	-0.050 22
期数/周	-25	-24	-23	-22	-21
负债融资方式累计超额收益率	0.004 906	-0.004 96	0.000 888	-0.009 1	-0.016 86
权益融资方式累计超额收益率	-0.049 26	-0.051 96	-0.075 4	-0.079 78	-0.075 58
期数/周	-20	-19	-18	-17	-16
负债融资方式累计超额收益率	-0.026 34	-0.025 46	-0.029 58	-0.023 29	-0.014 92
权益融资方式累计超额收益率	-0.059 56	-0.065 38	-0.082 31	-0.094 19	-0.106
期数/周	-15	-14	-13	-12	-11
负债融资方式累计超额收益率	-0.031 76	-0.038 31	-0.021 27	-0.010 6	0.011 135
权益融资方式累计超额收益率	-0.124 99	-0.124 25	-0.117 2	-0.128 97	-0.131 56
期数/周	-10	-9	-8	-7	-6
负债融资方式累计超额收益率	0.040 24	0.068 568	0.057 26	0.061 131	0.058 642
权益融资方式累计超额收益率	-0.144 52	-0.157 47	-0.182 49	-0.192 95	-0.202 03

(续)

期数/周	-5	-4	-3	-2	-1
负债融资方式累计超额收益率	0.062 134	0.067 777	0.082 383	0.101 215	0.107 135
权益融资方式累计超额收益率	-0.227 87	-0.220 13	-0.235 67	-0.247 5	-0.240 27
期数/周	0	1	2	3	4
负债融资方式累计超额收益率	0.132 199	0.161 763	0.246 111	0.263 324	0.279 466
权益融资方式累计超额收益率	-0.253 72	-0.264 46	-0.270 96	-0.290 81	-0.298 13
期数/周	5	6	7	8	9
负债融资方式累计超额收益率	0.287 877	0.294 382	0.299 094	0.303 768	0.305 588
权益融资方式累计超额收益率	-0.310 85	-0.321 77	-0.315 55	-0.337 8	-0.344 29
期数/周	10	11	12	13	14
负债融资方式累计超额收益率	0.301 718	0.299 21	0.326 57	0.336 303	0.328 799
权益融资方式累计超额收益率	-0.365 54	-0.380 68	-0.418 8	-0.428 89	-0.440 55
期数/周	15	16	17	18	19
负债融资方式累计超额收益率	0.301 035	0.302 391	0.317 813	0.309 535	0.336 363
权益融资方式累计超额收益率	-0.469 08	-0.458 76	-0.456 37	-0.449 04	-0.465 57
期数/周	20	21	22	23	24
负债融资方式累计超额收益率	0.339 139	0.379 462	0.380 445	0.395 857	0.428 357
权益融资方式累计超额收益率	-0.454 8	-0.471 38	-0.484 43	-0.505 53	-0.524 05
期数/周	25	26	27	28	29
负债融资方式累计超额收益率	0.427 863	0.435 299	0.440 43	0.429 848	0.428 656
权益融资方式累计超额收益率	-0.551 94	-0.557 73	-0.558 98	-0.572 47	-0.581 52
期数/周	30	31	32	33	34
负债融资方式累计超额收益率	0.426 358	0.406 561	0.395 167	0.393 946	0.373 728
权益融资方式累计超额收益率	-0.608 8	-0.630 22	-0.656 15	-0.670 24	-0.683 12
期数/周	35	36	37	38	39
负债融资方式累计超额收益率	0.361 456	0.375 01	0.393 326	0.382 933	0.405 218
权益融资方式累计超额收益率	-0.702 12	-0.710 31	-0.721 76	-0.733 47	-0.742 14
期数/周	40	41	42	43	44
负债融资方式累计超额收益率	0.394 751	0.417 363	0.571 96	0.588 133	0.576 254
权益融资方式累计超额收益率	-0.780 95	-0.791 09	-0.818 06	-0.845 53	-0.866 53
期数/周	45	46	47	48	49
负债融资方式累计超额收益率	0.583 747	0.602 456	0.583 949	0.574 263	0.586 479
权益融资方式累计超额收益率	-0.897 73	-0.903 24	-0.895 3	-0.927 54	-0.932 07
期数/周	50	51	52	53	54
负债融资方式累计超额收益率	0.585 902	0.670 675	0.699 605	0.673 336	0.672 197
权益融资方式累计超额收益率	-0.955 62	-0.989 58	-0.993 33	-1.004 65	-1.023 3
期数/周	55	56	57	58	59
负债融资方式累计超额收益率	0.662 102	0.671 836	0.666 086	0.661 418	0.636 285
权益融资方式累计超额收益率	-1.037 75	-1.038 48	-1.073 58	-1.101 53	-1.119 76
期数/周	60				
负债融资方式累计超额收益率	0.637 479				
权益融资方式累计超额收益率	-1.163 88				

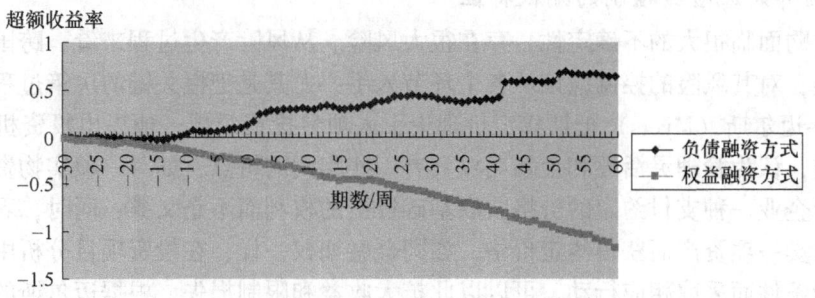

图 17-1　不同并购融资方式对公司的并购绩效影响

表 17-2　超额收益率假设检验结果

融资方式	t 值	P 值	CAR（均值）
负债融资方式	12.236 240 3	9.034E-21	0.298 604 815
权益融资方式	-13.768 988 49	9.008E-24	-0.480 041 689

第二节　期　　权

一、理论

期权又称选择权，是一种衍生金融工具，是指买方向卖方支付期权费（指权利金）后拥有的在未来一段时间内（指美式期权）或未来某一特定日期（指欧式期权）以事先规定好的价格（指履约价格）向卖方购买或出售一定数量的特定标的物的权利，但不负有必须买进或卖出的义务（即期权买方拥有选择是否行使买入或卖出的权利，而期权卖方必须无条件服从买方的选择并履行成交时的允诺）。

按期权的权利划分，有看涨期权和看跌期权两种类型。看涨期权是指期权的买方向期权的卖方支付一定数额的权利金后，即拥有在期权合约的有效期内，按事先约定的价格向期权卖方买入一定数量的期权合约规定的特定商品的权利，但不负有必须买进的义务。而期权卖方有义务在期权规定的有效期内，应期权买方的要求，以期权合约事先规定的价格卖出期权合约规定的特定商品。

按期权的交割时间划分，有美式期权和欧式期权两种类型。美式期权是指在期权合约规定的有效期内任何时候都可以行使权利。欧式期权是指在期权合约规定的到期日方可行使权利，期权的买方在合约到期日之前不能行使权利，过了期限，合约则自动作废。

按期权合约上的标的划分，有股票期权、股指期权、利率期权、商品期权以及外汇期权等种类。

二、操作

本部分利用期权评估跨国并购风险链。

1. 跨国并购风险链控制的期权特性

跨国并购面临很大的不确定性，存在很大风险。从风险产生过程来看，跨国并购过程形成了风险链，对其风险的控制应该从各个环节入手，尤其是把握关键的决策过程，增加灵活性。1977 年迈尔斯（Myers）把期权定价理论引入项目投资领域，他提出投资机会具有增长期权的性质，认为管理灵活性和金融期权具有一些相同的特点，如对一项实物资产的看涨期权就是赋予企业一种支付约定的价格获取基础资产的权利而不是义务；同时，看跌期权就是赋予企业出卖一项资产而获约定价格。如同金融期权一样，在投资项目分析中，针对变化的未来市场条件而采取相应行动，可以以此扩大收益和限制损失。根据迈尔斯的观点，跨国并购具有一些和期权相同的特征，跨国并购过程风险可以从成本维、时间维、状态维三个维度分别进行灵活性控制（见图17-2）。成本维即从一种状态转移到另一种状态所需要付出的代价；时间维是指从一种状态转移到另一种状态所需要的时间；状态维即系统能够采用的范围。并购过程考虑的三个维度构成了跨国并购期权的三种表现方式。具体来说，目标企业价值评估风险控制体现在并购实施后并购资产的转移性（沉淀成本），相当于一个卖权；并购决策过程体现在并购是现在实施还是等待一段时间后实施，即是否具有并购实施的等待或延迟的机会；并购融资过程涉及融资方式的选择，不同融资方式的选择权构成了融资风险控制的灵活性。并购决策过程和融资过程的灵活性从期权角度分析相当于一个买权，而对并购决策过程的风险控制是关键。

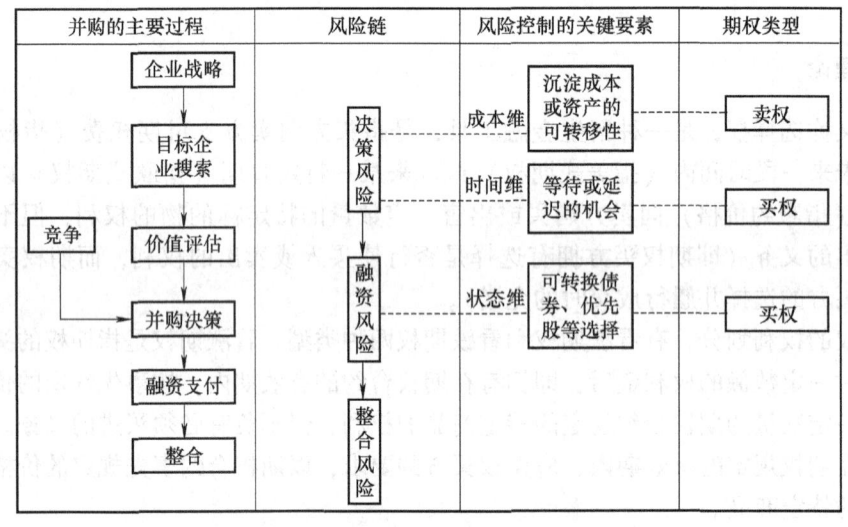

图 17-2　跨国并购过程风险的期权特征

2. 目标企业价值评估风险的期权控制

跨国并购作为一种现代投资方式具有两个显著的特征：①并购投资的不确定性；②不可逆转性。沉淀成本对投资决策的影响主要是因为资产的专用性，或者说是资产转作他用的价值。在实际的价值评估中如果考虑资产专用性（沉淀成本），将对并购决策产生较大影响。这种目标企业价值评估过程的灵活性，从期权的角度分析，相当于一个卖权，即约定价格为并购后某一时间并购项目的账面价值，标的资产当前价格为项目净现值，执行时间则为约定价格相对应的时间。卖权的价值可以用一个简单的二项树模型测度，比较复杂连续的可以用

Black-Scholes Option Pricing Model（布莱克-肖尔斯期权定价模型）测度。作为一个单期离散型的二项树模型测度，其计算步骤如下（多期的可类推）：

（1）分别计算投资产生好坏两种可能性条件下项目价值与初始投资的倍数或比例 u（好可能性条件下项目价值与初始投资的倍数）和 d（坏可能性条件下项目价值与初始投资的倍数）。

（2）计算风险中性概率 $p = [(e^{-Rt} - d)/(u - d)]$，其中 R 为无风险利率，t 为一期的时间。

（3）计算期权价值 F_u、F_d 和到期的期望现金流量 $pF_u + (1-p)F_d$。

（4）计算期权价格 $c = e^{-Rt}[pF_u + (1-p)F_d]$。

3. 案例分析

X 跨国公司根据其全球战略计划，拟运用跨国并购方式进入发动机制造业，经初步调查，有 A、B 两个发动机制造企业较为理想，并购价值皆为 2 400 万美元，生产线寿命为 3 年。A 企业生产线采用专用设备，若第一年市场情况不错，可得现金流量为 2 080 万美元；第一年若市场情况不好，则现金流量为 520 万美元。后两年如市场好，则现金流量在前一年的基础上翻倍；如遇市场情况不理想，则现金流量减半。B 企业生产线采用通用设备，第一年若市场情况不错，可得现金流量为 2 000 万美元；若市场不理想，则可得现金流量 500 万美元。后两年情况与 A 企业生产线相同。现第一年市场出现好和差的概率各为 50%，若第一年市场情况不错，则后两年市场出现好的概率为 80%，差的概率为 20%；若第一年市场情况不理想，则以后出现好和差的概率分别为 20% 和 80%。上例若用传统的净现值法进行投资决策（期望报酬率为 20%，无风险利率为 10%）可得：NPV(A) = 1 891 万美元，NPV(B) = 1 726 万美元。很显然并购决策应选择 A 企业。

由于投资具有很强的不确定性，现在如果市场持续萧条，考虑资产的专用性，一年后 B 企业生产线可以出卖转作他用，而 A 企业生产线只能沉淀，投资决策就会发生变化。从期权的角度分析，一年后 B 企业出卖生产线相当于一个卖权：约定价格为 1 600 万美元，期限 1 年，标的物当前价为 4 126 万美元，到期可能上升到 6 847 万美元，也可能降到 556 万美元（见图 17-3）。按照二项树模型求解，卖权价格为 348 万美元。如果考虑以上因素，B 企业的净现值 NPV（B）= 1 726 万美元 + 348 万美元 = 2 074 万美元，从而应并购 B 企业。

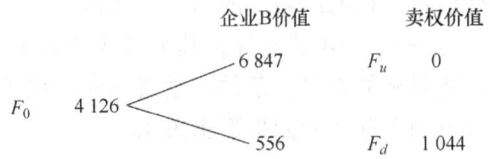

图 17-3 跨国并购后转作他用的期权价值（单位：万美元）

4. 并购决策风险的期权控制

跨国并购决策过程的灵活性价值体现在并购实施的等待或延迟的机会选择，这种机会的价值构成了并购决策过程的灵活性，其价值相当于保留了并购决策权的买权的价值。如果仍然运用以上案例，计算可得到买权的价值为 1 819 万美元，由此可以进行以下分析：虽然并购实现净现值达到 4 126 万美元 − 2 400 万美元 = 1 726 万美元，但如果跨国公司进行等待或延迟实行并购（见图17-4），其等待的价值为1 819万美元，大于净现值1 726万美元，企业值得等待（见图17-5）。

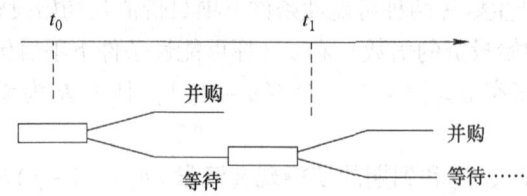

图17-4　跨国并购等待或延迟决策

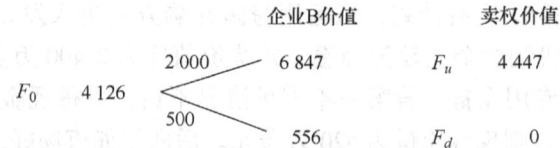

图17-5　跨国并购等待或延迟的期权价值（单位：万美元）

第三节　逻辑框架法

一、理论

1. 逻辑框架法概述

逻辑框架法（Logical Framework Approach，LFA）是美国国际开发署在1970年开发并使用的一种设计、计划和评价的工具，主要用于项目后评价。目前已有2/3的国际组织把逻辑框架法作为后评价的主要方法。逻辑框架法是一种概念化分析问题的方法，是综合和系统地研究和分析问题的思维框架。在后评价中采用逻辑框架法，有助于对关键因素和问题做出系统的合乎逻辑的分析。逻辑框架法可以科学、客观地评价已完成的建设项目。逻辑框架法的核心概念是确定事物之间内在的因果关系，即"如果"提供了某种条件，"那么"就会产生某种结果，这些条件包括事物内在的因素和所需要的外部因素。

逻辑框架法的基本模式是一个4×4的矩阵，基本模式如表17-3所示。水平方向表示项目目标的层次，包括实现这些目标的方法、条件。垂直方向列出了投入、产出、直接目的和宏观目标四个层次，它们自下而上存在着因果逻辑关系。

表17-3　逻辑框架法的基本模式

层次描述	验证指标	验证方法	重要的外部条件
宏观目标	目标指标	综合监督与测评的方法	实现目标的主要条件
直接目的	目的指标	监督和测评的手段和方法	实现目的的主要条件
产出	产出物定量指标	分析项目完成报告和工程监测报告	实现产出的主要条件
投入	投入量定量指标	评估项目组织机构、资金来源与投入情况	实现投入的主要条件

以上逻辑框架法的基本模式可以说明以下几方面的问题：①为什么要进行这一项目？

②进行该项目要达到什么目的？③如何达到项目的目的？④有哪些外部条件在项目产出上必须考虑？⑤如何检测项目的成果和目标？

2. 逻辑框架法的层次和逻辑关系

逻辑框架法将项目分为以下四个层次：

（1）宏观目标。宏观目标是指最高层次的目标，体现为宏观计划、政策和方针等。宏观目标一般超越了项目的范畴，往往是一个国家、地区、部门或组织的整体目标。这个层次目标的确定与指标的选择一般由国家或行业部门提供。宏观层次的目标要求投资项目必须与整个国家的发展目标、产业政策和行业策划等的要求相联系。宏观目标的实现一般需要多个项目的贡献。

（2）直接目的。直接目的是指项目的直接效果和作用，是设立项目的基本动机，这个层次的目标由项目的实施机构和独立的评价机构来确定。该层次是项目所希望达到的直接效果，一般要考虑投资项目为受益目标群体带来的效果，主要是经济和社会方面的成果和作用。项目的直接目的是达到宏观目标的分目标之一，一般一个项目只有一个项目目的。项目管理的主要任务就是要努力保证项目目的的实现。

（3）产出。产出是指项目直接产生的特定结果，即项目的建设内容或直接产出物，一般应提供可计量的直接结果。这里的"产出"是指项目"干了些什么"，即项目的投入的产出物。要明确地指出项目所完成的实际工程（如铁路、港口、输变电设施、气井和城市服务设施等）或改善的机构制度、政策制定等。各项成果是为达到项目直接目的必须实现的具体目标，从其产出的效果来看应是必要的、合适的、足够的。

（4）投入。投入是指项目的实施过程及内容，主要包括资源的投入量和时间等，具体是指投资项目投入的资金、人员和管理机构等。

逻辑框架法的四个层次自下而上形成了三个垂直的逻辑关系（见图17-6）：①如果保证一定的投入，预计会有怎样的产出；②项目的产出和项目的直接目的之间的联系；③项目的目的对国家或地区的宏观目标贡献关联性。

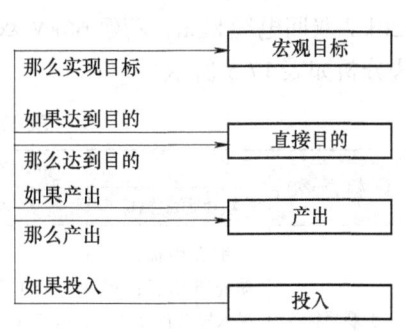

图17-6 逻辑框架法的垂直逻辑关系

逻辑框架法的水平方向的逻辑关系由验证指标、验证方法和外部条件组成。逻辑框架法的水平逻辑关系如表17-4所示：①客观验证指标包括数量、质量、时间、项目对象和地点等因素，这些指标要具有准确性、目的性、独立性和可检验性的特点；②验证方法是指主要资料来源和验证所采取的方法，主要资料通常来源于项目报告、统计资料等，验证采取的方法主要为调查研究和资料分析等；③重要的外部条件是指达到项目的指标必须具备的外部条件，即重要假设的条件，它是在项目的控制范围以外，却对项目的成功有影响的条件，是项目各层次的目标实现的基础和依据。这些外部条件是项目管理者无法控制的风险或限制条件，主要原因有：①项目所在地的特定地理环境及其变化；②政府在政策、计划和发展战略上的变化或失误给项目实现带来的严重影响；③管理部门体制的问题，使项目的投入产出与其目的目标分离。

风险评估方法

表 17-4 逻辑框架法的水平逻辑关系

目标层次	客观验证指标	验证方法	外部条件
宏观目标	作用的预测和实现程度	信息来源：文件、统计资料、项目受益者 采用方法：资料分析、调查研究	略
直接目的	作用的大小	信息来源：项目报告、项目受益者 采用方法：调查研究	
产　出	不同阶段投资项目定性与定量的产出	信息来源：项目记录、项目报告与项目受益者 采用方法：资料分析、调查研究	
投　入	资源的数量、成本、时间和性质	信息来源：项目评价报告、项目计划表与投资文件等	

3. 逻辑框架法基本模式的形成步骤

通过以上分析，项目的逻辑框架法基本模式的形成步骤主要有：①确定项目的目的；②确定为实现项目目的所要达到的产出；③确定为达到每项产出所要开展的投入；④确定项目的宏观目标；⑤自下而上检验纵向逻辑关系；⑥确定每一层次的重要外部条件；⑦确定项目目的、产出和宏观目标的可验证的指标，确定指标的出处；⑧检查整个逻辑框架的设计。

二、操作

本部分利用逻辑框架法进行电网建设项目后评价。随着经济的不断发展，城市人口的不断增多，对电力的需求也越来越大，电网新建和改造项目是促进经济发展的必要手段之一。吉林地区电网位于吉林省东北部，售电量居全省首位，是东北地区重要的电力枢纽。在"十一五"期间，吉林地区某市启动220kV输变电建设工程，新建220kV变电所一座，新建220kV双回电缆8km，新建66kV双回电缆10km。项目总投资为8 544万元。应用逻辑框架法分析如表17-5所示。

表 17-5 电网建设项目的逻辑框架

目标层次	验证对比指标			验证方法	重要的外部条件
	项目原定指标	实际实现指标	差　别		
宏观目标	扩大内需，拉动经济增长；提高人民生活水平；促进地区国民经济的发展	基本满足当地经济增长对电力的需求；优化产业结构	基本实现	国家经济的总体规划；统计资料；实地调查	国家政策的持续性与国内外经济环境的变化
直接目的	满足增长的负荷需求，改善网架并提高变电站相互转供能力；改善网络结构，提高供电可靠性；降低线损率，提高居民客户端电压质量	稳步提高，基本满足新增的负荷需求，改变变电容量不足的情况；网架得到加强和完善，供电可靠性提高；110kV变电站负载率降低，提高了电网安全稳定性	基本实现	项目设计报告；工程进度报告；电网勘察设计报告	政府能否解决征地费用；能否解决架空路径难寻找的问题；用户和政府的有力支持与配合；加强工程后续管理

(续)

目标层次	验证对比指标			验证方法	重要的外部条件
	项目原定指标	实际实现指标	差　别		
产　出	新建220kV变电所1座，2台180MVA主变压器，220kV出线3回，66kV出线10回	全部完成	全部实现	项目进度报告；项目验收报告	电网规划合理，施工准备充分；资金到位及时；项目如期开工并按期完成
投　入	项目投资额为8 544万元	实际完成投资额7 610万元	节约934万元	项目设计报告；项目开工报告；财务报表；统计资料	项目得到批准，筹资方案得到批准并落实；建立高效的项目管理机构；项目人员能够发挥作用

表17-5根据逻辑框架法的思维框架具体分析了电网建设项目的投入、产出、目的和目标，以及各层次的关系。第二、三、四列通过验证指标的对比，找出差别的原因，第五列是这些指标的来源，第六列是影响项目指标实现的外部条件。

通过这些分析，可以更深刻地理解项目的内涵，从而确定工作的重点。通过明确各层次的指标，找出问题产生的原因，总结经验教训，能更好地指导下一步的电网规划和项目管理。吉林地区某电网建设项目的预期目标基本实现，项目管理总体上是成功的。

第四节　博　弈　论

一、理论

博弈论又被称为对策论（game theory），既是现代数学的一个新分支，也是运筹学的一个重要学科。博弈论主要研究公式化了的激励结构间的相互作用，是研究具有斗争或竞争性质现象的数学理论和方法。博弈论考虑游戏中的个体的预测行为和实际行为，并研究它们的优化策略。

博弈论的基本概念中包括局中人、行动、信息、策略、收益、均衡和结果等。其中局中人、策略和收益是最基本要素。局中人、行动和结果被统称为博弈规则。

博弈的分类如下：

（1）合作博弈。研究人们达成合作时如何分配合作得到的收益，即收益分配问题。

（2）非合作博弈。研究人们在利益相互影响的局势中如何决策使自己的收益最大，即策略选择问题。

（3）完全信息/不完全信息博弈。参与者对所有参与者的策略空间及策略组合下的支付有充分了解称为完全信息；反之，则称为不完全信息。

（4）静态博弈和动态博弈。静态博弈是指参与者同时采取行动，或者尽管有先后顺序，但后行动者不知道先行动者的策略。动态博弈是指双方的行动有先后顺序并且后行动者可以知道先行动者的策略。

博弈论的基本假设有两个：①强调完全理性，假设当事人在进行决策时，能够充分考虑到他所面临的局势，即他必须且能够充分考虑到参与人之间行为的相互作用及其可能影响，做出合乎理性的选择；②假设参与人最大化自己的目标函数，能够选择使其效益最大化的策略。传统博弈论的均衡推导立足于严格的理性假设，纳什均衡是参与人经过严密的逻辑计算而得到的最优结果。

二、操作

本部分利用博弈论分析企业财务风险管理的内在博弈。根据福斯特（Foster，1986）的定义，财务风险是指"除非对经济实体的经营和结构实行大规模的重组否则就无法解决的严重变现问题"，或者是"企业不能正常履行资金支付责任，在资金周转和运用方面出现了入不敷出的现象"。大量的经验研究表明，企业的财务风险并非短期内生成，而是具有较长的潜伏期的。大量企业之所以不能在财务风险形成初期就实施有效管理，其本质原因在于委托代理问题导致了企业财务风险管理的低效率。所谓委托代理问题在财务风险管理方面的突出表现是：为完成所有者下达的经营指标，为了实现自身收益的最大化，经营者面对是经营业绩至上还是控制财务风险至上问题时，可能更多地倾向于前者，而对于后者则更多地采取掩饰、隐藏等措施。如果所有者具备对经营者强有力的监督管理手段，则所有者能够及时将代理人拉回追求利润最大化和财务风险最小化的目标轨道上，消除委托代理问题产生的不利影响。

然而，目前我国企业财务风险管理中主要采用的手段存在不同程度的缺陷，静态分析多、动态分析少，定性分析多、定量分析少，滞后性问题突出，所有者与经营者之间在财务风险情况方面难以实现完全信息对等。由于经营者拥有所有者难以获得的隐蔽信息，当其追求薪酬最大化的目标因所有者下达的经营指标而受到损害时，企业经营者就有可能不报告风险，甚至运用技术手段掩盖这些风险。

为进一步说明这种道德风险的存在，运用二元博弈理论对此进行深层次分析。在企业的财务风险管理中，首先假定经营者与所有者之间的契约是：及时揭示潜在风险并采取相关措施消除财务风险，甚至为达到企业稳健经营的目的而适当缩小融资规模（当然经营者也将被迫放弃一些经营指标）。根据威廉姆逊（Williamson）的不完全契约理论：人类本身的局限性决定契约不是万能的。其理论主要基于人是"有限理性"（如因人的计算能力有限，人们会更偏好于当前的收益、升迁，而不是不确定的未来收益）和"机会主义"（市场经济中的人或企业，当其违约收益大于其履约收益时，则会选择违约）的。对于经营者而言，当发现企业存在潜在的财务风险时，根据其与所有者的契约，应及时将风险揭示，但这样会使企业经营指标的完成受到影响，从而影响到经营者的收益（升迁）。在所有者缺乏有效监督的机制下，如通过技术处理，有的风险两三年内（甚至更长时间）不大可能爆发，而当期经营者已获得奖励或已升迁，待风险凸现时，损失则由其接任者或所有者来承担。

经营者和所有者在契约中如同博弈集合中的两个游戏者（此处只考虑经营者的收益矩阵）。在完成指标的情况下，存在潜在财务风险时，如果经营者揭示风险，则会因为企业财务状况不符合所有者制定的风险控制指标而受到一定惩罚（用"-1"表示）；如果尽力掩盖风险，则所有者将因经营者完成各项经营指标以及财务状况"质量好"而给予一定奖励（用"1"表示）。在未完成指标情况下，因揭示风险影响经营者指标的完成，其将受到双重惩罚（用"–2"表示）；如果掩饰风险，则只受到单项惩罚（用"–1"表示）。图17-7为经营者博弈的收益矩阵。

从经营者博弈的收益矩阵来看，无论其是否能完成经营指标，其对潜在财务风险的不揭示都比揭示的收益大，故"不揭示"是经营者的最优选择。并且，只要所有者全面、有效的监控机制未建立，该博弈在一些企业经营者中就将继续进行下去。

	揭示	不揭示
完成指标	–1	1
未完成指标	–2	–1

图17-7　经营者博弈的收益矩阵

第五节　综合指数法

一、理论

综合指数法属于风险评价的综合分析方法，其主导思想为形成风险的因素不止一种，需要在评价中结合各种因素进行综合分析。综合分析方法是以统计分析为基础，将问题构成因素划分为不同范畴的要素，对各范畴的具体项目进行统计、评价，作为风险程度评价的依据。

二、操作

本部分利用综合指数法评估企业财务风险。

1. 企业财务风险抵御能力综合评价模型的建立

第一步，确定实际指标值 x_i。根据各公司提供的年度财务报告，可计算得出企业财务风险抵御能力二级评价指标的实际值。

第二步，确定标准值 x_{i0}。标准值的确定，应该以各个不同的行业为单位，既要反映其动态变化，又不能脱离实际情况。标准值可以定为各指标指数的历史最好水平，也可以是基期水平或某区域的平均水平。对指标标准值的确定，主要通过对各企业的年报进行分析、判断、筛选和计算，选择各评价单位所处行业的平均水平作为标准值，并综合参考中国上市公司治理指数信息披露评价报告、行业目标值、有关部门调研数据以及国内外的一些研究成果。

第三步，对指标进行无量纲化处理。由于各指标的形式、量纲和数量级不同，所以需要进行无量纲化处理，以解决多个指标的可综合性问题，采用直线型无量纲化方法。

第四步，设定各级指标的权重。由于六个子目标居于同等重要的程度，不可偏废，因此第一层权重按照平均赋权法确定，即每一分层指数的权重均为16.67%。对于第二层次的单项指标，采用离差权法对其赋权。其原理是：若某一指标对所有样品都相等或相差不大，则此项指标包含评价所需的信息量不大，其权重应很小；反之，若某项指标对所有样品相差都很大，则这项指标包含评价所需的信息量就很大，其权重应很大。据此，可以用每一项指标的标准差作为计算该指标权数的基础。

第五步，测算企业财务风险抵御能力指数。首先按照加权平均法计算出各个子目标指数值，然后再对六大子目标进行加权平均，计算出企业财务风险抵御能力综合指数值。

第六步，考虑到评判的习惯，采用百分制将企业财务风险抵御能力指数扩大100倍，得出企业财务风险抵御能力综合指数值。

2. 计算财务风险水平

为了使企业财务风险抵御能力的分析更有效,以在上海、深圳证券交易所公开上市的同行业企业作为分析对象,选取五家具有代表性的公司,它们分别是长安汽车、上海汽车、一汽夏利、一汽轿车以及昌河股份,以这些企业2007年的报表数据为依据,用上述模型进行企业财务风险抵御能力的评估分析。

(1) 选择研究样本。这五家公司都是以轿车生产销售为主营业务。其中,长安汽车是我国微车行业的龙头企业,是中国汽车制造业自主创新的典范;上海汽车是我国轿车行业的龙头企业,其依托的上海汽车工业(集团)总公司是中国最大的汽车工业集团之一;一汽夏利是国内小型车行业的领导者,得到了政策面的大力扶持;一汽轿车是国内最具规模的轿车整车生产基地之一,其控股股东中国第一汽车集团公司是中央部委直属企业,在轿车领域与世界著名汽车巨头都有合作关系;相比之下,昌河股份在中国汽车市场虽然缺乏影响力,但其在微车领域的长期打拼以及国内汽车的增量趋势使得这样的公司具备其他企业无法比拟的优势。

(2) 采集相关数据。根据和讯网提供的资料,采集、计算出相关数据。各二级评价指标实际值、标准值、无量纲化后的评价值如表17-6~表17-8所示。

表17-6 企业财务风险抵御能力评价指标体系

指标	权重 第一层次	权重 第二层次 w_i	标准值 x_{i0}	标准值设置标准
一、资产与资产结构指数 z_1	16.67%	100%		
1 总资产增长率 X_1		0.21	18.18%	2007年汽车制造业行业均值
2 长期资产适合率 X_2		0.12	6.97%	2007年汽车制造业行业均值
3 总资产周转率 X_3		0.67	1.16	2007年汽车制造业行业均值
二、负债与负债结构指数 z_2	16.67%	100%		
4 资产负债率 X_4		0.30	61.15%	2007年汽车制造业行业均值
5 速动比率 X_5		0.58	0.7	2007年汽车制造业行业均值
6 长期负债占负债总额的比例 X_6		0.12	5.53%	2007年汽车制造业行业均值
三、权益与权益结构指数 z_3	16.67%	100%		
7 权益增长率 X_7		0.30	15.96%	2007年汽车制造业行业均值
8 有限制条件股价与流通股的比例 X_8		0.70	1.01	2007年汽车制造业行业均值
四、收入与收入结构指数 z_4	16.67%	100%		
9 销售收入增长率 X_9		0.58	36.39%	2007年汽车制造业行业均值
10 主营业务占营业收入的比重 X_{10}		0.21	48.94	2007年汽车制造业行业均值
11 营业收入占总收入的比重 X_{11}		0.21	164 5.5	2007年汽车制造业行业均值
五、费用与费用结构指数 z_5	16.67%	100%		
12 期间费用增加率 X_{12}		0.18	38.12%	2007年汽车制造业行业均值
13 营业成本与期间费用的比例 X_{13}		0.82	8.72	2007年汽车制造业行业均值
六、利润与利润结构指数 z_6	16.67%	100%		
14 净利润增长率 X_{14}		0.49	107.82%	2007年汽车制造业行业均值
15 每股公积金 X_{15}/元		0.21	0.29	2007年汽车制造业行业均值
16 每股未分配利润 X_{16}/元		0.30	1.57	2007年汽车制造业行业均值

表17-7 2007年企业财务风险抵御能力评价指标实际值

股票 二级指标	长安汽车 000625	上海汽车 600104	一汽夏利 000927	一汽轿车 000800	昌河股价 600372
总资产增长率 X_1	-0.73%	21.32%	-4.79%	15.38%	-16.34%
长期资产适合率 X_2	2.62%	3.29%	2.86%	2.80%	8.55%
总资产周转率 X_3	0.95	1.12	1.10	1.52	0.46
资产负债率 X_4	46.44%	57.76%	50.96%	39.00%	81.89%
速动比率 X_5	0.69	0.96	0.61	1.34	0.52
长期负债占负债总额的比例 X_6	0.99%	17.36%	0	0.99%	0
权益增长率 X_7	8.61%	15.62%	4.68%	7.12%	-56.58%
有限制条件股价与流动股的比例 X_8	0.84	2.98	3.89	1.13	1.35
销售收入增长率 X_9	12.91%	434.65%	-9.92%	21.72%	-47.60%
主营业务占营业收入的比重 X_{10}	92.90%	99.71%	84.33%	93.43%	73.68%
营业收入占总收入的比重 X_{11}	99.78%	99.66%	99.98%	99.97%	95.72%
期间费用增加率 X_{12}	9.53%	517%	4.16%	28%	2.63%
营业成本与期间费用的比例 X_{13}	5.91	6.09	1.82	7.4	4.68
净利润增长率 X_{14}	28.39%	241.83%	2.95%	99.93%	-144.57%
每股公积金 X_{15}/元	0.97	3.54	0.82	1.53	2.04
每股未分配利润 X_{16}/元	1.54	1.09	0.14	0.67	-2.09

表17-8 指标评价值

股票 二级指标	长安汽车 000625	上海汽车 600104	一汽夏利 000927	一汽轿车 000800	昌河股价 600372
总资产增长率 X_1	-4.02%	117.27%	-26.35%	84.60%	-89.88%
长期资产适合率 X_2	22.98	27.16	24.32	23.97	63.39
总资产周转率 X_3	0.82	0.97	0.94	1.31	0.39
资产负债率 X_4	6.80	29.51	9.82	4.51	4.82
速动比率 X_5	98.57%	137.14%	87.14%	191.43%	74.29%
长期负债占负债总额的比例 X_6	22.02	8.46	18.08	22.02	18.08
权益增长率 X_7	53.95%	97.87%	29.32%	44.61%	-354.51%
有限制条件股价与流通股的比例 X_8	5.75	0.51	0.35	8.40	2.97
销售收入增长率 X_9	35.48%	1194.42%	-27.26%	59.69%	-130.81%
主营业务占营业收入的比重 X_{10}	100.01%	107.34%	90.78%	100.57%	79.32%
营业收入占总收入的比重 X_{11}	104.35%	104.23%	104.56%	104.56%	100.11%
期间费用增加率 X_{12}	400.00%	7.37%	916.35%	136.14%	1449.43%
营业成本与期间费用的比例 X_{13}	0.36	0.38	0.14	0.76	0.25
净利润增长率 X_{14}	26.33%	224.29%	2.74%	92.68%	-134.08%
每股公积金 X_{15}/元	1.67	0.51	1.33	25.00	2.13
每股未分配利润 X_{16}/元	5.31	3.76	0.48	2.31	-7.21

(3) 计算各指标的权重。根据离差权法，分别计算出各级指标的权重。

(4) 计算企业财务风险抵御能力综合指数并评定等级。根据公式，计算出不同企业在行业中的财务风险抵御能力综合指数分值（见表17-9）。

表17-9 企业财务风险抵御能力的综合指数分值

股票简称及代码 一级指标	长安汽车 000625	上海汽车 600104	一汽夏利 000927	一汽轿车 000800	昌河股价 600372
资产与资产结构指数 Z_1	3.2330	4.0767	3.4269	3.8662	7.4974
负债与负债结构指数 Z_2	5.2794	10.7682	5.6551	5.1267	4.0649
权益与权益结构指数 Z_3	0.3264	0.5921	0.1774	0.2699	-2.1447
收入与收入结构指数 Z_4	0.6345	7.3784	0.2512	0.7767	-0.3834
费用与费用结构指数 Z_5	1.0146	0.3248	1.7752	0.8667	2.8229
利润与利润结构指数 Z_6	2.0746	2.3301	0.4406	6.4409	-2.3660
财务风险抵御能力综合指数 K	209.38	424.50	195.44	289.12	158.18

由表17-9可知，上海汽车的财务风险抵御能力最强，综合分值为424.50，而昌河股份和一汽夏利的财务风险抵御能力较差，综合分值分别为158.18和195.44。其分析结果与常规分析结果及实际情况基本相符，说明了该模型的可靠性。可见，综合指数法能全面、深入、客观地评价企业的财务风险抵御能力，为企业经营管理者和投资者提供决策依据。

第六节 等级全息建模

一、理论

等级全息建模（Hierarchical Holographic Modeling，HHM）主要是指通过使用一簇不同层级的模型来寻求对一个主题的不同方面的理解。它的核心是不同全息模型间的重叠，这些模型是根据目标函数、约束、决策变量以及基本系统的输入输出关系建立的。

HHM方法能够展现复杂系统多视角、多维度、多层次的内在特征和本质。"全息"来源于"全息摄影"一词，是指从多个视角对系统进行分析和扫描，从而得到系统风险的多视角图像。"等级"是系统中风险的不同层面。HHM的基本思想是通过多个视角、多个层次、多个维度对系统的风险展开全方位、全局、整体的分析和展现。

HHM是一种全面的思想和方法论，目的在于展现一个系统（在其众多的方面、视角和维度中）内在的不同特征和本质。术语"等级全息"指的是希望了解在系统不同层面上出现的问题是什么以及希望有一个系统的多个视角图像。

HHM的主旨思想是复杂系统及其组成部分无法以单一视角、用单一模型来描述，用多个独立的描述模型则不利于模型间的通信，将复杂系统以互补、协作的方式分解为部件、子系统等层次，每一层次都是完整系统的某一特定视角结构。HHM努力的结果就是组成备选情景模型，可以更便利地评估子系统的风险以及其对其他系统风险的影响。反复修正这个HHM框架使其最终可以捕获所有的风险来源。

二、操作

HHM可以被作为内控制度中风险识别模块的分析工具。由于地方财政风险与经济、政策、组织、人员、管理、技术、信息等多个元素有关，单一的数学模型无法刻画与阐明地方财政风险图像，而通过 HHM 方法的多方位、多视角不仅使风险分析变为可行，也便于评价地方财政子系统的风险对整个系统的影响。

1. 地方财政管理风险识别的 HHM 框架

采用卡普兰（Kaplan）、加里词（Garrici）（1981）对风险的定义：$R = \{ <S_i, L_i X_i> \}$。式中，S_i 为第 i 个"风险情景"；L_i 为这种情景发生的可能性；X_i 为可能的结果。诱发地方财政管理风险存在多个方面的因素，内部因素包括环境因素、组织因素、技术因素、人员因素与信息因素等，而外部因素包括经济因素、社会因素、科技因素、法律因素与自然因素等。就内部控制因素而言，HHM 为地方财政管理风险辨识提供了一种思想与方法。HHM 过程的结果是大量等级组成和子组成的地方财政风险情景的产生，即组成备选情景模型。鉴于地方财政风险的发生既有组织环境、人员素质的因素，又有在业务管理过程中权限授权与业务流程的因素，还有相应的制度因素，因此，设计了地方财政管理风险识别的 HHM 简化框架（见图 17-8）。地方财政管理风险辨析的 HHM 简化框架中，组织结构、人员素质、权限与授权、流程管理、信息管理、制度管理为 HHM 框架确定问题的 6 个主层次，而每一项分解出的元素称之为等级全息子系统，它代表着风险的潜在来源，譬如组织结构这一主层次就分解出治理结构、职责分工、控制纪律等 6 个等级全息子系统，整个框架 6 个主层次共分解出 33 个等级全息子系统，在每一个主层次分解后，将使用两个或多个等级分解的地方财政风险来源子系统进行等级重叠协调（Hierarchical Overlapping Coordination，HOC），进行风险识别的规范化与拓展化操作，结果可能会生成含有数百个地方财政风险来源的清单，接下来，统计出主要清单里全息模型配对的发生数目，划分类别并确定主题，完成风险识别。

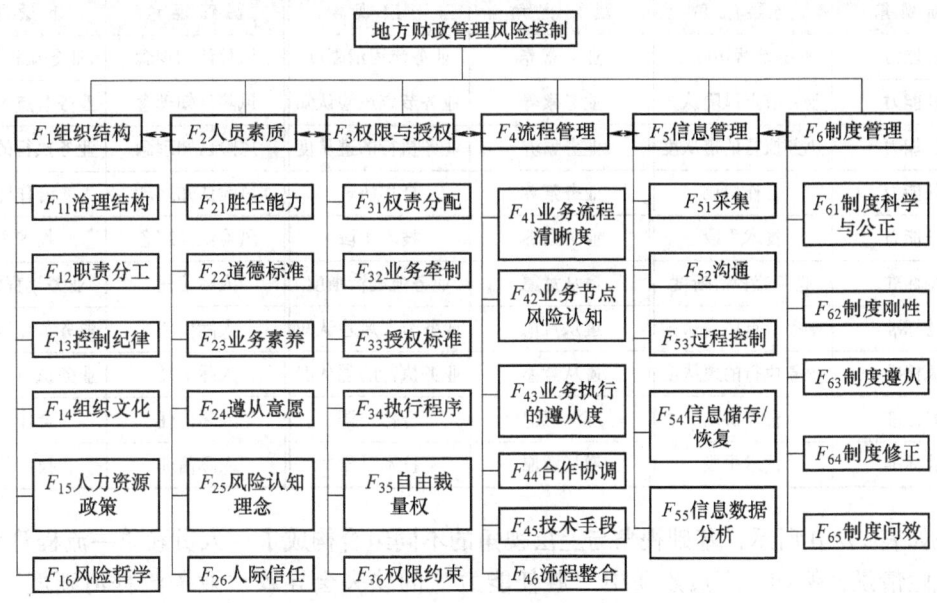

图 17-8 地方财政管理风险识别的 HHM 简化框架

2. HHM 框架在辨识地方财政管理风险中的具体应用

在实践中，地方财政管理风险识别的 HHM 框架确定后，会运用头脑风暴法、情景分析、故障树分析、概率影响图、概率法、基线评估等多种手段，通过 HHM 框架与信息充分采集之间不断互动的过程，通过反复迭代，最大限度地去捕捉所有的风险场景。针对本处设计的 HHM 框架，根据主层级的属性差异，将 HHM 框架构建为三层次结构：环境层、保障层与过程层（见图 17-9）。

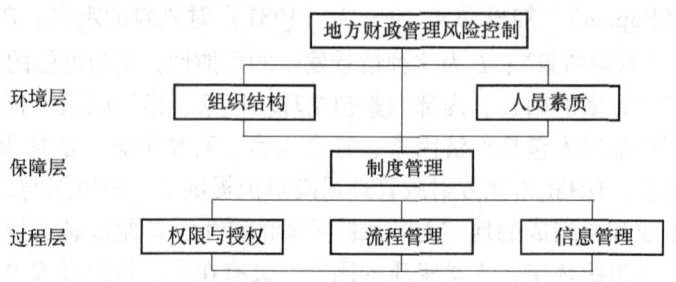

图 17-9　分层视角下的 HHM 框架

根据分层视角下 HHM 框架的 6 个主层次，最多可以凝练出 30 个子模型（风险情景组合），由于每个主层次下面存在多个等级全息子系统，如果通过等级重叠协调路径，将生成百余个风险情景组合用于对地方财政风险的识别。本处将以"人员素质—流程管理"这一风险情景组合为例，阐述 HHM 框架在地方财政风险识别中的应用。在分析中，以"人员素质"这一主层次为基础视角，以"流程管理"为上层视角，利用其各自包含的 6 及 5 个等级全息子系统进行交互作用，理论上能生成 30 个风险情景源（见表 17-10）。

表 17-10　人员素质—流程管理的不同风险情景

基础视角	上层视角	基础视角	上层视角	基础视角	上层视角
胜任能力	业务流程清晰度	业务素养	业务流程清晰度	风险认知理念	业务流程清晰度
胜任能力	业务节点风险认知	业务素养	业务节点风险认知	风险认知理念	业务节点风险认知
胜任能力	业务执行的遵从度	业务素养	业务执行的遵从度	风险认知理念	业务执行的遵从度
胜任能力	合作协调	业务素养	合作协调	风险认知理念	合作协调
胜任能力	技术手段	业务素养	技术手段	风险认知理念	技术手段
道德标准	业务流程清晰度	遵从意愿	业务流程清晰度	人际信任	业务流程清晰度
道德标准	业务节点风险认知	遵从意愿	业务节点风险认知	人际信任	业务节点风险认知
道德标准	业务执行的遵从度	遵从意愿	业务执行的遵从度	人际信任	业务执行的遵从度
道德标准	合作协调	遵从意愿	合作协调	人际信任	合作协调
道德标准	技术手段	遵从意愿	技术手段	人际信任	技术手段

正如表 17-10 所示，基础视角与上层视角的不同组合构成了"人员素质—流程管理"的不同风险情景，例如，人员素质中"胜任能力"的缺失会导致"业务流程清晰度"不高、"业务节点风险认知"不透明等多个风险情景的发生，以此类推，整个 HHM 框架要完成这样多项风险源的识别，并按照相关信息分类确定主题，完成风险识别。

3. 地方财政风险识别 HHM 框架内风险情景的量化分析

运用 HHM 框架来辨析地方财政管理风险，其中有个重要的内容就是对 HHM 框架中风险情景的量化分析，可选择的方法有很多，本处主要采取层次分析法与主次因素分析法

（ABC 分析法）共同完成此研究内容。严格遵照层次分析法的量化步骤，构建层次结构模型、采用主观与客观赋值法构造判断矩阵、计算指标权重及判断矩阵的一致性检验（CR < 0.1，CR 为一致性比率），最终得到 HHM 框架内风险情景指标的量化权重（见表 17-11）。

表 17-11　HHM 框架内风险情景指标的量化权重

一级指标	CR	二级指标	CR
F_1 (0.169 2)	0.051 8	F_{11} (0.228 1), F_{12} (0.196 4), F_{13} (0.209 1) F_{14} (0.109 4), F_{15} (0.222 9), F_{16} (0.034 1)	0.031 2
F_2 (0.148 9)		F_{21} (0.202 9), F_{22} (0.139 1), F_{23} (0.193 5) F_{24} (0.194 6), F_{25} (0.198 3), F_{26} (0.071 6)	0
F_3 (0.177 6)		F_{31} (0.171 2), F_{32} (0.161 1), F_{33} (0.163 5) F_{34} (0.174 6), F_{35} (0.168 3), F_{36} (0.161 3)	0.046 1
F_4 (0.201 3)		F_{41} (0.165 2), F_{42} (0.173 6), F_{43} (0.167 8) F_{44} (0.154 6), F_{45} (0.167 5), F_{46} (0.171 3)	0.069 6
F_5 (0.132 8)		F_{51} (0.191 0), F_{52} (0.203 5), F_{53} (0.210 7) F_{54} (0.201 8), F_{55} (0.193 0)	0
F_6 (0.170 2)		F_{61} (0.021 8), F_{62} (0.204 6), F_{63} (0.202 2) F_{64} (0.201 4), F_{65} (0.190 1)	0.071 8

根据 HHM 框架内风险情景指标的量化权重数据，运用 ABC 分析法对风险情景指标的量化权重进行分析，同时根据各风险情景的整体权重进行由大到小排序（结果见表 17-12）。表 17-12 的数据表明：34 个风险情景中，F_{11}、F_{15}、F_{13}、F_{42}、F_{62} 等风险情景的风险程度表现居前，属于高风险情景，而 F_{14}、F_{26}、F_{16} 等风险情景的风险程度表现居后，属于低风险情景，对于高风险情景，地方财政部门要有针对性地制定内控方案进行防范，对于低风险情景也要给予适当关注，防止其演化为高风险情景。

表 17-12　风险情景指标的量化权重分析

量化指标	整体权重	量化指标	整体权重	量化指标	整体权重	量化指标	整体权重	量化指标	整体权重
F_{11}	0.038 6	F_{64}	0.034 3	F_{44}	0.031 2	F_{24}	0.028 9	F_{55}	0.025 5
F_{15}	0.037 6	F_{61}	0.034 3	F_{34}	0.031 0	F_{23}	0.028 8	F_{51}	0.025 3
F_{13}	0.035 3	F_{43}	0.033 5	F_{31}	0.030 4	F_{32}	0.028 6	F_{22}	0.020 7
F_{42}	0.034 9	F_{45}	0.033 4	F_{21}	0.030 2	F_{36}	0.028 6	F_{14}	0.018 5
F_{62}	0.034 8	F_{65}	0.033 4	F_{35}	0.029 9	F_{53}	0.028 0	F_{26}	0.010 7
F_{46}	0.034 5	F_{12}	0.033 2	F_{25}	0.029 5	F_{54}	0.027 9	F_{16}	0.005 8
F_{63}	0.034 4	F_{41}	0.033 2	F_{33}	0.029 0	F_{52}	0.027 0		

在实践中，由于地方财政业务模块、流程及节点的复杂性，导致 HHM 框架远比文中所列的 HHM 框架要复杂得多，在完成 HHM 框架重叠、推演与运用过程中，也会使用到更多的技术手段，遵循更多的技术路径。另外，地方财政内控制度框架含有多个元素，风险识别只是多个元素之一，在对地方财政风险控制过程中，各元素之间是一种承接与延展的逻辑关系，风险识别量化管理的有效更多依赖于每个元素的合力，这一切是地方财政内控制度量化管理的未来研究方向。

补充阅读文献

1. 事件研究法文献

[1] 范钛. 中国企业海外上市的绩效与风险 [J]. 统计与决策, 2005 (9).

[2] 谷宇, 等. 行业视角下中国上市公司外汇风险暴露研究——基于事件研究法的经验分析 [J]. 大连理工大学学报: 社会科学版, 2014 (11).

[3] 张晨曦, 杨一文. 基于事件研究法的"大小非"解禁关于股票市场风险研究 [J]. 经济研究导刊, 2010 (33).

[4] 薛锋, 等. 中国上市公司股票信用风险的事件研究 [J]. 中央财经大学学报, 2004 (4).

[5] 刘刚, 等. 比特币价格波动与虚拟货币风险防范——基于中美政策信息的事件研究法 [J]. 广东财经大学学报, 2015 (6).

[6] 邵丽丽. 高管人员政治关联与企业利率风险管理——基于新建政治关联的事件研究 [J]. 上海金融学院学报, 2015 (6).

2. 期权文献

[1] 王健, 王海生. 非上市公司信用风险的期权定价模型研究 [J]. 特区经济, 2007 (1).

[2] 叶建木, 王洪运. 跨国并购风险链及其风险控制 [J]. 管理科学, 2004 (10).

[3] 宁钟, 林滨. 供应链风险管理中的期权机制 [J]. 系统工程学报, 2007 (4).

[4] 易传和, 刘炼. 商业银行隐含期权的利率风险管理研究 [J]. 财经理论与实践, 2007 (7).

[5] 戴志锋, 等. 基于期权定价理论的中国非上市公司信用风险度量研究 [J]. 管理科学, 2005 (12).

[6] 万迪昉, 高艳慧, 徐茜. 应对并购风险的可转债与阶段性支付模型与案例研究 [J]. 中国管理科学, 2012 (10).

[7] 王安兴, 等. 债务违约风险与期权定价研究 [J]. 管理科学学报, 2016 (1).

3. 逻辑框架法文献

[1] 唐寰. 风电项目风险分析及综合评价 [D]. 北京: 华北电力大学(北京), 2009.

[2] 李素红, 等. 基于风险管理角度的商业银行员工培训体系设计 [J]. 企业经济, 2015 (8).

[3] 华瑶, 等. 逻辑框架法在电网建设项目后评价中的应用 [J]. 工业技术经济, 2011 (1).

[4] 黄融冰, 等. 基于改进逻辑框架法的公共投资项目效益审计 [J]. 审计研究, 2007 (3).

[5] 蒋翠清, 等. 基于逻辑框架法的工程监理项目后评估 [J]. 合肥工业大学学报: 自然科学版, 2008 (2).

4. 博弈论文献

[1] 蓝虹, 穆争社. 中国企业融资风险生成与转嫁的博弈分析 [J]. 财经科学, 2004 (4).

[2] 周宏, 等. 评级机构数量选择对企业债券信用风险监管的影响——基于信用风险监管的影响 [J]. 会计研究, 2013 (8).

[3] 洪乐平. 企业财务风险管理的内在博弈分析 [J]. 当代财经, 2003 (11).

[4] 曾之明, 岳意定. 基于博弈分析的小额信贷信用风险管理机制创新 [J]. 商业经济与管理, 2010 (8).

[5] 李延喜, 李生滨, 徐硕彤. 考虑管理者风险偏好的盈余管理博弈分析 [J]. 当代经济管理, 2012 (8).

[6] 李嘉明, 孙志华. 审计风险的博弈分析 [J]. 管理工程学报, 2005 (4).

[7] 何涛, 赵国杰. 基于随机合作博弈模型的 PPP 项目风险分担 [J]. 系统工程, 2011 (4).

5. 综合指数法文献

[1] 董学晨. 发电上市企业财务风险评价研究 [D]. 保定: 华北电力大学(河北), 2009.

［2］李敏. 我国商业银行系统风险测度与预警研究［D］. 长沙：湖南大学，2013.
［3］高旺东. 区域银行风险评价研究［J］. 金融监管研究，2012（3）.
［4］胡晋. 昆明市 Y 银行贷款风险评价体系研究——以酒店行业为例［D］. 西安：西北工业大学，2003.
［5］曹婷. 基于会计要素视角的企业财务风险抵御能力评价［C］∥第七届全国财务理论与实践研讨会论文集，2008.

6. 等级全息建模文献

［1］田志刚，等. 地方财政风险内控制度的量化管理研究——基于等级全息建模 HHM 框架［J］. 国家行政学院学报，2015（6）.
［2］宋浩，等. 基于 meta-analysis 和等级全息建模的可信软件开发风险识别研究［J］. 武汉大学学报：理学版，2012（6）.
［3］张知. 等级全息建模在家电企业集团财务风险识别中的运用［J］. 会计师，2009（12）.

练 习 题

1. 借鉴"范钛. 中国企业海外上市的绩效与风险［J］. 统计与决策，2005（9）."一文的做法，找一家最近在海外上市的企业，采用事件研究法，对其海外上市的风险进行评估。

2. 借鉴"戴志锋，等. 基于期权定价理论的中国非上市公司信用风险度量研究［J］. 管理科学，2005（12）."一文的做法，采用期权定价理论，对上市公司的信用风险进行评估。

3. 借鉴"华瑶，等. 逻辑框架法在电网建设项目后评价中的应用［J］. 工业技术经济，2011（1）."一文的做法，采用逻辑框架法，评估某建设项目完工后面临的风险。

4. 采用博弈论方法，评估企业股权融资风险。

5. 借鉴"董学晨. 发电上市企业财务风险评价研究［D］. 保定：华北电力大学（河北），2009."一文的做法，收集一家上市公司的财务数据，采用综合指数法评价其综合财务风险。

6. 借鉴"张知. 等级全息建模在家电企业集团财务风险识别中的运用［J］. 会计师，2009（12）."一文的做法，采用等级全息建模，分析某家上市公司的财务风险。

参 考 文 献

[1] 王婧，唐春宇．外贸企业财务风险管理指南［M］．杭州：浙江工商大学出版社，2012．

[2] 张曾莲．企业财务风险管理［M］．北京：机械工业出版社，2014．

[3] 贺珍瑞．基于风险环境的企业财务战略研究［M］．北京：中国农业科学技术出版社，2010．

[4] 本书编写组．企业财务风险管理［M］．北京：企业管理出版社，2014．

[5] 张继德．企业财务风险管理［M］．北京：经济科学出版社，2015．

[6] 杨小舟．中国企业的财务风险管理［M］．北京：经济科学出版社，2010．

[7] 周寿彬．基于反常扩散模型的个人信用风险评估方法［J］．统计与决策，2016（13）：65-68．

[8] 李义超，等．基于物元可拓模型的地方政府信用风险评估及对策［J］．经济经纬，2016（4）：133-138．

[9] 黄杰，等．重大决策社会稳定风险评估法治化建设研究论纲——基于政策文件和地方实践的探讨［J］．中国行政管理，2016（7）：101-106．

[10] 马刚，等．复杂系统风险评估专家系统［J］．清华大学学报：自然科学版，2016（1）：66-76．